As cem linguagens da criança

C394	As cem linguagens da criança : a experiência de Reggio Emilia em transformação / Organizadores, Carolyn Edwards, Lella Gandini, George Forman ; tradução: Marcelo de Abreu Almeida ; revisão técnica: Maria Carmen Silveira Barbosa – Porto Alegre : Penso, 2016. 399 p. il. ; 25 cm. – v. 2.
	ISBN 978-85-8429-064-2
	1. Educação infantil. I. Edwards, Carolyn. II. Gandini, Lella. III. Forman, George.
	CDU 373.2

Catalogação na publicação: Poliana Sanchez de Araujo – CRB 10/2094

Carolyn Edwards | Lella Gandini | George Forman (ORGANIZADORES)

Em colaboração com Reggio Children e *Innovations in
Early Education: The International Reggio Exchange*

As cem linguagens da criança

A experiência de Reggio Emilia em transformação

VOLUME 2

Tradução
Marcelo de Abreu Almeida

Revisão técnica
Maria Carmen Silveira Barbosa
Doutora em Educação pela Universidade Estadual de Campinas (Unicamp)
Professora Associada da Faculdade de Educação da
Universidade Federal do Rio Grande do Sul (UFRGS)

Reimpressão

2016

Obra originalmente publicada sob o título
The Hundred Languages of Children: The Reggio Emilia Experience in Transformation,
Third Edition
ISBN 9780313359811

Copyright © 2012, ABC-CLIO, LLC, Santa Barbara, CA 93116. All rights reserved.

Gerente editorial: *Letícia Bispo de Lima*

Colaboraram nesta edição

Editora: *Priscila Zigunovas*

Assistente editorial: *Paola Araújo de Oliveira*

Arte sobre capa original: *Márcio Monticelli*

Imagem de capa: *Cervello che pensa e decide – Brain who thinks and decides – Cérebro que pensa e decide –* desenho feito por crianças de 5 e 6 anos na Diana Preschool, Reggio Emilia, Itália, de: *A journey into the rights of children,* publicado por Reggio Children, 1995.
© Scuole e Nidi d'Infanzia – Istituzione del Comune di Reggio Emilia – Escolas e Creches para a Infância – Instituição da Comuna de Reggio Emilia – Preschools and Infant-Toddler Centres – Institution of the Municipality of Reggio Emilia (Itália).

Preparação de original: *Franciane de Freitas*

Leitura final: *Cristine Henderson Severo*

Editoração eletrônica: *Formato Artes Gráficas*

Reservados todos os direitos de publicação, em língua portuguesa, à
PENSO EDITORA LTDA., uma empresa do GRUPO A EDUCAÇÃO S.A.
Av. Jerônimo de Ornelas, 670 – Santana
90040-340 – Porto Alegre – RS
Fone: (51) 3027-7000   Fax: (51) 3027-7070

Unidade São Paulo
Av. Embaixador Macedo Soares, 10.735 – Pavilhão 5 – Cond. Espace Center
Vila Anastácio – 05095-035 – São Paulo – SP
Fone: (11) 3665-1100   Fax: (11) 3667-1333

SAC 0800 703-3444 – www.grupoa.com.br

É proibida a duplicação ou reprodução deste volume, no todo ou em parte, sob quaisquer formas ou por quaisquer meios (eletrônico, mecânico, gravação, fotocópia, distribuição na Web e outros), sem permissão expressa da Editora.

IMPRESSO NO BRASIL
PRINTED IN BRAZIL

Agradecimentos

Em primeiro lugar, gostaríamos de dar o reconhecimento ao nosso positivo diálogo com os autores dos capítulos, que contribuíram com tantas ideias valiosas a este volume. O nosso diálogo tem se desenvolvido há mais de 20 anos, desde os preparos para a primeira edição, e certamente ilustra como a experiência de Reggio Emilia está sempre evoluindo, não se tratando de um modelo estático com um conjunto codificado de teorias e práticas. Lembramos que, para Loris Malaguzzi, era especialmente difícil colocar os seus pensamentos no papel, visto que eles passavam por mudanças constantes em seus esforços em definir e conquistar respeito para a cultura das crianças e do papel dos educadores, sendo este livro dedicado à sua memória.

Cada um dos autores colaboradores dá continuidade ao legado intelectual de Malaguzzi e contribui para a construção de sistemas educacionais progressistas para crianças pequenas. Muitos de nossos autores colaboradores fazem parte de três organizações interligadas descritas neste livro: Reggio Children; creches e pré-escolas municipais e a Istituzione do Município de Reggio Emilia. Nós apreciamos que essas organizações tenham confiado a nós a responsabilidade de reunir, nesta coletânea, ideias sobre os desenvolvimentos extraordinários da pequena cidade de Reggio Emilia, que agora pertence ao mundo da educação para além da Itália. Agradecemos especialmente a Amelia Gambetti, Annamaria Mucchi e Paola Ricco por facilitar os complicados arranjos e a comunicação envolvidos nesta colaboração transnacional e translinguística; sem sua gentil dedicação, este livro não teria sido possível. Agradecemos também à Reggio Children por sua permissão para reimprimir muitas citações de suas publicações que aparecem por todo o livro. Reconhecemos o direito autoral da Istituzione Pré-escolas e Creches do Município de Reggio Emilia e os direitos autorais de Reggio Children das fotos e dos desenhos generosamente concedidos. Nenhuma ilustração deste livro pode ser reproduzida sem permissão explícita por escrito dos editores do volume e dos detentores de direitos autorais.[*]

---

[*] N. de R.T.: No caso das escolas, traduzimos a nomenclatura italiana para a equivalente brasileira, porém, no que se refere a fundações ou periódicos, mantivemos o original em inglês ou italiano.

Ao realizar essa tarefa, também reconhecemos a preciosa colaboração dos nossos autores europeus e norte-americanos. A nossa dívida é grande para com *Innovations in Early Education: The International Reggio Exchange*, periódico da North American Reggio Emilia Alliance, editado por Judith Kaminsky, coeditado por Lella Gandini e publicado pela Wayne State University em Detroit, Michigan, Estados Unidos. *Innovations* foi uma fonte fundamental de entrevistas publicadas na qual diversos autores colaboradores se basearam para fornecer novos capítulos ou versões atualizadas para esta edição. *Innovations* graciosamente ofereceu permissão para reimprimir muitos excertos ou reutilizar materiais em forma adaptada; essas fontes são citadas com informações do autor, do título e da publicação nas notas finais e nas referências. Da mesma forma, agradecemos à Taylor and Francis Books UK pela permissão de reimprimir citações curtas selecionadas dos livros de Vea Vecchi, Carlina Rinaldi e Gunilla Dahlberg. Agradecemos à Children in Scotland pela permissão de reimprimir o prefácio de Jerome Bruner que apareceu em *Children in Europe – Celebrating 40 Years of Reggio Emilia*, em março de 2004. Apreciamos que os Hawkins Centers of Learning e a University Press of Colorado tenham dado permissão para adaptar e reimprimir materiais de David Hawkins.

Desejamos dar nossos mais sinceros agradecimentos aos colegas e estudantes de graduação que compartilharam fotos, revisaram textos, acrescentaram seções ou que de alguma forma contribuíram para este livro. Jennifer Strange e JoAnn Ford, Webster University e Maplewood-Richmond Heights Early Childhood Center, Missouri; Margie Cooper, Inspired Practices in Early Education, Roswell, Georgia; Ellen Hall, Boulder Journey School, Boulder, Colorado; Cathy Carotta, Jill Dibbern-Manhart e Kris Mixan, Lied Center for Childhood Deafness, Omaha, Nebraska; Laura Friedman, educadora de Maine; Mary Ellin Logue, University of Maine, Orono; Keely Cline, East Tennessee State University; Amy Colgrove, Jennifer Gerdes, Traci Kutaka, Sandie Plata-Potter, Charli Raben, Lixin Ren, Sai Sato Mumm, Yinjing Shen, Xiaoqing Tu e Ann Watt, University of Nebraska-Lincoln; e muitas outras pessoas, numerosas demais para mencionar, mas que influenciaram nossas ideias e expandiram o nosso conhecimento sobre a experiência de Reggio Emilia. Carolyn Edwards estende seus agradecimentos particularmente à University of Nebraska-Lincoln e ao UNL Instructional Design Center por sua ajuda essencial no seu trabalho para este livro.

Sentimos profunda gratidão e amor por nossas respectivas famílias por seu apoio e encorajamento.

Por fim, gostaríamos de agradecer profunda e respeitosamente aos educadores, pais e crianças que permitiram que os nossos autores-colaboradores contassem as suas histórias e compartilhassem suas fotografias e seus desenhos. É para eles e para as crianças depois deles que este livro foi escrito.

Autores

Carolyn Edwards, professora de Psicologia e Estudos da Infância, Juventude e Família, University of Nebraska-Lincoln.

Lella Gandini, professora ocasional, professora visitante e consultora norte-americana pela Disseminação da Abordagem Reggio Emilia, Reggio Children.

George Forman, professor Emérito de Educação, University of Massachusetts-Amherst, e presidente da Videatives, Inc.

Brenda Fyfe, professora e decana de Educação, Webster University, St. Louis, Missouri.

Carlina Rinaldi, pedagogista e presidente, Reggio Children, e presidente, Fundação Reggio Children-Centro Loris Malaguzzi.

Claudia Giudici, pedagogista, presidente, Istituzione Pré-escolas e Creches do Município de Reggio Emilia.

David Hawkins (*in memorian*), professor, University of Colorado-Boulder.

Deanna Margini, pedagogista, Istituzione Pré-escolas e Creches do Município de Reggio Emilia.

Elena Giacopini, pedagogista, Istituzione Pré-escolas e Creches do Município de Reggio Emilia.

Graziano Delrio, prefeito, Reggio Emilia.

Gunilla Dahlberg, professora de educação infantil, Universidade de Estocolmo, Suécia.

Howard Gardner, professor de Cognição e Educação, Harvard University.

Ivana Soncini, psicóloga, Istituzione Pré-escolas e Creches do Município de Reggio Emilia.

Jerome Bruner, professor pesquisador em Psicologia e pesquisador sênior na Faculdade de Direito da New York University e Cidadão Honorário de Reggio Emilia.

Laura Rubizzi, professora, Istituzione Pré-escolas e Creches do Município de Reggio Emilia.

Loris Malaguzzi (*in memorian*), filósofo e diretor-fundador das creches e pré-escolas do Município de Reggio Emilia.

Margie Cooper, presidente, Inspired Practices in Early Education, Inc., Roswell, Georgia.

Paola Cagliari, pedagogista e diretora em creches e pré-escolas municipais, Reggio Emilia.

Peter Moss, professor de Cuidados Infantis, Unidade de Pesquisa Thomas Coram, Instituto de Educação, University of London.

Sandra Piccinini, pedagogista, ex-presidente, Istituzione Pré-escolas e Creches do Município de Reggio Emilia.

Simona Bonilauri, pedagogista, Istituzione Pré-escolas e Creches do Município de Reggio Emilia.

Tiziana Filippini, pedagogista, Istituzione Pré-escolas e Creches do Município de Reggio Emilia.

Entrevistados

Amelia Gambetti, consultora Intermediária para Escolas e Copresidente da International Network Reggio Children.

Sergio Spaggiari, ex-diretor, creches e pré-escolas municipais de Reggio Emilia.

Vea Vecchi, atelierista e consultora de Publicações e Exibições, Reggio Children.

Sumário

Apresentação 13
Howard Gardner

Prefácio: Reggio: uma cidade de gentileza, curiosidade e imaginação... 17
Jerome Bruner

Parte I
Pontos de partida

De jeito nenhum. As cem estão lá 20
Loris Malaguzzi

1 Introdução: origens e pontos iniciais 23
Carolyn Edwards, Lella Gandini e George Forman

2 História, ideias e princípios básicos: uma
entrevista com Loris Malaguzzi 45
Lella Gandini

3 A história de Malaguzzi, outras histórias e o respeito pelas crianças... 87
David Hawkins

4 Nossa responsabilidade para com as crianças
pequenas e sua comunidade 95
Graziano Delrio

5 Reggio Emilia: uma cidade em transformação 103
Sandra Piccinini e Claudia Giudici

6 Microprojeto e macropolítica: aprendizagem por meio de relações ... 113
Peter Moss

Parte II
Ensinando e aprendendo por meio das relações

7 Participação dos pais na governança das escolas: uma entrevista com Sergio Spaggiari 127
Lella Gandini

8 A equipe de coordenação pedagógica e o desenvolvimento profissional 143
Paola Cagliari, Tiziana Filippini, Elena Giacopini, Simona Bonilauri e Deanna Margini

9 Professor e aprendiz, parceiro e guia. O papel do professor 153
Carolyn Edwards

10 O professor observador: a observação como uma ferramenta recíproca do desenvolvimento profissional. Uma entrevista com Amelia Gambetti 175
Lella Gandini

11 A comunidade inclusiva 187
Ivana Soncini

Interlúdio. De mensagem à escrita: experiências na alfabetização 209
Laura Rubizzi e Simona Bonilauri descrevem sua pesquisa

Parte III
A documentação pedagógica como um processo integrado de observação, reflexão e comunicação

12 Documentação pedagógica: uma prática para a negociação e a democracia 229
Gunilla Dahlberg

13 A pedagogia da escuta: a perspectiva da escuta em Reggio Emilia ... 235
Carlina Rinaldi

14 Aprendizagem negociada pelo *design*, pela documentação e pelo discurso 249
George Forman e Brenda Fyfe

15 A relação entre documentação e avaliação 273
Brenda Fyfe

Parte IV
A ideia das cem linguagens da criança e a sua evolução

16 A beleza é uma forma de conhecimento? 293
Margie Cooper

17 O *atelier*: uma conversa com Vea Vecchi 301
Lella Gandini

18 Conectando-se por meio dos espaços de
cuidado e de aprendizagem 315
Lella Gandini

19 O uso das mídias digitais em Reggio Emilia 337
George Forman

20 O Centro Internacional Loris Malaguzzi 349
Carlina Rinaldi e Sandra Piccinini

Parte V
Conclusão

21 Reflexões finais e estratégias de ensino 357
Carolyn Edwards, Lella Gandini e George Forman

Glossário de termos usados por educadores em Reggio Emilia 369

Recursos adicionais 373

Créditos das ilustrações 377

Índice onomástico 381

Índice 385

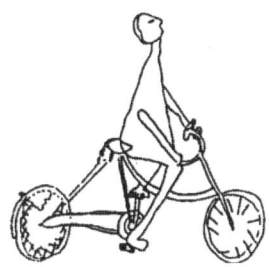

Apresentação

Em meio à imensa gama de livros sobre educação lançados atualmente, poucos se destacam. É o caso do livro que você tem em suas mãos agora. Conjunto integrado de ensaios sobre uma abordagem única à educação na primeira infância, *As Cem Linguagens da Criança* documenta o impressionante conjunto de escolas criadas nos últimos 30 anos em Reggio Emilia, no norte da Itália. Ao mesmo tempo, o livro constitui uma meditação profunda sobre a natureza da condição humana inicial, e sobre como ela pode ser guiada e estimulada em diferentes meios culturais. Todos aqueles com interesse por educação de crianças devem lê-lo; poucos sairão dessa experiência indiferentes.

Nas páginas iniciais deste livro, você lerá a impressionante história de como Loris Malaguzzi, um intelectual e jovem professor italiano, interessou-se pela construção de uma nova escola logo após a Segunda Guerra Mundial e transformou a paixão momentânea por essa construção em um amor vitalício por seus pequenos alunos. Sem dúvida, Malaguzzi (como é geralmente chamado) é o gênio condutor de Reggio – o pensador cujo nome merece ser pronunciado com a mesma reverência oferecida a seus heróis, Froebel, Montessori, Dewey e Piaget. Entretanto, muitíssimo mais que a maioria dos outros pensadores educacionais, Malaguzzi dedicou sua vida ao estabelecimento de uma comunidade didática: um grupo impressionante de professores de várias linhas e especialidades que trabalhou junto por anos, até mesmo por décadas, com os pais, membros da comunidade e milhares de crianças, para formar um sistema que funciona.

O sistema de Reggio pode ser descrito sucintamente da seguinte maneira: ele é uma coleção de escolas para crianças pequenas, nas quais o potencial intelectual, emocional, social e moral de cada criança é cuidadosamente cultivado e orientado. O principal veículo didático envolve a presença dos pequenos em projetos envolventes, de longa duração, realizados em um contexto belo, saudável e pleno de amor. Dewey escreveu sobre a educação progressiva por décadas, mas sua escola teve a duração de escassos quatro anos. Em acentuado contraste, a comunidade de Reggio, mais do que a filosofia ou o método, é a conquista central de Malaguzzi: em nenhum outro local, no mundo, existe tamanha relação harmoniosa e simbiótica entre a filosofia progressiva de uma escola e suas práticas.

Palavras são o meio principal – necessariamente – em um livro. Os escritores realizaram um trabalho esplêndido, recriando a atmosfera especial de Reggio, e as várias fotos e diagramas aqui apresentados acrescentam o elemento visual essencial à composição. As várias exibições sobre Reggio que têm sido disponibilizadas têm ajudado a transmitir sua atmosfera única, vista atualmente também em filmes e vídeos sobre ela. É certo, contudo, que não há substituto para uma visita a Reggio Emilia, e a publicação deste livro aumentará, evidentemente, o movimento em direção à exuberante e civilizada área de Emilia Romagna. Mesmo para aqueles que estão bastante familiarizados com o cenário de Reggio, este livro oferece uma ampla gama de informações adicionais. Como alguém que teve o privilégio de visitar Reggio alguns anos atrás, e que desde então permaneceu em contato, posso dizer que aprendi algo com quase todas as páginas deste audacioso livro.

Ao ler *As Cem Linguagens da Criança*, senti-me impressionado – ou novamente impressionado – por muitas de suas mensagens, das quais mencionarei apenas algumas. Muito tem sido escrito sobre os métodos progressistas na educação, mas raramente os ideais da educação progressista são realmente tornados realidade. Talvez uma das razões para isso seja a necessidade de uma equipe disposta a trabalhar em prol de um conjunto de ideias estimulantes; a equipe precisa criar procedimentos para alcançar uma educação de qualidade, encorajando, ao mesmo tempo, o crescimento de todos aqueles que nela participam. Muito tem sido escrito sobre os poderes da mente jovem, mas raramente esses poderes podem ser vistos em plena ação. Em Reggio, os professores sabem como escutar as crianças, como permitir que tomem a iniciativa e também como orientá-las de maneira produtiva. Não é exagero querer alcançar padrões adultos, mas é a dedicação exemplificada pela comunidade que garante resultados de qualidade. O efeito se dá por causa do infinito cuidado com cada aspecto da existência, quer seja pela decisão de constituir grupos de duas crianças, em vez de três, quer seja pela escolha do pincel ou da cor ou mesmo pela receptividade a receber e fazer surpresas. Reggio desafia com sucesso muitas falsas dicotomias - arte *versus* ciência, indivíduo *versus* comunidade, criança *versus* adulto, prazer *versus* estudo, família nuclear *versus* grande família. Ao alcançar uma harmonia única que engloba esses contrastes, ela reconfigura os nossos esclerosados sistemas categóricos.

Como um educador norte-americano, não posso evitar a surpresa por certos paradoxos. Na América, orgulhamo-nos do foco sobre as crianças e, contudo, não prestamos atenção suficiente ao que elas estão realmente expressando. Pedimos a aprendizagem cooperativa entre as crianças e, ao mesmo tempo, raramente sustentamos esta cooperação no nível do professor e do administrador. Exigimos trabalhos artísticos, mas raramente conseguimos criar ambientes que possam verdadeiramente apoiá-los e inspirá-los. Pedimos o envolvimento da família, mas detestamos dividir a autoria, a responsabilidade e o crédito com os pais. Reconhecemos a necessidade por uma comunidade, mas com muita frequência nos cristalizamos imediatamente em grupos com interesses próprios. Saudamos o método da descoberta, mas não temos confiança para permitir que as crianças sigam suas próprias intuições e palpites. Desejamos o debate, mas repetidamente o arruinamos; queremos escutar, mas preferimos falar; somos afluentes, mas não protegemos os recursos que nos permitem permanecer assim e, dessa forma, apoiar a afluência de outros. Reggio é muito instrutiva nesses aspectos. Enquanto ficamos propensos a invocar *slogans*, os educadores em Reggio trabalham incessantemente para a solução de muitos desses temas fundamentais e fundamentalmente difíceis.

É tentador idealizar Reggio Emilia. É tão bonita, funciona tão bem! Isso seria um erro, contudo: está claro, a partir dos ensaios apresentados neste livro, que Reggio lutou muito no passado e que, efetivamente, o conflito jamais pode estar ausente das conquistas de qualquer entidade dinâmica. As relações com a Igreja Católica jamais foram fáceis; os conflitos políticos nos níveis municipal, estadual e nacional nunca cessam; e até o maravilhoso início educacional alcançado pelos mais jovens é ameaçado - e talvez minado - por um sistema escolar muito menos inovador. Reggio se distingue menos pelo fato de ter descoberto soluções permanentes para esses problemas – porque, naturalmente, isso não ocorreu – do que pelo fato de reconhecer esses dilemas destemidamente e continuar tentando lidar com eles com seriedade e imaginação.

Não importa o quão ideal seja um modelo ou sistema educacional, ele está sempre enraizado nas condições locais. Não é possível transportar a pré-escola Diana de Reggio para a Nova Inglaterra, assim como não é possível transportar a escola John Dewey, da Nova Inglaterra, para os campos da Emilia-Romagna. Mas assim como hoje podemos ter um "museu sem paredes", que nos permite observar trabalhos de arte do mundo todo, também podemos ter "escolas sem muros", que nos permitam observar as práticas educacionais como elas se desenvolveram ao redor do globo.

Tive o privilégio de visitar centros de educação para a primeira infância em muitos países, e aprendi muito com o que observei nesses diversos contextos. Como outros turistas educacionais, fiquei impressionado com os estimulantes museus para crianças nas cidades grandes dos Estados Unidos, com os ambientes não competitivos na Escandinávia, com a formação compassiva e sensível das habilidades artísticas na China, com o envolvimento bem orquestrado da resolução conjunta de problemas no Japão e com os sinceros esforços que estão sendo empregados em muitos locais para desenvolver, nas crianças pequenas, a sensibilidade a diversos grupos raciais e étnicos. A seu modo, cada um desses ambientes educacionais tem de se esforçar para encontrar seu próprio ponto confortável de repouso entre os desejos dos indivíduos e as necessidades do grupo; a formação de habilidades e o cultivo da criatividade; o respeito pela família e o envolvimento em uma comunidade mais ampla; a atenção ao crescimento cognitivo e a preocupação com questões de temperamento, sentimentos e espirituais.

Existem muitas formas de mediar essas tensões e esses impulsos humanos. A meu ver, nenhum lugar do mundo contemporâneo conseguiu ter tamanho sucesso como as escolas de Reggio Emilia. Quando a Revista Newsweek, lançando discretamente uma moda, escolheu "As dez melhores escolas do mundo", em dezembro de 1991, fazia todo o sentido que Reggio Emilia fosse a vencedora na categoria infantil. Reggio significa, para mim, uma educação efetiva e humana; seus alunos passam por um aprendizado consistente sobre a humanidade, que pode durar por toda a vida.

Graças aos esforços de Carolyn Edwards, Lella Gandini e George Forman, este incrível empreendimento educacional pode agora ser melhor conhecido – e mais efetivamente usado como um modelo – pela comunidade de cidadãos preocupados de nosso mundo tão cheio de problemas.

Howard Gardner

Prefácio
Reggio: uma cidade de gentileza, curiosidade e imaginação[1]

As proporções de muitas cidades pequenas têm seu próprio apelo; não são nem tão grandes que causem confusão nem tão pequenas que sejam sufocantes. Elas favorecem a imaginação, a energia e o espírito comunitário. Quando vim visitar Reggio Emilia, convidado a ver as creches mais famosas do mundo, estava esperando o último milagre de "cidade pequena". Mas eu não estava preparado para o que encontrei. Na verdade, tinha ouvido falar de Reggio há muitos anos, na década de 1970. Então, como professor de desenvolvimento pela Oxford University, chefiava um programa de pesquisas para o aprimoramento de creches na Inglaterra e peneirava a Europa em busca de bons exemplos. No entanto, nem as minhas breves visitas às excelentes creches do período me prepararam para Reggio. Não era apenas o fato de que os serviços de educação infantil eram melhores do que qualquer outra coisa que já tivesse visto. Estava esperando por algo desse tipo, além de já ter ouvido elogios em muitos congressos internacionais de educação infantil. O que me marcou em Reggio Emilia foi ver como a imaginação era cultivada ali, reforçando ao mesmo tempo a noção do possível das crianças. Era a expressão de algo profundamente enraizado na própria cidade, algo muito *Reggiano*.

Porque, em Reggio, é possível conhecer uma rara forma de gentileza, uma forma preciosa de respeito recíproco. Talvez esse tipo de gentileza seja mais fácil de administrar em uma cidade pequena, talvez seja um reflexo da proeminência de Reggio na área dos serviços sociais. Qualquer que seja a origem, contudo, é uma qualidade intrínseca ao lugar. Gostaria de tentar me explicar.

Cultivar a imaginação é a primeira coisa, mas ler contos de fada não é o bastante. É a imaginação que nos salva do óbvio e do banal, dos aspectos comuns da vida. A imaginação transforma fatos em conjecturas. Até uma sombra projetada no chão não é só uma sombra: é um mistério. Tente projetar uma, e você vai perceber.

Um dia, em uma pré-escola municipal de Reggio, eu estava observando algumas crianças de 4 anos e uma professora que estavam projetando sombras e se esforçando para criar formas com elas. A concentração era absoluta, mas o mais surpreendente era a liberdade de intercâmbio de ideias sobre o que tornava as sombras tão estranhas, por que elas ficavam menores e intumesciam ou, como uma criança perguntou: "Como uma sombra fica de cabeça para baixo?". A professora se comportou com o mesmo respeito com que agiria se estivesse falando com um vencedor do Nobel. Todos estavam pensando alto: "Como assim, de cabeça para baixo?", perguntou outra criança. Aqui, não estávamos lidando com imaginações individuais trabalhando separadamente. Estávamos coletivamente envolvidos no que é, possivelmente, a coisa mais humana nos seres humanos, o que os psicólogos e especialistas em primatas gostam de chamar de "intersubjetividade", o que significa chegar a uma mútua compreensão sobre o que os outros têm em mente. Provavelmente, trata-se do florescimento da nossa evolução como humanoides, sem o que a nossa cultura humana não teria se desenvolvido e sem o que todas as nossas tentativas intencionais de ensino fracassariam. Para cultivá-lo, é necessária uma atmosfera de respeito e apoio recíprocos, o tipo de respeito que diferencia as escolas que alcançam sucesso – como as pré-escolas municipais de Reggio Emilia.

Jerome Bruner

NOTA

1 Este prefácio apareceu pela primeira vez em REGGIO EMILIA. Celebrating 40 years of Reggio Emilia: the pedagogical thought and practice underlying world renowned early years services in Italy. *Children in Europe*, v. 6, 2004.

Parte I
Pontos iniciais

Invece il cento c'è

*Il bambino
è fatto di cento.
Il bambino ha
cento lingue
cento mani
cento pensieri
cento modi di pensare
di giocare e di parlare
cento sempre cento
modi di ascoltare
di stupire di amare
cento allegrie
per cantare e capire
cento mondi
da scoprire
cento mondi
da inventare
cento mondi
da sognare.
Il bambino ha
cento lingue
(e poi cento, cento, cento)
ma gliene rubano novantanove.
La scuola e la cultura
gli separano la testa dal corpo.
Gli dicono:
di pensare senza mani
di fare senza testa
di ascoltare e di non parlare
di capire senza allegrie
di amare e di stupirsi
solo a Pasqua e a Natale.
Gli dicono:
di scoprire il mondo che già c'è
e di cento
gliene rubano novantanove.
Gli dicono:
che il gioco e il lavoro
la realtà e la fantasia
la scienza e l'immaginazione
il cielo e la terra
la ragione e il sogno
sono cose
che non stanno insieme.*

*Gli dicono insomma
che il cento non c'è.
Il bambino dice:
invece il cento c'è.*

Loris Malaguzzi

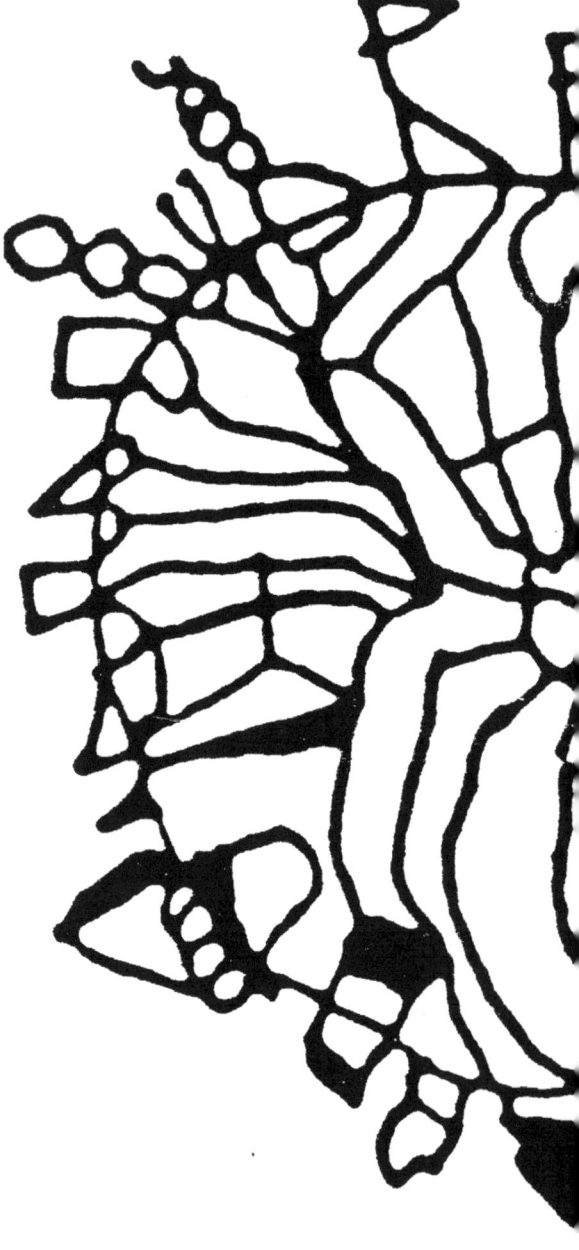

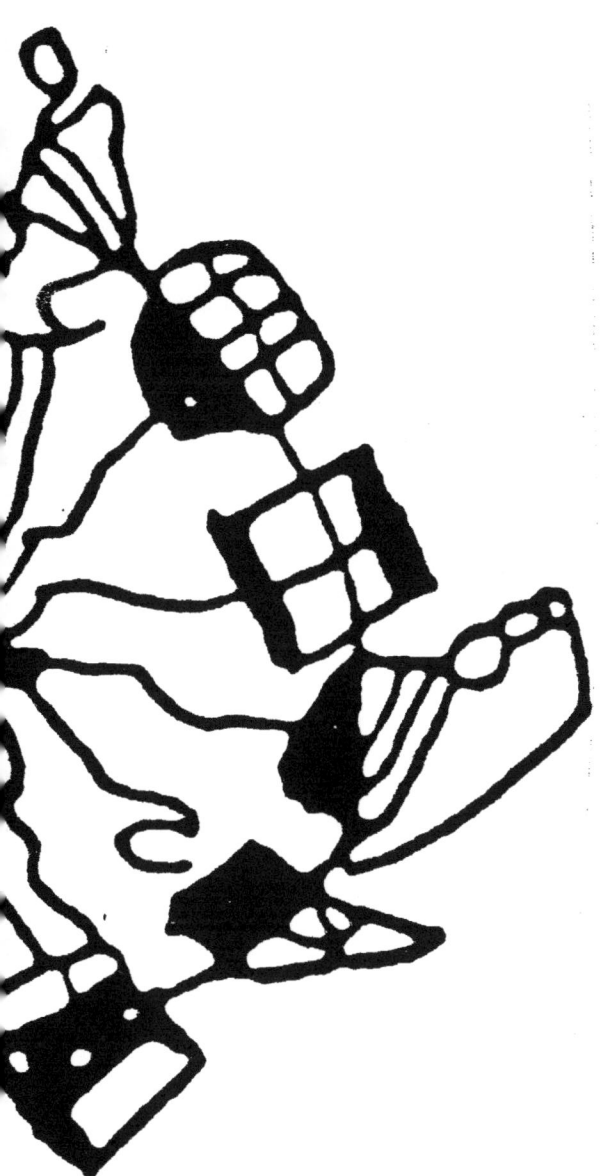

De jeito nenhum. As cem estão lá

A criança
é feita de cem.
A criança tem
cem linguagens
e cem mãos
cem pensamentos
cem maneiras de pensar
de brincar e de falar.
Cem e sempre cem
modos de escutar
de se maravilhar, de amar
cem alegrias
para cantar e compreender
cem mundos
para descobrir
cem mundos
para inventar
cem mundos
para sonhar.
A criança tem
cem linguagens
(mais cem, cem e cem)
mas roubam-lhe noventa e nove.
A escola e a cultura
lhe separam a cabeça do corpo.
Dizem à criança:
de pensar sem as mãos
de fazer sem a cabeça
de escutar e não falar
de compreender sem alegria
de amar e maravilhar-se
só na Páscoa e no Natal.
Dizem à criança:
de descobrir o mundo que já existe
e de cem
roubam-lhe noventa e nove.
Dizem à criança:
que o jogo e o trabalho,
a realidade e a fantasia,
a ciência e a imaginação,
o céu e a terra,
a razão e o sonho
são coisas
que não estão juntas.

E assim dizem à criança
que as cem não existem.
A criança diz:
De jeito nenhum. As cem existem.

Loris Malaguzzi
(Traduzido por Lella Gandini)

1

Introdução: origens e pontos iniciais

Carolyn Edwards, Lella Gandini e George Forman

Reggio Emilia é uma pequena cidade no Norte da Itália que brilha muito pelo que realizou e pelo que representa no campo da educação. Ao longo dos últimos 50 anos, educadores, trabalhando junto com pais e cidadãos, montaram um sistema público de cuidado e educação há muito reconhecido como um centro de inovação na Europa e agora amplamente reconhecido como ponto de referência e recurso de inspiração para educadores ao redor do mundo (EDWARDS; RINALDI, 2009; MANTOVANI, 2001, 2007; NEW, 2003; ORGANISATION FOR ECONOMIC CO-OPERATION AND DEVELOPMENT, 2001, 2006). A abordagem combina os conceitos de serviços sociais e educação. Crianças de todas as origens socioeconômicas e educacionais frequentam o local, sendo que crianças com deficiências recebem prioridade e plena integração, de acordo com a lei italiana. Mais de 14% da verba da cidade destina-se a esse sistema de educação infantil, que, no momento, inclui mais de 30 creches infantis e pré-escolas municipais, além de muitas outras pré-escolas e serviços conveniados para crianças de até 6 anos.

A EXPERIÊNCIA DE REGGIO EMILIA

Ao longo dos últimos 50 anos, esse sistema desenvolveu, de maneira distinta e inovadora, o seu próprio conjunto de pressupostos filosóficos e pedagógicos, os métodos de organização e os princípios de organização ambiental encarados como um todo unificado, que hoje chamamos de "Experiência de Reggio Emilia". A experiência de Reggio Emilia estimula o desenvolvimento intelectual infantil por meio do foco sistemático na representação simbólica. As crianças pequenas são encorajadas a explorar o seu ambiente e a se expressar por meio de múltiplos caminhos e de todas as suas "linguagens", incluindo: expressiva, comunicativa, simbólica, cognitiva, ética, metafórica, lógica, imaginativa e relacional (REGGIO CHILDREN, 2010). As crianças experimentam e desenvolvem competências no uso da língua falada, nos gestos, nos desenhos, na pintura, na construção, nas esculturas de argila e arame, nas colagens, nas brincadeiras dramáticas, na música, na escrita emergente, para dar alguns exemplos. Ao contrário de algumas orientações quanto à habilidade de desem-

Mapa da Itália com indicação da cidade de Reggio Emilia.

penho das crianças pequenas, os professores da Reggio enfatizam a expressão e a reflexão pessoal sobre seus próprios padrões de pensamento. Em vez de incentivos precoces à leitura, por exemplo, os professores dão apoio à competência na comunicação com os outros por meio da fala e de outros métodos para que todos possam contribuir para o grupo. Em vez de longas horas praticando uma habilidade, a ênfase se dá no estabelecimento de relações significativas e emocionais com a matéria estudada – o conteúdo do projeto. A ênfase recai mais na criação de significado, por meio da invenção de símbolos em muitas mídias, do que na tradução da escrita em palavras, das notações matemáticas em algoritmos corretos ou de partituras em uma apresentação com o violino. As crianças "escrevem" de muitos modos, incluindo movimentos, pinturas, esculturas e animações de computador. Apesar de Reggio dar ênfase às habilidades técnicas necessárias para controlar essas mídias, isso não se faz para alcançar o desempenho dos adultos em desenhos ou apresentações musicais, e sim para proporcionar às crianças muitas maneiras de tornar o que elas criam visível.

Além do mais, desde o início em Reggio houve explícito reconhecimento da parceria entre pais, educadores e crianças; as salas são organizadas para apoiar uma abordagem de resolução de problemas altamente colaborativa da aprendizagem. Outras características importantes são o uso de pequenos grupos em projetos de aprendizagem, a continuidade entre professor-criança (dois professores trabalham com a mesma turma por três anos) e o método de gestão com base na relação com a comunidade. Em Reggio Emilia, a educação é vista como uma atividade comunitária e como forma de compartilhar a cultura por meio da exploração conjunta entre crianças e adultos que abrem tópicos em conjunto para investigação e discussão. A abordagem proporciona novas maneiras de pensar sobre a natureza da criança como aprendiz, o papel do professor, a organização e a gestão da escola, a organização e o uso do ambiente físico e o planejamento curricular que orienta as experiências da descoberta e da resolução de problemas. Devido a todas essas características, a experiência de Reggio Emilia é importante e empolgante para educadores do mundo todo.

Após um passeio em uma caverna local, as crianças representam graficamente o drama da sua experiência: chapéus com lanternas, passagens baixas, estalactites e estalagmites protuberantes, poças surpresas e até um morcego amistoso.
Fonte: Reggio Children (1996).

Uma das praças principais de Reggio Emilia.

UMA CIDADE E UMA REGIÃO DISTINTAS

A experiência de Reggio Emilia de educação infantil se baseia em um conjunto distinto, coerente e evolutivo de pressupostos e perspectivas extraídos de quatro tradições intelectuais importantes: as vertentes europeia e americana da educação progressista, o construtivismo de Piaget e as psicologias socio-históricas de Vygotsky, as políticas de reforma italianas pós-guerra e a filosofia europeia pós-moderna. Elas estão todas unidas com elementos passados e presentes da história e da cultura, tais como as fortes tradições regionais e a democracia participativa – ou seja, alianças entre cidadãos por solidariedade e cooperação. Uma palavra frequentemente ouvida em discussões entre os educadores de Reggio é *civile* ("civil"), sendo que se compreende que a criança tem direitos a civilidade, civilização e consciência cívica (veja o Cap. 3, de David Hawkins).

Reggio Emilia é famosa em toda a Itália como uma de suas cidades com maior qualidade de vida (BOHLEN, 1995), com taxas de desemprego e de criminalidade caracteristicamente baixas, alta prosperidade, instituições governamentais honestas e eficientes e serviços sociais amplos e de qualidade. A região de Emilia Romagna, onde a cidade se localiza, tem um nível muito alto de "comunidade cívica", ou seja, seus cidadãos se unem por relações horizontais de solidariedade social, reciprocidade e cooperação, em vez das relações verticais de autoridade e dependência (PUTNAM, 1993). Robert Putnam coletou informações que revelam que, entre as 20 regiões da Itália, Emilia Romagna tem os níveis mais altos de responsabilidade civil e confiança básica nas instituições e nos políticos locais (conforme evidenciado pelo número de pessoas que votam, de leitores de jornal de membros de clubes e associações). Conceitos populares de democracia participativa garan-

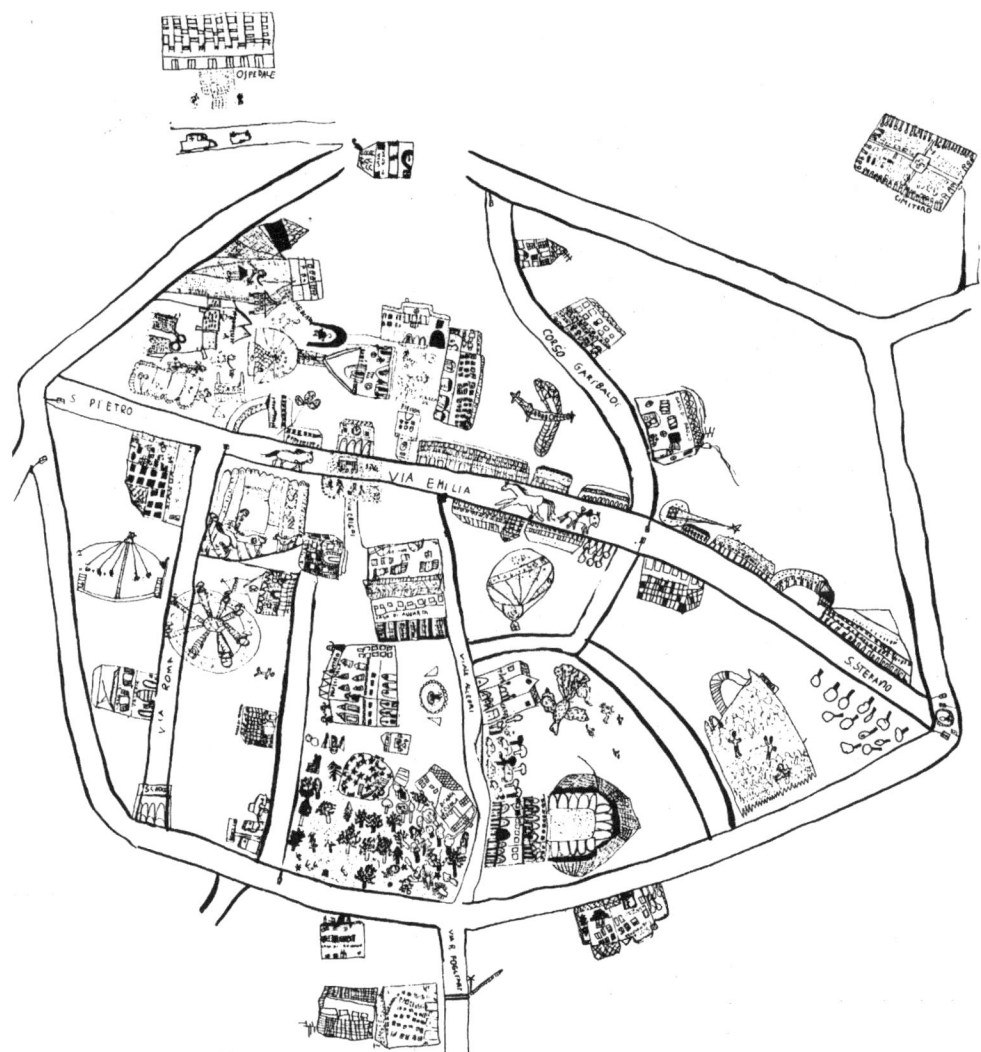

Desenho de uma criança da parte central (mais antiga) de Reggio Emilia.

tem que as pessoas podem e devem falar "como protagonistas" em seu nome e no de seu grupo, com base em sua experiência pessoal e em seu grau de conscientização. Os cidadãos reverenciam suas tradições de organização de todos os estratos da sociedade para resolver problemas sociais juntos por meio de partidos políticos e cooperativas econômicas (agrícolas, de mercado, de crédito, trabalhistas e sindicatos). Essas tendências coletivistas não são recentes, remontando às corporações de ofício e às repúblicas comunitárias no século XIV; elas são uma fonte forte de identidade e orgulho para as pessoas da região de Emilia Romagna em geral e da cidade de Reggio Emilia em particular. Claramente, as ideias sobre democracia participativa e de comunidade cívica são fundamentais para a forma como os educadores de Reggio Emilia se sentem quanto à sua visão e missão educacional (EDWARDS, 1995). É importante compreender de início, portanto, um pouco sobre como essa democracia se encaixa no contexto mais amplo da educação infantil italiana.

O CONTEXTO MAIS AMPLO DA EDUCAÇÃO INFANTIL ITALIANA

Susanna Mantovani, da Universidade de Milão, é uma das principais autoridades da educação infantil italiana. Ela dedicou anos de experiência a papéis de liderança nacional, assim como para prover sua especialidade teórica e pragmática em sua própria área natal, na região da Lombardia. No seu ponto de vista, a pedagogia pode ser vista como a estrutura geral dentro da qual pensamos a educação, desenvolvendo-se a partir de seu contexto cultural específico e das influências de forças, paradigmas e práticas exteriores (MANTOVANI, 2007). Ela acredita que a pedagogia da educação infantil na Itália está atualmente orientada em torno de algumas ideias básicas (MANTOVANI, 2007). Todos esses temas são discutidos ao longo deste livro, o que mostra o quanto os educadores de Reggio participaram e contribuíram na emergência e no esclarecimento de grandes ideias no campo da educação infantil italiana:
- Uma abordagem holística e construtivista para a compreensão das crianças e do seu desenvolvimento.
- A ideia de inteligências múltiplas (*cem linguagens* na Reggio Emilia).
- A importância da organização e da estética do ambiente físico.
- Atenção para a participação e o envolvimento das famílias, dos cidadãos e dos criadores de políticas públicas.
- Atenção para a inclusão e a integração, com respeito a todos os tipos de diversidade.
- A busca pelo acesso universal a serviços educacionais e de cuidado para todas as crianças e famílias.

Mantovani (2007) também resume as tendências intelectuais que dominam as conversas contemporâneas entre especialistas em educação infantil italiana. Frases-chave são recorrentes em suas discussões sobre pedagogia. Cada um desses temas-chave italianos se cruza com os conceitos da educação explicitados por educadores de Reggio ao longo deste livro:
- "Pedagogia do bem-estar" *(pedagogia del benessere)* – uma pedagogia do bem-estar físico e emocional ou grande tranquilidade em meio ao ambiente educacional e de cuidado.
- "Pedagogia do bom gosto" *(pedagogia del gusto)* – uma pedagogia em que a qualidade e a estética dos materiais, dos móveis e das imagens (seu "gosto" ou "sabor") ajudam a criança a apreciar, amar e respeitar o ambiente.
- "Pedagogia das relações" *(pedagogia delle relazione)* – uma pedagogia em que os relacionamentos sociais e interpessoais são vistos como meios de aumentar a autonomia, o pertencimento e a aprendizagem, tanto individual quanto em grupo.
- "Pedagogia da continuidade" *(pedagogia della continuità)* – o mais alto grau de continuidade; envolve a continuidade do trabalho em conjunto da criança com o professor ao longo dos diversos anos e um currículo conectado (*progettazione* na Reggio Emilia).
- "Pedagogia da participação" *(pedagogia della participazione)* – a proximidade nas relações da escola com a casa e a participação dos pais e dos cidadãos na gestão das escolas.

- "Pedagogia da documentação" *(pedagogia della documentazione)* – documentação de quem as crianças são e do processo daquilo que elas fazem, permitindo que crianças e adultos revejam experiências realizadas, renovem memórias e repensem.
- "Pedagogia cultural" *(pedagogia culturale)* – a consciência da natureza cultural de ideias e práticas relacionadas às crianças e à educação.

A INSPIRAÇÃO DA EXPOSIÇÃO

Este livro ganhou o nome *As cem linguagens da criança* devido à homônima exposição viajante que tem contado a história da experiência educacional Reggio desde 1981. A exposição foi concebida, originalmente, por Loris Malaguzzi e seus mais íntimos colaboradores como uma documentação visual do trabalho que estavam realizando e seus efeitos nas crianças. A exposição tem sido apresentada na América do Norte desde 1987 e sua versão mais recente, *The Wonder of Learning: The Hundred Languages of Children*, começou a circular em 2008 (GAMBETTI, 2008). *The Wonder of Learning* é uma exposição linda e intrigante que narra uma história educacional e une experiências, reflexões, debates, premissas teóricas e os ideais éticos e sociais de muitas gerações de professores, crianças e pais. Ela descreve e ilustra – ou, como eles gostam de dizer, torna visível – a filosofia e a pedagogia da experiência de Reggio Emilia por meio de fotografias de momentos de ensino e aprendizagem; roteiros e painéis explicativos (muitos contendo textos de crianças); amostras de processos de pinturas, desenhos, colagens e construções das crianças e materiais audiovisuais (COOPER, 2008; GAMBETTI, 2008).

Como meio de comunicação, a exposição serve como ferramenta para o desenvolvimento profissional e para o suporte de ocasiões, como encontros, conferências e oficinas, em que as pessoas se veem face a face e podem se abrir de maneira total, intensa e focada para a história que os educadores de Reggio Emilia querem contar. Criada pelos educadores de Reggio para informar tanto o público geral quanto o profissional, a exposição exemplifica, de várias maneiras, a própria essência da abordagem educacional.

Primeiramente, a exposição utiliza a **multiplicidade**, em oposição à simplicidade, para transmitir o seu propósito. Ela mergulha o visitante em uma forma de aprendizagem em diversos níveis e modos. Olhando para os painéis amplos, detalhados, carregados de palavras, imagens e objetos, a mente e os sentidos são sobrecarregados com informações e impressões vindas de diversos canais simultaneamente. Isso dá aos visitantes a experiência imediata e tangível de aprendizagem por meio de "cem linguagens". Como Malaguzzi explica no catálogo, a exposição cria "um lugar de condensação ininterrupta de centenas de experiências subjetivas e objetivas", em que

> [...] esperamos obter um fluxo de emoções, mas também de imagens, de interações e de significados mais consoantes com uma realidade cada vez mais profunda. (REGGIO CHILDREN, 1987, p. 22-23).

Uma segunda qualidade da exposição é a **circularidade**. Passeando à vontade pela exposição, os visitantes se encontram em um caminho circular ao refazerem seu percurso e retornarem diversas vezes às suas seções, aos painéis ou aos temas favoritos, cada vez com uma compreensão maior. Exatamente assim, a educação em Reggio Emilia é tudo, menos linear; trata-se de uma espiral aberta.

As crianças pequenas não são passadas nem apressadas sequencialmente de uma atividade à próxima, e sim encorajadas a repetir experiências-chave, observar e reobservar, considerar e reconsiderar, representar e representar novamente.

Terceiro, a exposição mostra o valor da **visibilidade**. Como uma forma de comunicação, ela desenvolveu-se diretamente a partir do que os educadores de Reggio Emilia chamam de *documentação*. No início de sua história (veja a entrevista com Loris Malaguzzi no Cap. 2), os educadores perceberam que documentar sistematicamente os processos e os resultados de seu trabalho com as crianças ajudaria simultaneamente as próprias crianças, os pais e os educadores. A documentação fornece às crianças e aos adultos uma "memória" concreta e visível do que eles disseram e fizeram para servir como trampolim para os próximos estágios da aprendizagem. Ela proporciona aos pais e ao público informações detalhadas sobre o que acontece na escola como forma de agenciar relacionamento e apoio. Por fim, ela fornece aos educadores uma ferramenta de pesquisa e uma chave para continuar melhorando e se renovando. Essa audaciosa percepção levou ao desenvolvimento de documentação de uma forma profissional artística com qualidade em Reggio Emilia, envolvendo diversos produtos, incluindo painéis, livros, apresentações e CDs/DVDs para registrar as experiências de aprendizagem das crianças.

Quarto, a exposição demonstra o valor da **coletividade**. Ela foi criada e projetada não individualmente, mas em grupo. Loris Malaguzzi, fundador e, por muitos anos, diretor do sistema municipal de Reggio Emilia de educação infantil, liderou a tarefa de preparar a exposição, mas muitos administradores, professores e outros membros da cidade contribuíram com tempo, trabalho, ideias e resultados de projetos em suas salas (demonstrando a qualidade dos resultados provenientes dos esforços de sua turma). Os educadores de Reggio acreditam que a reciprocidade, as trocas e o diálogo estão no coração da educação bem-sucedida.

Quinto, a exposição dá grande valor à incompletude ou à **abertura**. Jamais se chega a um estágio em que os educadores de Reggio dizem: "Agora está pronto, não vamos mais pensar em mudanças". Em vez disso, passa-se por transformações que emergem uma após a outra como se fossem edições ou versões separadas. A primeira abriu em 1981 e começou a correr a Europa com o nome *L'occhio se Salta il Muro* (*Quando o Olho Salta o Muro*). O título se tornou I Cento Linguaggi dei Bambini (*As Cem Linguagens da Criança*) em edições posteriores e, depois, *The Wonder of Learning: The Hundred Languages of Children* para a versão completamente revisada para a América do Norte, de 2008 (GAMBETTI, 2008). Nós percebemos algumas mudanças entre as diversas edições das exposições. Por exemplo, em comparação com as primeiras exibições, *The Wonder of Learning* permite que o público veja mais o processo de ensino devido a explicações mais completas nos painéis, além dos DVDs a que o público pode assistir. Além disso, como um suplemento à documentação de projetos de longo prazo, *The Wonder of Learning* contém resumos de uma página de micro-histórias impressas em páginas separadas em um portfólio que pode ser observado ou adquirido para estudo posterior. De fato, visitar a exposição transformou-se de uma experiência que exigia ficar de pé e ler a sinalização para uma que inclui sentar-se e estudar os dados também. Essas modificações não refletem alterações fundamentais na filosofia do ensino, e sim esforços para aprimorar a exposição como meio de comunicação e convite ao diálogo e a maiores estudos.

Exatamente assim, o trabalho educacional em Reggio Emilia nunca se torna fixo e rotineiro, visto que está sempre sendo reexaminado e experimentado. Por esse motivo, os educadores de Reggio se recusam a usar o termo *modelo* quando falam sobre sua abordagem, optando por "nosso projeto" ou "nossa experiência".

Por fim, a exposição demonstra o valor da **coragem**. Quando a primeira exposição foi preparada, em 1981, Vea Vecchi afirma que se sentia uma pioneira: orgulhosa e empolgada por ser parte de um pequeno e valente grupo, inventando novas práticas de ensino e uma maneira linda e incomum de apresentá-las (VECCHI, 2010). Retornando em 2008 para realizar grandes revisões para a *The Wonder of Learning*, ela tornou-se parte de um grande comitê de trabalho composto com o objetivo de ser diverso e interdisciplinar. Ela descobriu que chegar a um consenso e criar todos os componentes desta nova e complexa exposição exigia um tipo novo e diferente de coragem intelectual, já que não tinham mais a brilhante orientação de Loris Malaguzzi (1920-1994) para guiá-los quanto às suas escolhas e decisões. Em sua mente, a natureza mutante da preparação da exposição traçava a evolução da experiência de Reggio: de pioneiros obscuros trabalhando com um líder fundador até um sistema estabelecido carregando o peso da responsabilidade em sociedade com uma nova geração.

A NECESSIDADE DESTE LIVRO

Contudo, a exposição não realiza tudo. Ao contrário de um livro, ela não pode ser levada para casa para reflexão. Ela não pode responder a todas as nossas perguntas sobre a história e a filosofia da abordagem; o currículo, o planejamento e o comportamento do professor; o trabalho com os pais, incluindo aqueles cujos filhos têm "direitos especiais"; e a organização e a estrutura organizacionais. Daí nasceu a necessidade deste livro. Ele permite um tratamento mais extenso e analítico da abordagem de Reggio Emilia em todos os seus aspectos e fornece um fórum para que italianos e norte-americanos contem o que sabem sobre essa abordagem.

A primeira edição,[*] publicada em 1993, buscava ser um ponto de partida e foi bem-sucedida na iniciação de discussões, na apresentação dos pontos fundamentais da abordagem de Reggio Emilia e na descrição dos primeiros passos necessários para usá-la e adaptá-la aos Estados Unidos. Houve um aumento tão grande no interesse norte-americano e no aprofundamento da reflexão que uma segunda edição foi publicada em 1998 para descrever o aumento da sofisticação nas adaptações e nas interpretações para o contexto norte-americano, além de dar aos nossos colegas italianos a oportunidade de responder aos diversos anos de contato e diálogo com colegas da América do Norte.

Desde então passou-se mais de uma década, sendo este um período de grande transformação para a cidade de Reggio Emilia, para seus serviços de educação infantil e para a organização do seu alcance nacional e internacional. O trabalho dos educadores de Reggio tem sido extremamente influente, e muitas publicações descreveram experimentos e inovações inspirados neles em diversas culturas e contextos educacionais. Ao mesmo

---

[*] No Brasil, a primeira edição foi publicada em 1999 e reimpressa em 2015 como volume 1. Ver EDWARDS, C.; GANDINI, L.; FORMAN, G. *As cem linguagens da criança*: a abordagem de Reggio Emilia na educação da primeira infância: Porto Alegre: Penso, 2015. v. 1.

Loris Malaguzzi (à direita), Sergio Spaggiari (centro) e Carlina Rinaldi (à esquerda) recebem as primeiras cópias da primeira edição deste livro, de Lella Gandini.

tempo, a educação na cidade de Reggio evoluiu continuamente. Como em muitas comunidades do mundo durante esse período na história, Reggio Emilia é uma cidade que passa por rápidas mudanças sociais, com aumento populacional; mais línguas, raças e origens; e aumento na controvérsia política entre seus cidadãos – todas essas mudanças exigindo novas respostas civis e políticas para promover a solidariedade e a sustentabilidade. Além do mais, a chegada de uma nova geração de educadores, junto da aposentadoria das gerações anteriores conforme o sistema se expande, introduziu novas questões ao desenvolvimento e ao monitoramento profissionais. Por fim, intensos desejos de se envolver em pesquisas, trocas e diálogos com educadores de todos os tipos (na Itália e além) geraram um foco cada vez mais internacional. No curso de todas essas transformações, a cidade está se afastando de tradições consolidadas e se aproximando de outras, novas e desconhecidas.

Considerando-se que os educadores de Reggio Emilia continuam desenvolvendo suas teorias e práticas, além de seguirem levando em conta a rede cada vez maior de contatos e trocas com os educadores de diversos países, chegou a hora de lançar uma terceira edição atualizada deste livro – que se foque nos processos e nas mudanças educacionais. Aqui, mostramos como a experiência de Reggio é orgânica e dinâmica e como ela responde a forças históricas e a necessidades sociais, tais como o aumento da diversidade populacional e a chegada de uma nova geração de educadores. Como Howard Gardner disse a George Forman em uma entrevista em 2010, as preocupações dos educadores 30 anos atrás se atinham principalmente às escolas. Conforme a sociedade mudou (econômica e demograficamente), o foco expandiu-se para a inclusão de escolas e de políticas comunitárias, incluindo interações com o setor privado, com fundações e com instituições educacionais. Hoje, a abordagem de Reggio Emi-

Loris Malaguzzi, George Forman, Tiziana Filippini e Carolyn Edwards durante a visita à University of Massachusetts, em Amherst, Estados Unidos, na inauguração da exposição *The Hundred Languages of Children*.

lia se foca nesses aspectos, assim como na relação de Reggio com o mundo.

Como o leitor verá, apesar de a experiência Reggio ter se tornado internacionalmente conhecida, ela não virou um simples *slogan* ou fórmula, uma receita ou *commodity* comercial, nem mesmo uma moda ou uma simples tendência. Ela não foi (de fato, nem pode ser) pensada como um tipo de conserto rápido, visto que consertos rápidos nunca funcionam na educação; e, além do mais, programas e modelos do exterior jamais podem ser inteiramente transplantados de um contexto cultural ao outro sem extensas mudanças e adaptações. Em vez disso, o que vimos e aprendemos na Reggio Emilia tornou-se uma fonte de energia e inspiração conforme enfrentamos os nossos próprios problemas com a reforma da escola pública ou com a qualidade desigual, com a pouca coordenação e com a falta de acesso a outros tipos de serviços infantis. O discurso sobre a experiência de Reggio Emilia entrou para o nosso conjunto de referências comuns e tornou-se uma fonte de poderosos conceitos (como *visibilidade, contexto, documentação pedagógica, currículo projetado, imagem de criança, educação como relações, revisitação, nós cognitivos* e *participação*), conforme desenvolvemos nosso próprio vocabulário e exemplos compartilhados para conversar e discutir de maneira cada vez mais produtiva sobre a teoria e a prática na educação.

OS AUTORES E SEUS CAPÍTULOS

As perspectivas dos editores

Os editores trabalharam junto na exposição e conferência *The Hundred Languages of Children*, realizada na University of Massachusetts, em Amherst, Estados Unidos, em dezembro de 1988. Foi durante e imediatamente depois dessa conferência que Carolyn Edwards propôs que colaborássemos para editar um livro sobre as escolas de educação infantil municipais de Reggio Emilia – o primeiro livro do seu tipo. Nós sentíamos que possuíamos pontos fortes complementares que poderiam gerar um livro útil e significativo. Carolyn Edwards, que também ajudou a realizar a exposição de 1993, em Lexington, Kentucky, tem extensa formação em antropologia cultural e desenvolvimento social, tendo, por muitos anos, dirigido a escola de laboratório infantil da University of Massachusetts antes de se mudar para a University of Kentucky e, depois, para a University of Nebraska-Lincoln, onde ela se foca no desenvolvimento e na educação infantis. Lella Gandini, ligação e ponte com a cultura italiana e seu povo, trabalhou como consultora em muitos sistemas educacionais infantis na Itália, na América do Norte e ao redor do mundo. Ela tem formação em arte, assim como em desenvolvimento e educação infantis. George Forman estudou construtivismo desde o início do movimento piagetiano, no final da década de 1960, e, depois de se aposentar pela University of Massachusetts, fundou a Videatives Inc., produzindo vídeos digitais para ajudar os educadores a "verem o que as crianças sabem". Nós três tivemos a ótima oportunidade de observar e estudar essas escolas durante muitas viagens a Reggio Emilia: Lella desde 1976, Carolyn desde 1983 e George desde 1985.

O fluxo de tópicos nos capítulos

Este livro apresenta uma introdução à experiência de Reggio Emilia tanto para novos leitores quanto para os antigos que desejam compreender os fundamentos teóricos e as estratégias práticas de hoje. Como já existem muitos livros que descrevem como a experiência de Reggio foi realizada em outros países, decidiu-se focar no trabalho em desenvolvimento que ocorre em Reggio Emilia. A maioria dos capítulos é escrita por educadores de Reggio. Howard Gardner e Jerome Bruner, psicólogos distintos cujas reflexões nas páginas e nos capítulos iniciais convidam o leitor a entrar neste livro, são convidados frequentes e honrados em Reggio Emilia.

A Parte I, Pontos iniciais, começa com um poema de Loris Malaguzzi, fundador do sistema municipal infantil de Reggio Emilia. A seguir, fornecemos um histórico necessário da experiência de Reggio e apresentamos o sistema infantil de Reggio no contexto italiano. A introdução é seguida por uma entrevista com Loris Malaguzzi feita por Lella Gandini. Foi muito bom que Malaguzzi tenha visto a nossa primeira edição como uma oportunidade de escrever sua primeira revisão compreensiva sobre o seu trabalho e sobre a história do sistema de educação infantil municipal em Reggio Emilia. Os capítulos restantes nessa seção transmitem importantes aspectos do que se distingue no contexto do sistema de educação infantil de Reggio Emilia e como seus líderes buscam preservar a comunidade civil e o forte comprometimento para com a qualidade de vida diante das transformações significativas nas condições políticas, econômicas e demográficas.

A Parte II, Ensinando e aprendendo por meio das relações, explica o sistema de participação dos pais e dos cidadãos, fornecendo informações detalhadas, com muitas histórias e ilustrações, sobre como os professores e os coordenadores pedagógicos trabalham juntos para garantir a qualidade dos serviços de educação infantil para todas as crianças.

A Parte III, A documentação pedagógica como um processo integrado de observação, reflexão e comunicação, apresenta uma análise detalhada da documentação pedagógica e da pedagogia da escuta. Pode-se argumentar que a documentação é a mais importante estratégia educacional a emergir da experiência de Reggio Emilia, e essa seção oferece um diálogo internacional sobre a teoria e a prática da documentação pedagógica.

A Parte IV, A ideia das cem linguagens da criança e sua evolução, descreve esse conceito e o seu desenvolvimento. Em anos recentes, os educadores de Reggio esclareceram como usam a palavra *linguagens* como metáfora para as diferentes maneiras em que os seres humanos se expressam e como uma visão mais ampla da extraordinária competência das crianças. A seção explora os conceitos de "beleza como forma de saber" e como essas ideias orientam o trabalho de atelierista, a organização dos espaços e do ambiente e o uso da tecnologia digital que permite a realização de métodos inovadores de auxiliar a aprendizagem das crianças e o desenvolvimento profissional dos professores. Essa seção conclui com a história do Centro Internacional Loris Malaguzzi, aberto em três grandes fases: em 2006, 2009 e 2011. O Centro Internacional serve de representação física da visão progressista para o futuro de Reggio. Por meio dela, Reggio Children busca realizar ideais progressistas de defender e promover os direitos e o potencial de todas as crianças.

A Parte V oferece nossas reflexões e nossos pensamentos finais sobre novas perguntas e direções, assim como uma lista de princípios orientadores para a interação entre professores e crianças, como uma condensação e uma síntese, que pode ser útil aos leitores.

O CONTEXTO HISTÓRICO DA EXPERIÊNCIA DE REGGIO

Ao nos voltarmos para a experiência das crianças e dos adultos em Reggio Emilia, precisamos colocar esse experimento em perspectiva de modo a compreender o contexto que possibilitou a criação dessa abordagem educacional. Assim, será mais fácil entender aqueles fatores que são comuns a outros programas educacionais na Itália, aqueles que dizem respeito à região de Emilia Romagna e aqueles que são produtos únicos da dedicação e da visão dos educadores de Reggio Emilia.

Historicamente, a educação infantil na Itália foi pega no emaranhado de teias de relacionamentos entre a Igreja e o Estado. Os enormes conflitos de poder entre a centenária igreja católica e o jovem Estado italiano (formado apenas em 1860) afetaram muitos desfechos modernos, incluindo a educação infantil.

Por volta de 1820, nas partes ao Norte e no centro da Itália, instituições de caridade começaram a surgir. Elas foram provenientes da preocupação com os pobres e emergiam por toda a Europa naquela época com a intenção de melhorar a vida da população urbana, reduzir a criminalidade e formar melhores cidadãos (CAMBI; ULIVIERI, 1988). Para as crianças pequenas, surgiram instituições que foram, em algum grau, precursoras dos dois maiores programas de educação infantil atualmente oferecidos na Itália: as creches (*asili nido,* ou "ninhos de segurança"), servindo crianças dos 4 meses aos 3 anos, e as escolas pré-primárias (*scuole dell'infanzia,* ou "escolas da infância"), servindo crianças dos 3 aos 6 anos.

As creches (*Asili Nido*)

Os precursores das creches modernas foram os *presepi* para bebês amamentados no peito ou recentemente desmamados para mães que trabalhavam. Os industriais criaram esses centros em suas fábricas. Por exemplo, em Pinerolo, Piemonte, um centro foi criado no moinho de seda, onde os berços eram balançados pelo motor hidráulico do moinho. Outras instituições similares foram promovidas pelas administrações públicas dos pequenos estados separados que compartilhavam a península itálica antes da unificação. Outras, ainda, foram o resultado de iniciativas de benfeitores privados (DELLA PERUTA, 1980).

Após a unificação do Estado italiano, essas instituições continuaram a se desenvolver, mas com dificuldades. Foi apenas pelo início do século XX que algumas das iniciativas privadas começaram a ser sustentadas por financiamento público, principalmente municipal. A ideia era afastar-se da caridade, realizada apenas por meios privados, e construir programas que combinassem prevenção e assistência e que fossem custeados pelos setores público e privado. Por exemplo, perto de creches ou abrigos para crianças, havia um centro de informações médicas e de auxílio às mães com o objetivo de educá-las sobre cuidados infantis e de reduzir a mortalidade infantil. Todas essas iniciativas culminaram, em 1925, com a aprovação da Lei Nacional de Proteção e Assistência da Infância, que auxiliou a Organização Nacional para a Maternidade e a Infância (ONMI). A organização expandiu-se e organizou centros de cuidado infantil com o Ministério do Interior.

Ao regime fascista, que havia tomado a Itália em 1922, atribuiu-se todos os méritos dessa inovação, enquanto tentava manter viva a conexão com o apoio filantrópico privado. Os centros ONMI adotaram um modelo médico-higiênico de cuidado infantil, que era a principal tendência no seu tempo, e assumiram a ideologia fascista da maternidade, que, por sua vez, foi ligada à política de crescimento populacional do partido. Rosalyn Saltz visitou centros ONMI em Roma, em 1975, e observou:

> Os aspectos psicossociais do desenvolvimento infantil são considerados adequadamente cumpridos se a atmosfera psicológica do centro não é dura, se as crianças não apresentam sofrimento óbvio e se os cuidadores parecem razoavelmente afeiçoados às crianças. (SALTZ, 1976, p. 130).

A ONMI permaneceu instalada com algumas alterações ideológicas por 50 anos, passando até pelos movimentos populares nas décadas de 1960 e 1970. Contudo, em dezembro de 1971, finalmente foi aprovada uma grande legislação para instituir um novo tipo de centro de cuidado infantil, angariando amplo apoio dos sindicatos e dos movimentos feministas. Em dezembro de 1975, os 604 centros ONMI por toda a Itália foram oficialmente transferidos para a gestão das cidades (LUCCHINI, 1980).

Uma lei de 1971 (Lei 1.044) instituiu serviços sociais e educacionais para crianças com menos de 3 anos, com os objetivos de assegurar assistência adequada às famílias e facilitar a entrada das mulheres no local de trabalho. Além disso, a Lei 1.044 definiu que as famílias deveriam se candidatar a serviços e realizar contribuições financeiras parciais, mas a assistência era uma questão de interesse público (e não puramente privado). Durante as décadas de 1970 e 1980, conforme as oportunidades de emprego das mulheres aumentavam por toda a Itália, os serviços de cuidado infantil começaram a ser vistos por muitos como um direito de todas as famílias trabalhadoras. Na verdade, em locais onde os serviços se desenvolveram particularmente bem, os serviços de cuidado infantil passaram a ser vistos como benefícios de qualidade para as crianças, além de um serviço para os pais (MANTOVANI, 2001).

A Lei 1.044 responsabilizou os 20 governos regionais da Itália por cumprir a legislação e deu aos governos municipais a tarefa de estabelecer padrões e regulamentos, fazer pedidos de financiamento e construir e organizar os centros de cuidado infantil. Inevitavelmente, a rede de centros desenvolveu-se de maneira desigual pelas regiões da Itália, influenciada por escolhas políticas, visões sobre o papel das mulheres, recursos financeiros e normas de efetividade administrativa. De maneira similar, a interpretação e a implementação da lei também variaram de acordo com os municípios. Por exemplo, as cidades diferem em como estabeleceram escalas de impostos e priorizaram critérios de admissão com base no emprego materno, na renda familiar e na presença de apoio da família extensa. Em 1986, 1.904 creches haviam sido construídas, atendendo aproximadamente 99 mil crianças (cerca de 6% das crianças italianas com menos de 3 anos), com a mais baixa porcentagem (0,7%) na região Campania do Sul da Itália e a mais alta (20%) na Emilia Romagna. No distrito de Reggio Emilia (onde a primeira creche foi inaugurada em 1970, antes da Lei 1.044), o número de crianças com menos de 3 anos atendidas chegava a 30%. Nas décadas a seguir, períodos de desaceleração ou crise financeira afetaram as economias da Europa, com déficits monetários, desemprego e baixas taxas de crescimento. Diante da redução do capital financeiro e político para gastar com as crianças, a Comunidade Europeia começou a avaliar a adequação e a acessibilidade dos serviços para as crianças e o governo e as políticas de trabalho para auxiliar as famílias (GHEDINI, 2001).

Da mesma forma na Itália, crises monetárias levaram a uma reavaliação dos serviços para crianças de até 3 anos. Começando no fim de 1983, os serviços infantis não se qualificavam mais como "serviços de interesse público", e sim como "serviços de demanda individual", com a suposição de que parte do custo seja paga pelos consumidores (FORTUNATI, 2007). Educadores e criadores de políticas públicas comprometidos preocupavam-se que, apesar de as pesquisas apontarem que uma educação de qualidade beneficiava tanto as crianças quanto suas famílias, estivesse havendo uma retomada da tendência de responsabilizar as mães pela educação e pelo cuidado das crianças – mães que, agora, também participavam do mercado de trabalho. Apesar de administrações responsáveis tentarem proteger seus serviços infantis (na verdade, alguns distritos até continuaram a adicionar novos centros), o debate criou uma nova consciência sobre a diversidade de necessidades dos pais em um período de transformação social e a necessidade de racionalizar todos os gastos públicos. Expandindo o conhecimento e a experiência adquiridos no passado, os educadores e os administradores encontraram uma maneira de oferecer novos tipos de serviços. Começando em meados da década de 1980, especialmente em regiões como a Toscana, a Lombardia, a Emilia Romagna e a Umbria, dois tipos de serviços começaram a ser oferecidos para proporcionar novos tipos de flexibilidade e participação: (1) *spazio bambini*, "espaços das crianças", atendendo crianças de 18-36 meses por um máximo de 5 horas por dia, e (2) *centri per bambini e genitori*, "programas de pais e filhos", em que pais e crianças unem-se com um facilitador profissional (MUSATTI; PICCHIO, 2010).

Reggio Emilia uniu-se a essa tendência de novos serviços e abriu suas primeiras cooperativas público-privadas em 1987. Na década de 1990, os pais formaram a Associação Agora para autogerenciar uma turma de bebês e crianças pequenas em uma creche municipal, e, como tal, "serviços conveniados" continuaram a se expandir na cidade (veja Cap. 5).

As pré-escolas (Scuole dell'Infanzia)

As pré-escolas contemporâneas que atendem crianças de 3 a 6 anos têm profundas raízes no século XIX. Uma instituição, reservada a crianças de 2 a 6 anos e considerada excepcional, foi fundada pelo abade Ferrante Aporti, em 1831, na cidade de Cremona. Ensinar e aprender era importante lá, e as brincadeiras costumavam ser substituídas por artesanatos para os meninos e atividades domésticas para as meninas (DELLA PERUTA, 1980). Após 1867, a influência do jardim de infância de Froebel começou a formar raízes. No início do século XX, conforme a Itália foi se industrializando e o Partido Socialista, com sua agenda progressista, emergiu e cresceu, as necessidades das mulheres trabalhadoras e o cuidado e a educação das crianças entrou em foco. Educadores progressistas envolveram-se na educação infantil. Pistillo (1989) descreve os anos de 1904 a 1913 como particularmente férteis para a educação infantil. Durante esse período, uma lei nacional estabeleceu uma escola de licenciatura para preparar profissionais da educação infantil. As irmãs, Rosa e Carolina Agazzi, desenvolveram uma nova filosofia e um método da educação infantil. Maria Montessori fundou sua primeira Casa de Crianças em Roma.

No entanto, o Ministério da Educação Italiano não auxiliou diretamente o crescimento da educação pré-primária e, apesar de a iniciativa ter permanecido no setor privado, ela passou a ser cada vez mais controlada pela Igreja Católica Romana. Após 1922, o regime fascista dispensou a educação Montessori e promoveu apenas as reformas escolares compatíveis com o monopólio e o controle da Igreja. O método Agazzi, favorecido pela Igreja Católica, foi proclamado o método estatal oficial para a educação das crianças pequenas. Em 1933, no auge do fascismo, mais de 60% das escolas pré-primárias eram dirigidas por ordens religiosas (OLMSTEAD; WEIKART, 1994).

No período do pós-guerra, contudo, após todos os anos de fascismo, o povo estava pronto para a mudança. Em 1945 e 1946, por um curto período logo após a Segunda Guerra Mundial, as pessoas assumiram muitas iniciativas em suas próprias mãos. O governo nacional estava passando por uma reorganização. Foi nesse período que, em localidades com uma forte tradição de iniciativa local, surgiram tentativas espontâneas para estabelecer escolas administradas pelos pais, tais como a que Loris Malaguzzi (Cap. 2) descreve tão vividamente para Reggio Emilia.

Loris Malaguzzi, fundador do sistema público de educação infantil em Reggio Emilia, nasceu em 23 de fevereiro de 1920, em Correggio, na região da Emilia Romagna, no Norte da Itália (GANDINI, 2007). Ele mudou-se com sua família para uma cidade próxima de Reggio Emilia em 1923, quando seu pai assumiu um posto como chefe de ferrovia. Casou-se em 1944 e teve um filho, Antonio, que se tornou arquiteto. Na juventude, durante a guerra na Itália, Malaguzzi dava aulas na escola fundamental em Sologno, uma vila nos Apeninos (1939-1941), e nas escolas de ensino médio e fundamental em Reggio Emilia (1942-1947). Enquanto isso, recebeu o diploma pela Universidade de Urbino (1946) e dedicou suas energias ao apoio do movimento pelas pré-escolas dirigidas pelos pais que surgiram após a Segunda Guerra. Em sua entrevista para Lella Gandini (Cap. 2), Malaguzzi conta uma história vívida sobre como ele ouviu e se envolveu no estabelecimento da primeira escola cooperativa na cidade de Villa Cella, nos arredores de Reggio, depois liderou a organização de sistemas municipais de creches e pré-escolas até sua morte, ocorrida no dia 30 de janeiro de 1994.

O nascimento da educação infantil pública. Por volta de 1950, muitos educadores críticos e pais na Itália se conscientizaram da necessidade de uma maior e melhor oferta de educação infantil. Eles também sabiam que o Partido Democrático Cristão dominante não tinha intenção de alterar o estado da educação infantil. Novas ideias sobre a educação estavam entrando na Itália: o movimento "escola popular" vindo da França; os escritos recentemente traduzidos de educadores progressistas, como Celestin Freinet e John Dewey. Um debate fervoroso alimentava a determinação do povo de mudar a educação em todos os níveis. Em 1951, o Movimento da Educação Cooperativa (MEC) foi formado. Essa organização de professores da educação fundamental tinha o objetivo de aplicar as técnicas de Freinet; eles alcançaram a cooperação por meio do estilo italiano de debate crítico. O líder do MEC era um educador carismático chamado Bruno Ciari, que foi convidado pela gestão de esquerda de Bologna para organizar e dirigir seu sistema escolar. Na verdade, foi apenas em cidades com gestões de esquerda que sistemas educacionais progressistas foram estabelecidos nas décadas de 1960 e 1970. Em cidades em que o Partido Democrático Cristão (de centro) era dominante, o monopólio da Igreja Católica na educação infantil prevaleceu.

Ciari (1961) sugeriu muitas inovações educacionais, tanto em seus textos quanto por meio das reuniões que organizava para professores em Bologna. Como outros no MEC, ele estava convencido que uma sociedade mais justa poderia ser alcançada por meio do tipo certo de educação infantil. Seus livros se tornaram clássicos.

O acúmulo de energia, entusiasmo e atenção impulsionou a educação infantil na Itália. Os debates se iniciaram por pessoas influenciadas por Ciari, que, por sua vez, ajudaram-no a formular muitas de suas ideias-chave. Loris Malaguzzi participou desses debates animados, tendo, por meio deles, conhecido Ciari. Profundamente inspirado por Ciari, Malaguzzi (Cap. 2) lembra-se dele como um fabuloso amigo e como "a inteligência mais lúcida, apaixonada e perspicaz no campo da educação infantil". O grupo ao redor de Ciari compartilhava a crença de que a educação deveria liberar as energias e as capacidades das crianças e promover o desenvolvimento harmônico da criança inteira em todas as áreas – comunicativa, social, afetiva e com respeito ao pensamento crítico e científico. Ciari motivava os educadores a desenvolverem relacionamentos com as famílias e encorajava comitês participativos de professores, pais e cidadãos. Ele argumentava que deveria haver dois professores, e não um, em cada sala, e que todos os professores e profissionais deveriam trabalhar coletivamente, sem hierarquia. Ele pensava que as crianças deviam ser agrupadas por idade durante parte do dia, mas se misturar abertamente durante outra parte, e queria limitar o número de crianças a 20 por sala. Por fim, ele dava muita atenção ao ambiente físico da educação (CIARI, 1972).

Em 1967, surgiu um panfleto explosivo: "Carta a um Professor", de Lorenzo Milani e dos alunos da Escola de Barbiana (1967). Essa foi uma denúncia passional, mas bem documentada de discriminação seletiva e social no sistema escolar nacional. Amplamente citada, a "Carta" tornou-se um manifesto da luta pela reforma educacional. Em 1968, o movimento estudantil irrompeu; estudantes ocupavam universidades e protestavam nas ruas. Nos anos seguintes, viu-se uma enorme mobilização de trabalhadores; greves difundidas pelas cidades ergueram-se contra as negociações contratuais de trabalho. Grupos feministas passaram a se manifestar e a liderar os protestos por melhores serviços sociais, escolas e cuidado infantil. Frequentemente, todos esses grupos marchavam juntos pelas ruas, aplicando pressão concentrada nos partidos políticos e no governo (CORSARO; EMILIANI, 1992).

O período de 10 anos, entre 1968 e 1977, viu a aprovação de muitos elementos-chave da legislação social italiana. Durante esse mesmo período, as mulheres estavam entrando no mercado de trabalho em números cada vez maiores, pressionando vigorosamente por suas demandas. As mais importantes das novas leis foram as seguintes:

1968 Estabelecimento da educação pré-escolar financiada pelo governo.
1971 Estabelecimento da licença-maternidade (12 semanas de licença paga com 80-100% dos ganhos, mais seis meses de licença com 30%).
1971 Estabelecimento dos *asili nido* (creches) financiados pelo governo.
1975 Instituição de nova lei familiar mais protetora dos direitos das mulheres.
1977 Instituição da paridade salarial (pagamento igual para trabalhos iguais) entre homens e mulheres.

Nesse cenário social mutante, com suas notáveis realizações legislativas, os educadores eram recompensados por sua visão e responsividade quanto às novas expectativas para o cuidado e a educação das crianças pequenas. O número de pré-escolas municipais cresceu rapidamente até meados da década de 1980 e, depois, de maneira mais lenta ao longo dos anos. Ao todo, a porcentagem populacional de crianças de 3 a 6 anos atendidas por escolas estatais (nacionais), municipais ou privadas alcançou 88,8% em 1988-1989, 92,7% em 1992--1993 (BECCHI, 1995) e 98,1% em 2001 (ORGANISATION FOR ECONOMIC COOPERATION AND DEVELOPMENT, 2006).

Apesar da promessa da lei de 1968 ter sido em boa parte cumprida, em termos da disposição da educação gratuita para crianças de 3 a 6 anos, ainda há desigualdade entre as regiões da Itália em qualidade e quantidade de serviços para as crianças e de formação para os professores (CORSARO; EMILIANI, 1992; OLMSTEAD; WEIKART, 1994; PISTILLO, 1989). Além disso, a qualidade da educação fornecida varia muito. Diversos sistemas municipais são conhecidos por seus excelentes sistemas (por exemplo, Reggio Emilia, Pistoia, Modena, Parma, Milão, Bologna, Genova, Trento e San Miniato). As escolas privadas baseadas em filosofias e métodos fortes, como as escolas Montessori ou Rudolph Steiner, também podem ser excelentes. Entretanto, tais níveis de qualidade não são típicos da maioria das escolas, talvez porque as pedagogias alternativas fortes não combinem bem com métodos tradicionais (baseados em seus modelos familiares de afeto ou, mais frequentemente, métodos escolares) que são mais familiares.

Contudo, as tendências de inovação sempre existiram lado a lado com os métodos tradicionais. Novas ideias geraram debates; por exemplo, em conexão com o estabelecimento dos padrões nacionais da boa prática pré-escolar (*Orientamenti*, ou "Orientações", em 1968; *Nuovi Orientamenti*, ou "Novas Orientações", em 1991; e *Indicazioni*, ou "Indicações", em 2004) e gestão comunitária em 1974, assim como desenvolvimentos graduais, como a inclusão de crianças com deficiências e o aumento da integração de famílias com filhos de países fora da União Europeia. Recentemente, tem-se dado atenção ao sistema de pré-escolas estatais (nacionais) e ao que se pode fazer para aumentar consistentemente o nível de qualidade dessas escolas.

Começando em meados da década de 1980, iniciou-se um longo período em que tendências conservadoras na política italiana dificultaram a aprovação de novas leis ou iniciativas políticas, e isso teve impacto nos serviços infantis (FORTUNATI, 2007). Ainda assim, apesar desses obstáculos, educadores e cidadãos trabalhando juntos em cidades e regiões progressistas nas regiões Norte e central continuaram tentando criar novos tipos de serviços, métodos de avaliação de qualidade, abordagens de financiamento dos custos de serviço e formas de alcançar populações cada vez mais diversas.

Preparação dos professores e desenvolvimento profissional. Na maior parte do período que descrevemos, os professores se qualificavam para serem *educatrici* ("educadores") em pré-escolas e creches por meio de uma formação tradicional em programas de educação especial. Entretanto, no início da década de 1980, muitos educadores ultrapassaram essas exigências mínimas e passaram a frequentar cursos universitários (NIGRIS, 2007). Em 1998, a legislação nacional estabeleceu novos padrões para professores de educação infantil. As exigências para professores de educação infantil tornaram-se um curso de quatro anos em *Scienze della Formazione Primaria* e um curso de estudos preparatórios tanto para a pré-escola quanto para professores de nível fundamental. Em 1999, o sistema universitário italiano foi reformado, seguindo os tratados europeus, para consistir em um nível de três anos (*laurea*, mais ou menos equivalente ao bacharelado) e um nível de pós-graduação de dois anos (*aurea magistrale*, mais ou menos equivalente ao mestrado). No início de 2007, o curso de quatro anos para professores de pré-escola foi expandido para cinco anos, como em todos os outros níveis de licenciatura. A tendência para professores de educação infantil na maior parte das regiões italianas é a exigência de um curso de três anos. O objetivo dos programas universitários é oferecer estudos multidisciplinares em uma abordagem integrada entre teoria e prática e envolver parcerias com escolas (NIGRIS, 2007). Um desses programas universitários é oferecido pela Universidade de Modena e Reggio Emilia.

Concluindo, esses desenvolvimentos recentes oferecem oportunidades para educadores de todo o mundo que buscam conhecer com maior profundidade e clareza o trabalho Reggio com crianças pequenas. Eles também validam e recompensam as realizações de educadores de Reggio e cidadãos por sua magnífica combinação entre comprometimento e determinação, pesquisa e experimentação, renovação e abertura – todos fortalecidos por anos trabalhando no refinamento de técnicas de comunicação e documentação. Agora, vamos entrar nessa história e ver suas implicações e possibilidades.

REFERÊNCIAS

BECCHI, E. (Ed.). *Manuale della Scuola del Bambino dai 3 ai 6 anni*. Milano: Franco Angeli, 1995.

BOHLEN, C. Tell these Italians communism doesn't work. *New York Times International*, 24 march 1995. Disponível em: <www.nytimes.com/1995/03/24/world/reggio-emilia-journal-tell-these-italians-communism-doesnt-work.html>. Acesso em: 14 jan. 2015.

CAMBI, F.; ULIVIERI, S. *Storia dell'infanzia nell'Italia*. Firenze: La Nuova Italia, 1988.

CIARI, B. *La grande disadattata*. Roma: Riuniti, 1972.

CIARI, B. *Le nuove tecniche didattiche*. Roma: Riuniti, 1961.

COOPER, M. Anticipation and reflection of the exhibit. *Innovations in Early Educaciontion: The International Reggio Exchange*, v. 15, n. 2, p. 14-20, 2008.

CORSARO, W. A.; EMILIANI, F. Child care, early education, and children's peer culture in Italy. In: LAMB, M. E. et al. (Ed.). *Child care in context*: cross-cultural perspectives. Hillsdale: Lawrence Erlbaum, 1992.

DELLA PERUTA, F. Alle origini dell'assistenza alla prima infanzia in Italia. In: SALA LA GUARDIA, L.; LUCCHINI, E. (Ed.). *Asili nido in Italia*. Milano: Marzorati, 1980.

EDWARDS, C. P. Democratic participation in a community of learners: Loris Malaguzzi's philosophy of education as relationship. *CYAF Faculty Publications*, v. 15, 1995. Disponível em: <http://digitalcommons.unl.edu/famconfacpub/15>. Acesso em: 14 jan. 2015.

EDWARDS, C. P.; RINALDI, C. (Ed.). *The diary of Laura*: perspectives on a Reggio Emilia diary. St. Paul: Redleaf, 2009.

FORTUNATI, A. Italy: Quality. Public policies. In: NEW, R. S.; COCHRAN, M. (Ed.). *Early childhood education*: an international encyclopedia. Westport: Praeger, 2007. v. 4.

GAMBETTI, A. The wonder of learning: the hundred languages of children, a new exhibit from Reggio Emilia, Italy-North American version. *Innovations in Early Education: The International Reggio Exchange*, v. 15, n. 2, p. 1-13, 2008.

GANDINI, L. Loris Malaguzzi. Biographical entry. In: NEW, R. S.; COCHRAN, Moncrieff. (Ed.). *Early childhood education*: an international encyclopedia. Westport: Praeger, 2007. v. 2.

GHEDINI, P. Change in Italian national policy for children 0-3 years old and their families: advocacy and responsibility. In: GANDINI, Lella; EDWARDS, C. P. (Ed.). *Bambini:* the Italian approach to infant/toddler care. New York: Teachers College, 2001.

LUCCHINI, E. Nasce l'asilo nido di tipo nuovo. In: SALA LA GUARDIA, L.; LUCCHINI, E. (Ed.). *Asili nido in Italia*. Milano: Marzorati, 1980.

MANTOVANI, S. Infant-toddler centers in Italy today: tradition and innovation. In: GANDINI, L.; EDWARDS, C. P. (Ed.). *Bambini:* the Italian approach to infant/toddler care. New York: Teachers College, 2001.

MANTOVANI, Susanna. Italy: pedagogy and curriculum. Infant/toddler care. In: NEW, R. S.; COCHRAN, M. (Ed.). *Early childhood education*: An international encyclopedia. Westport: Praeger, 2007. v. 4.

MUSATTI, T.; PICCHIO, M. Early education in Italy: research and practice. *International Journal of Early Childhood Education*, n. 42, p. 141-153, 2010.

NEW, R. S. Reggio Emilia: new ways to think about schooling. *Educational Leadership*, n. 7, v. 60, p. 34-38, 2003.

NIGRIS, E. Italy: Teacher training. In: NEW, R. S.; COCHRAN, M. (Ed.). *Early childhood education*: an international encyclopedia. Westport: Praeger, 2007. v. 4.

OLMSTEAD, P.; WEIKART, D. P. (Ed.). *Families speak*: early childhood care and education in 11 countries. Ypsilanti: High/Scope, 1994.

ORGANISATION FOR ECONOMIC CO-OPERATION AND DEVELOPMENT. *OECD country note*: early childhood education and care policy in Italy. Paris: OECD, 2001. Disponível em: <http://www.oecd.org/dataoecd/15/17/ 33915831.pdf>. Acesso em: 21 jan. 2015.

ORGANISATION FOR ECONOMIC CO-OPERATION AND DEVELOPMENT. *Starting strong II*: early childhood education and care. Paris: OECD, 2006. DIsponível em: <http://www.oecd.org/newsroom/37425999.pdf>. Acesso em: 21 jan. 2015.

PISTILLO, F. Preprimary education and care in Italy. In: OLMSTEAD, P.; WEIKART, D. P. (Ed.). *How nations serve young children*: profiles of child care and education in 14 countries. Ypsilanti: High/Scope, 1989.

PUTNAM, R. D. *Making democracy work*: civic traditions in modern Italy. Princeton: Princeton University, 1993.

REGGIO CHILDREN. *The hundred languages of children*: narrative of the possible. Reggio Emilia: Municipal Infant-Toddler Centers and Preschools of Reggio Emilia, 1987.

REGGIO CHILDREN. *The hundred languages of children*: narrative of the possible. Reggio Emilia: Municipal Infant-Toddler Centers and Preschools of Reggio Emilia, 1996.

REGGIO CHILDREN. *The municipal infant-toddler centers and preschools of Reggio Emilia: Historical notes and general information*. Reggio

Emilia: Municipal Infant-Toddler Centers and Preschools of Reggio Emilia, 2010.

SALTZ, R. Infant day care Italian style. In: HANES, M. L.; GORDON, I. J.; BREIVOGEL, W. F. (Ed.). *Update*: the first ten years of life. Gainesville: University of Florida, 1976.

SCUOLA DI BARBIANA. *Lettera a una professoressa*. Firenze: Fiorentina, 1967.

VECCHI, V. *Art and creativity in Reggio Emilia*: exploring the role and potential of ateliers in early childhood education. New York: Routledge, 2010.

Leitura recomendada

REGGIO CHILDREN. *The hundred languages of children*: narrative of the possible. Reggio Emilia: Municipal Infant-Toddler Centers and Preschools of Reggio Emilia, 2005.

2

História, ideias e princípios básicos: uma entrevista com Loris Malaguzzi

Lella Gandini

QUANDO RECEBEMOS AS NOTÍCIAS

Eu tenho o privilégio de lembrar com imagens que ainda são claras. Quando as notícias chegaram à cidade (naquela época, elas viajavam com lentidão e eram imprecisas, bem como as nossas percepções, tendo perdido o hábito durante a guerra, que continuava quente e palpável nas lamentações e nos destroços), lembro que a minha reação foi confusa e incrédula. Dizia-se que, em Villa Cella, as pessoas haviam se unido e montado uma escola para as crianças pequenas; haviam tirado os tijolos das casas bombardeadas e os utilizado para construir as paredes da escola. Poucos dias haviam se passado desde a libertação, e tudo continuava violentamente incerto.

Perguntei aos meus colegas por confirmação. Ninguém sabia ao certo. Não havia telefone, e Cella parecia perdida, geograficamente.

Senti-me hesitante, assustado. Minhas capacidades lógicas, de um professor de nível fundamental completamente esgotado, fizeram-me concluir que, se isso fosse verdade (e eu assim esperava!), mais do que anômalo ou improvável, era de outro mundo... Um partidário, Avvenire Paterlini, aconselhou-me a esperar, pois quem sabe alguém de Cella apareceria. Ninguém veio.

É por isso que subi em minha bicicleta e fui até Villa Cella. Um fazendeiro nos arredores da vila me confirmou; ele apontou o lugar, muito adiante. Havia pilhas de areia e tijolos, um carrinho de mão cheio de martelos, pás e enxadas. Atrás de uma cortina de tapetes para protegê-las do sol, duas mulheres martelavam o cimento velho dos tijolos.

As notícias eram verdadeiras, e a verdade estava, como todos podiam ver nesse ensolarado dia de primavera, nas marteladas desiguais e obstinadas dessas duas mulheres. Uma delas olhou-me e esperou; eu era um estranho, alguém da cidade, talvez elas soubessem olhando para o meu cabelo ou para meus sapatos de corte baixo. "Não somos loucas! Se quer mesmo ver, venha no sábado ou no domingo, quando estamos todos aqui. Al fom da boun l'asilo (nós vamos mesmo construir essa escola)!"

Fui para casa. Minha sensação de espanto, meus sentimentos de assombro eram mais fortes do que a minha felicidade. Eu era um professor de nível fundamental. Havia dado aulas por cinco anos e passado três estudando na universidade. Talvez fosse a minha profissão que me atrapalhasse. Todos os meus pequenos modelos foram comicamente revirados: que a construção de uma escola se desse por meio do povo, de mulheres, de fazendeiros, de funcionários era em si traumático. Mas que essas mesmas pessoas, sem um centavo em seus nomes, sem conhecimentos técnicos, alvarás de construção, engenheiros, inspetores do Ministério da Educação ou do Partido, pudessem realmente construir uma escola com as suas próprias forças, tijolo por tijolo, era o segundo paradoxo.

Trauma ou paradoxo, ainda assim era a verdade, e eu gostava. Estava empolgado pelo modo como isso revirava todo tipo de lógica e preconceito, as antigas leis que governavam a pedagogia, a cultura e como forçava tudo a voltar ao começo, abrindo horizontes inteiramente novos de pensamento.

Percebi que o impossível era uma categoria a ser redefinida, incluindo, como ocorreu com o final da Guerra, a luta dos partidários, a liberação, a "primavera de maio", as consciências renovadas, a própria esperança. Eu até gostava de zombar da sabedoria de Marx. "O homem constrói sua própria história, mas não necessariamente a seu próprio gosto."

Meu sentimento mais forte é que não havia problema com a ideia e a intuição de que a realização do projeto se desse aqui, em meio a fazendeiros e trabalhadores de fábricas. Sentia que essa era uma lição formidável de humanidade e cultura, a qual geraria outros eventos extraordinários. Tudo o que precisávamos fazer era seguir o mesmo caminho.

Meu retorno de Cella foi festivo.

Esse é simplesmente o início da "Creche Popular" de Villa Cella.

Tive a honra de vivenciar o resto da história, com sua difícil e mesquinha teimosia, e todo o seu entusiasmo. E essa permaneceu uma lição ininterrupta dada por homens e mulheres, cujas ideias continuaram intactas, que compreenderam muito tempo antes de mim que a história pode ser mudada e que ela é modificada ao se apossar dela, começando com o destino das crianças.

Fonte: Malaguzzi apud Barazzoni (2000).

PARTE I: HISTÓRIA

"Bom", dizem eles, "se isso é verdade, venha trabalhar conosco."[1]

Tudo parecia inacreditável: a ideia, a escola, o inventário, que consistia em um tanque, alguns caminhões e cavalos. Eles me explicaram tudo: "Iremos construir a escola sozinhos, trabalhando à noite e aos sábados. A terra foi doada por um fazendeiro; os tijolos e as traves serão retirados de casas bombardeadas; a areia virá do rio; o trabalho será voluntário por todos nós".

"E o dinheiro para administrar a escola?"

Um momento de constrangimento, e eles disseram: "Nós vamos dar um jeito". Mulheres, homens, jovens – todos fazendeiros e trabalhadores, todos pessoas especiais que sobreviveram a centenas de horrores da guerra – falavam sério.

Dentro de oito meses, a escola e nossa amizade estabeleceu raízes. O que aconteceu em Villa Cella foi apenas a primeira faísca. Outras escolas foram abertas nos arredores e nos lugares mais pobres da cidade, todas criadas e administradas pelos pais. Encontrar apoio para a escola, em uma cidade devastada, rica apenas de lamentações e pobreza, seria um suplício longo e difícil, que exigira sacrifícios e solidariedade hoje impensáveis. Quando à "escola do tanque", em Villa Cella, outras sete foram adicionadas nas áreas pobres ao redor da cidade, iniciadas por mulheres com a ajuda do Comitê de

Libertação Nacional, compreendemos que o fenômeno era irreversível. Algumas das escolas não sobreviveriam. A maioria delas, contudo, demonstrou força e vivacidade o bastante para sobreviver por quase 20 anos.

Por fim, após sete anos dando aulas no ensino médio, decidi abandonar meu emprego. O trabalho com as crianças havia sido recompensador, mas a escola estatal continuava a seguir seu próprio rumo, mantendo sua indiferença estúpida e intolerável para com as crianças, sua atenção oportunista e insinuante para com a autoridade e sua esperteza interesseira empurrando conhecimento pré-embalado. Fui para Roma estudar psicologia no Centro de Pesquisas Nacional. Quando voltei a Reggio Emilia, dei início a um centro de saúde mental para crianças com dificuldades, financiado pela cidade na escola municipal. Assim, comecei duas vidas paralelas, uma de manhã, neste centro, e outra de tarde e de noite, nas pequenas escolas administradas pelos pais.

Os professores nessas pequenas escolas demonstravam motivação excepcionalmente alta. Eles eram muito diferentes uns dos outros, pois haviam estudado em diversas escolas católicas ou em outros colégios privados, mas suas ideias eram amplas e ambiciosas e sua energia não conhecia limites. Eu me uni a esses professores e comecei a trabalhar com as crianças, ensinando enquanto nós mesmos aprendíamos. Logo, percebemos que muitas delas tinham problemas de saúde e estavam subnutridas. Também percebemos como a língua italiana padrão lhes era estranha, visto que suas famílias falavam dialetos locais há diversas gerações. Pedimos aos pais que nos ajudassem, mas encontrar maneiras para todos cooperarem efetivamente tornou-se uma tarefa incrivelmente exigente; não por falta de determinação, mas por falta de experiência. Estávamos quebrando padrões tradicionais.

Um grupo de crianças e professora da Escola Villa Cella, em 1950.

Quando começamos a trabalhar com esses corajosos pais, sentimos entusiasmo e medo ao mesmo tempo. Sabíamos perfeitamente bem o quanto éramos fracos e despreparados. Fizemos uma checagem dos nossos recursos, uma tarefa simples. Uma mais difícil foi aumentar esses recursos; mais difícil ainda foi prever como iríamos usá-los com as crianças. Conseguíamos imaginar um grande desafio, mas ainda não conhecíamos as nossas próprias capacidades nem as das crianças. Informamos às mães de que nós, assim como seus filhos, tínhamos muito o que aprender. Uma ideia simples e libertadora veio em nosso auxílio – isto é, que tudo sobre as crianças e para as crianças somente pode ser aprendido com as crianças. Sabíamos que isso era verdade e mentira ao mesmo tempo. Contudo, precisávamos dessa afirmação e de um princípio orientador; eles nos davam forças e se tornaram parte essencial de nossa sabedoria coletiva. Foi a preparação para 1963, o ano em que as primeiras escolas municipais ganharam vida.

O ANO DE 1963: A PRIMEIRA ESCOLA MUNICIPAL INFANTIL

Gandini: *Pode lembrar esse evento para nós?*

Malaguzzi: Era uma escola com duas salas grandes o bastante para 60 crianças, e lhe demos o nome de Robinson para lembrar as aventuras do herói de Daniel Defoe. Você deve ter ouvido como o nascimento da primeira escola em 1963 estabeleceu um marco importante. Afirmava-se pela primeira vez na Itália que as pessoas tinham o direito de fundar uma escola laica para crianças pequenas – uma quebra justa e necessária no monopólio que a Igreja Católica exercia até o momento sobre a educação das crianças.

Era uma mudança necessária em uma sociedade que estava se renovando e se modificando profundamente, em que os cidadãos e suas famílias exigiam cada vez mais serviços sociais e escolas para seus filhos. Eles queriam escolas de outro tipo: com melhor qualidade, livre de tendências caridosas, que não fossem simplesmente de guarda e proteção nem discriminatórias de qualquer tipo.

Foi uma realização decisiva, apesar de a escola se localizar em um pequeno prédio de madeira designado pelas autoridades. De fato, foi difícil encontrar crianças o bastante para participar devido à novidade da escola municipal. Três anos depois, ela pegou fogo à noite. Corremos todos para lá, até o prefeito, e lá ficamos assistindo até sobraram apenas cinzas. Mas, um ano depois, a escola foi reconstruída com tijolos e concreto. Agora, estávamos envolvidos em um esforço sério. A partir dessas raízes de determinação e paixão cívicas, que foram se tornando parte da consciência pública, estão os acontecimentos e as histórias que estou narrando para você.

Das escolas administradas pelos pais, recebemos o primeiro grupo de professores especializados. As responsabilidades eram claras em nossa mente; muitos olhos, nem todos amigáveis, nos observavam. Tínhamos que cometer o menor número de erros possíveis; tínhamos que encontrar a nossa identidade cultural rápido, nos tornar conhecidos e ganhar confiança e respeito. Lembro que, após alguns meses, a necessidade de nos tornar conhecidos ficou tão forte que planejamos uma atividade muito bem-sucedida. Uma vez por semana, levávamos a escola para a cidade. Literalmente colocávamos as crianças e as nossas ferramentas em um caminhão e íamos dar aulas ao ar livre, na praça, em locais públicos ou sob a colunata do teatro municipal. As crianças ficavam felizes. As pessoas viam; elas ficavam surpresas e faziam perguntas.

Sabíamos que a nova situação exigia continuidade, mas também muitas quebras com o passado. As experiências do passado que buscávamos preservar eram o contato humano e a ajuda recíproca, a sensação de realizar um trabalho que revelasse (por meio das crianças e das famílias) motivações e recursos desconhecidos e uma consciência dos valores de cada projeto e de cada escolha para serem usados na realização de atividades completamente distintas. Queríamos reconhecer o direito de todas as crianças serem protagonistas e a necessidade de apoiar a sua curiosidade espontânea em alto nível. Tínhamos de preservar a nossa decisão de aprender com as crianças, com os eventos e com as famílias, ao máximo dos nossos limites profissionais, e nos prepararmos para trocar de ponto de vista para que jamais tivéssemos certezas demais.

Era um período frenético, um tempo de adaptação, um ajuste contínuo das ideias, de seleção de projetos e de tentativas. Esperava-se que aqueles projetos e aquelas tentativas dessem muitos resultados com boa qualidade; eles deviam ser uma resposta às expectativas combinadas das crianças e de suas famílias e refletir as nossas competências, que ainda estavam se desenvolvendo. Lembro que realmente nos envolvemos em um projeto baseado em Robinson Crusoé. O plano era que todos nós, incluindo as crianças, reconstruíssemos a história, o personagem e as aventuras do nosso herói. Trabalhávamos lendo e relendo a história; usávamos a nossa memória, assim como as nossas habilidade de desenho, de pintura e de artesanato. Reconstruímos o navio, o mar, a ilha, a caverna e as ferramentas. Foi uma reconstrução longa e espetacular.

No ano seguinte, agora especialistas, passamos a trabalhar com uma reconstrução semelhante da história do Pinóquio. Então, alguns anos depois, mudamos o mecanismo. Eu havia passado pelo Instituto Rousseau e pela École des Petits (Escola das Crianças Pequenas) de Piaget, em Genebra. Como nos inspirávamos em Piaget, optamos por trabalhar com números, matemática e percepção. Naquela época, estávamos (e ainda estamos) convencidos de que não se trata de uma imposição sobre as crianças nem um exercício artificial trabalhar com números, quantidade, classificação, dimensões, formas, medidas, transformação, orientação, conservação e mudança ou velocidade e espaço, porque essas explorações pertencem espontaneamente às experiências cotidianas das brincadeiras, das negociações, dos pensamentos e das conversas das crianças. Esse era um desafio completamente novo na Itália, e a nossa iniciativa nos recompensou. Ele marcou o início de uma fase experimental que ganhou fôlego com o estudo de diversas teorias psicológicas, a observação de fontes teóricas distintas e a pesquisa proveniente de fora do país.

Contudo, pensando agora sobre aquele experimento, sobre uma época em que estávamos procedendo sem pontos claros de referência, devemos lembrar também os nossos excessos, a incongruência das nossas expectativas e os pontos fracos dos nossos processos críticos e autocríticos. Estávamos cientes de que muitas coisas na cidade, no país, na política, nos costumes e nos termos das necessidades e das expectativas estavam mudando.

Em 1954, o público italiano começou a assistir à televisão. Migrações do Sul para o Norte começaram, com o consequente abandono do interior. Com novas possibilidades de trabalho, as mulheres estavam desenvolvendo aspirações e demandas que quebravam a tradição. O *baby boom* modificou tudo, particularmente o papel e os objetivos das escolas para as crianças pequenas, e levou a um poderoso crescimento na demanda por serviços sociais. Além do mais, o pedido para colocar filhas e filhos pequenos nas pré-escolas estava se tornando um fenômeno de massas.

A partir de tudo isso, surgiu a necessidade de produzir novas ideias e experimentar com novas estratégias educacionais, em parte porque o governo municipal estava cada vez mais determinado a instituir mais escolas para satisfazer as necessidades emergentes das crianças e de suas famílias. Grupos de mulheres, professores, pais, conselhos de cidadãos e comitês escolares estavam começando a trabalhar junto dos municípios para ajudar e contribuir para aquele desenvolvimento.

Após muita pressão e batalhas entre o povo, em 1967, todas as escolas administradas pelos pais passaram para a gestão do distrito de Reggio Emilia. Havíamos lutado por oito anos, de 1960 a 1968. Como parte da batalha política na Itália por escolas infantis públicas disponíveis a todas as crianças dos 3 aos 6 anos, havíamos debatido o direito do estado e dos municípios de estabelecer tais escolas. No confronto dentro do parlamento nacional, forças seculares obtiveram êxito sobre o lado que defendia uma educação católica. A nossa cidade estava no fronte: em 1968, havia 12 turmas para crianças pequenas administradas pelo distrito. Haveria 24 em 1970, 34 em 1972, 43 em 1973, 54 em 1974 e 58 em 1980, localizadas em 22 prédios escolares.

Hoje, quando na Itália 88% das crianças entre os 3 e os 6 anos adquiriram o direito de ir à escola e os pais podem escolher entre três tipos de instituições – nacional, municipal e privada –, parece adequado lembrar-se desses eventos remotos, humildes mas poderosos, que ocorreram no interior e na periferia urbana, aqueles eventos nos quais as cidades se inspiraram para desenvolver uma política exemplar em favor da criança e da família.

O ANO DE 1976: UM ANO DIFÍCIL – UM ANO BOM

Gandini: *Você disse que a educação das crianças pequenas era um monopólio virtual da Igreja Católica. Como os católicos reagiram à escola laica?*

Malaguzzi: Já em 1970 o cenário havia mudado. As escolas e os serviços sociais haviam se tornado, inescapavelmente, questões nacionais, e o debate cultural ao seu redor tornou-se ainda mais avivado e, ao mesmo tempo, mais civil. Lembro-me de que não havia sido assim quando, em 1963, organizamos um seminário ítalo--checo sobre as brincadeiras. Não havia sido assim quando, em 1968, patrocinamos um simpósio sobre a relação entre psiquiatria, psicologia e educação – considerada uma combinação perigosa ou desconhecida naquele tempo – nem, a esse respeito, quando organizamos posteriormente um encontro entre biólogos, psicólogos e especialistas em educação para discutir a expressão gráfica das crianças. O encontro posterior, devido à atenção dada à biologia e à neurologia, resultou na acusação de que havíamos dado muita ênfase ao materialismo.

A nossa experiência nos fez avançar muito e tornou-se um ponto de referência para educadores em muitas áreas do país. Isso é especialmente verdadeiro para professores jovens, que estavam descobrindo uma profissão que, até o momento, era monopolizada por freiras. Por volta de 1965, as nossas escolas ganharam dois fabulosos amigos. O primeiro foi Rodari (1996), um poeta e escritor de histórias infantis amplamente traduzidas, que dedicava seu livro mais famoso, *Grammatica della Fantasia*, à nossa cidade e às suas crianças. O segundo foi Bruno Ciari, a inteligência mais lúcida, ardente e aguda no campo da educação infantil. Eles foram, de fato, estupendos amigos. Em 1971, com notável ousadia, organizamos um encontro nacional exclusivamente para professores. Esperávamos 200 participantes, mas apareceram 900. Foi dramático e glorificante e, ao mesmo tempo, foi um evento que nos permitiu publicar o primeiro trabalho sobre a educação infantil: *Esperienze per una Nuova Scuola Dell'infanzia* (MALAGUZZI, 1971a). Após alguns meses, publicamos outro trabalho (MALAGUZZI, 1971b), *La Gestione Sociale nella Scuola Dell'infanzia*. Esses dois trabalhos continham algumas coisas que havíamos desenvolvido com os professores de Reggio Emilia e de Modena (onde fui também consultor) com relação a nossas ideias e experiências.

Em 1972, todo o conselho da cidade, incluindo a minoria católica, votou a favor das regras e dos regulamentos que havíamos esboçado para administrar as escolas infantis. Após anos de polêmica, ou simplesmente falta de reconhecimento, esse evento marcou a legitimação de 10 anos de laboriosos esforços. Celebramos em todas as escolas.

Em 1975, fui convidado a ser o orador de outro encontro, dessa vez organizado pelo governo regional da Emilia Romagna acerca dos direitos das crianças. Não poderia vir em melhor momento. Eu havia recém-voltado para uma visita ao Instituto Rousseau e à École des Petits, em Genebra, enchendo-me de admiração pelas visões piagetianas e pelos planos, mencionados anteriormente, que logo começamos a implementar.

O ano de 1976 foi duro e inesperado. Em novembro, o representante da Igreja Católica no governo, por meio da rádio governamental, iniciou uma campanha difamatória contra as escolas infantis administradas pelas cidades, e especialmente contra as nossas escolas. Elas foram atacadas como um modelo de educação que estava corrompendo as crianças e como um modelo de política de assédio contra as escolas religiosas privadas.

Após sete dias dessa campanha, sentimos que precisávamos reagir. A minha decisão foi a de suspender as atividades regulares planejadas pelos professores e convidar o clero local a vir para um debate aberto nas nossas escolas. Essa discussão pública durou quase cinco meses. Com o passar do tempo, a oposição grosseira foi se tornando mais civil, tranquila e honesta; conforme as ideias começaram a surgir, uma compreensão recíproca passou a se formar. Ao fim dessa aventura, acabamos exaustos com a sensação de que a angústia havia se dissipado, e acredito que esse alívio foi compartilhado por todos de ambos os lados. O que permaneceu foi a sensação de enriquecimento e de humanidade.

Refletindo sobre esse evento de uma perspectiva histórica, podemos ver que esse debate surgiu devido à ansiedade de alguns oficiais da Igreja pela perda do seu monopólio sobre a educação. Eles estavam sendo simultaneamente confrontados com a redução no número de homens e mulheres optando por vocações religiosas, resultando no aumento da necessidade de professores laicos e no consequente aumento do custo de administrar suas escolas. Além do mais, a Constituição Italiana proibia o uso de financiamento federal para sustentar escolas católicas; portanto, a Igreja estava tentando obter apoio financeiro de governos locais (que seria concedido posteriormente).

Ainda outro fator, no meu ponto de vista, que explica o ataque às nossas escolas foi o rápido crescimento da influência cultural na nossa experiência. O nosso trabalho, os seminários, os encontros e as publicações contribuíram para o reconhecimento nacional às nossas escolas administradas pela cidade. Escolas infantis estatais também existiam, junto de escolas municipais, mas o seu crescimento era lento e controlado demais pelo governo central. Assim, a nossa abordagem era um raio de sol iluminando as limitações das escolas religiosas, que eram, com algumas poucas exceções, incapazes de ir além da velha e ultrapassagem abordagem de guarda e proteção da educação.

Uma das consequências foi que uma agência governamental, chamada Centro Nacional de Ensino, estabeleceu laços com o nosso grupo e me convidou para participar dos seus encontros. Esses laços ainda perduram. Outro resultado foi que uma importante editora confiou-me com a direção da sua nova revista, *Zerosei* (Zero a Seis, 1976-1984), e posteriormente *Bambini* (Crianças, 1985-até o presente), dirigido a educadores infantis. Eu ainda estou envolvido com esse empreendimento.

No final, o doloroso confronto de 1976 e a sua conclusão favorável nos tornou mais fortes e conscientes do que havíamos construído, assim como mais ávidos por continuar. Na década de 1980, seguimos adiante com a nossa primeira viagem internacional à Suécia, com a primeira edição da nossa exposição, *Quando o Olho Salta o Muro*, e o início de outros voos que nos levariam em viagens ao redor do mundo.

UMA ESCOLHA DE VIDA E PROFISSIONAL

Gandini: *Parece que você optou por dedicar a sua vida à educação e ao cuidado das crianças pequenas. Quando tomou essa decisão de vida?*

Malaguzzi: Eu poderia evitar responder, como outros fizeram antes de mim, dizendo que, quando você não me pergunta, sei, mas quando você me pergunta, já não sei mais a resposta. Existem algumas escolhas que você só sabe que estão vindo na sua direção quando elas estão prestes a explodir. Mas há outras escolhas que se insinuam e se tornam aparentes com um tipo de leveza obstinada, que parece ter crescido lentamente dentro de você durante os acontecimentos da sua vida, devido a um misto de moléculas e pensamentos. Deve ter acontecido desse jeito. Mas também a Segunda Guerra, ou qualquer guerra, com a sua tragédia absurda pode ter sido o tipo de experiência que empurra as pessoas ao trabalho de educar, como forma de recomeço de vida e trabalho pelo futuro. Esse desejo atinge as pessoas conforme a guerra chega ao fim e os símbolos da vida reaparecem com violência igual ao dos tempos de destruição.

Não sei com certeza, mas acho que é aí que podemos buscar um início. Logo depois da guerra, senti um pacto, uma aliança, com as crianças, os adultos, os veteranos dos campos de prisioneiros, os partidários da resistência e os que sofreram com a devastação do mundo. Ainda assim, esse sofrimento foi mandado para longe em um dia de primavera, quando ideias e sentimentos voltados para o futuro pareceram muito mais fortes do que aqueles que se focavam no presente. Parecia que as dificuldades não existiam e que não havia maiores obstáculos a superar.

Foi uma poderosa experiência que surgiu de uma densa teia de emoções e de uma complexa matriz de conhecimentos e valores com a promessa de uma criatividade nova da qual eu estava recentemente me conscientizando. Desde esses dias, frequentemente reavaliei a minha posição e, mesmo assim, permaneci no meu nicho. Nunca me arrependi de minhas escolhas ou do que abdiquei por elas.

Gandini: *Quais os seus sentimentos e como você enxerga as suas experiências ao se lembrar da sua história?*

Malaguzzi: Cara Lella, você há de concordar que ver um tanque do Exército, seis cavalos e três caminhões gerando uma escola para crianças é extraordinário. O fato de que a escola ainda existe e continua a funcionar bem é o mínimo que se esperaria de um início assim. Além do mais, sua valiosa história confirma que uma nova experiência educacional pode emergir a partir das circunstâncias menos esperadas.

Se continuamos a rever essas origens extraordinárias é porque ainda estamos a entender as intuições, as ideias e os sentimentos que estavam lá no início e que nos acompanham desde então. Eles correspondem ao que Dewey (1998) chamou de "os fundamentos da mente" ou que Vygotsky (1978) considerava "o empréstimo da consciência". Tais conceitos mantivemos em mente, especialmente nos momentos em que tivemos de tomar decisões difíceis e superar obstáculos. De fato, a primeira filosofia aprendida com esses eventos extraordinários, após uma guerra como essa, foi atribuir significado humano, dignificado, *civil*, à existência; conseguir tomar decisões com clareza de ideias e propósito; e ansiar pelo futuro da humanidade.

Mas os mesmos eventos nos garantiram algo mais imediatamente, ao que sempre tentamos nos manter fiéis. Esse algo surgiu dos pedidos das mães e dos pais, cujas vidas e preocupações se focaram em suas crianças. Eles só pediam que essa escola, que haviam construído com as próprias mãos, fosse um tipo diferente de escola, uma escola que pudesse educar os seus filhos de uma maneira diferente de antes. Foram especialmente as mulheres que expressaram esse desejo. A equação era simples: se as crianças tinham direitos legítimos, então elas também precisavam de oportunidades para desenvolver a sua inteligência e para serem preparadas ao sucesso que não poderia, nem deveria, escapar-lhes. Essas eram as ideias dos pais, expressando uma aspiração universal, uma declaração contra a traição do potencial das crianças e um aviso de que as crianças precisavam, antes de tudo, serem levadas a sério e terem a nossa confiança. Esses três conceitos poderiam se encaixar perfeitamente em qualquer bom livro sobre educação. E se adequavam a nós perfeitamente bem. As ideias provenientes dos pais eram compartilhadas por outros que compreendiam suas profundas implicações. Se o nosso esforço perdurou por muitos anos, foi devido a essa sabedoria coletiva.

PARTE II: FILOSOFIA

As fontes da nossa inspiração

Gandini: *Que teorias e escolas você acha que influenciaram a formação da sua abordagem?*

Malaguzzi: Quando alguém nos pergunta como começamos, de onde viemos, quais são as fontes da nossa inspiração, e assim por diante, somos obrigados a citar uma longa lista de nomes. E quando falamos sobre nossas origens humildes, mas, ao mesmo tempo, extraordinárias, e tentamos explicar que, a partir dessas origens, extraímos os princípios teóricos que ainda sustentam o nosso trabalho, percebemos muito interesse e nenhuma incredulidade. É curioso (mas não injustificado) como se acredita que as ideias e as práticas educacionais só podem ser extraídas apenas de modelos oficiais ou teorias estabelecidas.

Contudo, devemos afirmar imediatamente que também surgimos de uma origem cultural complexa. Estamos imersos em história e rodeados de doutrinas, políticas, forças econômicas, mudanças científicas e dramas humanos; há sempre em progresso uma difícil negociação pela sobrevivência. Por esse motivo, tivemos de nos esforçar e, ocasionalmente, corrigir e modificar a nossa direção, mas até o momento o destino nos poupou de acordos e traições vergonhosos. É importante que a pedagogia não seja prisioneira de

Crianças e professores levam a pré-escola a uma praça pública para os cidadãos observarem.

certezas excessivas, e sim que tenha consciência da relatividade dos seus poderes e das dificuldades de traduzir os seus ideais na prática. Piaget já nos avisou que os erros e males da pedagogia vêm de uma falta de equilíbrio entre dados científicos e aplicação social.

A nossa preparação foi difícil. Procurávamos leituras; viajávamos atrás de ideias e sugestões das poucas mas preciosas experiências inovadoras de outras cidades; organizávamos seminários com amigos e com as figuras mais vigorosas e inovadoras do cenário educacional do país; tentávamos experimentos; iniciamos contatos com os nossos colegas suíços e franceses.

O primeiro desses grupos (os suíços) gravitava pela área da educação ativa e das tendências piagetianas. O segundo (os franceses) era influenciado pela educação cooperativa de Freinet, que achava que os alunos precisavam trabalhar em grupos e serem encorajados a aprender com os seus erros, e por outros que inventaram uma escola muito estranha: a cada três anos, essa escola francesa se mudava para um novo local, onde a reconstrução de casas de campo antigas e abandonadas servia de base para o trabalho educacional com as crianças. E foi assim que prosseguimos, e as coisas foram gradualmente se unificando em um padrão coerente.

A educação das crianças na década de 1960

Gandini: *Sabemos que na Itália, na década de 1960, surgiu uma nova consciência acerca da educação infantil. Qual era o cenário cultural que a acompanhou?*

Malaguzzi: Na década de 1960, questões acerca de escolas infantis ocupavam o centro de intensos debates políticos. A necessidade de sua existência era inegável, mas o principal debate era se as escolas deviam existir como um serviço social. Considerações pedagógicas mais substantivas permaneciam em segundo plano. Na verdade, em relação ao tópico da educação, a Itália estava muito atrás. Por 20 anos sob o fascismo, o estudo das ciências sociais havia sido suprimido e as experiências e teorias norte-americanas e europeias haviam sido excluídas. Esse tipo de isolamento estava desaparecendo em 1960. Os trabalhos de John Dewey, Henri Wallon, Edward Claparede, Ovide Decroly, Anton Makarenko, Lev Vygotsky e posteriormente Erik Erikson e Urie Bronfenbrenner estavam ficando famosos. Além do mais, estávamos lendo *The New Education*, de Pierre Bovet e Adolfe Ferriere, e aprendendo sobre técnicas de ensino de Celestin Freinet, na França, o experimento educacional progressista da Dalton School, em Nova York, e a pesquisa de Piaget e colaboradores, em Genebra.

Essa literatura, com suas fortes mensagens, orientava as nossas decisões; e a nossa determinação de continuar dava ímpeto ao fluxo das nossas experiências. Evitamos a paralisia que havia empacado teóricos políticos de esquerda por mais de uma década em um debate sobre a relação entre conteúdo e método na educação. Para nós, esse debate era inútil, porque não levava em conta as diferenças que fazem parte da nossa sociedade e ignorava o fato de que a educação ativa envolve uma aliança inerente entre conteúdo e método. Além disso, o que fortalecia a nossa crença na educação ativa era a consciência do pluralismo das famílias, das crianças e dos professores, que estavam cada vez mais envolvidos em nosso projeto conjunto. Essa consciência nos permitia ser mais respeitosos sobre as posições políticas divergentes. Estávamos ficando mais livres da intolerância e do preconceito.

Olhando para trás, parece-me que essa escolha em relação ao respeito fortaleceu a nossa autonomia para elaborarmos o nosso projeto educacional, ajudando a resistir a muitas pressões contrárias.

A tradição italiana baseava-se em Rosa Agazzi e Maria Montessori, duas importantes figuras do início do século. A princípio, Montessori foi louvada e depois relegada a segundo plano pelo regime fascista devido à sua abordagem científica para a pedagogia. Agazzi foi adotada como modelo porque a sua pedagogia estava mais próxima da visão do catolicismo. Ainda acredito que os textos de Montessori e Agazzi precisam ser usados para reflexão antes de avançarmos.

Enquanto isso, na prática, a Igreja Católica Romana quase obteve monopólio sobre a educação pré-escolar, concentrando os seus esforços em ajudar as crianças necessitadas e em oferecer serviços de guarda e proteção, em vez de responder às mudanças sociais e culturais. A típica sala continha de 40 a 50 crianças, confiadas a uma freira sem diploma em licenciatura e sem salário. A situação fala por si por meio dos números: em 1960, cerca de apenas um terço das crianças pequenas estavam na pré-escola, onde elas tinham aula com 22.917 professores, dos quais 20.330 eram freiras.

Mais sobre as fontes de inspiração

Gandini: *Você mencionou uma primeira onda de fontes que o inspiraram. Pode nos falar mais sobre outras fontes que foram importantes para você?*

Malaguzzi: Na década de 1970, estávamos ouvindo outra onda de pensadores, incluindo os psicólogos Wilfred Carr, David Shaffer, Kenneth Kaye, Jerome Kagan e Howard Gardner, o filósofo

David Hawkins e os teóricos Serge Moscovici, Charles Morris, Gregory Bateson, Heinz Von Foerster e Francisco Varela, além daqueles que trabalham no campo da neurociência dinâmica. A rede de fontes da nossa inspiração perpassa diversas gerações e reflete as escolhas e seleções que fizemos ao longo do tempo. A partir dessas fontes, recebemos ideias duradouras e ideias de vida curta – tópicos para discussão, razões para encontrar conexões, desacordos com mudanças culturais, ocasiões de debate e estímulos para confirmar e expandir práticas e valores. Ao todo, adquirimos uma noção da versatilidade da teoria e da pesquisa.

Mas conversas sobre a educação (incluindo a educação infantil) não podem ser restritas à sua literatura. Tal conversa, que também é política, deve tratar continuamente de grandes mudanças e transformações sociais na economia, na ciência, nas artes e nos relacionamentos e costumes humanos. Todas essas forças maiores influenciam como os seres humanos – até as crianças pequenas – "leem" e lidam com as realidades da vida. Elas determinam o surgimento, tanto em níveis gerais quanto locais, de novos métodos de conteúdos e de novas práticas educacionais, assim como novos problemas e novas perguntas a serem respondidas.

Em busca de uma abordagem educacional para as crianças menores

Gandini: *Na Itália, o cuidado em grupo das crianças muito pequenas (dos 4 meses aos 3 anos) em um ambiente coletivo desenvolveu-se com sucesso. Como ele começou em Reggio Emilia?*

Malaguzzi: Em Reggio Emilia, a primeira creche (*asilo nido*) para crianças até 3 anos teve início um ano antes da promulgação da lei nacional de 1971, que instituía esse tipo de serviço. Essa lei foi uma vitória para as mulheres italianas após 10 anos de luta. A nova instituição foi uma tentativa de dar conta das necessidades conjuntas das mulheres – optando tanto pela maternidade quanto pelo trabalho – e das crianças – que cresciam em uma família nuclear.

Defensores das creches tiveram de lidar com a polêmica gerada pela redescoberta de textos de John Bowlby e Rene Spitz, que, logo após a Segunda Guerra, estudaram os danos resultantes da separação do par mãe-filho. Além do mais, tiveram de lidar com a resistência do mundo católico, que temia riscos e patologias com a decomposição da família. Era uma questão muito delicada. A nossa experiência com crianças dos 3 aos 6 anos era um ponto de referência útil, mas, ao mesmo tempo, não era uma experiência completa. Em vez de pensar em termos de cuidado de guarda e proteção, defendíamos que a sua educação exigia conhecimento profissional, estratégias de cuidado e ambientes adequados ao seu nível de desenvolvimento único.

Tínhamos muitos medos, e eles eram razoáveis. Os medos, contudo, nos ajudaram; trabalhávamos cuidadosamente com os professores mais jovens e com os próprios pais. Pais e professores aprenderam a lidar com maior gentileza com a transição das crianças: de um apego focado nos pais e na casa a um apego compartilhado que incluía os adultos e objetos da creche.

Foi tudo muito melhor do que imaginávamos. Tivemos a boa sorte de conseguir planejar o ambiente do primeiro centro com um excelente arquiteto. As crianças compreenderam antes do esperado que a sua aventura na vida podia fluir entre dois locais confortáveis e agradáveis, sua casa e a creche. Em ambos, elas podiam expressar seu desejo (antes ignorado) de amadurecer com os pares e de encontrar neles pontos de referência, compreensão, surpresas, laços afetivos e alegrias, de modo a desfazer a ansiedade e a inquietação.

Para nós, as crianças e as famílias abriu-se a possibilidade de um período longo e contínuo de convivência da creche até a escola pré-primária, ou seja, cinco ou seis anos de confiança e trabalho recíprocos. Esse tempo, descobrimos, era um recurso precioso, capaz de fazer potenciais sinergéticos fluírem entre educadores, crianças e famílias.

Hoje, na minha cidade, cerca de 40% das crianças elegíveis são atendidas pelas nossas creches municipais e cerca de 10 a 20% delas também seriam, se houvesse espaço. O que aprendemos com essa experiência? O trabalho de 20 anos nos convenceu de que até as menores crianças são seres sociais. Elas são predispostas; elas têm, desde o nascimento, a prontidão para criar laços significativos com outros cuidadores além dos pais (que, portanto, não perdem as suas responsabilidades e prerrogativas especiais).

O óbvio benefício que as crianças obtêm das brincadeiras interativas com os pares é um aspecto muito reconfortante da experiência em grupo, um potencial que tem muitas implicações ainda não apreciadas. Consequentemente, concordamos com os psicólogos norte-americanos (por exemplo, Ellen Hock, Urie Bronfenbrenner) que não é tão importante que a mãe assuma o papel de dona de casa ou de mãe trabalhadora, e sim que ela se sinta satisfeita e realizada com sua escolha e que receba o apoio da família, da creche e, por menos que seja, da cultura ao redor. A qualidade do relacionamento entre pais e filhos torna-se mais importante do que a simples quantidade de tempo que eles passam juntos.

PARTE III: PRINCÍPIOS BÁSICOS

A combinação estrutural da organização e das escolhas educacionais

Gandini: *Que tipo de organização ajudou-o a realizar as ideias inovadoras nas suas escolas para crianças pequenas?*

Malaguzzi: Pensemos em uma escola infantil como um organismo vivo integral, como um lugar de vidas e relacionamentos entre muitos adultos e muitas crianças. Pensamos na escola como um tipo de construção em movimento, em ajuste contínuo. Certamente, temos de ajustar o nosso sistema de tempos em tempos enquanto o organismo segue a sua vida, assim como os navios precisam reparar suas velas ao mesmo tempo em que seguem sua rota no mar.

Também tem sido importante para nós que o nosso sistema escolar vivo se expanda na direção do mundo das famílias, com o seu direito de conhecer e participar. Depois, ele expande-se para a cidade, com a sua vida própria, seus padrões de desenvolvimento, suas instituições, conforme pedimos que a cidade adote as crianças como portadores e beneficiários de direitos específicos.

É possível criar uma escola amável?

Gandini: *Uma visita às suas escolas sempre passa uma ideia de descoberta e serenidade. Quais são os ingredientes que criam essa atmosfera e esse nível de tensão positiva?*

Malaguzzi: Acredito que as nossas escolas demonstram a tentativa que se fez de integrar a abordagem educacional à organização do trabalho e do ambiente de forma a permitir o máximo de movimentação, interdependência e interação. A escola é um organismo inesgotável e dinâmico: tem suas dificuldades, controvérsias, alegrias e capacidades de lidar com perturbações externas. O que conta é que haja acordos sobre a direção que a escola deve seguir e que todas as formas de artificialidade e hipocrisia sejam mantidas afastadas. O nosso objetivo, que iremos sempre perseguir, é criar um ambiente amável onde crianças, famílias e professores sintam-se relaxados.

Portanto, devemos começar com o ambiente: tem o *hall* ou a sala de entrada, que informa e documenta, além de antecipar a forma e a organização da escola. Depois, temos a sala de refeições, com a cozinha bem à vista. A sala de entrada leva ao espaço central, ou *piazza*, o lugar de encontros, amizades, jogos e outras atividades que complementam as da sala. As salas e a lavanderia ficam distantes da área central, mas são conectadas a ela. Cada sala é dividida em duas salas contíguas, seguindo uma das poucas sugestões práticas de Piaget. A ideia dele era permitir que as crianças ficassem com os professores ou sozinhas; mas utilizamos os dois espaços de diversas maneiras. Além das salas, estabelecemos um *atelier*, ou estúdio, ou laboratório da escola, como um local para manipular ou experimentar com linguagens visuais, combinadas ou em separado, sozinhas ou em conjunto, e com linguagens verbais. Temos também os mini-*ateliers*, próximos de cada sala, que permitem trabalhar em projetos mais extensos. Temos uma sala de música e um arquivo, onde colocamos muitos objetos úteis, de diversos tamanhos, criados por pais e professores. Por toda a escola, as paredes são usadas como espaços para exposições temporárias e permanentes sobre o que as crianças e os professores criaram: as nossas paredes falam e documentam.

Aprender junto é uma maneira positiva de trabalhar nas habilidades iniciais da alfabetização, como tentar soletrar palavras enquanto se digita.

Os professores trabalham em pares em cada turma e estabelecem planejamentos com outros colegas e suas famílias. Todos os membros da equipe da escola se encontram uma vez por semana para discutir e ampliar suas ideias e participam juntos de uma formação em serviço. Temos uma equipe de pedagogistas para facilitar a conexão interpessoal e considerar tanto as ideias gerais quanto os detalhes.* As famílias reúnem-se entre si ou com os professores em encontros individuais, em grupo ou com toda a escola. As famílias formaram um Conselho Consultivo para cada escola, que se reúne de duas a três vezes ao mês. A cidade, o interior e as montanhas próximas nos servem como locais de ensino adicionais.

Assim, montamos um mecanismo que combina lugares, papéis e funções, cada um com o seu próprio momento, mas que podem ser trocados entre si para gerar ideias e ações. Tudo isso funciona dentro de uma rede de cooperação e interações que produzem nos adultos (e, acima de tudo, nas crianças) um sentimento de pertencimento a um mundo vivo, acolhedor e autêntico.

Por uma educação baseada nas inter-relações

Gandini: *Como você cria e mantém interações, relações e cooperações entre todas as partes conectadas com as escolas?*
Malaguzzi: No nosso sistema, sabemos que é essencial focar-se na criança e ter ela como centro, mas sentimos que isso só não basta. Consideramos também os professores e as famílias como parte central da educação infantil. Assim, escolhemos colocar todos os três componentes no centro do nosso interesse.

O nosso objetivo é construir uma escola amável, onde crianças, professores e famílias sintam-se todos em casa. Uma escola assim requer pensamento e planejamento cuidadosos quanto a procedimentos, motivações e interesses. Ela deve incorporar maneiras de viver em conjunto, de intensificar relações entre os três protagonistas centrais, de garantir atenção total aos problemas da educação e de tornar a participação e a pesquisa mais ativas. Essas são as ferramentas mais efetivas para que todos os interessados – crianças, professores e pais – fiquem mais unidos e conscientes da contribuição de cada um. Eles são as ferramentas mais efetivas para se sentir bem com a cooperação e para produzir, em harmonia, um nível superior de resultados.

Qualquer um que começa uma proposta pensa sobre as ações que irão transformar as situações existentes nos acontecimentos novos e desejados. Então, na nossa abordagem, para proceder, nós realizamos planos e reflexões conectados com os reinos cognitivo, afetivo e simbólico; refinamos as habilidades de comunicação; exploramos e criamos ativamente junto de muitos outros participantes, enquanto nos mantemos abertos à mudança. Desse modo, apesar de os objetivos serem compartilhados por todo o processo, o aspecto mais valioso continua sendo a satisfação interpessoal.

Mesmo quando a estrutura que temos em mente (a centralidade das crianças, dos professores e das famílias) revela falhas e dificuldades e a participação apresenta diferentes níveis de intensidade, a atmosfera estimulante da escola proporciona uma sensação de receptividade positiva a todos os envolvidos. Isso ocorre porque a escola convida a uma troca de ideias, tem um estilo aberto e democrático e tende a ter a mente aberta.

Os aspectos do isolamento, da indiferença e da violência que são cada vez

---

* N. de R.T.: Pedagogistas funcionam como coordenadores pedagógicos. Veja o Capítulo 8 para mais informações sobre as diferentes funções dos pedagogistas.

mais presentes na vida social contemporânea se opõem tão bruscamente à nossa abordagem que nos tornam ainda mais determinados a prosseguir. As famílias sentem o mesmo: os aspectos alienadores da vida moderna tornam-se um motivo para sermos ainda mais ávidos e abertos ao que temos a oferecer.

Tudo isso contribui para estruturar uma educação baseada nas relações e na participação. No nível prático, devemos continuamente manter e reinventar a nossa rede de comunicação e encontros. Temos reuniões com as famílias para discutir o currículo. Pedimos a sua colaboração na organização de atividades, na estruturação do espaço e na preparação das boas-vindas às novas crianças. Distribuímos a cada criança o número de telefone e o endereço de todas as outras crianças e dos seus professores. Promovemos visitas, incluindo lanches entre as crianças em sua casa e visitas ao local de trabalho dos pais. Organizamos excursões com os pais, por exemplo, de natação e ginástica. Trabalhamos com os pais para construir móveis e brinquedos. Reunimo-nos com eles para discutir os nossos projetos e a nossa pesquisa e nos reunimos para organizar jantares e comemorações na escola.

Esse tipo de abordagem com os pais revela muito da filosofia e dos valores básicos, que incluem os aspectos interativo e construtivo, a intensidade das relações, o espírito de cooperação e o esforço individual e coletivo da pesquisa. Apreciamos diferentes contextos, prestamos atenção a atividades cognitivas individuais nas interações sociais e estabelecemos laços afetivos. Conforme aprendemos processos de mão dupla de comunicação, adquirimos maior consciência das escolhas políticas relacionadas à infância, encorajamos adaptação mútua entre crianças e adultos e promovemos o crescimento das competências educacionais dos adultos. Realmente deixamos para trás a concepção de criança como um ser egocêntrico, focado apenas na cognição e nos objetos físicos, e cujos sentimentos e afeto são subestimados e desdenhados.

Relações e aprendizagem

Gandini: *Como, especificamente, você enxerga a aprendizagem das crianças dentro do contexto das relações ricas que você descreve?*

Malaguzzi: No meu ponto de vista, as relações e a aprendizagem coincidem dentro de um processo ativo da educação. Eles se unem por meio das expectativas e das habilidades das crianças, da competência profissional dos adultos e, de maneira mais geral, do processo educacional.

Devemos incorporar na nossa prática, portanto, as reflexões sobre um ponto delicado e decisivo: *O que a criança aprende não segue como um resultado automático do que é ensinado. Em vez disso, deve-se, em grande parte, à própria realização da criança, em consequência de suas atividades e de seus recursos próprios.*

É necessário pensar sobre o conhecimento e as habilidades que as crianças constroem independentemente e anteriormente à escolarização. Essa base de conhecimento não pertence à "pré-história" mencionada por Vygotsky (1978) (como se fosse uma experiência separada), mas ao desenvolvimento social das crianças em processo. Em qualquer contexto, as crianças não esperam para fazer perguntas e formarem estratégias de pensamento, princípios ou sentimentos. A qualquer momento, em qualquer lugar, as crianças assumem um papel ativo na construção e na aquisição de aprendizagem e de compreensão. Aprender é uma experiência satisfatória, mas também, conforme nos diz o psicólogo norte-americano Nelson Goodman, compreender é desejo, drama e conquista. Tanto é que, em muitas situações, especialmente quando se estabelecem desafios, as crianças nos mostram que elas sabem como trilhar o caminho até a compreensão. Quando as crianças são auxiliadas e se perceberem como autores ou inventores, quando são ajudadas a descobrir o prazer da investigação, sua motivação e interesse explodem. Elas passam a esperar discrepâncias e surpresas. Como educadores, precisamos reconhecer a sua tensão, em parte porque, com um mínimo de introspecção, encontramos o mesmo dentro de nós (a menos que o apelo vital da novidade e do descobrimento tenha desaparecido ou morrido). A idade da infância, mais do que as idades que se seguem, é caracterizada por tais expectativas. Desapontá-las priva-as das possibilidades que nenhuma exortação poderá fazer em anos posteriores.

Ainda assim, ao louvar as crianças, não pretendemos retornar à ingenuidade da década de 1970, quando a descoberta do papel ativo da criança na estruturação de eventos e da mão dupla na causalidade da interação entre adultos e crianças resultou em uma estranha desvalorização do papel do adulto. Nem desejamos supervalorizar o controle da criança sobre essa interação. Na verdade, a mão dupla da interação é um princípio difícil de ignorar. Imaginamos a interação como uma partida de pingue-pongue. (Lembra-se do jogo de peteca entre dois garotos, esplendidamente recontado pelo grande psicólogo da Gestalt, Wertheimer [1945]). Para o jogo continuar, as habilidades do adulto e da criança precisam dos ajustes adequados que permitem o crescimento da criança por meio da aprendizagem de habilidades.

Todas as considerações nos lembram que a forma como nos relacionamos com as crianças influencia o que as motiva e o que elas aprendem. O seu ambiente deve ser organizado para estabelecer a interação entre o reino cognitivo e o reino das relações e do afeto. Portanto, também deve haver uma conexão entre o desenvolvimento e a aprendizagem, entre as diferentes linguagens simbólicas, entre pensamento e ação e entre autonomias individuais e interpessoais. Devem ser valorizados os contextos, os processos comunicativos e a construção de uma ampla rede de trocas recíprocas entre crianças e entre crianças e adultos.

Ainda assim, o que mais conta para o sucesso é seguir um conceito teórico aberto que garanta a coerência de suas escolhas, as suas aplicações práticas e o seu crescimento profissional contínuo.

A expansão das redes de comunicação

Gandini: *Você descreveu em detalhes a importância das relações em sua abordagem. Mas a sua abordagem se baseia apenas nos relacionamentos?*

Malaguzzi: Não, é claro que não. Os relacionamentos são a dimensão de conexão primária do nosso sistema, mas compreendidos não apenas como um envelope quente e protetor, e sim como um conjunto dinâmico de forças e elementos que interagem com um propósito comum. A força do nosso sistema existe nas formas como explicitamos e intensificamos as condições necessárias para as relações e as interações. Buscamos apoiar aquelas trocas sociais que melhor garantem o fluxo das expectativas, dos conflitos, da cooperação, das escolhas e do desdobramento explícito dos problemas ligados aos reinos cognitivo, afetivo e expressivo.

Entre os objetivos da nossa abordagem está o de reforçar a noção de identidade de cada criança por meio do reconhecimento dos pares e dos adultos, de modo que todas se sentiriam tão pertencentes e autoconfiantes que participariam das atividades da escola. Dessa forma, promovemos nas crianças a expansão das redes de comunicação e o domínio e a apreciação da linguagem em todos os seus níveis e usos contextuais. Como resultado, as crianças descobrem como a comunicação aumenta a autonomia do indivíduo e do grupo de pares. O grupo forma uma entidade especial conectada por meio de trocas e conversas, com seu próprio modo de pensar, comunicar e agir.

A abordagem baseada nas relações revela melhor como uma sala é composta de indivíduos independentes, assim como de subgrupos e alianças com diferentes afinidades e habilidades. O cenário comunicativo torna-se variado; percebemos crianças que se comunicam menos do que outras. Os professores – observadores participativos – respondem ao que veem fazendo perguntas, iniciando trocas face a face, redirecionando atividades e modificando a forma como intensificam as suas interações com crianças específicas. Atividades com grupos pequenos, envolvendo de duas a quatro crianças, são módulos de máxima conveniência e eficácia comunicativa. Esse é o tipo de organização em sala que mais favorece a educação baseada nas relações. Facilita confrontos frutíferos, investigações e atividades conectados ao que cada criança disse anteriormente, assim como acomodações autorregulatórias.

Observar isso em termos sistêmicos também pode ajudar. O sistema de relacionamentos nas nossas escolas é simultaneamente real e simbólico. Neste sistema, cada pessoa tem um papel-relação formal com os outros. Os papéis dos adultos e das crianças são complementares: eles se fazem perguntas, se escutam e respondem.

Como resultado dessas relações, as crianças na nossa escola têm o incomum privilégio de aprender por meio de suas comunicações e experiências concretas. Estou dizendo que um sistema de relações tem, em si mesmo, uma capacidade virtualmente autônoma de educar. Não se trata apenas de algum tipo de cobertor de segurança gigante (o "objeto transicional" de Donald Winnicott). Nem de algum tipo de tapete voador para levar as crianças a lugares mágicos. Em vez disso, trata-se de uma presença física permanentemente em cena, ainda mais requerida quando o progresso se faz difícil.

O que é necessário para garantir o sucesso de uma aliança

Gandini: *Uma das muitas perguntas que surgem quando falo sobre a sua abordagem é como você consegue angariar e manter a participação das famílias em um nível tão elevado.*

Malaguzzi: Essa é uma das primeiras perguntas que costumam surgir. Deixe-me responder sem referência à filosofia, à sociologia ou à ética. A participação da família requer muitas coisas, mas, acima de tudo, exige dos professores inúmeros ajustes. Os professores devem ter o hábito de questionar suas certezas; desenvolver sua sensibilidade, consciência e disponibilidade; assumir um estilo crítico de pesquisa e atualizar continuamente o conhecimento das crianças; avaliar os papéis dos pais; e ter as habilidades de conversar, ouvir e aprender com os pais.

Para dar conta de todas essas exigências, é necessário que os professores questionem constantemente o seu método de ensino. Os professores devem abandonar modos de trabalho isolados e silenciosos. Pelo contrário, devem descobrir maneiras de comunicar e documentar a evolução das experiências das crianças na escola. Eles devem preparar um fluxo constante de informações voltadas aos pais, mas que também possam ser apreciadas pelas crianças e pelos professores. Esse fluxo de documentação, acreditamos, apresenta aos pais uma qualidade de conhecimento que altera suas expectativas tangivelmente.

Crianças fazendo experimentos com a mesa d'água enquanto constroem uma fonte, como parte do projeto: Parque de Diversões para Pássaros.

Eles podem reexaminar suas convicções sobre seus papéis e sua visão sobre a experiência que os seus filhos estão vivenciando e assumir uma abordagem nova e mais problematizadora em relação a toda experiência escolar.

Com relação às crianças, o fluxo da documentação cria um segundo – e igualmente agradável – cenário. Elas ficam ainda mais curiosas, interessadas e confiantes ao contemplarem o significado do que realizaram. Elas aprendem que os seus pais se sentem em casa na escola, tranquilos com os professores e informados sobre o que aconteceu e o que está para acontecer. Sabemos que desenvolvemos uma sólida amizade quando as crianças aceitam prontamente quando seus pais dizem: "Hoje à tarde, vou à escola falar com os professores", ou "Eu vou à reunião do Conselho Consultivo" ou quando os pais ajudam a preparar as excursões e as comemorações da escola.

Por fim, é importante que os pais e os filhos percebam quanto trabalho os professores realizam juntos. Eles devem ver a frequência com que os professores se reúnem para discutir coisas, às vezes com serenidade e outras levantando a voz. Eles devem ver como os professores cooperam em projetos de pesquisa e em outras iniciativas, como documentam o seu trabalho com paciência e cuidado, como lidam como suas câmeras ou filmadoras, com que gentileza escondem suas preocupações, juntam-se às brincadeiras das crianças e assumem suas responsabilidades. Tudo isso representa uma variedade de modelos para as crianças que as impressionam profundamente. Elas enxergam um mundo em que as pessoas realmente se ajudam.

PARTE IV: PROFESSORES

O trabalho colegiado dos professores

Gandini: *Na sua escola parece não haver hierarquia entre professores. É esse o caso mesmo?*

Malaguzzi: O coensino e, de maneira mais geral, o trabalho colegiado representam, para nós, uma quebra deliberada da solidão e do isolamento profissional e cultural tradicional dos professores. Esse isolamento foi racionalizado em nome da liberdade acadêmica, mal compreendido. Seus resultados, certamente, empobrecem e tornam árido o potencial e os recursos dos professores, dificultando ou impossibilitando que alcancem a qualidade.

Contudo, lembro que o arquétipo, um professor por sala, estava tão enraizado quando começamos que a nossa proposta de formar pares de coensino, que deveria ter sido bem recebida como forma de se libertar do estresse excessivo, não foi bem aceita pelos professores no começo. No entanto, aqueles que aceitaram logo descobriram suas vantagens evidentes, e isso acabou com a incerteza. O trabalho em duplas, e entre duplas, produziu vantagens tremendas, tanto educativa quanto psicologicamente, para adultos e para crianças. Além do mais, os pares de coensino constituíam o primeiro tijolo da ponte que estava nos levando à gestão comunitária e à parceria com os pais.

A gestão comunitária sempre foi uma parte importante da nossa história e um grande sustentáculo para o nosso trabalho. Algumas vezes, foi uma força decisiva na revitalização, unificação ou educação cultural. Em outras, exerceu papel-chave como mediadora com a gestão pública e as instituições políticas. Sempre foi essencial para fortalecer a nossa posição.

Um arrependimento que se manteve constante ao longo dos anos – compartilhado pelas crianças – foi a nossa incapacidade de oferecer um número significativo de professores homens. Até poucos anos atrás, a lei italiana impedia que homens dessem aulas a crianças pré-primárias – uma lei incrivelmente imbecil que transgredíamos abertamente, ignorando os avisos e as reprimendas do Ministério da Educação. Agora que essa proibição foi revogada, ainda há outros motivos que dificultam a contratação de professores homens nas escolas para crianças pequenas. Para piorar ainda mais, na Itália (assim como em diversos outros países europeus), há menos mulheres hoje que optam por dar aulas para crianças pequenas. Aquelas que o fazem tendem a trocar facilmente esse trabalho por outra coisa. Os motivos para esse fenômeno são muitos e devem ser cuidadosamente estudados. Mas os resultados são claros em termos do custo, pago pelas crianças, em perda de dignidade para as escolas, para os professores e para a cultura como um todo.

Formação e reformação de professores

Gandini: *Como você auxilia o desenvolvimento dos professores em suas escolas?*

Malaguzzi: Não temos alternativas, exceto o desenvolvimento profissional contínuo. Assim como a inteligência aumenta com o uso, também o papel, o conhecimento, a profissão e as competências dos professores se fortalecem por meio da aplicação direta. Os professores – como as crianças e todo mundo – sentem a necessidade de desenvolver as suas competências; eles querem transformar experiências em pensamentos, pensamentos em reflexões, as reflexões em novos pensamentos e em novas ações. Eles também sentem a necessidade de fazer previsões, experimentar coisas e interpretá-las. O ato da interpretação é de grande importância. Os professores devem aprender a interpretar processos continuamente, em vez de esperar para avaliar os resultados. Do mesmo modo, o seu papel como educadores deve incluir compreender as crianças como produtores, e não como consumidores. Eles devem aprender a ensinar às crianças somente o que elas podem aprender por conta própria. Além do mais, eles também devem estar cientes das percepções que as crianças formam dos adultos e de suas ações. Para desenvolver com as crianças relacionamentos que sejam simultaneamente produtivos, amáveis e empolgantes, os professores devem ter consciência do risco de expressar julgamentos muito rápido. Eles precisam entrar no tempo das crianças, cujos interesses emergem apenas no curso da atividade ou das negociações que surgem com essas atividades. Eles devem perceber que ouvir as crianças é necessário e conveniente. Eles precisam saber que as experiências devem ser tão numerosas quanto as teclas de um piano e que cada uma exige infinitos atos de inteligência quando as crianças recebem uma variedade infinita de opções a escolher. Além do mais, os professores precisam estar cientes de que a prática não pode vir separada de objetivos e valores e que o crescimento profissional vem parcialmente do esforço individual, mas de maneira muito mais rica por meio de discussões com colegas, pais e especialistas. Por fim, eles precisam saber que é possível envolver-se no desafio de observações longitudinais e de pequenos projetos de pesquisa relacionados ao desenvolvimento ou às experiências das crianças. De fato, educação sem pesquisa ou inovação é educação sem interesse.

Isso, por si só, não é tarefa fácil. Contudo, não é possível sequer começar se os professores não têm conhecimento básico sobre várias áreas de conteúdo do ensino para transformar esse conhecimento em cem linguagens e em cem diálogos com as crianças. Temos, atualmente, meios limitados para preparar os professores conforme gostaríamos, mas tentamos olhar para dentro de nós e encontrar inspiração nas coisas que fazemos.

O *atelier* como um local de provocação

Gandini: *Como essa ideia e o estabelecimento do* atelier *entraram no seu projeto educacional?*

Malaguzzi: Não irei esconder quanta esperança investimos na introdução do *atelier*. Sabíamos que seria impossível pedir por mais do que isso. Se pudéssemos, teríamos ido ainda mais longe, criando um novo tipo de tipologia escolar com uma escola composta inteiramente de laboratórios semelhantes ao *atelier*. Teríamos construído um novo tipo de escola composta de espaços onde as mãos das crianças poderiam ficar "fazendo bagunça" (no sentido que David Hawkins nos explicaria melhor posteriormente). Sem possibilidade de tédio, mãos e mentes poderiam envolver-se com as outras com uma enorme e libertadora alegria, conforme ordena a biologia e a evolução.

Apesar de não chegarmos perto de alcançar esses ideais impossíveis, o *atelier* já nos recompensou. Como desejado, ele provou-se subversivo, gerando complexidade e novas ferramentas para o pensar. Ele nos permitiu ricas combinações e possibilidades criativas entre as diferentes linguagens (simbólicas) das crianças. O *atelier* nos protegeu, para além dos longos discursos e das teorias didáticas do nosso tempo (possivelmente, a única orientação passada aos jovens professores), das crenças behavioristas da cultura ao redor, reduzindo a mente humana a algum tipo de "baú" a ser preenchido.

O *atelier* atendeu às nossas necessidades também. Um dos problemas mais urgentes era como alcançar uma comunicação efetiva com os pais. Queríamos mantê-los sempre informados sobre os acontecimentos na escola e, ao mesmo tempo, estabelecer um sistema de comunicação que documentaria o trabalho a ser realizado com as crianças. Queríamos mostrar aos pais como as crianças pensavam e se expressavam, o que elas produziam e inventavam com suas mãos e inteligência, como elas brincavam e se relacionavam com os outros, como discutiam suas hipóteses, como sua lógica funcionava. Queríamos que os pais vissem que os seus filhos tinham mais recursos e mais habilidades do que, em geral, se pensava. Queríamos que os pais compreendessem o quanto valorizávamos os seus filhos. Em troca, acreditávamos ser justo pedir que os pais nos ajudassem e ficassem ao nosso lado.

O *atelier*, um espaço rico em materiais, ferramentas e pessoas com competências profissionais, contribuiu muito para o nosso trabalho de documentação. Esse trabalho informou fortemente – pouco a pouco – o nosso modo de ser com as crianças. Ele também nos obrigou, de uma maneira linda, a refinar os nossos métodos de observação e registro para que o processo de aprendizagem das crianças se tornasse a base do nosso diálogo com os pais. Por fim, o nosso trabalho no *atelier* proporcionou-nos os arquivos que, agora, são um tesouro contendo trabalhos das crianças e conhecimento e pesquisas dos professores. Ainda assim, deixe-me destacar que o *atelier* nunca pretendeu ser um tipo de espaço recluso e privilegiado, como se lá apenas fosse possível produzir a linguagem da arte expressiva.

Ele era, em vez disso, um local onde as diferentes linguagens das crianças podiam ser exploradas por elas e estudadas por nós em uma atmosfera calma e favorável. Nós e eles pudemos experimentar com modalidades, técnicas, instrumentos e materiais alternativos; explorar temas escolhidos pelas crianças ou sugeridos por nós; talvez trabalhar em grandes afrescos em grupo; quem sabe preparar um pôster em que se fizesse uma declaração concisa por meio de palavras e ilustrações; ou mesmo até dominar pequenos projetos em escala reduzida, utilizando as técnicas dos arquitetos! O importante era ajudar as crianças a encontrarem seus próprios estilos de trocas com os amigos, envolvendo tanto seus talentos quanto suas descobertas.

Mas o *atelier* era, acima de tudo, um lugar de pesquisa, e esperamos que continue e aumente. Estudamos tudo – das afinidades e oposições de diferentes formas e cores aos complexos objetivos da narrativa e da argumentação; da transição de imagens de palavras a símbolos, e vice-versa; da forma como as crianças foram contaminadas por exposição à mídia de massa a diferenças sexuais em preferências simbólicas e expressivas. Sempre consideramos um privilégio descobrir os diversos jogos fascinantes que podem ser jogados com imagens: transformar uma flor em uma mancha, uma luz, um pássaro em voo, um fantasma, um punhado de rosas vermelhas dentro de um campo com grama e trigo amarelo. Tão positivas e confirmadoras foram as nossas experiências que elas nos levaram a expandir o uso do *atelier* para as escolas das crianças menores.

Gênese e significados da criatividade

Gandini: *O comportamento criativo e a produção criativa das crianças têm sido um tema difícil sobre o qual já se escreveram páginas e páginas. Qual é o seu ponto de vista sobre o assunto?*

Malaguzzi: Éramos todos muito fracos e despreparados na década de 1950, quando o tema da criatividade, recém-chegado dos Estados Unidos, cruzou o nosso caminho. Lembro-me da ansiedade com que líamos as teorias de J. P. Guilford e Paul Torrance. Lembro também como, mais tarde, aquelas teorias foram relidas e reinterpretadas sob as perspectivas de Bruner, de Piaget, dos cognitivistas, dos neofreudianos, de Kurt Lewin, dos últimos psicólogos da Gestalt e dos psicólogos humanistas Carl Rogers e Abraham Maslow.

Foi um período difícil, mas emocionante; sentíamos que aquelas propostas tinham grande vigor e potencial. O trabalho com a criatividade parecia interromper uma grande parte (quase excessiva) das coisas, como, por exemplo, a dimensão filosófica do homem e da vida e a produtividade do pensamento. Essas propostas chegaram a sugerir cumplicidade com o inconsciente, com a sorte e com as emoções – com sentimentos, e assim por diante. Ainda assim, apesar de sua brilhante atratividade, precisamos admitir que, após muitos anos de trabalho, de progresso com a experiência, mais observação e estudo de crianças e adultos, sugerimos ainda cuidado e reflexão.

Como escolhemos trabalhar com crianças, podemos afirmar que elas são as melhores avaliadoras e os juízes mais sensíveis dos valores e dos usos da criatividade. Isso se dá porque elas têm o privilégio de não se apegarem excessivamente às suas próprias ideias, as quais elas constroem e reinventam constantemente. Elas podem explorar, fazer descobertas, mudar seus pontos de vista e se apaixonar por formas e significados que as transformam.

Portanto, como não consideramos a criatividade sagrada, não a consideramos algo extraordinário, e sim algo que pode surgir na experiência diária. Essa visão não é compartilhada por muitos. Podemos resumir as nossas crenças assim:

1. A criatividade não deve ser considerada uma faculdade mental separada, mas uma característica da nossa forma de pensar, conhecer e fazer escolhas.
2. A criatividade parece emergir de múltiplas experiências, junto com o desenvolvimento bem sustentado de recursos pessoais, incluindo uma noção de liberdade e riscos para além do conhecido.
3. A criatividade parece se expressar por meio de processos cognitivos, afetivos e imaginativos. Eles se juntam e dão sustento às habilidades de prever e alcançar soluções inesperadas.
4. A situação mais favorável para a criatividade parece ser a troca interpessoal, com a negociação de conflitos e a comparação de ideias e ações como elementos decisivos.
5. A criatividade parece encontrar o seu poder quando os adultos estão menos presos a métodos prescritivos de ensino, tornando-se observadores e intérpretes de situações problemas.
6. A criatividade parece ser favorecida ou desfavorecida conforme as expectativas dos professores, das escolas, das famílias e das comunidades, assim como da sociedade em geral, de acordo com a maneira como as crianças percebem essas expectativas.
7. A criatividade torna-se mais visível quando os adultos tentam ser mais atentos aos processos cognitivos das crianças do que aos resultados que elas alcançam em diversos campos do fazer e do compreender.
8. Quanto mais os professores estão convencidos de que atividades intelectuais e expressivas têm possibilidades multiplicadoras e unificadoras, mais a criatividade favorece as trocas amigáveis com a imaginação e a fantasia.

9. A criatividade requer que a *escola do conhecimento* encontre conexões com a *escola do expressar*, abrindo portas – esse é o nosso lema – para as cem linguagens da criança.

Começando com essas ideias, temos tentado entender como elas devem ser revisadas, mas sem deixar que os mitos da espontaneidade, que frequentemente acompanham os mitos da criatividade, nos enganem. Estamos convencidos de que, entre as capacidades intelectuais básicas e a criatividade, um dos temas preferidos da pesquisa norte-americana, não há oposição, e sim complementaridade. O espírito da brincadeira também pode permear a formação e a construção do pensamento.

Frequentemente, quando as pessoas chegam até nós e observam as nossas crianças, elas perguntam que fórmula mágica usamos. Respondemos que a surpresa delas é a mesma que a nossa. Criatividade? É sempre difícil notar quando ela se veste em roupas mundanas e tem a habilidade de surgir e desaparecer repentinamente. A nossa tarefa, no que concerne a criatividade, é ajudar as crianças a escalarem as suas próprias montanhas, o mais alto possível. Ninguém pode fazer mais do que isso. Somos refreados pela consciência de que as expectativas das pessoas quanto à criatividade não devem pesar sobre a escola. Uma ampliação excessiva dos seus poderes e funções daria um papel de exclusividade à escola, que ela não pode ter.

PARTE V: IMAGENS DA INFÂNCIA

Varrendo a infância para baixo do tapete

Gandini: *As contradições da infância de hoje são o assunto de muitos textos. Quais são as suas ideias a respeito?*

Malaguzzi: As dramáticas contradições que caracterizam a educação da criança estão sempre comigo. Estou falando sobre o que sabemos da criança *versus* o que não sabemos, assim como o que sabemos, mas que não conseguimos fazer por e para elas. Mas o problema é ainda maior, pois envolve a raça humana e o desperdício da sua inteligência e humanidade. Em sua organização, em suas escolhas, em suas maneiras de se relacionar com a aprendizagem e o conhecimento, o sistema educacional representa mal a natureza e o potencial da capacidade humana.

Todas as pessoas – e eu quero dizer todos os estudiosos, pesquisadores e professores que se dedicaram a estudar a sério as crianças – acabaram descobrindo não exatamente os limites e as fraquezas das crianças, mas seus pontos fortes e suas capacidades surpreendentes e extraordinárias, conectadas com uma necessidade inesgotável de expressão e realização.

Mas os resultados desses questionamentos aprendidos, descrevendo novos aspectos do desenvolvimento e abrindo infinitas possibilidades de aplicações práticas e éticas e de considerações filosóficas, não foram suficientemente apreendidos pelos educadores. Em vez disso, durante esse atraso, metáforas e imagens ressurgem, apresentando a infância de uma entre duas maneiras extremas: as crianças como vazias, incapazes e inteiramente moldadas pelos adultos, ou, do outro lado, como autonomamente capazes de adquirir controle do mundo adulto. Não legitimamos corretamente uma cultura da infância, e as consequências são vistas nas nossas escolhas e nos nossos investimentos sociais, econômicos e políticos. É um exemplo típico e assustador de ofensa e traição aos potenciais humanos.

Situações específicas podem ser claramente vistas na Europa e no resto do ocidente. Vemos cortes orçamentários, falta de política e planejamento, redução geral do prestígio de quem ensina ou estuda crianças, com a consequente perda dos jovens na profissão e um aumento do abuso infantil. Podemos falar de todas essas más notícias para as crianças sem nem mencionar os desastres da guerra e da epidemia que ainda assolam o nosso planeta e as nossas consciências.

É um história dolorosa. John Dewey confrontou a mesma situação no início do século e foi inspirado a exigir um método educativo que combinasse filosofia pragmática, novos conhecimentos psicológicos e – do lado do ensino – domínio sobre o conteúdo com experiências problematizadoras e criativas para as crianças. Ele previa tudo isso, além de buscar uma nova relação entre a pesquisa educacional e sociocultural. Esse último aspecto, creio eu, faz parte da inacabada negociação do processo democrático, mas representa a realização cultural genuína que a infância e as próximas gerações têm o direito de esperar. Como Dewey falou: "As instituições humanas deveriam ser julgadas pela sua influência educacional e pela medida de sua capacidade de ampliar o conhecimento e a competência do homem".

Sei que tudo isso poderia acontecer no presente, quando a ciência, a história e a consciência pública parecem unânimes em reconhecer a criança com um ser dotado de virtudes, potenciais e direitos intrínsecos, como mencionamos anteriormente. Mas uma criança assim dotada paradoxalmente explode nas mãos dos seus criadores; tal criança torna-se excessiva para a filosofia, a ciência, a educação e a política econômica. A incapacidade das sociedades de responder a essas crianças parece lançar dúvidas sobre a nobreza das nossas intenções para com elas.

Outros, também, já ocultaram seus verdadeiros interesses egoístas, talvez até de si mesmos. A rainha Elizabeth (Horace Walpole conta-nos, em sua *Anecdotes of Painting,* 1762–1771) era uma grande colecionadora, mas não há provas de que ela admirava ou amava a arte da pintura. O que é absolutamente certo é que ela amava, com paixão, as pinturas que a retratavam!

As diferenças entre as crianças

Gandini: *Um aspecto que os visitantes das suas escolas consideram confuso é como você pode responder às capacidades e às necessidades distintas das crianças quando se dá tanta importância às relações sociais e ao trabalho em grupo.*

Malaguzzi: Certamente reconhecemos as diferenças individuais das crianças, assim como as diferenças que podem ser minimizadas ou aumentadas devido às influências (favoráveis ou não) do ambiente. Mas as crianças têm – e essa é a minha convicção – um dom comum, ou seja, o potencial e as competências que descrevi anteriormente. Acreditamos que isso é verdade para as crianças em quaisquer circunstâncias de qualquer lugar do planeta. Ainda assim, reconhecer a universalidade do potencial infantil abre novas perguntas, com as quais Reggio Emilia ainda não se familiarizou, mas que os eventos multiculturais do nosso tempo nos exigem com urgência.

Eu teria muito cuidado com relação às diferenças em estilos e estratégias cognitivas. As pessoas são rápidas em atribuí-las a um período da vida, especialmente quando olham para os bebês, cujas mentes passam por muitas reorganizações e mudanças rápidas no desenvolvimento. Os estilos que observamos são um fato objetivo sobre os indivíduos. Além disso, contudo, eles também refletem o contexto histórico e cultural.

Quanto maior a gama de possibilidades que oferecemos às crianças, mais intensas serão as suas motivações e mais ricas serão as suas experiências. Devemos ampliar a variedade de assuntos e objetivos, os tipos de situações que oferecemos e seu grau de estrutura, os tipos e combinações de recursos e materiais e as possíveis interações com objetos, pares e adultos. Além do mais, ampliar a gama de possibilidades para as crianças também traz consequência para os outros. Torna os professores mais atentos e conscientes e lhes permite observar e interpretar melhor os gestos e os discursos das crianças. Assim, os professores tornam-se mais responsivos ao *feedback* das crianças, assumem maior controle sobre o seu próprio *feedback* expressivo (corrigindo monotonia ou empolgação excessiva) e tornam suas intervenções mais pessoais. Tudo isso irá facilitar que os professores parem e façam uma autoavaliação.

Uma criança descobre o tamanho de sua sombra.

Quanto mais nos distanciamos de soluções rápidas e temporárias, de responder a diferenças individuais apressadamente, maior a gama de hipóteses abertas a nós. Quanto mais resistimos à tentação de classificar as crianças, mais aptos nos tornamos a alterar os nossos planos e a disponibilizar alternativas. Isso não elimina a responsabilidade ou a utilidade de observar diferenças entre as crianças. Vamos levá-las em conta, vamos ficar de olho nelas. Mas vamos sempre ter cuidado e aprender a observar e a avaliar melhor sem atribuir níveis ou notas. Deixe-me acrescentar que, ao ler literatura especializada em avaliações, descobri que o fator do tempo não é tratado adequadamente. Pessoa (1986) diz que a medida do relógio é falsa. Certamente é falso, no que tange ao tempo das crianças – para situações em que o verdadeiro ensino e a verdadeira aprendizagem ocorrem para a experiência subjetiva da infância. Deve-se respeitar o tempo do amadurecimento, do desenvolvimento, das ferramentas do fazer e da compreensão, do surgimento total, lento, extravagante, lúcido e mutável das capacidades das crianças; é uma medida de sabedoria cultural e biológica.

Se a natureza deu isso a todos os animais, a infância dura mais nos seres humanos – infinitamente mais, diz Tolstói – porque a natureza sabe quantos rios devem ser cruzados e quantas estradas devem ser percorridas. A natureza dá tempo para corrigir os erros (tanto os das crianças quanto os dos adultos), para superar preconceitos e para que as crianças respirem fundo e recuperem a imagem de si mesmas, dos pares, dos pais, dos professores e do mundo. Se hoje nos encontramos em uma era em que o tempo e o ritmo das máquinas e dos lucros dominam o dos seres humanos, então queremos saber onde ficam a psicologia, a educação e a cultura.

PARTE VI: TEORIAS DA APRENDIZAGEM

A construção dos significados

Gandini: *Um debate na educação que parece nunca ter fim é quanto ao papel do adulto na aprendizagem das crianças. O que você pensa a respeito?*

Malaguzzi: Eu não gostaria de minimizar o papel determinado dos adultos na promoção de estruturas semânticas – sistemas de significado que permitem que mentes se comuniquem. Mas, ao mesmo tempo, gostaria de enfatizar a participação das próprias crianças: elas são autonomamente capazes de atribuir significados às suas experiências diárias por meio de atos mentais que envolvem planejamento, coordenação de ideias e abstração. Lembre-se, significados nunca são estáticos, unívocos ou finais; eles sempre geram outros significados. O papel central dos adultos, portanto, é ativar, especialmente de maneira indireta, as competências de criação de significados nas crianças como a base de toda a aprendizagem. Eles devem tentar capturar os momentos certos e achar as abordagens certas para unir, em um diálogo frutífero, seus significados e suas interpretações com os das crianças.

Nosso Piaget

Gandini: *Você mencionou a influência de Piaget sobre o seu trabalho e, ao mesmo tempo, mencionou que a sua visão difere da dele em diversos pontos. Pode nos dizer mais sobre sua influência e essas diferenças?*

Malaguzzi: Nossa gratidão para Piaget continua intacta. Se Jean Jacques Rousseau inventou a concepção revolucionária de infância sem jamais ter trabalhado com crianças, observando e conversando com elas por um longo período de tempo, Piaget foi o primeiro a dar-lhes uma identidade baseada na análise íntima do seu desenvolvimento.

Gardner (1989) descreve Piaget como o primeiro a levar as crianças a sério; Hawkins (1966) o descreve como aquele que as dramatizou com esplendor; e Bruner (1986) dá a Piaget o crédito de demonstrar que os princípios internos da lógica que orientam as crianças são os mesmos que orientam os cientistas em suas indagações. Na verdade, em Reggio, sabemos que as crianças podem usar a criatividade como uma ferramenta de indagação, de ordenamento e, até, de transgressão aos esquemas do significado (que Piaget também atribuiu aos mais jovens em seus últimos anos de vida). Elas também podem usar a criatividade como ferramenta para o seu próprio progresso nos mundos da necessidade e da possibilidade.

Com uma ganância simplificada, nós, educadores, tentamos frequentemente extrair da psicologia de Piaget coisas que ele não considerava úteis para a educação. Ele questionava o uso que os professores poderiam fazer das suas teorias dos estágios, conservação de matéria, e assim por diante. Na verdade, o pensamento piagetiano possivelmente mais rico jaz no domínio da epistemologia, conforme visto em sua grande obra, *Biologia e Conhecimento* (PIAGET, 1971). Ainda assim, muitas sugestões podem ser tiradas, direta ou indiretamente, de seus trabalhos para refletir e elaborar acerca do significado da educação.

Barbel Inhelder, discípulo mais devoto de Piaget, disse aos amigos, após a morte do mestre: "Escrevam livremente sobre o seu trabalho, façam correções, tentem tornar suas ideias mais específicas; ainda assim, não será fácil alterar a estrutura subjacente de suas engenhosas teorias". Nós, em Reggio, tentamos fazer isso. O nosso interesse nele aumentou quando compreendemos que o seu interesse era a epistemologia e que o seu objetivo era traçar a origem das estruturas universais invariáveis. Piaget sacrificou muitas coisas por essa audaciosa busca, mas ele também conseguiu abrir outros caminhos de pesquisa, tais como o estudo do julgamento moral, que ele não buscava, como se estivesse tomado por uma febre que o fazia explorar muitas direções simultaneamente. Alguns desses caminhos foram redescobertos depois de terem sido casualmente abandonados.

Agora podemos ver claramente como o construtivismo de Piaget isola a criança. Como resultado, olhamos criticamente para esses aspectos: a desvalorização do papel do adulto na promoção do desenvolvimento cognitivo; a atenção marginal dada à interação social e à memória (em oposição à inferência); a distância posta entre pensamento e linguagem (Vygotsky [1978] criticou isso, e Piaget [1962] respondeu); a linearidade fixa do desenvolvimento no construtivismo; a forma como os desenvolvimentos cognitivo, afetivo e moral são tratados como separados e paralelos; a ênfase excessiva em estados estruturados, no egocentrismo e nas habilidades classificatórias; a falta de reconhecimento de competências parciais; a importância absurda atribuída ao pensamento lógico-matemático; e o uso excessivo de paradigmas das ciências físicas e biológicas. No entanto, após fazer todas essas críticas, devemos notar que muitos construtivistas hoje passaram a prestar atenção ao papel da interação social no desenvolvimento cognitivo.

O dilema do ensino e da aprendizagem

Gandini: *O ensino e a aprendizagem nem sempre ocorrem juntos, mas, em sua experiência, você encontrou meios de ajudar as crianças a estruturarem a própria aprendizagem. Como você equilibrou essa equação?*

Malaguzzi: Depois de tudo o que dissemos sobre as crianças, precisamos discutir melhor o papel que elas assumem na construção do autoconhecimento e a ajuda que elas recebem dos adultos para essas questões. É óbvio que, entre a aprendizagem e o ensino, nós honramos a aprendizagem. Não é que ignoremos o ensino, mas dizemos: "Fique de fora um tempo e deixe espaço para a aprendizagem, observe com cuidado o que as crianças fazem, e aí, se tiver entendido bem, talvez o ensino seja diferente de antes".

Piaget (1974), em *To Understand Is to Invent*, alertou-nos que é necessário decidir entre ensinar esquemas e estruturas diretamente e apresentar à criança situações ricas de problemas a serem resolvidos, em que a criança aprenda ativamente ao longo da exploração. O objetivo da educação é aumentar as possibilidades de a criança inventar e descobrir. Palavras não devem ser usadas como um atalho para o conhecimento. Como Piaget, concordamos que o objetivo do ensino seja proporcionar condições para a aprendizagem.

Às vezes, discussões sobre educação tratam o ensino e a aprendizagem quase como sinônimos. Na verdade, as condições e os objetivos de quem ensina não são idênticos às condições e aos objetivos de quem aprende. Se o ensino for unidirecional e rigidamente estruturado de acordo com alguma "ciência", ele torna-se intolerável, preconceituoso e prejudicial à dignidade tanto do professor quanto do aprendiz. Mas, mesmo quando os professores se assumem como democráticos, o seu comportamento continua sendo frequentemente dominado por estratégias antidemocráticas de ensino. Essas incluem diretrizes, procedimentos ritualizados, sistemas de avaliação (os quais Benjamin Bloom acreditava deverem ser os modelos-guias da educação) e pacotes cognitivos curriculares rígidos, tudo isso com roteiros pré-prontos e contingências de reforço. Todas essas estratégias proporcionam uma justificativa profissional para o desperdício e o sofrimento e, ao mesmo tempo, criam a ilusão de um sistema irrepreensível que leva os adultos a um nível de falsa tranquilidade. A adoção oficial é fácil. Quando as falhas desse pacote ou sistema surgem, já é tarde demais, e o dano está feito.

Para concluir, a aprendizagem é o fator-chave em que uma nova forma de ensino deve se basear, tornando-se um recurso complementar para a criança e oferecendo múltiplas opções, sugestões de ideias e suporte de distintas fontes. A aprendizagem e o ensino não devem estar em margens opostas olhando o rio fluir; pelo contrário, devem embarcar juntos em uma jornada rio abaixo. Por meio de trocas ativas e recíprocas, o ensino pode fortalecer a aprendizagem sobre como aprender.

Nosso Vygotsky

Gandini: *Você mencionou a importância de o professor ser capaz de capturar o momento delicado em que a criança está pronta para dar um passo na direção da aprendizagem. Poderia elaborar isso?*

Malaguzzi: Neste ponto, a intervenção de Vygotsky, do nosso Vygotsky, torna-se indispensável para esclarecer isso e outras questões levantadas nos parágrafos anteriores. Vygotsky nos lembra de como o pensamento e a linguagem operam em conjunto para formar ideias e criar um plano de ação e depois executar, controlar, descrever e discutir essa ação. Essa é uma ideia preciosa para a educação.

Mas ao penetrar a relação adulto-criança, e assim retornar ao tema do ensino e da aprendizagem, o psicólogo russo (VYGOTSKY, 1978) nos fala sobre as vantagens da *zona de desenvolvimento proximal*, que é a distância entre os níveis de capacidades expressos pelas crianças e seus níveis de desenvolvimento potencial, alcançáveis com a ajuda de adultos ou pares mais avançados.

A questão é um tanto ambígua. Será que alguém pode dar competência a quem não tem? A própria sugestão parece readmitir velhos fantasmas do ensino que tentamos eliminar. Mas podemos dispersar qualquer risco de retornar ao ensino tradicional atendo-nos ao nosso princípio da *circularidade* (um termo não encontrado nos textos de Vygotsky [1978]). De maneira mais simples, buscamos uma situação em que a criança esteja prestes a ver o que o adulto já vê. A fenda entre o que cada um vê é pequena, a tarefa de fechá-la parece factível, e as habilidades e a disposição da criança criam uma expectativa e prontidão para dar o salto. Nessa situação, o adulto pode e deve emprestar à criança o seu julgamento e conhecimento. Mas é um empréstimo com uma condição – qual seja, de que a criança irá repagar.

É inútil afirmar que a prontidão da criança é muito difícil de observar. Ela já pode ser vista! Precisamos estar preparados para vê-la, pois tendemos a ver apenas aquilo que já esperamos. Mas também não podemos ter pressa. Frequentemente, tendemos a nos tornar escravos do relógio, um instrumento que falsifica o tempo natural e subjetivo das crianças e dos adultos.

A sugestão de Vygotsky (1978) mantém seu valor e legitima amplas intervenções pelos professores. De nossa parte, em Reggio, a abordagem de Vygotsky está alinhada à forma como enxergamos o dilema do ensino e da aprendizagem e à maneira ecológica como podemos alcançar o conhecimento.

PARTE VII: DA TEORIA À PRÁTICA

Uma profissão que não pensa pequeno

Gandini: *Você já pôs em prática as muitas ideias e inspirações que foram geradas ou encontradas?*

Malaguzzi: O efeito das teorias pode ser inspirador e oneroso ao mesmo tempo. E isso especificamente quando é hora de arregaçar as mangas e prosseguir com a prática educacional. O primeiro medo é perder a capacidade ou a habilidade de conectar as teorias com os problemas objetivos do nosso trabalho diário, que, por sua vez, são geralmente complicados por realidades administrativas, legais ou culturais.

Mas há ainda mais medos, tais como aqueles de se perder no empirismo cego que pode levar a uma quebra de conexões com os princípios teóricos, ideias e éticos necessários; ser atrapalhado pelo desafio das novas teorias e abordagens que podem pôr em xeque sua própria formação e suas próprias escolhas; e, inclusive, descumprir a promessa das escolas de proporcionar o melhor possível para as crianças, assim como atender às necessidades e expectativas de suas famílias. Esses medos são inevitáveis, porque, no nosso trabalho, não podemos ficar satisfeitos com resultados aproximados e porque a nossa opção foi a de montar uma escola com função crítica e reformadora. Não queríamos ser apenas tristes cuidadores.

As nossas teorias vieram de diferentes campos e meditamos nelas assim como nos eventos que realizamos com nossas próprias mãos. Mas uma teoria unificadora da educação que resuma todos os fenômenos da educação não existe (nem jamais existirá). Contudo, realmente te-

Loris Malaguzzi pausa para arramar os cadarços de uma criança enquanto visita a pré-escola Diana.

mos um núcleo sólido na nossa abordagem em Reggio Emilia, que vem diretamente das teorias e experiência da educação ativa e se realiza em imagens particulares da criança, do professor, da escola, da família e da comunidade. Juntos, eles produzem uma cultura e uma sociedade que conectam, de maneira ativa e criativa, tanto o crescimento individual quanto o social.

E ainda Ferriere, Dewey, Vygotsky, Bruner, Piaget, Bronfenbrenner e Hawkins estão muito presentes para nós, junto das últimas sugestões de Kaye sobre o papel tutorial do adulto, Shaffer sobre a relação entre língua e interação social, Serge Moscovici e Gabriel Mugny sobre a gênese da representação e a importância das construções cognitivas interpessoais, e Gardner sobre as formas de inteligência e mentes abertas. Da mesma maneira, olhamos para o trabalho sociolinguístico sobre como os adultos e as crianças constroem conjuntamente contextos de significados, assim como para as pesquisas cognitivas fundadas em perspectivas construtivistas, simbólico-interacionais e socioconstrutivistas. Ao todo, essa literatura contradiz teorias behavioristas que reduzem a força criativa e protagonista da criação humana a simples, e indecifráveis, comportamentos.

O sucesso de uma teoria aparece na prática

Gandini: *Mas como, concretamente, todas essas teorias se conectam com o que se passa nas escolas?*

Malaguzzi: É bem sabido como todos procedemos como se tivéssemos uma ou mais teorias. O mesmo acontece com os professores: quer saibam ou não, eles pensam e agem de acordo com teorias pessoais. A questão é como essas teorias pessoais se conectam com a educação das crianças, com os relacionamentos dentro da escola e com a organização do trabalho. Em geral, quando colegas trabalham próximos e compartilham problemas comuns, isso facilita o alinhamento de atitudes e a modificação das teorias pessoais. Sempre tentamos encorajar isso.

Quando começamos a falar sobre a teoria e a prática da educação, podemos falar sem parar. Concordo com Wilfred Carr quando ele diz que é bom evitar discutir teorias demais, porque se arrisca a privá-las do seu aspecto prático (CARR; KEMMIS, 1986). Na verdade, uma teoria só é legítima se lida com problemas que emergem da prática da educação e que podem ser resolvidos por educadores.

A função da teoria é ajudar os professores a compreenderem melhor a natureza dos seus problemas. Dessa forma, a prática torna-se um meio necessário para o sucesso da teoria. Nessa direção, aprofundando essa ideia, David Hawkins (1966, p. 3) escreveu:

> O conhecimento pessoal dos educadores práticos era significativamente mais aprofundado do que qualquer coisa incorporada nas crenças e nos escritos dos acadêmicos.

Portanto, o professor deve ser tratado não como um objeto de estudo, mas como um intérprete dos fenômenos educacionais.

Essa validação do trabalho prático do professor é o único "livro didático" com o qual podemos contar para nos ajudar a desenvolver as nossas reflexões educacionais. Além disso, o trabalho dos professores, quando não abandonado nem deixado sem o apoio das instituições e das alianças com colegas e famílias, é capaz de produzir experiências educacionais diárias, além de se tornar sujeito e o objeto de análise crítica.

Partindo da pesquisa para a ação

Gandini: *Você disse que os professores também devem ser pesquisadores. Como você promove isso?*

Malaguzzi: Aprender e reaprender junto das crianças é a nossa linha de trabalho. Procedemos assim para que as crianças não sejam moldadas pela experiência, e sim para que sejam elas que a moldem. Há duas formas pelas quais podemos estudar o processo de aprendizagem das crianças e encontrar pistas que o apoiem: uma é a forma como as crianças entram na atividade e desenvolvem suas estratégias de pensamento e ação; a outra é a forma com que os objetos envolvidos são transformados. Os adultos e as crianças abordam a aprendizagem diferentemente: eles usam processos diferentes, honram princípios diferentes, criam conjecturas diferentes e seguem pegadas diferentes.

Os nossos professores fazem pesquisa, ou por conta própria ou com seus colegas, para produzir estratégias que favoreçam o trabalho das crianças ou que possam ser utilizadas por elas. Eles passam da pesquisa à ação (e vice-versa). Quando todos os professores estão de acordo, os projetos, as estratégias e os estilos de trabalho ficam interligados, e a escola se torna realmente diferente. Alguns dos nossos professores prosseguem nessa pesquisa com mais intencionalidade e com melhores métodos do que outros; os registros e as documentações que resultam desse esforço são significativos para além das necessidades imediatas de ação e tornam-se objetos comuns de estudo, às vezes com tanta substância que passam a interessar um público maior. Como resultado, esses professores sentem – e ajudam os outros a sentirem – maior motivação de se desenvolver e de alcançar um nível muito mais alto de profissionalismo. No processo, os nossos professores percebem que devem evitar a tentação de esperar que as crianças lhes deem o que eles já sabem, e sim que retenham o mesmo maravilhamento que elas sentem com suas descobertas.

Toda essa abordagem faz as crianças serem mais conhecidas pelos seus professores. Portanto, eles se sentem mais abertos aos desafios, mais habilitados a trabalhar com seus pares em situações incomuns e mais persistentes, porque percebem que o que têm em mente pode ser tentado. As crianças sabem que, ao perseguirem seus objetivos, elas podem tomar suas próprias decisões, e isso é libertador e revitalizante. É, de fato, o que havíamos prometido às crianças, às suas famílias e a nós mesmos.

A nossa forma de trabalhar possibilita a escolha entre diferentes modos de interação. Pequenos grupos de crianças trabalham simultaneamente e podem ser vistos por toda a escola, organizados para facilitar as construções sociais, cognitivas, verbais e simbólicas. De fato, as nossas crianças têm muitas escolhas: há lugares em que elas podem ficar sozinhas, em número menor, em grupos maiores, com ou sem os professores, no *atelier*, no mini-*atelier*, na grande *piazza* ou, se o tempo estiver bom, no pátio externo, rico com estruturas maiores e menores para brincar. Mas a escolha de trabalhar em um grupo pequeno, em que podem explorar juntas, agrada a nós e a elas. Por causa disso, a sala se transforma em um grande espaço com gôndolas de supermercado, cada uma com crianças com seus próprios projetos e com suas próprias atividades. Esse arranjo permite boas observações e pesquisas orgânicas sobre a aprendizagem cooperativa e a negociação e promoção de ideias.

Gostamos desse arranjo para a nossa escola. Vivemos na tradição de uma cidade com suas praças e com seus pórticos, que proporcionam um modelo insubstituível para reuniões, negociações e diálogos de diversos encontros humanos; além do mais, a praça central da nossa cidade transforma-se duas vezes por semana em centenas de gôndolas do mercado. Esse mercado tem a mesma função do fórum, sobre o qual Bruner (1986) escreveu e cujo eco ressoa em nossas escolas.

Sem planejamento, muito reconhecimento

Gandini: *As pessoas costumam perguntar qual é o tipo de planejamento, se é que há algum, em Reggio Emilia.*

Malaguzzi: Não, as nossas escolas nunca tiveram nem têm um currículo planejado com unidades e subunidades (planos de aula), como gostam os behavioristas. Isso levaria as nossas escolas na direção do ensino sem aprendizagem; humilharíamos as escolas e as crianças ao entregá-los nas mãos dos formulários, ditados e livros didáticos que as editoras distribuem com tanta generosidade.

Em vez disso, todo ano cada escola delineia uma série de projetos relacionados, alguns curtos, outros longos. Esses temas servem como os suportes estruturais principais, mas depois cabem às crianças, ao rumo dos eventos e aos professores determinar se o projeto se transforma em uma cabaninha ou em uma casa ou prédio.

Mas, é claro, as creches e as pré-escolas não começam cada ano letivo na estaca zero. Elas têm um patrimônio de talentos, conhecimentos, experimentos, pesquisas, documentações e exemplos de sucessos e fracassos por trás deles. Os professores seguem as crianças, e não planos. Os objetivos são importantes e não são perdidos de vista, mas o mais importante são o porquê e o como alcançá-los.

"Reconhecimento" é uma palavra forte no nosso vocabulário. As nossas escolas começam com um voo de reconhecimento sobre todos os nossos recursos humanos, ambientais, técnicos e culturais. Depois, mais missões de reconhecimento são feitas para ter uma visão completa da situação: dentro e entre escolas, às famílias e aos Conselhos Consultivos, à equipe pedagógica e à gestão municipal e aos oficiais eleitos. Além disso, os professores fazem viagens de reconhecimento por meio de oficinas, seminários e encontros com especialistas de várias áreas.

O que os educadores adquirem discutindo, propondo e lançando novas ideias é não só um conjunto de ferramentas profissionais, mas também uma ética de trabalho que dá mais valor a fazer parte de um grupo e a ter solidariedade interpessoal, ao mesmo tempo em que fortalece a autonomia intelectual. O apoio resultante de uma *educação itinerante de reconhecimento* nos dá força e auxílio. Sua tarefa é nos alarmar e nos impulsionar a novos caminhos. Não há avaliação melhor do nosso trabalho do que isso.

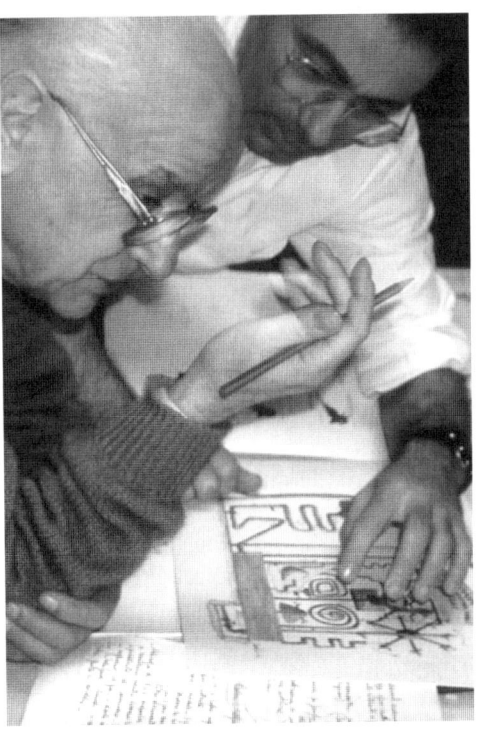

Loris Malaguzzi e Giovanni Piazza, atelierista, trabalhando juntos no projeto Parque de Diversões para Pássaros.

Se os currículos são encontrados nas crianças

Gandini: *As crianças são aquelas que moldam as experiências escolares, em vez de serem moldadas por elas. Como esse princípio influencia as escolhas dos professores quanto a que experiências oferecer às crianças?*

Malaguzzi: Se a escola para crianças pequenas precisa ser preparatória e proporcionar continuidade com a escola de ensino fundamental, então nós, como educadores, já somos prisioneiros de um modelo que acaba como um funil. Eu acho, além do mais, que o funil é um objeto detestável, além de também não ser muito apreciado pelas crianças. Seu propósito é reduzir o que é grande no que é pequeno. Esse aparato sufocante vai contra a natureza. Se você o puser de cabeça para baixo, ele não serve para nada.

Basta dizer que a escola para crianças pequenas precisa responder às crianças: ela deve ser um rodeio gigante onde elas aprendem a cavalgar cem cavalos, reais ou imaginários. Como abordar um cavalo, como acariciá-lo e como ficar próximo são todos aspectos de uma arte que pode ser aprendida. Se há regras, as crianças irão aprendê-las. Se elas caírem, vão voltar a subir. Se forem necessárias habilidades especiais, elas irão observar seus contemporâneos mais habilidosos com atenção e até discutir o problema ou solicitar as experiências de um adulto.

É verdade que não temos um planejamento nem currículos. Não é verdade que usamos a improvisação, a qual é uma habilidade invejável. Também não dependemos do acaso, porque estamos convencidos de que aquilo que ainda não sabemos pode, em algum grau, ser antecipado. O que sabemos é que estar com as crianças é trabalhar um terço com certeza e dois terços com incerteza e com o novo. O um terço que é certo nos faz entender e tentar compreender. Queremos estudar se a aprendizagem segue seu próprio fluxo, tempo e lugar; como a aprendizagem pode ser organizada e encorajada; como as situações favoráveis ao aprendizado podem ser preparadas; quais habilidades e esquemas cognitivos valem a pena promover; como avançar em palavras, gráficos, pensamento lógico, linguagem corporal, linguagens simbólicas, fantasia, narrativa e argumentação; como brincar; como fazer de conta; como as amizades se formam e se dissipam; como as identidades individuais e em grupo se desenvolvem; e como surgem as diferenças e as similaridades.

Toda essa sabedoria não compensa o que não sabemos. Mas não saber é a condição que nos faz continuar a procurar; nesse quesito, estamos na mesma situação que as crianças. Podemos ter certeza de que as crianças estão prontas para nos ajudar. Elas podem ajudar oferecendo ideias, sugestões, problemas, perguntas, pistas e caminhos a seguir; e quanto mais elas confiam em nós e nos veem como um recurso, mais elas nos ajudam. Todas essas ofertas, junto com o que nos vemos agregar à situação, geram um belo capital de recursos.

Nos últimos anos, realizamos muitos questionamentos: como as crianças com 5 anos abordam o computador; as diferenças entre desenhos de meninos e de meninas; os significados simbólicos dos desenhos; as capacidades construtivas do pensamento lógico-organizacional (que levou a uma documentação posteriormente revisitada com George Forman); a aquisição da leitura e da escrita em um contexto comunicativo; as formas de pensamento usadas na aprendizagem de medidas e números; aprendizagem cooperativa por meio da brincadeira (em colaboração com Carolyn Edwards, Lella Gandini e John Nimmo); e o comportamento de bebês de 2 anos em situações parcialmente estruturadas. Os resultados desses estudos nos orientam na formulação de projetos flexíveis. Mas há outro motivo para experimentar e documentar – qual seja, a necessidade de revelar por completo a imagem de uma criança competente. Isso, por sua vez, reforça a nossa posição contra os detratores e à mistificação dos programas e das práticas oficiais.

Nas nossas documentações, arquivos e exibições, que agora viajam o mundo, está toda essa história. É uma história sobre adultos, projetos, currículos que está emergindo, mas, acima de tudo, sobre crianças.

PARTE VIII: EXPECTATIVAS PERTINENTES

O que faz um bom projeto?

Gandini: *Muitos professores também perguntam sobre o incrível trabalho com projetos das crianças em Reggio Emilia. No seu ponto de vista, Loris, que elementos contribuem para a criação de um bom projeto?*[2]

Malaguzzi: Nós usamos projetos porque depender das capacidades e dos recursos das crianças expressa a nossa visão filosófica. Ou a escola é capaz de se transformar continuamente em resposta às crianças ou ela se torna algo que vai e volta, vai e volta e permanece no mesmo lugar.

Ao tentar criar um bom projeto, é necessária, acima de tudo, uma expectativa pertinente, moldada de antemão, uma expectativa que as crianças também têm. Essa expectativa ajuda os adultos em termos de sua atenção, de suas escolhas, de seus métodos de intervenção e do que fazem quanto aos relacionamentos entre os participantes.

Gandini: *Você poderia falar sobre a escolha dos projetos a serem realizados? Eles costumam se basear em algo que já faz parte da sua experiência atual?*

Malaguzzi: Sim. Às vezes, buscamos algo que já pertencia a elas, mas, em outros momentos, seguimos coisas novas. Os professores só precisam observar e ouvir as crianças, visto que elas constantemente sugerem o que lhes interessa e o que elas gostariam de explorar de maneira mais aprofundada. É bom quando os interesses dos próprios adultos coincidem com os das crianças, pois assim é mais fácil apoiar a motivação e o prazer delas.

Um bom projeto tem alguns elementos essenciais. Primeiro, ele deve produzir ou provocar uma motivação inicial para aquecer as crianças. Cada projeto tem um tipo de prólogo, em que informações e ideias são oferecidas e compartilhadas com o grupo. Posteriormente, elas serão usadas para ajudar as crianças a expandirem suas intenções junto das intenções dos adultos, sugerindo um objetivo final.

Gandini: *Uma discussão no início, para coletar memórias, pensamentos e desejos das crianças, é uma maneira muito eficiente de começar.*

Malaguzzi: Sim, porque ajuda os adultos a realizarem previsões e hipóteses sobre o que pode acontecer a seguir. Algumas dessas expectativas não irão se realizar, mas outras ganharão vida durante a jornada com as crianças, no andamento do projeto. E não são apenas os adultos que formam expectativas e hipóteses; as das crianças – que podem usar suas capacidades para realizar previsões – também são necessárias para organizar o trabalho. A forte motivação com que as crianças embarcam irá ajudá-las a se sentirem confortáveis conforme trilham diferentes rumos, abandonando alguns e experimentando outros. Para isso, elas trarão diferentes tipos de inteligência e de atitudes e irão produzir uma enorme quantidade de ideias, além de (por meio de negociação) uma convergência quanto a quais ideias serão mais desenvolvidas e mais seletivas. Elas sentem liberdade para fazer isso porque não têm medo de errar ou de destruir as próprias ideias. Os objetivos do projeto servem como um farol permanente e sempre presente. Eles dão muita energia às crianças, porque estas sabem aonde precisam chegar.

Ao longo de todo o projeto, os adultos devem intervir o mínimo possível. Em vez disso, eles devem estabelecer situações e fazer escolhas que facilitem o trabalho das crianças. Os adultos precisam revisitar continuamente o que tem acontecido, discutir as descobertas entre si e usar o que aprenderam para decidir como e quanto entrar na ação para manter a motivação alta.

Existem muitas teorias científicas sobre a motivação, mas acho que os professores podem aprender muito a respeito trabalhando com as crianças. Algumas crianças entram no jogo imediatamente e não precisam se aquecer. Outras se aquecem durante as primeiras atividades. Outras se aquecem apenas quando algo desafia suas ideias dentro do grande mercado das trocas.

Da discussão à representação gráfica

Gandini: *O prólogo da discussão entre crianças costuma ser seguido com a realização de uma representação gráfica feita pelas crianças, que, depois, é seguida de outra discussão, e assim por diante. Como você vê um modo de expressão influenciando o outro, e vice-versa?*

Malaguzzi: A discussão verbal é certamente a coordenação do fulcro de negociações dentro do grupo – e, aqui, quero dizer o pequeno grupo – e possibilita o trabalho em conjunto. As crianças com menores habilidades linguísticas podem ter dificuldades para entrar nesse grande jogo de maneira ativa, e, portanto, temos de ter muita atenção com elas. Precisamos também prestar atenção nas falhas de comunicação e considerar os sentimentos das crianças, como, por exemplo, quando uma criança sente que não faz parte do grupo em que se encontra.

As palavras são tão poderosas porque não são apenas o país das ideias, mas também porque permitem negociações e transformações. A questão de transformar as palavras em representação gráfica não é simples, já que envolve escolhas difíceis. Às vezes, elas precisam parar para esclarecer ideias antes de colocá-las no papel e torná-las visíveis aos outros.

Colocar as ideias na forma de representação gráfica permite que as crianças compreendam que as suas ações podem comunicar. Essa é uma descoberta extraordinária, porque ajuda a perceber que, para comunicar, o seu desenho deve ser compreensível para os outros. No nosso ponto de vista, a representação gráfica pode ser uma ferramenta de comunicação muito mais simples e clara do que palavras.

Gandini: *Gosto muito do que você está dizendo, que explica por que as crianças sentem a necessidade de expor suas palavras em um desenho no papel. Vi seus professores frequentemente usarem esses processos como base para conversas futuras com as crianças, pedindo que elas expliquem o que desenharam e por quê. Ou pedir que as crianças façam isso com os amigos, com a dupla ou com o grupo.*

Malaguzzi: Esse é um procedimento que sempre seguimos. Quando as crianças precisam proceder dessa forma, elas (e os adultos observadores) conseguem revisitar o que aconteceu. Os adultos devem se tornar escribas das crianças, fazendo anotações que capturem os detalhes do que elas dizem e fazem. Eles podem usar essas notas para conversar de novo com as crianças e dizer: "Hoje, você fez esse trabalho e veio até aqui. Amanhã de manhã, é aqui que vamos começar".

Gandini: *Pode nos dizer mais sobre o poder da expressão gráfica?*

Malaguzzi: O uso de expressão gráfica vem da necessidade de trazer clareza. Também há o fato de que a criança torna-se intuitivamente consciente sobre o que esse novo código pode produzir de agora em diante. Ao passarem de uma linguagem simbólica para a outra, as crianças descobrem que cada transformação gera algo novo. Isso complica a situação e faz avançar as crianças. Ao construírem novas ideias, elas também constroem os símbolos e uma pluralidade de códigos. Portanto, quando desenham, elas não estão apenas criando uma intervenção gráfica, mas estão também selecionando ideias e eliminando aquelas excessivas, supérfluas ou equivocadas. Elas precisam restabelecer e esclarecer os ângulos e contornos do problema. Com cada passo, a criança vai mais longe e mais alto, como uma espaçonave com vários estágios, cada uma lançando o foguete mais longe no espaço.

Outro motivo por que as crianças gostam de passar por expressão gráfica é que elas sentem isso como se fosse algo que consolida a solidariedade do pensamento, da ação, das perspectivas com outras crianças. Eu poderia dizer que a expressão gráfica serve mais como um laço que favorece capacidades colaborativas, de modo que o jogo da aprendizagem entre crianças permite descobertas, uma após a outra.

Gandini: *Você claramente acha valioso quando as crianças passam entre meios representativos ou diferentes linguagens simbólicas. Passar de um sistema simbólico ao outro ajuda as crianças a se comunicarem? Isso é satisfatório para elas e para os outros ao seu redor?*

Malaguzzi: Para mim, um símbolo é uma palavra ou imagem que significa outra coisa. Acho que essa pode ser a nossa definição corrente; trata-se do núcleo que seleciona e detém aspectos secundários. Os símbolos têm relações profundas com emoções, sentimentos e muitas coisas que não podem ser quantificadas por meio da observação.

Gandini: *E quando falamos da linguagem simbólica?*

Malaguzzi: Já que estamos falando das escolas, estamos nos referindo aos modos em que os símbolos são usados pelas crianças para adquirir cultura, crescimento e comunicação. Não quero limitar o domínio das linguagens simbólicas apenas à leitura, à escrita e aos números. Os símbolos são usados também por músicos, contadores de histórias, e outros.

Gandini: *Quando você fala das diferentes linguagens das crianças, diz que elas reescrevem conceitos usando diferentes meios. Elas reescrevem tanto suas emoções quanto o que perceberam intelectualmente. Portanto, seu crescimento cognitivo acontece pela criação das diversas passagens de uma linguagem simbólica para a outra.*

Malaguzzi: Por meio dos símbolos, a criança aprende um meio econômico de expressão. A criança aprende uma maneira de manter os conceitos a mão, prontos para serem transferidos a outra situação ou a outro contexto. As crianças têm uma habilidade incrível de se relacionar com diversas linguagens simbólicas simultaneamente. As crianças podem assistir à televisão, brincar com bonecos ou trens, folhear um livro, sair da sala, voltar e ainda reconstruir o que estava acontecendo com lógica e precisão extraordinários.

Estar em um grupo é uma situação de grande privilégio

Gandini: *Pensando sobre a cooperação entre crianças, o que significa para um grupo pequeno trabalhar junto?*

Malaguzzi: Em uma época como essa, com uma sociedade e cultura que tende a isolar, dar às crianças pequenas a possibilidade de se unirem por vários anos e trabalharem em conjunto é como dar um bote salva-vidas de emergência. Suas relações são realmente algo novo e diferente dos relacionamentos íntimos dentro da família ou das relações normais entre pares em escolas tradicionais. Essas novas relações de cooperação entre crianças ainda não foram suficientemente estudadas em termos do seu potencial educacional. Elas oferecem às crianças a oportunidade de perceber que suas ideias são diferentes e que elas têm um ponto de vista único. Ao mesmo tempo, as crianças percebem que o mundo é múltiplo e que outras crianças podem ser descobertas por meio da negociação de ideias. Em vez de interagir apenas por meio de sentimentos e de uma noção de amizade, elas descobrem como é satisfatório trocar ideias e, assim, transformar o seu ambiente.

No entanto, as diferenças no desenvolvimento não devem ser muito grandes. Deve haver uma distância correta, capaz de produzir a troca e as negociações, sem, ao mesmo tempo, produzir desequilíbrio excessivo. Portanto, é melhor, como aprendemos por meio das experiências realizadas em muitos lugares, que as crianças sejam discrepantes em seu nível de desenvolvimento, mas não que suas diferenças sejam muito acentuadas.

As crianças passam a perceber que, por meio das negociações, seus confrontos com outros podem ser solucionados. As crianças ficam dispostas a trocar ideias, especialmente se a pressão para fazê-lo venha dos pares, em vez dos adultos. Ao brincarem e trabalharem juntas, às vezes há momentos em que o seu objetivo é realmente estabelecer um bom relacionamento. Elas sentem prazer ficando em grupo. Mesmo quando discordam, aprendeu a guardar isso para si.

Loris Malaguzzi palestrando na University of Massachusetts, em Amherst, na abertura da exposição *The Hundred Languages of Children*. Lella Gandini é a tradutora.

Gandini: *Você está dizendo que as crianças pequenas podem perceber que outros têm pontos de vista diferentes e até esperar o momento apropriado antes de expressar e confrontar essas diferenças?*

Malaguzzi: Quando vemos as crianças pequenas cooperando, percebemos um tipo de ética: elas fazem tudo o que podem para manter a situação estável e contínua. Algumas crianças têm capacidades mais avançadas do que outras. Quando essa criança faz uma sugestão ou proposta, os outros a aceitam com mais boa vontade do que se um adulto tivesse feito. Muitas delas aprendem a relatividade do seu ponto de vista e como apresentar suas ideias de maneira delicada. Elas dizem "Eu acho", ou "No meu ponto de vista" ou "Não sei se as minhas ideias são certas para todo mundo".

É claro, conflitos também existem. Conflitos de princípios e ideias podem ser muito ricos, mas não precisam ser necessariamente expressos por um confronto direto. Às vezes, as crianças sentem a disparidade de seus pontos de vista, mas se contêm para manter a harmonia do grupo em funcionamento. Depois, o ponto de vista contrastante pode emergir. Conflitos cognitivos não precisam ser sempre expressos por meio do confronto, mas podem ser resolvidos por meio de um ato de amor; um ato pacífico e sereno de aceitação. Emoções sociais têm um forte papel a cumprir neste desenvolvimento complexo.

Tudo isso ajuda a explicar por que é tão importante registrar e transcrever as conversas com as crianças. Os adultos devem se treinar a ser mais sensíveis às camadas de significados nesses textos registrados. Encontrar clareza e desfazer incertezas dá uma grande quantidade de informações sobre as ideias das crianças. Por meio de interpretação cuidadosa, aprende-se que as crianças tentam continuamente estabelecer conexões entre as coisas e, portanto, crescer e aprender.

Assim, para as crianças, estar em um grupo é uma situação de grande privilégio, como se estivessem em um grande laboratório transformativo.

CONCLUSÃO

Gandini: *Estamos no fim da nossa conversa; você ofereceu muito incentivo para o cérebro, mas não reduziu nosso apetite por mais. Estamos ansiosos para ter outras oportunidades de conversar com você e com as pessoas incrivelmente competentes e calorosas que trabalham ao seu lado. A hoste de brilhantes e esperançosas ideias e experiências que vocês trouxeram às crianças de Reggio Emilia agora parte para além dos confins de sua cidade.*

Malaguzzi: Essa experiência e o meu relato a respeito não são um adeus. Em vez disso, as minhas palavras levam uma saudação aos nossos amigos norte-americanos, que, como nós, estão interessados em ajudar as crianças a andarem de cabeça erguida, amigos a quem estamos culturalmente endividados.

Se, ao final, for necessária qualquer mensagem, trata-se de uma mensagem de reflexão. Não sei como o mundo dos adultos realmente é. Sei que o mundo adulto rico esconde muitas coisas, enquanto o pobre não sabe nem como nem o que esconder. Uma das coisas que ele esconde com maior rigor e insensibilidade é a condição das crianças. Irei me impedir de detalhar os dados sobre morte e desespero. Sei que o meu relato é um luxo; é um privilégio, porque as crianças pelas quais falo vivem no mundo rico.

Mas também neste mundo a enganação persiste, às vezes cínica e violenta, às vezes mais sutil e sofisticada, envolta em hipocrisia e teorias antiliberais. A en-

Uma criança olhando pelo canto para a professora tocando música na nova creche Nilde Iotti.

ganação infiltra-se até nas instituições de educação infantil. A contínua motivação do nosso trabalho tem sido, de fato, uma tentativa de nos opormos, apesar de modestamente, a essa enganação e libertar as esperanças de uma nova cultura humana da infância. É uma motivação que encontra sua origem em uma poderosa nostalgia pelo futuro da humanidade.

E agora, se me permitirem uma fraqueza de minha parte, proponho um brinde a Benjamin, o mais jovem filho de Howard Gardner e Ellen Winner. Gardner (1989) fala de sua viagem à China no livro *To Open Minds,* que acabei de ler, com grande emoção. Por que Benjamin? Porque, com a chave que ele se esforça tanto para inserir na fechadura, ele representa, de certa forma, todas as crianças de quem falamos. Olhemos mais de perto, observemos suas ações e compartilhemos sua aventura. Essa é a sua – e a nossa – esperança.

NOTAS

1 A maior parte dessa entrevista se deu ao longo de três anos, de 1989 a 1991, mas a última seção se deu em 1992, quando estávamos documentando o projeto Parque de Diversões para Pássaros, com George Forman. Foi difícil para Loris Malaguzzi ficar satisfeito ao ver suas ideias escritas no papel. Seus pensamentos estavam em lúcido desenvolvimento em busca de um maior respeito pela cultura da infância e pela definição mais ampla do papel do professor, conquanto ele refletia sobre as milhares de experiências das escolas para crianças pequenas de Reggio Emilia. Muitas vezes ao longo desses anos, ele me ligava e dizia para jogar fora uma parte de uma transcrição que eu havia lhe enviado para revisão, porque ele queria reiniciar. Então, fiz isso toda vez que ele pedia. Mas o diálogo com ele continuou, o que possibilitou a realização desse projeto. Na verdade, em 1991, enquanto eu aguardava por uma conclusão prometida, acabei me surpreendendo ao receber, das

mãos de Carlina Rinaldi, que havia vindo aos Estados Unidos, uma série maior de textos, acompanhados por um resumo sobre como ele queria inseri-los na entrevista. Fiz a tradução, junto da edição de Lester Little e Carolyn Edwards. Lella Gandini, 2011.

2 Essa porção da entrevista se passou em abril de 1992, enquanto Lella Gandini e George Forman observavam e participavam do projeto Parque de Diversões para Pássaros. Loris Malaguzzi gostou da entrevista, mas não editou a transcrição, como havia feito com as outras.

REFERÊNCIAS

BARAZZONI, R. *Brick by brick*: the history of the "XXV Aprile" people's nursery school of Villa Cella. Reggio Emilia: Reggio Children, 2000.

BRUNER, J. *Actual minds, possible worlds*. Cambridge: Harvard University, 1986.

CARR, W.; KEMMIS, S. *Becoming critical*: education, knowledge, and action research. Philadelphia: Falmer, 1986.

DEWEY, J. *Experience and education:* the 60th anniversary edition. West Lafayette: Kappa Delta Pi, 1998.

GARDNER, H. E. *To open minds*: chinese clues to the dilemma of contemporary education. New York: Basic Books, 1989.

HAWKINS, D. Learning the unteachable. In: SHULMAN, L. S.; KEISLAR, E. R. (Ed.). *Learning by discovery*: a critical appraisal. Chicago: Rand McNally, 1966.

MALAGUZZI, L. *Esperienza per una nuova scuola dell'infanzia*. Roma: Riuniti, 1971a.

MALAGUZZI, L. *La gestione sociale nella scuola dell'infanzia*. Roma: Riuniti, 1971b.

PESSOA, F. *Il libro del inquietudine*. Milano: Feltrinelli, 1986.

PIAGET, J. *Biology and knowledge*. Chicago: University of Chicago, 1971.

PIAGET, J. *Comments on Vygotsky's critical remarks*. Cambridge: MIT, 1962.

PIAGET, J. *To understand is to invent*. New York: Grossman, 1974.

RODARI, G. *The grammar of fantasy*: an introduction to the art of inventing stories. New York: Teachers and Writers Collaborative, 1996.

VYGOTSKY, L. S. *Mind in society*: the development of higher psychological processes. Cambridge: Harvard University, 1978.

WERTHEIMER, M. *Productive thinking*. New York: Harper and Row, 1945.

3

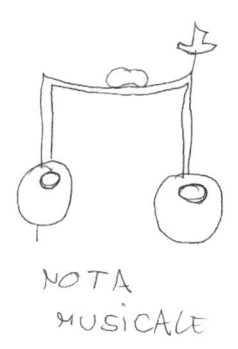

A história de Malaguzzi, outras histórias e o respeito pelas crianças[1]

David Hawkins

David Hawkins (1913-2002) foi um importante professor de filosofia da University of Colorado, em Boulder, e um dos influentes acadêmicos que ajudou a moldar a reforma progressista do sistema escolar norte-americano na década de 1960, um período turbulento mas empolgante de debate e inovação educacional. Ele e sua esposa, Frances, ela mesma uma reconhecida especialista em educação infantil, fundaram o Mountain View Center for Environmental Education para promover exploração intelectual ativa e científica na educação de crianças. Hawkins recebeu muitas honrarias durante sua vida e influenciou outros pensadores da teoria da educação, utilizando seu amplo conhecimento em teoria social, economia, física, biologia e filosofia.

Dois conceitos são fundamentais para a filosofia da aprendizagem de Hawkins (1974). O primeiro é a importância dos professores como aprendizes, envolvendo-se em um processo de questionamento, encontrando o mundo com a mesma curiosidade, interesse, espanto e assombro que as crianças a quem ensinam. O segundo, com uma forte conexão com o primeiro, enfatiza o valor dos ambientes de aprendizagem cheios de materiais "cotidianos", coletados e disponibilizados para que as crianças e os adultos iniciem e apoiem suas explorações e investigações, materiais com que as crianças, para citar Hawkins, possam "fazer uma bagunça".

Hawkins inspirou muitos pensadores importantes, incluindo Loris Malaguzzi. Eles foram apresentados por Lella Gandini em 1988 e, posteriormente, Hawkins visitou Reggio Emilia em duas ocasiões: a primeira em 1990 como participante em uma conferência internacional, e a segunda em 1992 para conhecer as escolas. Essas visitas, um verdadeiro "encontro de mentes", causou grande impressão em Malaguzzi e nos professores de Reggio (GANDINI, 2008). É devido a essa mutualidade e à amplitude das ideias de Hawkins que o texto a seguir foi incluído neste livro.

UMA HISTÓRIA EXTRAORDINÁRIA E UM ENCONTRO

A extraordinária história contada por Loris Malaguzzi, em sua entrevista com Lella Gandini, me lembrou de quando eu, David Hawkins, o conheci. Isso se deu na grande conferência de Reggio Emilia em março de 1990, quando ele falou de maneira incisiva sobre o tema da conferência, o "Potencial e os direitos das crianças". A sua história lembrou-me também de outras histórias que foram contadas, ou que poderiam ser contadas, de diferentes momentos e lugares. Todas falam dos esforços bem-sucedidos de criar novos padrões na prática educacional que pudessem, pelo menos, começar a adequar-se aos muitos talentos das crianças pequenas. A maioria desses outros sucessos acabou ficando limitada em escala e, infelizmente, em duração. Ainda assim, quando contadas em conjunto, elas passam como um fio dourado por entre décadas de negligência dos adultos e preocupações com outras questões. Apesar de a educação estar entre as mais antigas e vitais partes da práxis humana, o sucesso foi apoiado apenas por uma tradição minoritária, sendo ignorado pela sociedade em geral e, até mesmo, pela curiosidade e pesquisa científica em geral. O fato de isso ser verdade é um paradoxo. Uma exceção tão brilhante como o caso de Reggio Emilia, portanto, deveria surgir com grande alegria.

As crianças ficam de olho em uma partida de damas entre Loris Malaguzzi e David Hawkins, na pré-escola La Villetta.

OUTRAS HISTÓRIAS: DESENVOLVIMENTO NA EDUCAÇÃO PROGRESSIVA NA EUROPA E NOS ESTADOS UNIDOS

Acho que vale a pena lembrarmos de algumas dessas outras histórias. Malaguzzi refere-se a algumas delas de passagem, principalmente em relação aos teóricos. Permita-me mencionar outros. No campo da educação, como em muitos outros, a boa teoria – ouso dizer – surgiu principalmente como uma colheita, uma reflexão sobre as práticas de sucesso. Colhida com a prática passada, a teoria pode, por sua vez, trazer novas orientações práticas. Um exemplo marcante dessa relação dupla é o papel desempenhado por John Dewey.

Na época de Dewey, há quase um século, uma tradição minoritária de prática excelente na educação infantil já existia nos Estados Unidos. Essa tradição havia evoluído, por sua vez, a partir da experiência dos Jardins de Infância de Froebel. A minha própria mãe recebeu uma parte básica de sua educação em um Jardim de Infância de Froebel, durante a década de 1870, quando a quantidade dessas escolas nos Estados Unidos crescia em dois ou três graus de magnitude. Professoras eram solidamente apoiadas na visão básica de Froebel acerca do processo de aprendizagem, mas haviam ultrapassado a rigidez marcante desse "sistema" pioneiro. (Algo semelhante também se deu quanto à influência de Montessori.) As professoras pioneiras envolvidas nesse acontecimento estavam procurando por novos reconhecimentos e orientações teóricas. E elas os encontraram em John Dewey, a essa altura já um filósofo e psicólogo profundamente sensível. Mas, primeiro, elas tiveram de educá-lo – um pupilo de profunda aptidão! A própria prática de Dewey era a de um professor universitário, profundamente reflexivo, mas seco como pó, exceto para com aqueles que compartilhavam o seu espírito e a sua visão. Apesar de muitos contemporâneos terem sido profundamente comovidos por sua clareza de entendimento, sua influência praticamente se perdeu por completo nos Estados Unidos, como parte dos conflitos nas perspectivas da educação infantil. Fico feliz que esse filósofo continue vivo e saudável na Itália. Olhando para um período anterior, Froebel associava-se teoricamente ao filósofo Georg W. F. Hegel; com relação à prática e ao comprometimento, ele se associava ao seu mentor, Johann Pestalozzi, de Zurique – bem ao Norte de Reggio Emilia. Há mais de dois séculos, em 1798, Pestalozzi resgatou crianças que perderam seus pais tragicamente nas Guerras Napoleônicas e assim desenvolveu profundas ideias sobre como acalentar suas vidas e seus talentos.

Voltando para mais perto de nós, pode-se ver como a execução desse longo desenvolvimento tem sido irregular. Suas influências práticas também cresceram no Canadá e na Europa Continental, evoluindo diferentemente na Alemanha e nos Países Baixos (Bélgica e Holanda), além da França e da Escandinávia. Os Estados Unidos já tiveram muita influência, mas têm sido amplamente cooptadas pelas escolas, onde a ideia progressista original de "jardim de infância", em grande parte, sobrevive apenas no nome. Toda essa história internacional precisa ser resgatada.

Aqui, irei acrescentar apenas uma nota sobre a Grã-Bretanha, onde o seu principal acontecimento teve uma história semelhante a dos Estados Unidos, também com um início humilde no século XIX sob a influência de Froebel e, mais tarde, de Dewey e das irmãs McMillan, Margaret e Rachel. Enquanto nos Estados Unidos essa evolução sofreu negligência ou rejeição, após a Segunda Guerra ela floresceu na Inglaterra. Em algumas regiões, uma grande proporção das escolas infantis (dos 5 aos 7 anos) foi radicalmente transformada, assim como proporções menores das escolas júnior (dos 7 aos 11 anos). Aqueles que visitassem algumas dessas boas salas encontrariam muito com o que se deleitar e refletir a respeito. Ideologias políticas, mais recentemente, suprimiram ou ignoraram esses passos adiante. Mas os novos métodos de ensino e aprendizagem não foram completamente invertidos. Eles têm sucesso, persistem e ainda é possível aprender com eles.

Menciono a fase britânica da nossa história conjunta porque ela atraiu grande atenção de muitos de nós nos Estados Unidos, sofrendo com a perda de nossas melhores tradições. O resultado foi uma moda, buscando simular a "Escola Infantil Britânica". Esse tipo de simulação ignorou uma longa história de desenvolvimento, uma árvore enraizada que não podia simplesmente ser posta em um avião e transposta de um lugar ao outro. Temos as nossas próprias e fortes tradições e precisamos resgatá-las.

CIVILIDADE: SÉRIA PARTICIPAÇÃO DA COMUNIDADE

Historicamente, nós, norte-americanos, fomos criados como uma nova sociedade com imigrantes de partes cada vez mais variadas do mundo e tínhamos o *slogan* "vida, liberdade e busca da felicidade", embora nunca apresentássemos um *slogan* como "e séria participação na comunidade". A noção de "comunidade" é, de certa maneira, oposta à de liberdade individual. Estou me sentindo crítico de nossas estimadas tradições, que são valiosas de muitas formas, mas, quando se trata da habilidade de se unir para traçar planos para o futuro, nem sempre somos bons nisso. Chamamos isso de política e muitos de nós a evitam.

O contraste entre noções italianas e norte-americanas de comunidade permaneceu comigo desde as minhas visitas a Reggio Emilia e eu gostaria de conversar sobre a história que compartilhamos com o Norte da Itália, desde o fim da Segunda Guerra. Duas coisas têm acontecido: uma delas é a redução do salário médio em termos reais em toda a sociedade, e a outra é a emancipação feminina. A combinação delas não apenas serviu para convidar mais mulheres a entrarem para a vida profissional, de negócios e de trabalho, como também tornou sua presença necessária. Na Itália, essas tendências foram respondidas – sobretudo no Norte – com discussões entre as pessoas que geraram o tipo de preocupação com o cuidado infantil que se desenvolveu por lá. Nos Estados Unidos, o efeito foi bem diferente, no sentido de que não desenvolvemos planos para o cuidado das crianças pequenas para além da casa, apesar do número cada vez maior de crianças que precisariam ser cuidadas e dos serviços de cuidado inadequados oferecidos.

Esse é um contraste muito profundo. Se você estudar a história da Itália, vai ver que eles tiveram um longuíssimo período de tempo para aprender sobre esse tipo de existência *comunitária*. Permita-me buscar outra palavra que gostamos de usar: *civilidade*. "Sejamos civis" normalmente quer dizer: "sejamos educados".

Mas o que *civil* realmente significa, se virmos a história, é que as pessoas que pertencem a tribos – ou não a tribos, mas a clãs – costumavam viver separadas umas das outras quando eram caçadores-coletores ou estavam aprendendo a plantar, mas passaram a se congregar em locais chamados *cidades*. A palavra em latim para cidade é *civis* e, dessa palavra, temos *civilidade* e muitas outras palavras, como *cívico*, *cidadão* e *civilização*. Os diferentes clãs tiveram de aprender a viver uns com os outros e tiveram de praticar por um bom tempo antes que a civilidade fizesse parte da realidade social. Então, creio que vemos uma profunda diferença entre essas partes do mundo, como a Emilia Romagna, na Itália, com assentamentos permanentes e enraizados desde tempos antigos, e a nossa sociedade, muito mais espalhada, diversa e móvel.

A civilidade, portanto, significa a habilidade de se unir, e não de ser educado. Você não precisa sempre ser educado quando se junta, mas precisa congregar, querer trocar coisas, querer formar ideias comuns.[2]

PARALELOS NORTE-AMERICANOS: APRENDENDO COM PROJETOS

Após esse circuito de história, volto à fascinante história de Reggio Emilia e de outras comunidades italianas em que a educação infantil evoluiu e prosperou de maneira semelhante. Nós, que trabalhamos nesse ramo particular da educação infantil, temos muito a aprender com a história de Reggio e sua prática em constante evolução. Uma evolução com tanto apoio comunitário é uma realização que os norte-americanos, em particular, irão estudar cuidadosamente. Mas pode ser um grande erro para nós, assim como foi no caso do nosso desejo de copiar as Escolas Infantis Britânicas, pensar que podemos dar um jeito de simplesmente importar a experiência de Reggio. Por reputação, estamos propensos a buscar consertos rápidos. Tal atitude depreciaria a própria realização que ela professa admirar. Entre muitas outras diferenças institucionais e culturais, nós, nos Estados Unidos, não conhecemos tal solidariedade, tal comunidade, reinventando-se do modo como Malaguzzi descreve, exigindo melhor educação para as crianças. O nosso cenário social é diferente, e assim devem ser as nossas batalhas.

Apesar de muitos de nós ainda não estarmos familiarizados com a óbvia profusão da prática de Reggio, arrisco a opinião de que nós – nós, querendo dizer Estados Unidos, Inglaterra e outros lugares – temos contribuições a dar e a receber. Devo mencionar particularmente a prática de desenvolvimento de "trabalhos de projetos" para o questionamento e a invenção das crianças. É semelhante à estratégia que vimos bem desenvolvida, há alguns anos, na Califórnia. Minha esposa, Francis Hawkins (1997), lecionava lá e contribuiu para aquela estratégia, frequentemente um grande avanço em relação às deprimentes "lições" diárias.[3]

Quando se baseavam parcialmente nos interesses que algumas crianças revelavam em brincadeiras e discussões, tais projetos contavam com seu comprometimento e entusiasmo. Ainda assim, questões fundamentais permaneciam em aberto quanto ao grau em que tal entusiasmo pode sustentar, ou simplesmente mascarar, os talentos mais ocultos e menos desenvolvidos de outras crianças. Reconhecer e encorajar essas crianças menos articuladas, em suas diversas trajetórias e aprendizagens, permanece um desafio constante.

Tais questões e desafios, conforme aprendemos, devem sempre permear a nossa curiosidade intelectual nos anos iniciais da aprendizagem. Passamos, portanto, a ver a necessidade de desenvolver um estilo de prática em sala que permitiria uma maior diversidade de trabalho do que os nossos métodos de projeto, mesmo em sua melhor forma, conseguiriam manter. Com esse ambiente mais plural e rico, ideias e invenções podiam, às vezes (mas não frequentemente), ser compartilhadas por todos. Desse compartilhamento, às vezes os projetos de fato se desenvolviam, com grande vitalidade. Mas a definição e a duração desses projetos sempre foram variáveis dependentes e restritas.

David e Frances Hawkins.

Menciono este tópico específico – projetos – porque, ao ler as reflexões encantadoras e abertas de Loris Malaguzzi, além da ampla história da educação infantil, eu pensava também nos detalhes, no debate e nos problemas que ele deve ter se envolvido em cada passo do caminho, enquanto os educadores de Reggio Emilia entravam em conflito com a prática educacional tradicional italiana. Tentei sugerir, por exemplo, que a etiologia e os usos do "trabalho de projetos" ainda podem estar passando por um período problemático. Para nosso próprio benefício, precisamos saber mais sobre o debate, as avaliações retrospectivas, as aproximações sucessivas. Precisamos que todas se juntem ao debate!

Enquanto isso, é importante reconhecermos a realização e a devoção revelada neste momento marcante da história por um professor-teórico devoto e por uma comunidade devota.

DE AMAR AS CRIANÇAS A RESPEITÁ-LAS

Permita-me encerrar com um comentário acerca da noção de respeito pelas crianças, visto que isso era fundamental para a filosofia de Malaguzzi, assim como para a minha.

Um estudo próprio e sério das crianças levantaria perguntas, creio eu, sobre uma tendência difundida entre nós. Em um romance de fantasia, *Where the Blue Begins*, de Morley (1922), um grupo de crianças decide enviar um dos seus, magicamente crescido, como um espião, ou emissário, ao mundo dos adultos. Sugeri, nesse mesmo espírito, que nós, adultos, precisamos enviar emissários, ou mensageiros, ao mundo das crianças. Mas talvez essa seja apenas meia necessidade; facilmente aprendemos apenas aquilo que estamos preparados para aceitar. Ao sermos repelidos, em nossa busca, pela típica formalidade e esterilidade do nosso tratamento institucional às crianças, muitos de nós reagem buscando e defendendo padrões de associação que são organizados para proporcionar vias duplas e fáceis de comunicação, calorosas e amáveis. Se essa é metade da história, é uma metade que precisa de uma redefinição quando a outra é contada.

Muito tempo antes de o psicanalista Bettelheim (1950) escrever seu famoso livro, *Só o amor não basta*, acerca do tratamento de crianças emocionalmente perturbadas, Immanuel Kant, o grande filósofo alemão, havia dado profundo apoio à proposta de que, nos assuntos humanos e gerais, o amor só não basta. A dádiva mais maravilhosa não é o amor, mas o *respeito* pelos outros como fins em si mesmos, como artesões reais e potenciais de seus próprios feitos e aprendizagens, de suas próprias vidas; assim contribuindo, portanto, para suas aprendizagens e realizações.

O respeito pelos mais jovens não é uma atitude passiva e indireta. Ele exige que ofereçamos recursos. Move-nos na direção do aprofundamento de suas vidas e, portanto, até, às vezes, na direção do protesto ou da intervenção. O respeito assemelha-se ao amor em seu objetivo implícito do aprofundamento, mas amor sem respeito pode cegar e prender. O amor é privado e espontâneo, ao passo que o respeito é implícito em todas as relações morais com os outros.

Respeitar as crianças é mais do que reconhecer as suas potencialidades no abstrato, é também buscar e valorizar suas realizações – por menores que pareçam diante dos padrões normais dos adultos. Mas, se seguirmos essa linha de raciocínio, algo se destaca. Devemos proporcionar às crianças aquele tipo de ambiente que potencialize seus interesses e talentos e que aprofundem seu envolvimento na prática e no pensamento. Um ambiente de "adultos amorosos" que são, eles mesmos, alienados do mundo ao seu redor é um vácuo educacional. Os adultos envolvidos no mundo dos seres humanos e da natureza devem levar esse mundo com eles para as crianças, restrito e seguro, mas sem, com isso, perder sua riqueza e promessa de novidade.

NOTAS

1 As notas introdutórias a este capítulo foram preparadas com Carolyn Edwards por Ellen Hall, um dos membros-fundadores dos Hawkins Centers of Learning, que abrigam os arquivos dos Hawkins, incluindo muitos dos textos e das fotografias de David e Frances Hawkins, em Boulder, no Colorado. O corpo deste capítulo foi adaptado da Apresentação de Hawkins à segunda edição deste livro, integrada com passagens de uma conferência que ele ministrou em junho de 1998, em Boulder, no Colorado, e de seu Epílogo (ligeiramente editado por Hall e Edwards), publicado na autobiografia de Hawkins (1997).
2 Veja Edwards (1995) para uma discussão mais aprofundada sobre a comunidade civil na filosofia da educação como relações, de Loris Malaguzzi.

3 A *abordagem de projetos* e o *currículo emergente* relacionado são bem conhecidos dos educadores infantis, graças ao trabalho de Katz e Chard (1989), assim como Jones e Nimmo (1994).

REFERÊNCIAS

BETTLEHEIM, B. *Love is not enough*: the treatment of emotionally disturbed children. Glencoe: Free, 1950.

EDWARDS, C. P. Democratic participation in a community of learners: Loris Malaguzzi's philosophy of education as relationship. Itália: Universidade de Milão, 1995. Disponível em: <http://digitalcommons.unl.edu/cgi/viewcontent.cgi?article=1014&context=famconfacpub>. Acesso em: 21 jan. 2015.

GANDINI, L. Meeting of minds: Malaguzzi and Hawkins. In: GANDINI, L.; ETHEREDGE, S; HILL, Lynn. (Ed.). *Insights and inspirations from Reggio Emilia*. Worcester: Davis, 2008.

HAWKINS, D. *The informed vision*: essays on learning and human nature. New York: Agathon, 1974.

HAWKINS, F. P. *Journey with children*: the autobiography of a teacher. Boulder: University Press of Colorado, 1997.

JONES, E.; NIMMO, J. *Emergent curriculum*. Washington: National Association for the Education of Young Children, 1994.

KATZ, L. G.; CHARD, S. C. *Engaging children's minds*: the project approach. Norwood: Ablex, 1989.

MORLEY, C. *Where the blue begins*. Garden City: Doubleday, 1922.

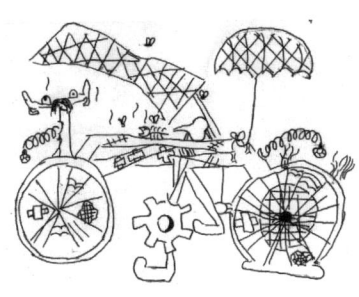

4
Nossa responsabilidade para com as crianças pequenas e sua comunidade[1]

Graziano Delrio

Graziano Delrio foi prefeito de Reggio Emilia entre 2004 e 2013. Ele é, por profissão, endocrinologista e tem um cargo como professor da Universidade de Modena e Reggio Emilia. Pai e marido amoroso, ele disse: "Não é fácil ser o pai de nove, mas isso me ensinou a não julgar os outros e a ter compaixão, quando me lembro de como era inadequado quando tive meu primeiro filho aos 23". Durante seus dois mandatos como prefeito, ele se focou na comunidade e no povo. O primeiro mandato foi caracterizado pela ideia de "Reggio Emilia, um bem coletivo; por uma cidade serena, segura e unida". Seu segundo mandato, durante um período de crise econômica global, baseou-se no conceito de "Uma comunidade forte, um futuro seguro" e concentrou-se nas questões da educação, do conhecimento e da inovação como a base para a internacionalização do desenvolvimento de Reggio Emilia.

Hoje, vamos nos concentrar em uma questão importante para nós: nossa responsabilidade para com as crianças pequenas. Para nós, isso significa uma discussão sobre os direitos de cidadania das crianças. Referimo-nos às crianças como cidadãs, como portadoras de direitos em relação a cidades. Acreditamos que nós, adultos, temos três tipos de obrigação para com elas: aquilo que chamamos de responsabilidade civil, responsabilidade ética e responsabilidade política.

Para nós, *responsabilidade civil* refere-se aos direitos das crianças à educação e a oportunidades iguais, o que significa a remoção de todos os obstáculos para o desenvolvimento dos seres humanos.

O artigo 3 da Constituição Italiana afirma: *Todos os cidadãos têm dignidade social igual e são iguais perante a lei, sem distinção de sexo, raça, língua, religião e opiniões políticas, condições pessoais e sociais. É dever da República remover os obstáculos de natureza econômica ou social que restrinjam a liberdade e a igualdade dos cidadãos, assim impedindo o desenvolvimento completo da pessoa humana e a participação efetiva de todos os trabalhadores na organização política, econômica e social do país.*

Essa definição assemelha-se ao que Thomas Jefferson escreveu na Declaração da Independência, em 1776: *Acreditamos que essas verdades são autoevidentes, que todos os homens são criados iguais, que* são dotados por seu Criador de certos Direitos inalienáveis, dentre os quais a Vida, a Liberdade e a busca da Felicidade.

Nós, de Reggio Emilia, acreditamos que devemos administrar as nossas cidades com o objetivo de construir uma comunidade igualitária, agindo pelo bem comum dos cidadãos para garantir dignidade igual e direitos iguais. Declaramos o direito das crianças à educação desde o nascimento, apesar de o sistema escolar italiano não reconhecer o direito à educação para as crianças na pré-escola. Em muitas regiões da Itália, a promoção de serviços de educação infantil continua limitada, especialmente para crianças de 0 a 3 anos.

Em Reggio Emilia, estamos dando duro para satisfazer o maior número de demandas de serviço das famílias. Especialmente neste período de crise econômica, as administrações escolares e os políticos devem se comprometer com o processo de atender a essas demandas. Os serviços pré-escolares frequentemente tornam-se o elo fraco na corrente, porque esse é um serviço do qual as famílias frequentemente abrem mão se um dos pais perde o emprego. No entanto, com isso as crianças ficam privadas do seu direito à educação e às relações com os amigos na escola. Por causa disso, a nossa gestão municipal prefere auxiliar as famílias afetadas pela crise econômica reduzindo os impostos sobre serviços infantis, que normalmente usamos para administrar os custos dos serviços.

Majestosos leões de pedra vigiam uma pequena praça em Reggio Emilia.

A nossa responsabilidade para com as crianças vai além da construção de prédios. Ela se concretiza na qualidade da educação que oferecemos para elas e suas famílias, na qualidade das ferramentas e dos recursos e, em particular, na riqueza da abordagem. Não estamos gerando escolas para os ricos. A abordagem de Reggio Emilia é possível onde não há nada, contanto que haja respeito, escuta e tempo. Isso é ainda mais importante na Itália do que nos Estados Unidos, onde a qualidade na educação estendeu-se ao ensino fundamental e médio. Bruner (1986) disse:

> Hoje, Reggio Emilia precisa encontrar uma forma de generalizar ao máximo o que a cidade fez até agora para influenciar seu sistema educacional em todos os níveis.

No ano passado, abrimos uma escola fundamental no Centro Internacional Loris Malaguzzi e iremos continuar a investir em escolas porque acreditamos que toda criança, todo menino e menina, tem o direito a uma educação de qualidade.

A nossa segunda responsabilidade para com as crianças refere-se à *responsabilidade ética*. A responsabilidade ética para com as crianças significa que você reconhece a sua dignidade como cidadãos, como portadores de direitos relacionados à cidade. A criança é, portanto, um cidadão competente. Ela é competente para assumir responsabilidade pela cidade. Costumo citar o que disse John Adams, o segundo presidente dos Estados Unidos: "A felicidade pública existe quando os cidadãos podem assumir responsabilidade pelo bem público e pela vida pública. Em todo o lugar, há homens, mulheres, crianças, jovens ou idosos, ricos ou pobres, altos ou baixos, sábios ou tolos... todos altamente motivados por um desejo de serem vistos, ouvidos, considerados, aprovados e respeitados pelo povo ao seu redor e conhecidos por ele".

Nesse período de nossa história, a ideia de cidadania exerceu forte influência sobre a identidade das creches e das pré-escolas – a sensação de pertencimento, a disposição de cuidar um do outro, de desejar participar e o desejo de ser parte ativa de um processo de mudança, de prosperidade da comunidade mundial. As creches e as pré-escolas são lugares de convivência entre gerações. Eles são espaços públicos comuns onde as multidões buscam se tornar uma comunidade de pessoas crescendo juntas, com uma forte noção de futuro, uma grande ideia de participação, de conviver e de cuidar uns dos outros. Acreditamos que cuidado gera cuidado; atenção gera atenção; uma criança que recebe confiança irá confiar. Cuidar das outras pessoas e do espaço comum é uma expressão da noção de afiliação e comunidade. A escola expressa a sociedade por meio da qual ela é gerada, mas a escola também é capaz de gerar uma nova sociedade. Uma escola que cuida gera uma sensação mútua de cuidado.

Em uma entrevista de 2007 para a *Harvard Business Review*, Howard Gardner disse:

> Meu exemplo favorito de comunidade ética é uma cidade pequena chamada Reggio Emilia, no Norte da Itália. Além de promover serviços de alta qualidade e benefícios culturais aos seus cidadãos, a cidade oferece excelentes creches e pré-escolas. As crianças sentem-se cuidadas pela comunidade. Então, quando elas crescem, elas dão de volta o que receberam, cuidando dos outros. Elas tornam-se bons trabalhadores e cidadãos. (FRYER, 2007).

Entendemos que o propósito da educação não se relaciona apenas a *você*, mas também a *nós* – à comunidade, aos outros. O que nos motiva a fazer o que fazemos em Reggio Emilia? Fazemos o que fazemos porque confiamos. Acreditamos na beleza e na singularidade do ser humano.

A nossa terceira responsabilidade relaciona-se à *responsabilidade política*, e irei me concentrar, particularmente, na coexistência intercultural. A nossa responsabilidade para com as crianças também é política. Muito tempo depois dos Estados Unidos, a Europa está passando por um fenômeno migratório, que é assunto de grande parte da opinião pública nos nossos países. A realidade da imigração é difícil para famílias e crianças. Os problemas globais tornam-se imediatamente problemas locais, que as cidades não conseguem resolver. Reggio Emilia é a única cidade italiana que pertence à Rede das Cidades Interculturais, que inclui uma cidade de cada país da União Europeia que apresenta boas práticas relacionadas ao convívio intercultural. Acredito que eles nos escolheram devido ao trabalho que foi feito com crianças e famílias imigrantes nas creches e nas pré-escolas municipais.

Hoje, quando o *zeitgeist* (o espírito do tempo, o ânimo de uma era) nos diz que a diferença é um problema, a nossa sociedade pode optar entre dois tipos de relações: vínculo ou aproximação. Podemos ficar dentro do grupo, criando vínculos que aproximem o grupo, reforçando a sensação de pertencimento. Ou podemos estimular a abertura para os outros, para o diferente, e assim adquirir conhecimento e estimular a curiosidade em relação aos outros, trilhando um caminho de enriquecimento e mudança positiva. Essa é uma abordagem de aproximação, de criação de pontes, uma multiconexão que multiplica o conhecimento. A abordagem da aproximação é exemplificada pelo desenho das crianças da Reggio, que foi publicado no *website* da North American Reggio Emilia Alliance (NAREA).

As crianças apreciam e são estimuladas pela diversidade. As crianças são os nossos professores em suas crenças de que a diferença não é um problema, mas um dom. Gardner apud Fryer (2007) acredita que "[...] as crianças têm o gene cosmopolita e a habilidade de abraçar as diferenças". Todos também sabemos que as mães de diferentes países têm os mesmos temores, as mesmas preocupações e as mesmas esperanças em relação aos seus filhos. A chave para o futuro das nossas crianças e da nossa comunidade está na atenção às múltiplas inteligências, às cem linguagens, à coexistência intercultural e à multidisciplinaridade.

Nas creches e nas pré-escolas municipais em Reggio Emilia, a abertura a outras culturas tem sido uma experiência comunitária. Carola e Marcelo Suárez-Orozco, da New York University, nos disseram que

> A compreensão da comunidade, que é vivenciada pelas famílias de origem estrangeira por meio da pré-escola, tão aberta à atenção ao desenvolvimento do futuro de nossas crianças, deve ser vista como uma experiência extraordinária da coexistência intercultural e da cidadania, uma verdadeira experiência da compreensão do bem comum.

O ambiente cultural que desejamos para as nossas crianças é aquele que define o outro não como problema, mas como oportunidade. O outro é "[...] um companheiro fascinante na viagem pelo cintilante rio da vida" (CONRAD, 1997, p. 116). Temos uma responsabilidade ética para com as crianças de criar esse ambiente cultural junto com elas. Não queremos esquecer o que John Stuart Mill disse no *Ensaio sobre a Liberdade*:

> Cada qual é o guardião conveniente da própria saúde, quer corporal, quer mental e espiritual. Os homens têm mais a ganhar

suportando que os outros vivam como bem lhes parece do que os obrigando como bem parece ao resto. (MILL, 1869, p. 13).

Lella Gandini: *Você falou sobre a grande quantidade de novos imigrantes em sua cidade. O que se deve fazer para convidar a participação da ampla variedade de cidadãos novos presentes em Reggio Emilia?*

Delrio: Você tem razão quando fala em "ampla variedade". A uma ampla variedade deve corresponder uma ampla variedade de abordagens e é nessa direção que estamos indo com diferentes meios e processos. A diversidade presente em Reggio Emilia é antropológica, social e cultural. O único lugar para se começar é a Constituição Italiana, que estabelece direitos fundamentais em uma democracia baseada nos princípios da igualdade, da solidariedade e da liberdade. Com essa base, a nossa cidade de Reggio Emilia estabeleceu o seu próprio estilo a partir dos direitos e dos deveres, das regras compartilhadas e do respeito pela vida em conjunto, da reciprocidade e da cooperação. Quanto mais isso se torna um patrimônio comum, mais fácil é a vida em conjunto. Reggio Emilia almeja ser uma cidade aberta, intercultural, onde o "outro" é um companheiro bem-vindo com quem é possível viajar.

Uma das fontes mais visíveis de diversidade nesse ponto é o país de origem, especialmente para os imigrantes de primeira geração. Com relação às famílias das crianças, o nosso sistema de educação infantil é uma porta excepcional para tornar os imigrantes parte da nossa comunidade. As crianças compreendem a sociedade de maneira bastante original e são um grande motor de integração. Elas imaginam uma sociedade aberta e receptiva e percebem que não temos outro destino senão o de conhecermos uns aos outros e vivermos em conjunto, em vez de nos opormos aos outros em favor de algo ou alguém. A abordagem das escolas de Reggio coloca em prática as "cem linguagens" e as torna uma maneira de criar uma conexão entre as diferentes gerações e origens presentes na escola. Uma mãe imigrante que participa da vida da escola torna-se uma mãe de Reggio porque seu coração não se limita a responder apenas ao seu filho, mas também ao ambiente onde ela vive. Ela se insere por completo, com facilidade, e sente curiosidade quanto à cidade.

Gandini: *A sua gestão priorizou a criação de espaços exclusivos para pedestres na cidade para que as pessoas fiquem, sentem, descansem e desfrutem dos parques e das fontes de Reggio Emilia. Por que isso é importante?*

Delrio: O que você vê hoje, corretamente apreciado pelos nossos cidadãos, é o resultado de um longo, intencional, dedicado e fervoroso trabalho de pesquisa e análise inspirado por um princípio orientador: possibilitar à comunidade – ao povo – retomar seu próprio espaço, ou seja, o espaço público. Não é fácil devolver o espaço ao povo. Por muitos anos, a nossa cidade moveu-se na direção oposta para a privatização dos espaços e o abandono dos espaços públicos – às vezes considerando-os apenas como fonte de dinheiro e privatizando-os, às vezes deixando os espaços tornarem-se marginais, de fato, "não lugares", sem identidade, cheios de carros estacionados, contêineres de lixo ou placas de sinalização.

Começamos a trabalhar com a ideia de uma cidade como uma comunidade que coloca as pessoas no seu âmago. A minha ideia de cidade é a de que ela seja "sociável" – uma cidade para conviver e ocupar os espaços de maneira cordial. O trabalho que realizamos tem sido bem in-

Mães reúnem-se em praça no centro da cidade.

tenso e precisamos superar muitas resistências e maus hábitos profundamente enraizados. Precisamos mudar a forma como usávamos diferentes lugares e tivemos de dar-lhes mais qualidade e valor. Muitas pessoas oferecem ricas sugestões e propostas, incluindo proprietários, lojistas e comerciantes. Encontramos maneiras para ajudar crianças, idosos, deficientes e outras pessoas vulneráveis a caminharem com facilidade e segurança, achando as direções com tranquilidade. Queremos que os espaços sejam intuitivos, sem obstáculos, e convidem as pessoas a se sentarem e a descansarem, talvez aproveitar a sombra, talvez até tomar um café, e por que não um banco de onde sai música?

Para mim, a melhor satisfação tem sido ver que, depois que esses espaços foram reconstruídos e melhorados, as pessoas naturalmente voltaram a viver neles, como se eles sempre tivessem sido assim. Fico sempre comovido com a alegria das crianças diante da fonte renovada perto do teatro municipal. No final do processo, quando vemos um espaço lindo, reconquistado e bem habitado, pode parecer que era algo simples e óbvio, mas, na verdade, não era assim mesmo. É como um poema, quanto mais bonito e essencial, mais pensamento e trabalho duro fizeram parte de sua escrita.

Gandini: *Como você vê o desenvolvimento da educação que atrai tantas pessoas de todo o mundo para a sua cidade?*

Delrio: Como prefeito e cidadão de Reggio Emilia, sinto muito orgulho da qualidade excepcional do nosso sistema de educação infantil. Sinto também muito orgulho das pessoas que o conduzem, que estão em seu cerne e que têm a tarefa de preparar as novas gerações para que se sintam tão motivadas e fervorosas quanto elas.

Estou convencido da escolha que fiz, mesmo que tenha despertado alguma desaprovação, de destacar o nosso sistema, dizendo: "Prestem atenção. Essa é a nossa principal prioridade". Fiz isso porque as pessoas tendem a se habituar e a parar de notar as melhores coisas que temos, como se fossem óbvias, e assim corremos o risco de abandoná-las. O nosso sistema educacional, que é parte tão grande da identidade dessa cidade e agora é conhecido por todo o mundo, é aberto às diferenças, ao diálogo, às trocas em um processo contínuo que ainda tem grande potencial. Tais relacionamentos, creio eu, podem ser mais intensos em relação às nossas instituições de conhecimento, da escola pública à universidade. De fato, por essa mesma razão, começamos a criar um contexto compartilhado no qual trabalhar. Essa iniciativa recebeu o nome de Officina Educativa e pode incluir o maior número possível de agências dedicadas à educação em nossa cidade. A Officina Educativa deve aumentar a aquisição de conhecimento em todos os níveis, junto da comunidade como se fosse uma vida compartilhada, com relacionamento íntimo com a comunidade.

Eu argumentaria que o nosso sistema educacional é o recurso mais importante da cidade, que, por sua vez, pode gerar desenvolvimento econômico, como no turismo, na publicação, na pesquisa, na arquitetura, no *design* e nas iniciativas culturais que terão todas como foco as crianças com as suas cem linguagens. Certamente, o Centro Internacional Malaguzzi, a Reggio Children e o nosso sistema de creches e pré-escolas estão destinados a continuar a pesquisar, dialogar e nunca parar. Foi nesse espírito que a abordagem nasceu; é o porto seguro que Loris Malaguzzi queria que todos alcançássemos. Portanto, acredito que todas as pessoas capazes e dedicadas devem continuar a estudar, a manter a curiosidade e a olhar adiante, enquanto permanecem imersas em nossa realidade para que essa abordagem continue a ser especial e a enriquecer a humanidade de todos nós.

NOTA

1 Uma versão anterior da primeira parte deste capítulo foi publicada em *Innovations in Early Education: The International Reggio Exchange*, v. 17, n. 4, p. 1-5, 2010. A segunda parte é uma entrevista realizada por Lella Gandini, em 2009. Reimpresso com permissão.

REFERÊNCIAS

BRUNER, J. *Actual minds, possible worlds*. Cambridge: Harvard University, 1986.

CONRAD, J. *The secret agent*. [S.l.]: Gutenberg, 1997. Disponível em: <http://www.gutenberg.org/files/974/old/agent10.txt>. Acesso em: 21 jan. 2015.

FRYER, B. (Ed.). The ethical mind: a conversation with Howard Gardner. *Harvard Business Review*, p. 1-5, 2007.

MILL, J. S. *On liberty*. London: Longman, Roberts & Green, 1989.

5

Reggio Emilia: uma cidade em transformação[1]

Sandra Piccinini e Claudia Giudici

A cidade representa um palco natural e humano em que os atores são todos os cidadãos: mulheres e homens, jovens e idosos que participam diariamente na mudança do cenário urbano. Um palco de eventos, mercados e celebrações civis, conferências e reuniões, comércio e música (PICCININI, 2002, p. 13).

Uma longa e arriscada jornada liga a educação infantil à cidade de Reggio Emilia. Tem sido uma aventura extraordinária, principalmente para as mulheres, mas também para os homens, que trabalharam com paixão e inteligência, dia após dia, e tornaram isso realidade. Trata-se de uma experiência que tem sido renovada ao longo do tempo devido à consciência das mudanças sociais e das novas descobertas científicas sobre as crianças. A experiência continua hoje, às vezes desafiadora e às vezes difícil, mas proporciona alegria e aprendizagem a muitas crianças, promete grandes esperanças para o futuro e produz um diálogo contínuo entre as crianças e a cidade.

A nossa história fala de trabalho e alegria, de conflitos e discussões contínuas. Howard Gardner observou que: "Não pode haver ausência de conflitos em uma entidade dinâmica", o que certamente é o nosso caso. Por exemplo, a relação com a Igreja Católica não foi fácil, especialmente no começo (ver Malaguzzi, Cap. 2). Conflitos políticos entre representantes da maioria e das minorias, no nível municipal, sempre foram desafiadores.

Reggio Emilia foi fundada pelos romanos no século II a.C., tendo sido o local de nascimento da Bandeira Nacional Italiana, em 1797. O povo de Reggio Emilia sempre teve um caráter forte de independência. No século XX, os cidadãos da Reggio Emilia desempenharam um importante papel no movimento de resistência contra o fascismo e a ocupação nazista, pelo que a cidade recebeu a maior honra da nação, com uma medalha por valor militar. Muitos memoriais na cidade comemoram esse período na história local.

Reggio Emilia se localiza no vale do Rio Po, no Norte da Itália, agora uma das partes mais industrializadas da Europa. Mas até 50 anos atrás, essa área era praticamente uma sociedade com base na agricultura. Como ela é agora uma cidade muito industrializada (principalmente pela indústria de moda e de transformação de produtos agrícolas), Reggio Emilia está ligada ao sistema de trens de alta velocidade da Itália. Reggio Emilia é apreciada por sua culinária e dentre seus produtos agrícolas mais importantes, e conhecidos em todo o mundo estão um queijo fino, o Parmigiano Reggiano, e um vinho brilhante, o Lambrusco.

Como muitos lugares do mundo na fase atual da história, Reggio Emilia é uma cidade em transformação, uma cidade que está mudando rapidamente. No curso de toda essa evolução, a cidade está se afastando de tradições consolidadas e se aproximando de outras, novas e desconhecidas. É possível ver os sinais dessa mudança no cenário e na arquitetura da cidade, mas as mudanças sociais são ainda mais importantes, embora não sejam tão visíveis.

UMA CIDADE EM RÁPIDO CRESCIMENTO

Reggio Emilia é uma cidade em crescimento e inclui mais crianças, idosos e imigrantes do que nunca. Em 1991, havia 133 mil habitantes na cidade e, em 2009, havia 167 mil. O crescimento nos últimos 20 anos excedeu 35 mil pessoas. As principais razões desse significativo crescimento são, primeiro, o aumento da expectativa de vida na Itália e na Europa; segundo, o aumento na taxa de crescimento especificamente em Reggio Emilia, em compara-

Reggio Emilia é uma cidade que olha para o futuro, com muitos novos habitantes, bem como com novas construções.

ção com cidades vizinhas; e terceiro, aumento significativo da imigração devido a uma economia que atrai mão de obra do Sul da Itália e de muitos outros países fora da Europa.

Vamos examinar esses fatores mais a fundo. O aumento na expectativa de vida na Europa significa que o número de idosos está crescendo em todo o continente, onde a expectativa de vida é de 81 anos para as mulheres e de 75 para os homens. Na Itália, a expectativa é de 83 anos para as mulheres e de 77 para os homens. O aumento na expectativa de vida significa que, na nossa cidade, há muitos idosos. Ao todo, 26% da população tem mais de 60 anos e 16% tem menos de 18.

O aumento na taxa de natalidade em Reggio Emilia começou em 1986. Em dado momento, Reggio era uma das cidades com menor taxa de natalidade no Norte da Itália. Na verdade, a Itália é um país conhecido por sua baixa taxa de natalidade. As taxas de fertilidade na Itália decaíram de 2,67, em 1965, para 1,22, em 1994, até 1,19, em 1998 (ORGANISATION FOR ECONOMIC CO-OPERATION AND DEVELOPMENT, 2001). A tendência era nacional, incluindo Reggio Emilia, onde o número de crianças nascidas diminuiu regularmente na década de 1970 e na primeira metade de 1980. Contudo, a taxa de natalidade está voltando a crescer e atualmente está se aproximando da década de 1970. Em 2008, aproximadamente 1,9 mil crianças nasceram em Reggio Emilia, excedendo o número já alto de nascimentos de 2007. Isso gera uma cidade rejuvenescida. Em 2009, cerca de 6% da população na cidade tinha de 0 a 5 anos, o que é um pouco mais alto que o resto da Região de Emilia Romagna.

O aumento populacional em Reggio Emilia, assim como por toda a Europa, deve-se primariamente à imigração. Em Reggio Emilia, 14% da população em 2009 não era italiana, uma proporção muito maior do que na província ao redor. Os imigrantes são, em sua maioria, mais jovens do que o resto da população, constituindo grande porcentagem das crianças. Em 2008, 29% das crianças nascidas em Reggio Emilia não tinham cidadania italiana. Assim ocorre muita assimilação na cidade. Quase um terço dos casamentos atuais são mistos, com pelos menos um dos pais não italiano. Os países de origem mais comuns dos residentes da Reggio Emilia, além da Itália, incluem Albânia, Marrocos, China, Gana, Ucrânia, Tunísia, Egito, Nigéria, Romênia, além de muitos outros. Os países de origem mais comum das crianças pequenas nas creches e nas pré-escolas infantis municipais são Nigéria, Marrocos, Gana, Albânia e Tunísia.

NOVAS INSTITUIÇÕES PARA UMA CIDADE EM TRANSFORMAÇÃO

A cidade está assumindo grandes riscos ao enfrentar essas mudanças. Existe grande preocupação quanto às decisões que precisam ser tomadas. Essas preocupações estão enraizadas no medo? No medo de perder o que já temos? Uma cidade como Reggio Emilia, com uma economia saudável e um sistema social vibrante, pode se tornar conservadora e complacente. Acreditamos ser nosso dever lutar contra qualquer movimento rumo ao conservadorismo. Agora, mais do que nunca, vale reconhecer e afirmar as creches e as pré-escolas como locais públicos em que as famílias constroem importantes relações sociais e culturais. As escolas promovem a integração e a solidariedade e reduzem a solidão. A participação dos pais representa um comprometimento civil por meio do qual eles constroem cidadania, e esse processo estabiliza e fortalece a coesão social.

A Universidade de Modena e Reggio Emilia

Em primeiro lugar, devemos fazer um grande investimento cultural nos nossos cidadãos. Sentimos que uma cidadania com maior nível cultural e educacional será melhor para enfrentar a complexidade de uma sociedade mais diversa. Historicamente, em Reggio, serviços públicos de qualidade e uma economia dinâmica (um negócio a cada 12 pessoas) sustentaram um sistema de coesão social e desenvolvimento. O desemprego em Reggio Emilia é baixo. Contudo, Reggio está enfrentando novos desafios, não só devido às altas taxas de imigração, mas também porque menos de 10% dos nossos residentes têm um diploma universitário.

Em um esforço para responder a essa nova realidade, a Reggio Emilia tornou-se o local da Universidade de Modena e Reggio Emilia, que tem sido sustentada pela comunidade econômica local. Essa universidade atende aos moradores de ambas as cidades e inclui faculdades de Agricultura, Ciências Humanas, Biociências, Administração e Economia, Comunicação, Educação, Engenharia, Direito, Matemática e Ciências Naturais, Medicina e Farmácia.

O Centro Internacional Loris Malaguzzi

De certa forma, o que existe agora é uma nova Reggio Emilia. Essa nova Reggio irá se tornar mais visível nos próximos anos por meio da transformação dos lugares que se tornarão símbolos dessa mudança. As principais transformações ocorrerão no norte da cidade, onde ficavam tradicionalmente localizadas as grandes indústrias. O município de Reggio Emilia comprou uma antiga fábrica nessa área para criar uma "casa de dança". O município também comprou o velho armazém de queijo da Locatelli para criar o Centro Internacional Loris Malaguzzi. Muitas cidades no mundo estão convertendo espaços industriais abandonados para outros usos. Reggio Emilia está tentando dar um uso cultural para tais espaços para que a cultura se torne "produtiva". Os locais de trabalho do último século transformaram-se nos locais de trabalho da atualidade, com ênfase em fazer coisas e pensar em conjunto.

Para a nossa cidade e as nossas escolas, o Centro Internacional Malaguzzi é uma escolha que favorece qualidade e sustentabilidade. De fato, a qualidade de cada uma está diretamente relacionada às das outras. A qualidade do Centro Internacional dá força aos serviços para crianças por meio de oportunidades culturais e de pesquisa, além dos intercâmbios internacionais que oferece. A qualidade funciona como salvaguarda, defesa e fonte de segurança e expansão do nosso sistema. Por exemplo, em 1991, quando a revista *Newsweek* reconheceu que a pré-escola Diana era "a melhor pré-escola do mundo", isso nos ajudou a nos defender de uma tentativa política de reduzir a importância dos serviços municipais para as crianças. Sempre cultivamos uma dimensão internacional ao diálogo educativo em Reggio Emilia, e hoje o Centro Internacional dá a esse diálogo ainda mais valor e poder, revigorando o sistema educacional da nossa cidade.

Além do mais, a qualidade das creches e das pré-escolas fortalece reciprocamente a Reggio Children e o Centro Internacional. As creches e as pré-escolas proporcionam a matriz – o DNA – que permite que a sua influência se projete além da infância, além da escola e até além da cidade. Isso dá vazão à cultura da infância que passa credibilidade ao Centro Internacional e oferece aos visitantes de Reggio uma razão tangível para esperar um tipo diferente de escola.

REDEFININDO O COMPROMETIMENTO DA CIDADE AOS SEUS MAIS JOVENS CIDADÃOS

Devido às altas taxas migratórias, Reggio Emilia está passando por um encontro entre diferentes culturas pela primeira vez na sua história. Estamos preocupados que alguns dos residentes mais longevos de Reggio estejam reagindo com medo, medo de mudança, medo de perder um padrão de vida familiar. Estamos também cientes de que, quando as pessoas se sentem excluídas da comunidade, o risco de conflito surge. Por esse motivo, estamos buscando criar serviços educacionais para todas as crianças da nossa comunidade – um propósito fortemente apoiado pelo prefeito Graziano Delrio. Durante a gestão da prefeita anterior, Antonella Spaggiari, já se havia começado a dar uma resposta à população pelas transformações. A prefeita Spaggiari achava que, para evitar essa sensação de medo que se desenvolvia na comunidade, era importante intensificar um diálogo transparente com as famílias. Ela organizou muitos encontros com elas, que ocorreram nas creches e nas pré-escolas, sobre a questão da mudança das famílias e da força de trabalho em Reggio Emilia.

Trabalhamos constantemente em como manter uma forte participação da comunidade na cidade de Reggio Emilia. Em meio a essas grandes mudanças, é necessário redefinir os nossos acordos com os nossos cidadãos, porque não podemos achar que os nossos valores já estão garantidos. Esse desafio foi enfrentado pela sociedade da América do Norte por um tempo. Ainda assim, percebemos que não há receitas predeterminadas que funcionam para cada lugar em cada momento. Cada comunidade deve conseguir encontrar seu próprio rumo em relação às outras, por meio da troca de experiências.

Como é possível manter participação em uma sociedade em evolução? Se é para a mudança resultar em inovação e se a renovação for o resultado desejado, então as formas de participação devem mudar ao longo do tempo. Durante as décadas de 1970, 1980 e 1990, as famílias e as crianças das creches e das pré-escolas estabeleceram estratégias efetivas de participação na educação das crianças pequenas e na governança da cidade. Essas forças positivas podem continuar? Acreditamos que sim e renovamos a participação dos pais e dos cidadãos nas escolas por meio de uma rede de conselhos consultivos e do Interconselho.

Em Reggio Emilia, 41% dos bebês e das crianças pequenas do nascimento aos 3 anos (1.830 crianças) participam de instituições de cuidado e de educação infantil, sendo essa uma das porcentagens mais altas da Itália, e 90% das crianças dos 3 aos 6 anos frequentam a pré-escola (4.783 crianças). Que tipos de serviços são melhores para uma cidade em evolução? Ao longo dos anos, os serviços de educação infantil contribuíram para o crescimento cultural da nossa sociedade. Hoje em dia, em uma sociedade multiétnica, esses serviços devem assumir novas e delicadas tarefas. Eles devem valorizar as diferenças, não temê-las e oferecer oportunidades a todos, sem exclusão. Mais instalações devem ser oferecidas, para que ninguém se sinta impedido de participar.

Investir na infância neste momento de crise estrutural na economia mundial significa a nossa determinação de construir sólidos fundamentos econômicos, culturais e sociais para o futuro. A sabedoria desse investimento é demonstrada pelos inúmeros estudos, nacionais e internacionais. Afirmamos que a educação é um direito, e não uma necessidade ou um interesse genérico. Tendo em vista essa afirmação, que emana da experiência histórica, a gestão da cidade de Reggio Emilia construiu, ao longo do tempo, um sistema de serviços públicos integrado para crianças dos 0 aos 6. Os serviços incluem creches administradas pela cidade, por cooperativas, pelo governo federal e pela Federazione Italiana Scuole Materne (FISM) – pré-escolas católico-romanas. Além do mais, a gestão da cidade decidiu tornar a educação uma missão estratégica da cidade – a chave do desenvolvimento econômico, social e cultural.

Esse sistema público integrado interpreta o "público" via acordos que obrigam as diversas instituições a serem inclusivas de maneiras específicas, como, por exemplo, com critérios de admissão relacionados a gênero, orientação sexual, etnia, religião, cultura e origem social. Os acordos também envolvem parâmetros de qualidade compartilhados que são desenvolvidos pela comunidade e estão sujeitos à autoridade de representantes municipais e à participação das famílias (por meio do Interconselho). O sistema integra diferentes competências e responsabilidades da cidade e das áreas ao redor. Por meio da colaboração, cria-se uma sinergia que responde aos direitos das crianças à educação e aumenta a qualidade das creches e das pré-escolas por meio da troca de conhecimento e de experiência.

Historicamente, os serviços para as crianças pequenas envolveram múltiplas organizações. A nossa cidade, pelo contrário, decidiu criar um sistema público integrado que sustenta o envolvimento de diferentes instituições, unidas por acordos mútuos. Uma escolha tão pluralista, sustentável e socialmente participativa possibilitou responder à demanda de pontos de vista distintos. Por meio do diálogo e do intercâmbio e do investimento de fundos privados, municipais e nacionais, conseguimos aumentar a quantidade, a qualidade e o acesso aos serviços. Também conseguimos conciliar visões divergentes sobre o papel das creches e das pré-escolas na criação de uma cultura da infância e na promoção do bem-estar social. O sistema público integrado da cidade de Reggio Emilia, fundado no princípio do direito das crianças à educação, floresceu com base em convicções compartilhadas que mantêm e que continuam sendo essenciais hoje. Essas convicções são a fonte dos valores das escolhas a fazer, agora e no futuro. Esses valores incluem os seguintes:

- *Os direitos complementares das crianças, das famílias e dos professores.* A existência e a qualidade dos serviços dependem das atitudes de cooperação para alcançar o máximo bem-estar de todos os envolvidos.
- *O papel do município.* Esse aspecto é uma garantia da qualidade do sistema, que se manifesta na produção de um *know-how* coletivo, no patrimônio da comunidade e na fonte de pesquisas e de inovações.
- *Organização educacional.* A presença colegiada de diversas figuras adultas no serviço, junto da participação das famílias, garante o aspecto social da qualidade da educação.
- *Flexibilidade para responder às necessidades das crianças e das famílias.* A programação dos serviços é flexível para dar conta das diferentes necessidades das famílias. Contudo, essa flexibilidade é regulada pelo direito das crianças e dos adultos de se tornarem um grupo, preservando bastante tempo para que surja uma comunidade que saiba como aprender junto. A comunidade é um objetivo e um valor para crianças de todas as idades, começando nos primeiros meses de vida.

Novos serviços para as crianças e as famílias são importantes para a qualidade de vida. O *atelier* Raio de Luz faz parte do Centro Internacional Loris Malaguzzi.

A ISTITUZIONE

Em 2003, um sistema público-privado foi criado para proporcionar educação para todas as crianças na nossa comunidade. Esse sistema é a Istituzione Scuole e Nidi d'Infanzia do município de Reggio Emilia e se trata do resultado de uma parceria para supervisionar os serviços educacionais do nascimento aos 6 anos. Uma Istituzione é uma maneira possível, na lei italiana, de se prover serviços públicos, e a nossa Istituzione específica em Reggio é a primeira a administrar escolas.

Acreditamos que a Istituzione é a melhor forma de organização para garantir autonomia e responsabilidade orçamentária para essa nova entidade. Apesar de o governo municipal ter diversas responsabilidades, a Istituzione se dedica exclusivamente aos serviços para crianças do nascimento aos 6 anos. Hoje, toda a ampla gama de serviços que proporcionam educação e cuidado infantil são organizados por meio da fundação, que deve cumprir seu objetivo central que é garantir que nenhuma criança seja excluída desses serviços. Para alcançar esse objetivo, é necessário que a liderança do município tenha ciência da natureza mutante da cidade, conheça as pessoas que vivem na comunidade e perceba como esses aspectos contribuem para a evolução da nossa cultura e da nossa sociedade. Acreditamos que compreender a nossa história também é essencial para compreender o nosso presente e o nosso futuro. O governo municipal tem a responsabilidade de cuidar dos nossos cidadãos e da nossa realidade econômica. Devemos buscar continuamente novas estratégias que sejam relevantes para que as crianças e as famílias mantenham o nível de participação na vida comunitária que tem sido uma forte característica da nossa história como cidade.

A Istituzione é o corpo de referência para as mais de 80 escolas que atendem mais de 6 mil crianças (ISTITUZIONE SCUOLE E NIDI D'INFANZIA, 2010).

Creches e pré-escolas municipais

A Istituzione Scuole e Nidi D'Infanzia (2010) administra diretamente 21 pré-escolas (atendendo crianças dos 3 aos 6 anos) e 13 creches (atendendo crianças do nascimento aos 3 anos). Todas as 21 pré-escolas e as nove creches são em tempo integral (das 8h às 16h). A maioria também oferece horário estendido à tarde (até as 18h20min) e abertura mais cedo de manhã (a partir das 7h30min), reservados para crianças cujas famílias, por questões de trabalho, demonstram necessidade. Três das creches municipais são apenas de meio período (das 8h às 13h). O ano letivo se estende de 1º de setembro a 30 de junho, com fechamento dos serviços por duas semanas no Natal e por uma semana na Páscoa. Durante o mês de julho, há sessões especiais de verão nas pré-escolas e creches para as famílias que fazem requisição especial.

Creches cooperativas

A Istituzione também supervisiona cerca de 15 cooperativas conveniadas, e a quantidade está crescendo, sendo esse o resultado de novas iniciativas em incubação de negócios e gestão dos pais. As primeiras cooperativas público-privadas em Reggio foram fundadas em 1986. Na década de 1990 essas primeiras cooperativas receberam a companhia de cooperativas de jovens mulheres com experiência em incubação de negócios. Reggio Children oferecia um curso para jovens mulheres italianas, o que lhes deu novas oportunidades de emprego no campo da educação. Ao mesmo tempo, começaram as primeiras experiências com gestão dos pais.

Programas infantis cooperativos têm surgido desde as décadas de 1980 e 1990 em Reggio Emilia, como uma solução para expandir o acesso a serviços de alta qualidade para crianças pequenas, especialmente serviços para crianças com menos de 3 anos (GANDINI; KAMINSKY, 2007). Quinze programas conveniados fazem parte da Istituzione, administrados por diferentes cooperativas sociais (por exemplo, Coopselios, Pantarei, Sila e Totem). Os programas podem ser em período integral ou meio período, mas, em geral, o seu calendário anual também vai de setembro a junho. Uma cooperativa é uma organização formal legítima e reconhecida pela lei. Acordos regulamentam as relações entre as cooperativas e a Istituzione e definem os pré-requisitos e as características considerados essenciais para serviços de qualidade, tais como: o calendário letivo, as qualificações profissionais, a proporção professor/crianças, as mensalidades e a participação familiar. O município de Reggio Emilia contribui com financiamento parcial para as cooperativas, mas não as administra financeiramente. O desenvolvimento profissional é calculado na agenda de trabalho do professor e organizado tanto dentro dos centros cooperativos quanto junto dos educadores das creches e das pré-escolas municipais. Oportunidades de trocas entre as cooperativas e as creches municipais continuam a ser fortalecidas por meio da organização de uma rede que funciona cada vez mais como um sistema integrado. Saídas de campo em Reggio Emilia frequentemente incluem visitas a centros cooperativos como possibilidades de observação.

Por muitos anos, o aumento do custo da educação e do cuidado infantil foi uma fonte de preocupação, enquanto, ao mesmo tempo, houve cada vez mais pedidos das famílias por cuidados de alta qualidade para crianças com menos de 3 anos. Em algumas cidades italianas, a porcentagem de crianças que podem conseguir uma vaga em uma creche chega aos 25% (como em Emilia Romagna em 2007/2008), mas a disparidade entre o Norte e o Sul da península italiana é extrema, e a porcentagem total de crianças com menos de 3 anos que são atendidas na Itália é de aproximadamente 10% (ISTITUZIONE SCUOLE E NIDI D'INFANZIA, 2010).

Esse é o cenário na Itália. Em Reggio Emilia, uma cidade que manteve uma gestão local progressista, uma cidade que é internacionalmente reconhecida pela qualidade da educação infantil, uma cidade que tem forte tradição de cooperação e trabalho voluntário, sempre houve forte interesse em novos desenvolvimentos e transformações sociais. Recentemente, houve um esforço para encontrar novas formas de apoiar e dar oportunidades ao potencial criativo dos jovens.

CONCLUSÃO

Certamente é desafiador, em uma cidade que construiu um sistema tão amplo de serviços e com organização tão rigorosa, manter todos os lugares atualmente disponíveis na rede, sem diminuir a qualidade, enquanto também garante pesquisa e desenvolvimento profissional e, se possível, respondendo a necessidades tácitas. Os tempos difíceis adiante exigem a criação de um acordo educacional que comprometa todas as partes envolvidas, incluindo professor e profissionais, pais, administradores, as instituições e as redes internacionais.[2] Idealmente, esse acordo protegeria os valores e fortaleceria os serviços para gerações futuras. Sustentabilidade significa não só a preservação dos recursos financeiros, mas também a promoção do patrimônio cultural atual, de modo que continue a ser a herança das gerações futuras.

NOTAS

1 Este capítulo é derivado de entrevistas conduzidas e traduzidas por Lella Gandini com Claudia Giudici, em 2010, assim como de publicações nas referências, compiladas e atualizadas pelos editores.

2 No dia 29 de setembro de 2011, a Fundação Reggio Children – Centro Loris Malaguzzi foi estabelecida com a missão de promover uma educação que tenha, no intercâmbio, na pesquisa e na participação internacionais, seus próprios elementos de qualidade para todos em Reggio Emilia e no mundo.

REFERÊNCIAS

GANDINI, L.; KAMINSKY, J. A. Cooperative early childhood education services in Reggio Emilia: an innovative solution for a complex society. *Innovations in Early Education: The International Reggio Exchange*, v. 14, n. 1, p. 1-13, 2007.

ISTITUZIONE SCUOLE E NIDI D'INFANZIA. Documents: (1) *Infant-toddler centers enrollment school year 2009-2010 for children born in 2007, 2008, 2009*; (2) *Preschools for chil-*

dren enrollment school year 2009–2010 for children born in 2006, 2005, 2004. (3) *Historical notes and general information*; (4) *Scuole e Nidi d'Infanzia Istituzione del Comune di Reggio Emilia: Bilancio Sociale 2008*. Reggio Emilia: Reggio Children, 2010.

ORGANISATION FOR ECONOMIC CO-OPERATION AND DEVELOPMENT. *OECD country note*: early childhood education and care policy in Italy. Paris: OECD, 2001. Disponível em: <http://www.oecd.org/dataoecd/15/17/33915831.pdf>. Acesso em: 21 jan. 2015.

PICCININI, S. A city, its theater, the children: an ongoing dialogue. In: VECCHI, V. (Ed.). *Theater curtain*: the ring of transformations. Reggio Emilia: Reggio Children, 2002.

Leituras recomendadas

GAMBETTI, A. The evolution of the municipality of Reggio Emilia: an interview with Sandra Piccinini. *Innovations in Early Education: The International Reggio Exchange*, v. 9, n. 3, p. 1-3, 2002.

PICCININI, S. Projecting toward the future of a changing world with respectful consideration of the past. *Innovations in Early Education: The International Reggio Exchange*, v. 12, n. 4, p. 1-9, 2005.

6

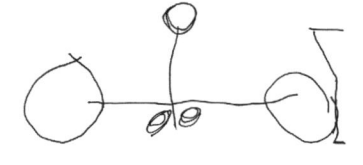

Microprojeto e macropolítica: aprendizagem por meio de relações[1]

Peter Moss

EXPERIÊNCIA LOCAL, IMPACTO GLOBAL

A cidade de Reggio Emilia e sua rede de escolas municipais deu uma imensa contribuição ao pensamento e à prática pedagógica na educação e no cuidado infantil (ECI). Sua pedagogia das relações e da escuta, sua teoria das cem linguagens da criança, seus processos de documentação pedagógica e seus papéis inovadores, tais como o atelierista e o pedagogista – todos esses e outros mais tiveram uma influência muito maior do que o tamanho reduzido dessa cidade no Norte da Itália. Muitas pessoas em todo o mundo estão trabalhando com inspiração na experiência de Reggio Emilia. Em alguns países, as influências têm sido particularmente fortes; por exemplo, um servidor civil sênior da Suécia, escrevendo sobre a história da pré-escola sueca, refere-se ao "novo pensamento inspirador" que a abordagem de Reggio Emilia trouxe ao modelo pré-escolar sueco (KORPI, 2007). Numa veia semelhante, *Starting Strong II*, o relatório final da revisão sobre a educação e o cuidado infantil em 20 países, conduzido pela Organisation for Economic Co-operation and Development (2006), dá grande destaque ao trabalho pedagógico em Reggio Emilia e reconhece o seu impacto global:

> A influência de Reggio Emilia, que agora tem redes em 13 países, também está crescendo, particularmente em meios que estão abertos à experimentação, à pesquisa e à reflexão sobre a prática democrática na educação. As pré-escolas de Reggio são fortemente influenciadas pelo seu contexto social e histórico (as consequências do fascismo na Itália) e estão preocupadas "em manter uma visão de crianças que podem pensar e agir por si mesmas" (DAHLBERG; MOSS; PENCE, 1999). Reggio se opõe, em nome das crianças pequenas e da sua liberdade, a discursos educacionais dominantes, tais como a transformação dos serviços de ECI em locais para produzir desfechos predefinidos que não foram discutidos com os profissionais e os pais ou que ignoram interesses, experiências e escolhas das crianças pequenas. Sua adoção de uma "pedagogia da escuta" respeita os esforços das crianças de dar sentido à sua experiência e contesta uma noção cada vez mais dominante da educação como transmissão e reprodução ou uma preparação para a escola. (RINALDI, 2006, p. 64).

Mas, neste capítulo, pretendo explorar um outro motivo do por que a experiência de Reggio Emilia é de maior significância, além da qualidade inspiradora do seu trabalho pedagógico. Quero argumentar que Reggio Emilia é um caso essencial de experimentalismo democrático e, com isso, quero dizer que a comunidade está disposta a se envolver em uma prática coletiva inovadora para explorar as possibilidades de novas perspectivas e novas maneiras de trabalhar. Também quero considerar se o caso de Reggio Emilia oferece *insights* sobre a possibilidade de novas relações na educação entre o nacional e o local e entre a unidade e a diversidade, uma relação entre microprojetos municipais e macropolíticas nacionais, com base na forte valorização da democracia participativa e da experimentação pedagógica.

A SITUAÇÃO ATUAL: MAIS SERVIÇOS, MAIS PADRONIZAÇÃO

Em muitos círculos hoje, a educação e o cuidado infantil chamaram atenção de políticos e criadores de políticas públicas. Em 2002, na Cúpula de Barcelona, a União Europeia estabeleceu o objetivo de, até 2010, proporcionar cuidado infantil a 90% das crianças entre 3 anos e a idade escolar obrigatória e a pelo menos 33% das crianças com menos de 3 anos. De fato, o crescimento de ECI é atualmente uma tendência global:

> Acesso mundial a pré-escolas tem aumentado. Cerca de 139 milhões de pessoas frequentavam programas de ECI em 2006, um crescimento em relação aos 112 milhões em 1999... [Matrícula] em 2006 tinha média de 79% em países desenvolvidos e 36% em países em desenvolvimento. (UNITED NATIONS EDUCATIONAL, SCIENTIFIC AND CULTURAL ORGANISATION, 2009, p. 50).

Esse crescimento foi motivado tanto por necessidades do mercado de trabalho quanto pela ideia (baseada, creio eu, em afirmações simplificadas acerca do impacto da intervenção infantil) de que os serviços ECI podem resolver uma ampla gama de problemas sociais e econômicos que assolam estados-nações que lutam para sobreviver em uma economia global cada vez mais competitiva e reduzir as consequências da desigualdade e da ruptura social que se seguiram após a emergência do neoliberalismo na década de 1970. O resultado tem sido uma abordagem altamente técnica e instrumental da ECI, buscando descobrir e aplicar poderosas "tecnologias humanas" (ROSE, 1999) que irão garantir a concretização mais efetiva dos desfechos predeterminados. A busca pelo que "funciona" não foi acompanhada pela deliberação pública sobre questões críticas que devem preceder tais soluções técnicas, questões como "para que serve a educação". Conforme observa Biesta (2007, p. 18):

> Uma sociedade democrática é precisamente aquela em que o propósito da educação não é definido, e sim um tópico constante de discussão e debate [...] O clima político atual em muitos países ocidentais dificultou cada vez mais discussões democráticas sobre os propósitos da educação.

Ao que se pode somar a dificuldade cada vez maior de se ter uma discussão democrática sobre o significado do conhecimento e da aprendizagem, o conceito da própria educação e a imagem de criança, de educador e de instituição de educação infantil. Esse excesso de instrumentalidade e de prática técnica, sustentado pelo aumento do domínio do gerencialismo, levou ao crescimento da quantidade de crianças que frequentam serviços de ECI e ao aumento da padronização de métodos e desfechos. Fendler (2001, p. 133) descreve esse processo, que privilegia desfechos *predeterminados* acima de todas as outras coisas, quando observa que

> [...] como os objetivos de desenvolvimento são específicos, não existe possibilidade teórica para que o sujeito tenha atributos ou características além das especificadas como normais – conforme definidas pela sua adequação ao nível de desenvolvimento. A noção de flexibilidade, portanto, pode referir-se ao curso da interação. Contudo, não pode haver flexibilidade ou variação no desfecho *per se*.

Podemos viver em uma era de hiperindividualismo, com uma retórica de "escolha" e "diversidade". Ainda assim, o que vivenciamos é de uma conformidade ímpar às normas universais, expressas na linguagem padronizante do gerenciamento – qualidade, excelência, desfechos, avaliação, *benchmarking*, e assim por diante. Apesar da complexidade do mundo, da multiplicidade e da contingência, acabamos colocando tudo o que encontramos em categorias predefinidas, transformando o "outro" no "mesmo", e tudo o que não se encaixa nessas categorias, aquilo que é estranho e desvalorizado, ou é superado ou é ignorado.

REGGIO EMILIA: UM PROJETO LOCAL DE EXPERIMENTALISMO DEMOCRÁTICO

É nesse contexto de padronização e normatização, baseado na crença de que há uma resposta certa que a ciência pode descobrir e o gerenciamento entregar, que o projeto local de Reggio Emilia e seu apelo global têm tanta importância. Como ele exemplifica outra abordagem do desenvolvimento da educação infantil – e, de fato, de qualquer educação – , ele é, creio eu, um microprojeto[2] local de experimentalismo democrático. Apresso-me em dizer que o termo *experimentalismo democrático* não é original. Eu o peguei emprestado do teórico social brasileiro Unger (2005a, p. 179), que escreve que

> [...] o oferecimento de serviços públicos deve ser uma prática coletiva inovadora... Isso não pode mais acontecer na nossa compreensão atual da eficiência da produção pela transmissão mecânica da inovação vinda do topo. Só pode acontecer por meio da organização de uma prática experimental coletiva vinda de baixo... A democracia não é só mais um terreno da inovação institucional que defendo. Trata-se do mais importante terreno.

Tal experimentalismo é, para Unger, uma característica da democracia de "alta energia", a qual, por encorajar um alto nível de engajamento cívico organizado, libera e aumenta o poder criativo das pessoas e "[...] busca fortalecer as nossas capacidades experimentais – a nossa habilidade de experimentar arranjos alternativos entre nós" (UNGER, 2004, p. 72). Assim como o trabalho pedagógico de Reggio começa a partir da imagem da criança rica, Unger também mantém uma imagem do cidadão rico: "O reconhecimento do gênio dos homens e das mulheres comuns é a doutrina central da democracia" (UNGER, 2004, p. 72).

A discussão de Unger acerca do experimentalismo democrático faz parte de seu projeto mais amplo de imaginar como reformar sociedades contemporâneas para empoderar a humanidade. Como, pergunta ele, mudanças transformadoras podem ser trazidas às nossas sociedades atuais? Ele rejeita aquilo que chama de dois estilos de política: o *revolucionário*, com o seu desejo de mudança repentina, violenta e total, como um tipo de substituição integral de uma ordem institucional por outra em uma crise nacional; e o *reformista*, em que respostas marginais e possivelmente triviais são oferecidas aos anseios públicos, o que ele descreve como um "reformismo pessimista" em que "só nos resta humanizar o inevitável" (UNGER, 1998, p. 20). Em vez disso, ele defende uma reforma "radical" ou "revolucionária", uma mudança estrutural feita passo a passo, trazendo alterações graduais, mas cumulativas e substanciais:

> A reforma é radical quando se dirige e muda os arranjos básicos de uma sociedade: sua estrutura formativa das instituições e das crenças estabelecidas. É uma reforma porque lida com uma parte discreta dessa estrutura de cada vez. (UNGER, 1998, p. 18-19).

Uma questão central para o seu ideal é a pergunta: "Para onde?", destacando a necessidade por um sentido claro de direção: um "argumento programático", propõe ele, "[...] é uma visão de uma direção e dos próximos passos" (UNGER, 2005a, p. 164).

O experimentalismo democrático deve ser visto nesse contexto mais amplo como um meio de contribuir à reforma radical pela exploração de possíveis "próximos passos" para uma visão de uma boa vida, uma visão que proporciona uma direção que está, ela mesma, sujeita à revisão; nem meios nem fins são fixos, mas abertos a novas perspectivas, novas compreensões e novas relações. O meu argumento central é que o projeto educacional de Reggio Emilia tem sido um importante e sustentado exemplo de tal experimentalismo democrático. De fato, a própria abordagem de Reggio sempre enfatizou a democracia e a experimentação como valores centrais, que foram expressos por meio de práticas democráticas e experimentais.

As crianças adoram escalar nas esculturas de leões na praça da cidade.

A democracia é uma forma de governança, em todos os níveis. Mas ela é muito mais além disso; é uma forma de viver em conjunto e de se relacionar com os outros, uma forma de vida e uma forma de subjetividade. A mim parece que Reggio Emilia fornece muitos exemplos da multidimensionalidade da democracia, entre as quais eu colocaria a aprendizagem democrática, as decisões democráticas e a avaliação democrática (para uma discussão mais completa dos significados da democracia e de como a democracia pode ser praticada nas creches, veja Moss, 2009). Veja, por exemplo, a documentação pedagógica, sobre a qual o biógrafo de Malaguzzi escreve nesses termos democráticos:

> Por trás dessa prática, creio eu, está o conceito ideológico e ético de uma escola transparente e de uma educação transparente... Uma ideia política também surge, que é a de que as escolas devem ter visibilidade pública, e assim "devolver" à cidade o que a cidade investiu nelas... A documentação em todas as suas diferentes formas representa uma ferramenta extraordinária para dialogar, trocar e compartilhar. Para Malaguzzi, significa a possibilidade de discutir e dialogar "tudo com todos". (HOYUELOS, 2004, p. 7).

Rinaldi (2006, p. 59) fala sobre essa prática em termos semelhantes:

> [...] compartilhar a documentação significa participação em um verdadeiro ato democrático, sustentando a cultura e a visibilidade da infância, tanto dentro quanto fora da escola: participação democrática, ou "democracia participativa", que é um produto da troca e da visibilidade.

A experimentação, conforme usada aqui em relação a Reggio Emilia, não deve ser confundida com uma forma particular de método experimental, que busca o controle rigoroso das variáveis e a eliminação de hipóteses alternativas. Pelo contrário, a experimentação como valor é compreendida aqui como trazer algo novo à vida, quer esse algo seja um pensamento, um conhecimento, um projeto, um serviço ou um produto tangível. Ela expressa uma disponibilidade – um desejo, na realidade – de inventar, de pensar diferente, de imaginar e de experimentar maneiras alternativas de fazer as coisas. Ela é motivada pelo desejo de ir além do que já existe, de aventurar-se em direção ao desconhecido e de não ser limitado pelo dado, pelo familiar, pelo predeterminado, pela norma:

> A experimentação é sempre aquilo que está em processo de existir – o novo, o incrível e o interessante que substituem a aparência da verdade e são mais exigentes do que ela. (DELEUZE; GUATTARI, 1994, p. 111).

A experimentação tem o final aberto (evita fechamentos), a mente aberta (aceita o inesperado) e o coração aberto (valoriza as diferenças).

O tipo de experimentação que marca Reggio Emilia pode ser compreendido como uma forma de aprendizagem municipal, por meio de uma coconstrução coletiva de conhecimento local baseada no trabalho de projetos e em uma "pedagogia da escuta e das relações", que também orienta os relacionamentos entre crianças e educadores nas salas das escolas municipais. Essa abordagem pedagógica assume a visão de que, tanto para adultos como para crianças,

> [...] compreender significa elaborar uma interpretação, o que chamamos de "teoria interpretativa", que é uma teoria que atribui significado às coisas e eventos do mundo, uma teoria no sentido de uma explicação satisfatória... apesar de também ser provisória. É algo mais do que uma simples ideia ou grupo de ideias; deve ser agradável e convincente, útil e capaz de satisfazer às nossas necessidades intelectuais, afetivas e estéticas. Ou seja, deve

nos dar uma sensação de concretude que gera uma sensação de beleza e satisfação. De certa maneira, uma teoria, se possível, deve ser agradável para os outros também e precisa ser ouvida pelos outros. Isso torna possível transformar um mundo que é intrinsecamente pessoal em algo compartilhado: o meu conhecimento e a minha identidade também são construídos pelo outro. Compartilhar teorias é uma resposta à incerteza e à solidão. (RINALDI, 2006, p. 113-114).

Logo, a experimentação não é desorientada. Ela tem uma direção, a resposta à pergunta "para onde?", e envolve trabalhar com teorias existentes (cruzar fronteiras, como fazem tão entusiasticamente na Reggio, em muitos campos disciplinares e paradigmáticos), assim como construir novas. Não é previsível, mas tampouco lhe falta rigor. Observações, interpretações e teorias são ouvidas pelos outros e respeitadas, mas também são objeto de questionamento, crítica e contestação. A admonição de Edgar Morin – pensar no contexto e pensar o complexo – é ouvida e seguida, criando um

> [...] tipo de pensamento que reconecta aquilo que está separado e compartimentalizado, que respeita a diversidade ao reconhecer a unidade e que tenta discernir interdependências. (MORIN; KERN, 1999, p. 130).

Todo o projeto educacional de Reggio é um exemplo de experimentação que funcionou em diversos níveis. No nível municipal, a cidade decidiu democraticamente que assumiria responsabilidade pela educação de suas crianças pequenas e daria início a um projeto educacional local para garantir isso, o que começou com perguntas importantíssimas, como: "Qual é a imagem que você tem das crianças?". No nível da escola e do grupo, esse projeto valorizou e promoveu a prática educacional baseada na teoria e na prática da experimentação. A linguagem da experimentação é amplamente empregada quando os educadores falam sobre sua abordagem para o conhecimento e a aprendizagem. Aqui, por exemplo, temos um atelierista escrevendo sobre o papel do *atelier* em Reggio:

> Como o *atelier* está em contato com o mundo da arte, da arquitetura e do *design* e como o atelierista frequentemente é sensível a questões contemporâneas, é sua função receber e promover esses interessantes fluxos culturais na escola e, quando possível, retrabalhá-los de maneiras adequadas para que possam acender áreas que podem ser usadas para experimentar com crianças. (VECCHI, 2010, p. 126).

A experimentação, é claro, não precisa ser democrática. Experimentações podem, por exemplo, ser realizadas por companhias que buscam vantagens comerciais e aumento dos lucros ou por cientistas em busca de conhecimento disciplinar. O experimentalismo democrático é, portanto, uma forma muito particular de experimentação, em que o desejo e a direção da experimentação vêm da deliberação coletiva, e os benefícios da experimentação – por exemplo, conhecimento local que foi criado – acumulam-se para o bem comum.

O experimentalismo democrático é uma escolha, uma escolha que muitos países, cidades, organizações e escolas atualmente rejeitam, ou pior, sequer consideram. Os resultados são sérios, nos prendendo a uma rodada infindável de reprodução, em que os mesmos meios prescritos buscam os mesmos fins conhecidos, em um processo repetitivo, previsível e estéril. O experimentalismo democrático valoriza e busca desfechos, mas reconhece que eles podem ser inesperados e surpreendentes, produzindo novas compreensões e significados; ele se deleita em emoções de espanto, assombro e empolgação. Existe um lugar para desfechos predeterminados, mas eles devem ser tratados com um grau de suspeita por sua capacidade de suprimir ou marginalizar o que é inovador e original: tais desfechos expressam

> [...] o nosso desejo pela verdade, que pode ser visto nesse primeiro momento como um desejo por certos desfechos, coloca a comunicação em certos trilhos, conforme apontado por Wittgenstein, impedindo maneiras alternativas, abertas e experimentais de se relacionarem com o mundo. (ROY, 2004, p. 302).

O experimentalismo democrático precisa aprender a andar em duas pernas!

MICRO E MACRO

Argumentei que Reggio Emilia é um interessante e importante exemplo de microprojeto local de experimentalismo democrático – ou, conforme o título do livro sobre outro exemplo da inovação municipal italiana, *A educação infantil como projeto da comunidade* (FORTUNATI, 2009). Os resultados foram extraordinariamente ricos e tiveram apelo geral. Para ficar com apenas três exemplos: o papel dos *ateliers* na educação infantil, utilizando a teoria das cem linguagens da criança à aprendizagem; o desenvolvimento da documentação pedagógica como ferramenta de pesquisa, avaliação, desenvolvimento profissional, planejamento e prática democrática; e os muitos exemplos bem documentados de projetos complexos atribuíram novo significado ao conceito da criança competente.

Poderíamos acabar por aí. Mas, diante da sufocante adoção do gerencialismo e da padronização, acho que devemos ir mais fundo e perguntar: o experimentalismo democrático pode se estender para além do microprojeto e se tornar uma parte importante da macropolítica? Ou, dizendo de outro modo, o Estado-Nação pode promover o experimentalismo democrático e, se sim, como? Na tentativa de responder a essa pergunta, o caso de Reggio Emilia tem relevância mais limitada, porque este projeto local não é o resultado do interesse ou da imaginação do governo nacional nem jamais foi apoiado por ele. O que Reggio, e outras cidades italianas que realizaram projetos semelhantes (e é sempre importante lembrar que a Reggio não é um caso isolado de experimentação municipal; veja, por exemplo, Catarsi, 2004; Corsaro; Molinari, 2005; Fortunati, 2006; Gandini; Edwards, 2002), alcançou não se deu graças ao Estado italiano, mas apesar dele.

Alguns autores propuseram a ideia de um estado que adote um papel de promotor da experimentação. Por exemplo, Unger refere-se ao experimentalismo democrático como mais do que projetos locais *ad hoc* que, ocasionalmente e por seus próprios esforços, libertam-se das restrições do sistema, exemplos dos quais estão sempre ao nosso redor. Ele considera a possibilidade de um estado que ativamente encoraja a experimentação como parte de um comprometimento à democracia de alta energia. O estado pode agir de várias maneiras para alcançar esse fim, incluindo "produzir novos agentes sociais" que podem criar serviços inovadores; monitorar e ajudar "a propagar as práticas mais bem-sucedidas, acelerando o processo de separação experimental daquilo que não funciona"; e por último, e talvez mais surpreendente no clima atual, fornecer diretamente apenas "[...] aqueles serviços que são muito inovadores, muito difíceis ou muito mal remunerados pelo mercado para que sejam diretamente fornecidos" – o próprio governo experimentando (UNGER, 2005b, p. 179).

Um exemplo de apoio governamental à experimentação foi encontrado recentemente na Nova Zelândia, um país que transformou seus serviços infantis nos últimos 20 anos, desenvolvendo um sistema integrado baseado em um conceito integrador da "educação infantil", compreendida como "educação no sentido mais amplo", preocupada com a educação e o cuidado das crianças, o apoio dos pais e a sustentabilidade das comunidades (MEADE; PODMORE, 2010). Uma característica importante de sua estratégia de 10 anos, de 2002, para a educação infantil – *Rotas para o Futuro: Nga Huarahi Arataki* – foi[3] o programa de Centros de Inovação, fornecendo fundos e outros recursos para permitir que centros selecionados realizassem pesquisas-ação relacionadas à inovação no ensino e na aprendizagem, além de compartilhar seus trabalhos inovadores e seus achados de pesquisa com outros serviços. Centros selecionados foram financiados por três anos para que os professores tivessem tempo de pesquisar, para realizar desenvolvimento profissional e para adquirir equipamentos relevantes, pagando também um assistente de pesquisa para aconselhamento e apoio. Cada seleção sucessiva de centros se focava em temas específicos, tais como serviços Maori, integração de Tecnologias de Informação e Comunicação no currículo e educação inclusiva para diversas crianças e famílias *whanau* (incluindo inclusão cultural e de crianças com necessidades especiais e crianças dotadas).

As possibilidades do estado experimental, que tornou a estimulação a microprojetos uma prancha central da macropolítica, requer muito mais pensamento, deliberação – e experimentação. Precisamos de uma Reggio Emilia nacional (ou mesmo regional), um país ou região preparado para explorar como a experimentação pode ser ativamente promovida, documentada e avaliada. Essa exploração pode aumentar a questão da sustentabilidade. Nenhum experimento deve ocorrer para sempre, mas muitos projetos inovadores acabam bem antes do tempo, incapazes de continuar a manter, desenvolver e aprofundar seu trabalho experimental. A cidade de Reggio, ao executar um projeto educacional por mais de 50 anos, é a exceção, não a norma, e essa sustentabilidade prolongada, com a habilidade que Reggio demonstrou para dar novo direcionamento ao seu trabalho e cruzar novas disciplinas e teorias, exige maiores pesquisas.

Tal pesquisa precisará contar com diversos métodos, incluindo trabalho quantitativo para esclarecer questões, como acesso, força de trabalho e custos; trabalho qualitativo – por exemplo, casos críticos estrategicamente selecionados; e o extenso uso da documentação pedagógica como ferramenta de pesquisa. Também precisarão ficar claros o papel e o uso da pesquisa para a criação de conhecimento e a produção de avaliações. O experimentalismo democrático requer, creio eu, uma visão que respeite uma ampla gama de pesquisas e trate os achados como conhecimento local, sempre produzidos em um contexto particular, sempre parcial, provisório e sempre sujeito à deliberação, ao diálogo e à interpretação; em outras palavras, nenhuma pesquisa pode ou deve absolver cidadãos da responsabilidade de pensar e atribuir significados. Como o pesquisador e urbanista dinamarquês Bent Flyvbjerg, estou defendendo a adoção de um "modelo *phronético* da ciência social" cujo propósito é

> [...] contribuir para a racionalidade prática da sociedade elucidando onde estamos, aonde queremos ir e o que se deseja, de acordo com diferentes conjuntos de valores e interesses.
> [...] [e] com a capacidade da sociedade de deliberar e atuar racionalmente... [por meio de] uma combinação de análises empíricas concretas e de considerações ético-filosóficas práticas. (FLYVBJERG, 2006, p. 42).

As nossas deliberações democráticas sobre a educação e o cuidado infantil também precisam se envolver com algumas questões éticas e políticas importantes que surgem na busca ativa da experimentação, junto da descentralização democrática. Como, por exemplo, acomodar a provável variação na capacidade e disponibilidade de diferentes comunidades e instituições de experimentar. Não se pode insistir na experimentação por imposição central; pelo contrário, é necessário criar as condições que permitam o surgimento do desejo de experimentar. Mas e aqueles que não têm esse desejo? Eles devem seguir algum tipo de "programa" educacional padronizado, enquanto alguns dos seus vizinhos continuam em sua busca por experimentação? Ou existem maneiras pelas quais o seu potencial experimental menor possa ser promovido?

Que limites devem ser impostos à experimentação (se é que devem)? Que direções propostas seriam consideradas ética ou politicamente inaceitáveis pela sociedade e por suas instituições democráticas? Digamos que uma gestão extremista, de qualquer tipo, tivesse se apoderado de um município e desejasse experimentar com teorias e práticas educacionais. Quais seriam os limites impostos e por quem?

Depois, há também a questão das relações entre diversidade e unidade – entre o que eu chamei de microprojetos e macropolítica. O que todos as escolas e municípios teriam em comum em um estado que abraçasse a experimentação democrática? O que cidadania nacional significaria em relação à educação? Pode-se distinguir o cenário de um estado criando uma estrutura educacional que estabeleça certos valores, objetivos, direitos e estruturas comuns aos quais todos os municípios e creches ou pré-escolas no país estariam presos, mas isso também deixa um escopo considerável para interpretação local e experimentação local. Uma questão importante aqui é o relacionamento, não só entre o estado e a escola ou centro, mas também entre o município – o governo local democraticamente eleito e a expressão política da comunidade local – e a escola ou centro. No meu ponto de vista, uma educação democrática exige um papel ativo do estado, do município e da escola e um relacionamento de apoio mútuo. Mas isso exige que se preste mais atenção à posição do município, que papel ele pode ter no experimentalismo democrático e como esse papel pode ser bem desempenhado.

É claro que nenhuma relação entre diversidade e coerência e entre diferentes níveis pode chegar a um equilíbrio permanente. A relação pode e deve sempre ser tensa e instável, constantemente aberta à crítica, à revisão e à recriação. A questão também está nos detalhes – qual é o significado dos princípios gerais quando aplicados? As relações dependem que os diferentes níveis tenham capacidade e disposição para agir democraticamente ao mesmo tempo em que ajudam e confiam em outros atores e demonstram disponibilidade para aprender.

O relacionamento, junto das possibilidades de microprojetos apoiados pela macropolítica, também depende de uma compreensão compartilhada da democracia. O filósofo político inglês John Gray propõe uma distinção interessante e importante em sua discussão do liberalismo. Ele defende que há duas posições na democracia liberal. Uma posição defende "[...] o ideal de um consenso racional sobre a melhor maneira de viver... [na] busca de uma forma ideal de vida" (GRAY, 2009, p. 21-22). Essa posição busca e valoriza leis e princípios – "uma prescrição de um regime universal". A outra posição, sustenta Gray, é um projeto de coexistência, em vez de um consenso, um reconhecimento da inevitabilidade dos desacordos frequentes. Ela busca e valoriza a convivência e o florescimento de múltiplas formas de viver e perspectivas: "[...] uma filosofia do pluralismo liberal, ou *modus vivendi*" (GRAY, 2009, p. 49).

A tolerância é importante em ambos os posicionamentos, mas, no primeiro, é a tolerância aos equivocados, que não conseguem compreender ou concordar com um ideal universal; no segundo, é a tolerância às diferenças legítimas que surgem a partir de valores e perspectivas divergentes. O *modus vivendi* não apenas cria uma tolerância respeitosa – em vez de condescendente – em relação à diversidade, ele é "[...] inimigo do fundamentalismo de qualquer tipo" (GRAY, 2009, p. 41). Ele rejeita teorias que reivindicam uma resolução final e completa para os problemas que nos afligem, quer a teoria seja uma religião, um credo político como o comunismo ou alguma outra teoria das coisas, como mercados e competição – neoliberalismo. Se adotarmos o valor do pluralismo que subjaz à posição do *modus vivendi*, adotamos, nas palavras de Gray, "uma doutrina subversiva" que "mina todas as afirmações sobre a melhor vida para as espécies" (GRAY, 2009, p. 40-41).

CONSENSO RACIONAL OU *MODUS VIVENDI* PARA A EDUCAÇÃO E O CUIDADO INFANTIL

Parece-me que essas posições sobre o liberalismo são aparentes hoje na educação infantil. A primeira, com sua crença em um consenso racional, é expressa na linguagem de "serviços de qualidade", exercita a "melhor prática", baseia-se em um acordo universal sobre meios e fins e na possibilidade (ou desejabilidade) de uma perspectiva comum, perguntas comuns e respostas corretas acordadas para essas questões. A segunda, *modus vivendi*, é expressa nesses lugares, como Reggio Emilia, que buscaram projetos experimentais, iniciando em seus próprios valores, imagens e objetivos e rejeitando a ideia de um progresso linear até desfechos predeterminados. A primeira, podemos dizer, quer conformidade e previsibilidade; a segunda, espanto e surpresa.

Carlina Rinaldi escreve sobre "trabalho de projetos" (*progettazione*) com crianças nas escolas municipais de Reggio Emilia nos termos a seguir:

> [Ele] evoca a ideia de um processo dinâmico, uma jornada que envolve a incerteza e a chance que sempre surge nas relações com os outros. O trabalho de projetos cresce em muitas direções, sem progressão predefinida, sem desfechos decididos antes de a jornada começar. Significa estar aberto aos resultados imprevisíveis das investigações e das pesquisas das crianças. O rumo de um projeto pode ser curto, médio ou longo, contínuo ou descontínuo e está sempre aberto a modificações e mudanças de direção. (RINALDI, 2005, p. 19).

A mim parece que isso descreveria bem o próprio microprojeto educacional de Reggio Emilia para crianças pequenas, ele mesmo composto de muitos microprojetos realizados por crianças, educadores e escolas, todos compartilhando um forte caráter experimental. A perspectiva intimidadora, mas empolgante, é se e como as outras comunidades podem conseguir liberar a criatividade e a inventividade que Reggio Emilia soltou quando decidiu embarcar no seu projeto educacional.

NOTAS

1 Uso o termo *educação e cuidado infantil* neste capítulo porque, hoje, ele é amplamente usado nos trabalhos internacionais para denotar toda a ampla gama de serviços para crianças do nascimento aos 5 ou 6 anos, oferecendo "cuidado e educação para as crianças". A minha preferência seria *educação infantil*, em que a educação é entendida no seu sentido mais amplo como um conceito holístico que

engloba a aprendizagem, o cuidado e todos os aspectos do bem-estar. É nesse sentido que a educação infantil é entendida em países como a Nova Zelândia, que passaram a um serviço integrado de educação infantil (KAGA; BENNETT; MOSS, 2010) e também, creio eu, em Reggio, com seu serviço integrado de educação para os 0-6 anos.

2 Uso o termo *projeto* para definir uma forma de trabalho, que pode ser igualmente aplicada a um município ou a uma sala e que corresponde ao termo italiano *progettazione*, muito usado pelos educadores da Reggio. Ao contrário do termo *programmazione* ("programa"), com suas implicações de seguir um curso linear de estágios predeterminados, o *progettazione* ("projeto") assume uma abordagem mais aberta e questionadora, com hipóteses iniciais abertas a modificações e mudanças de direção, conforme o progresso do trabalho. Vejo projetos como veículos para a experimentação, quer sejam conduzidas por municípios, escolas ou grupos de crianças e de educadores.

3 Uso o pretérito *era*, porque, em 2009, o governo anunciou o término do programa como parte de uma medida de corte de gastos geral.

REFERÊNCIAS

BIESTA, G. Why "what works" won't work: evidence-based practice and the democratic deficit in educational research. *Educational Theory*, v. 57, n. 1, p. 1-22, 2007.

CATARSI, E. Loris Malaguzzi and the municipal school revolution. *Children in Europe*, v. 6, p. 8-9, 2004.

CORSARO, W. A.; MOLINARI, L. *I compagni*: understanding children's transitions from preschool to elementary school. New York: Teachers College, 2005.

DAHLBERG, G.; MOSS, P.; PENCE, A. R. *Beyond quality in early childhood education and care*: postmodern perspectives. London: Routledge Falmer, 1999.

DELEUZE, G.; GUATTARI, F. *What is philosophy?* London: Verso, 1994.

FENDLER, L. Educating flexible souls: the construction of subjectivity through developmentality and interaction. In: HULTQVIST, K.; DAHL-BERG, G. (Ed.). *Governing the child in the new millennium*. London: Routledge Falmer, 2001.

FLYVBJERG, B. Social science that matters. *Foresight Europe*, p. 38-42, 2006. Disponível em: <http://flyvbjerg.plan.aau.dk/Publications2006/ForesightNo2PRINT.pdf>. Acesso em: 21 jan. 2015.

FORTUNATI, A. *A educação infantil como projeto da comunidade*: crianças, educadores e pais nos novos serviços para a infância e a família: a experiência de San Miniato. Porto Alegre: Artmed, 2009.

GANDINI, L.; EDWARDS, C. P. (Ed.). *Bambini*: the Italian approach to infant and toddler caregiving. New York: Teachers College, 2002.

GRAY, J. *Gray's anatomy*: John Gray's selected writings. London: Allen Lane, 2009.

HOYUELOS, A. A pedagogy of transgression. *Children in Europe*, v. 1, n. 6, p. 6-7, 2004.

KAGA, Y.; BENNETT, J.; MOSS, P. *Caring and learning together*: a cross-national study of integration of early childhood care and education within education. Paris: UNESCO, 2010.

KORPI, B. M. *The politics of pre-school*: intentions and decisions underlying the emergence and growth of the Swedish pre-school. Stockholm: Ministry of Education and Research, 2007.

MEADE, A.; PODMORE, V. N. *Caring and learning together*: a case study of New Zealand. Paris: UNESCO, 2010. Disponível em: <http://unesdoc.unesco.org/images/0018/001872/187234e.pdf>. Acesso em: 21 jan. 2015.

MORIN, E.; KERN, A. B. *Homeland Earth*: a manifesto for the new millennium. Cresskill: Hampton, 1999.

MOSS, P. There are alternatives! Markets and democratic experimentalism in early childhood education and care. *The Hague: Bernard van Leer Foundation*, 2009. Disponível em: <http://www.bernardvanleer.org/There_are_alternatives_Markets_and_democratic_experimentalism_in_early_childhood_education_and_care>. Acesso em: 21 jan. 2015.

ORGANISATION FOR ECONOMIC CO-OPERATION AND DEVELOPMENT. *Starting strong II*: early childhood education and care. Paris: OECD, 2006.

RINALDI, C. *In dialogue with Reggio Emilia*: listening, researching and learning. London: Routledge, 2006.

RINALDI, C. Is a curriculum necessary? *Children in Europe*, v. 9, n. 19, 2005.

ROSE, N. *Powers of freedom*: reframing political thought. Cambridge: Cambridge University, 1999.

ROY, K. Overcoming nihilism: from communication to Deleuzian expression. *Educational Philosophy and Theory*, v. 36, n. 3, p. 297-312, 2004.

UNGER, R. M. *Democracy realized:* the progressive alternative. London: Verso, 1998.

UNGER, R. M. *False necessity*: anti-necessitarian social theory in the service of radical democracy. 2nd ed. London: Verso, 2004.

UNGER, R. M. The future of the left: James Crabtree interviews Roberto Unger. *Renewal*, v. 13, n. 2, p. 173-184, 2005b.

UNGER, Roberto Mangabeira. *What should the left propose?* London: Verso, 2005a.

UNITED NATIONS EDUCATIONAL, SCIENTIFIC AND CULTURAL ORGANIZATION. *Overcoming inequality*: why governance matters. Oxford: Oxford University, 2009.

VECCHI, V. *Art and creativity in Reggio Emilia*: exploring the role and potential of ateliers in early childhood education. London: Routledge, 2010.

PARTE II

Ensinando e aprendendo por meio das relações

7

Participação dos pais na governança das escolas: uma entrevista com Sergio Spaggiari[1]

Lella Gandini

A gestão comunitária é a forma organizacional e cultural que usamos para abarcar todos aqueles processos de participação, de democracia, de responsabilidade compartilhada, de exame de problemas e de escolhas como parte de cada instituição (MALAGUZZI apud DOCUMENTATION AND EDUCATIONAL RESEARCH CENTRE, 2003, p. 9).

Entendo a participação no Consigli Infanzia Città e das Crianças como assumir uma responsabilidade... que vem do sentido civil de pertencimento e de contribuição a uma comunidade/grupo/sociedade civilizada (GIANNANTONIO apud DOCUMENTATION AND EDUCATIONAL RESEARCH CENTRE, 2003, p. 9).

Para mim é olhar para o crescimento em momentos compartilhados de reflexão, em oportunidades de troca, comparando pontos de vista, aprofundando as reflexões para que eu me aproxime do meu filho como mãe para que cresçamos juntos como pessoas (FRANK, apud DOCUMENTATION AND EDUCATIONAL RESEARCH CENTRE, 2003, p. 25).

É um comitê onde as pessoas fazem perguntas. Alguém faz uma pergunta, e aí alguém responde, dando um longo discurso como esse!... Acho que é um tipo de parlamento. Isso, isso, um parlamento (Crianças, pré-escola Michelangelo).

Lella Gandini: *Um dos conceitos organizacionais mais difíceis de se compreender na abordagem educacional para crianças pequenas em Reggio Emilia é o de participação "social" (ou comunitária). Pode descrever como esse conceito surgiu?*

Sergio Spaggiari: É uma longa história. Deixe-me começar enfatizando que, desde a década de 1970, a ideia de participação comunitária na educação teve reconhecimento oficial. Ela tem sido vista como um meio de promover a inovação, proteger as instituições educacionais contra os perigos da burocracia excessiva e estimular a cooperação entre pais e educadores. Essa participação evoluiu de duas formas: a primeira, por meio do sistema de gestão comunitária (o que chamamos de *gestione sociale*) nas creches e nas pré-escolas administradas pela cidade, e a segunda, por meio de comitês nas escolas públicas, com ampla representatividade em todos os níveis – primário, intermediário e secundário. Vou falar sobre a primeira.

A participação comunitária nas creches e nas pré-escolas remonta há muito tempo. Podemos traçar suas raízes até as extraordinárias experiências educacionais que se desenvolveram imediatamente após a libertação da Itália, em 1945 em certas regiões da Itália (Emilia Romagna e Toscana), graças à iniciativa e à participação dos grupos feministas, ex-participantes de grupos da resistência (*partisans*), sindicatos e cooperativas – todos diretamente envolvidos na promoção de serviços educacionais e de bem-estar. Essas iniciativas englobaram pessoas de todos os estratos sociais, tendo, desde o início, enfatizado os valores da cooperação e do envolvimento.

Gandini: *De fato, você poderia ter mergulhado ainda mais no passado em busca das raízes da participação social na educação. O "movimento cooperativo", que você acabou de mencionar, em que as pessoas se unem para somar e compartilhar recursos e se ajudarem, tem ganhado força no Norte da Itália já faz um bom tempo.*

A primeira cooperativa rural na Itália começou na província da Emilia Romagna em 1883. Era uma cooperativa de consumidores, respondendo a um período de desespero econômico, quando as pessoas precisavam comer, mas não conseguiam pagar por alimentos. Na cooperativa, todos os membros tinham os mesmos direitos. Por fim, o movimento cooperativo se assentou em todos os setores da economia: cooperativas de trabalhadores, cooperativas de consumidores, lojas e bancos cooperativos urbanos e rurais. As cooperativas italianas – especialmente aquelas formadas na região da Emilia Romagna – inspiraram-se em ideais progressistas. Desde o início, a intenção das cooperativas era criar uma rede de apoio mútuo em situação de grande necessidade, mas, de tempos em tempos, exerciam um papel levantando, material e culturalmente, os setores mais desprovidos da população.

O movimento das cooperativas foi duramente reprimido durante o período fascista, mas voltou a ter força após a Segunda Guerra, durante o clima de esperança e restauração. Novos acontecimentos se deram ao longo das décadas seguintes. As associações cooperativas começaram a oferecer cuidados de saúde, desenvolvimento profissional e serviços culturais e sociais. Elas foram grandes apoiadoras do sistema de educação infantil na Reggio Emilia.

Spaggiari: Os primeiros exemplos de participação se deram nos "comitês entre escola e cidade", que eram especificamente formados para administrar democraticamente as escolas infantis e envolviam tanto as pessoas conectadas à escola quanto as que viviam em sua periferia. Essas organizações foram criadas com o propósito específico de "inventar" uma escola que envolvesse pais, professores, cidadãos e grupos vizinhos – não apenas na gestão da escola, mas também na defesa dos direitos das crianças.

Além do mais, apesar de os modelos mais ativos e vibrantes de participação terem surgido com administrações municipais lideradas por políticos progressistas e de esquerda, devemos nos lembrar seriamente de que há uma ligação clara entre esses modelos e o apoio católico romano tradicional pelo papel da família e da comunidade, como se evidencia pela extensa rede de pré-escolas paroquiais.

Gandini: *Qual é exatamente o papel da gestão comunitária e como ele se desenvolveu e se formalizou?*

Spaggiari: Em 1971, a ideia de participação finalmente se formalizou com a aprovação das leis nacionais que governam as creches. Esse conceito havia evoluído gradualmente ao longo de diversas décadas, tendo finalmente levado à formalização legal da gestão comunitária. Foi, em grande parte, a realização concreta dos *slogans* de muitos sindicatos e de muitas batalhas que remontam a tempos anteriores. A exigência era que o governo nacional fornecesse financiamento social, que os governos regionais tomassem conta do planejamento geral e que os governos municipais se responsabilizassem pela gestão comunitária.

A experiência da gestão social (ou comunitária), demonstrou o seu valor com a sua habilidade de se adaptar a novas situações culturais e sociais, como, por exemplo, o influxo de recém-chegados, a tendência contemporânea de os pais verem o mundo em termos individuais, em vez de políticos ou ideológicos, e o influxo recente de uma nova onda – ou uma nova geração – de professores, pedagogistas e atelieristas nas nossas escolas.

Gandini: *Como a ideia de uma gestão social e comunitária se encaixa na sua abordagem geral da educação na Reggio?*

Spaggiari: Neste ponto, os objetivos da gestão comunitária são uma parte integral do conteúdo e dos métodos da nossa abordagem educacional. Eles são centrais para a experiência educacional nas creches e nas pré-escolas aqui em Reggio Emilia.

A gestão social (ou comunitária) nessas creches e nessas escolas busca promover forte interação e comunicação entre educadores, crianças, pais e comunidade. A gestão social (ou comunitária) aumenta o valor de uma abordagem educacional que tem suas origens e seus objetivos nos princípios da comunicação e da solidariedade. A participação das famílias é tão essencial quanto a participação das crianças e dos educadores.

Obviamente, esse sistema tripartite faz parte da comunidade como um todo, a qual, por sua vez, torna-se um quarto componente, tendo sua própria influência e seu próprio valor.

Em suma, a gestão comunitária não se trata apenas uma metodologia de governo, e mais de um ideal filosófico que permeia todos os aspectos da experiência educacional como um todo.

Vistas nesse contexto, a participação em geral e a gestão comunitária em particular são centrais para a experiência educacional. Ou seja, não é possível separá-las das escolhas de conteúdo e método nas creches e nas pré-escolas. Elas têm igual peso e importância no crescimento individual de todas as crianças, particularmente nessa faixa etária. A idade do nascimento aos 6 anos deve ser vista como um recurso precioso do potencial humano, em que uma sociedade progressista deve estar preparada para investir com responsabilidade.

Gandini: *Nos últimos 30 anos, a Itália tem sofrido uma queda nas taxas de natalidade, o que causou uma mudança na estrutura das famílias jovens. Que efeito esse fenômeno teve no tema da participação?*

Spaggiari: Como consequência dessa queda na taxa de natalidade, a criança é percebida como um objeto raro e precioso. Ainda assim, como a Itália também é uma sociedade envelhecida, a criança é considerada uma presença perturbadora, quase um intruso, em um mundo dessintonizado das necessidades e dos direitos dela. Por esses motivos, a educação das crianças nessa faixa etária é uma tarefa tão difícil e complexa. As enormes responsabilidades dessa tarefa não podem ser superadas isoladamente pela família ou pela escola.

Atualmente, vemos uma compreensão muito maior da parte dos pais de que o trabalho de educar uma criança envolve muito apoio e solidariedade, muito compartilhamento de ideias, muitos encontros, uma pluralidade de visões e, acima de tudo, diferentes competências. É precisamente porque famílias com um filho único se sentem isoladas que elas dão aquele passo extra, buscando conhecer e trabalhar com os outros. Os tipos de apoio em grupo que vêm da participação e da gestão comunitária fornecem uma resposta às necessidades psicológicas dessas famílias. Elas facilitam um diálogo entre pai e filho, entre educadores e pais, entre grupos de educadores e diferentes famílias e até se estendendo e envolvendo toda a comunidade. A ideia de buscar soluções coletivamente, conforme é feito em muitos programas municipais educativos na Itália, se contrapõe à noção popular de que as famílias tendem a enxergar os problemas em termos estreitos e privados.

Gandini: *É claro, os problemas e as necessidades das famílias tendem a mudar com o tempo. Entendo que isso leve ao desejo de escrever uma nova carta, ou constituição, para a organização da gestão social (ou comunitária). O nome dos conselhos escolares mudou de "Conselho Consultivo" para "Consigli Infanzia Città (Conselhos da Infância-Cidade)" e um grupo realizou uma série de reflexões sobre a identidade e o papel dos conselhos. A nova carta, publicada em 2002, começa afirmando que qualquer grupo envolvido na gestão social em um serviço educacional precisa conseguir se reinventar de tempos em tempos em relação aos novos contextos sociais. Dessa forma, o grupo pode (re)expressar o seu potencial e continuar a sobreviver com novas ideias e vitalidade. Pode nos falar mais sobre os Consigli Infanzia Città?*

Spaggiari: Em relação às mudanças que você mencionou, o papel dos Consigli Infanzia Città evoluiu ao longo do tempo. Além de continuar a sustentar as necessidades da cidade, o principal papel dos Consigli Infanzia Città mudou de questões administrativas (por exemplo, matrícula, mensalidades) e opções políticas (por exemplo, novos serviços ou centros) para expressamente suprir as necessidades das famílias e dos educadores. Os Consigli Infanzia Città, portanto, tornaram-se o veículo principal e iniciador da participação em todos os seus aspectos complexos.

Acreditamos na ideia das crianças como indivíduos que trazem seus direitos, suas habilidades e suas competências consigo no processo educacional. Mas não apenas as crianças que têm essas capacidades dentro delas. São também os pais que trazem habilidades, ideias, conhecimento e competências. Sempre consideramos a família um elemento essencial do processo educacional. Muitas escolas trabalham sem tornar os pais protagonistas e figuras centrais na educação dos seus filhos. Às vezes, elas também culpam os pais, que se sentem culpados e inadequados porque não conseguem entrar no processo educacional. Quando os pais não participam, creio ser de responsabilidade da escola construir-se de tal modo e utilizar-se de todas as estratégias possíveis para se tornar algo que os pais possam vivenciar com os filhos. Se os pais não estão participando, a primeira responsabilidade está com a escola.

Gandini: *Quem compõe os Consigli Infanzia Città?*

Spaggiari: A cada três anos, os pais, os educadores e os cidadãos elegem representantes para os Consigli Infanzia Città de cada creche e pré-escola. Para cada um desses serviços, há um Consigli Infanzia Città. Os Consigli Infanzia Città, então, enviam representantes para participar de um conselho abrangente chamado de Interconselho. No Interconselho, participam o diretor de creches e pré-escolas municipais (anteriormente, eu mesmo, agora Paola Cagliari), o Secretário da Educação eleito para cuidar da educação (o *assessore*) e representantes da Reggio Children, da Associação Internacional dos Amigos da Reggio Children e da Istituzione Pré-escolas e Creches do Município de Reggio Emilia.

A IDENTIDADE DOS CONSIGLI INFANZIA CITTÀ HOJE

Os pais, os educadores e os cidadãos eleitos para os conselhos têm como referência o compartilhamento de valores que delineiam o projeto educacional: participação, responsabilização, abertura às relações e à troca de opiniões, boa vontade para arriscar e contemplar mudanças...

Os Consigli Infanzia Città são eleitos a cada três anos por eleição pública, realizada por meio de urnas individuais e secretas em formulários de votação especiais. A votação ocorre durante uma assembleia de eleição pública durante o dia seguinte.

Todos os pais e funcionários das creches e das pré-escolas têm o direito de votar, assim como todos os cidadãos presentes na assembleia de eleição. A eleição pública é publicizada na cidade por meio de anúncios especialmente criados.

Todos os pais e cidadãos que se oferecerem como candidatos podem ser eleitos. Todos os membros da equipe, qualquer que seja a sua posição, têm o direito de participar do conselho da escola onde trabalham.

As listas de eleição, compostas de pais, educadores e cidadãos, uma para cada turma, são afixadas nas áreas de informações de cada creche e pré-escola, além de serem apresentadas durante reuniões especiais com familiares.

Cada pai e professor vota pela lista de sua turma. O pessoal da cozinha, os cargos secundários, os atelieristas, os pedagogistas e pessoas da comunidade se dividem entre as várias listas das salas. Pais com mais de um filho em uma escola têm o direito de votar em cada turma dos seus filhos.

Os eleitores podem expressar as suas preferências por certos candidatos ou aprovar a lista toda.

Não existe limite para o número de candidatos eleitos.

Nos anos entre as eleições, os pais cujos filhos se formaram na escola podem manter seu lugar no conselho como cidadãos e os pais de crianças recentemente matriculadas podem entrar para o conselho por meio de um processo de cooptação. Isso ocorre lendo uma lista com os nomes dos pais que se ofereceram para entrar no conselho durante uma reunião da escola e que também se torna pública por meio da afixação na área de informações das creches e das pré-escolas. Apesar de esse processo não incluir uma votação formal, ele deriva sua validade do fato de que permite a adição de novos pais a um corpo democraticamente eleito.

Cada conselho tem a liberdade de escolher sua forma de organização dependendo dos objetivos que busca alcançar. Os objetivos são decididos em reuniões do conselho e podem ser delegados a grupos de tamanho e duração variados.

Esses grupos são conhecidos como grupos de trabalho.

As reuniões para os conselhos ou para os grupos de trabalho podem ser requeridas pelos profissionais das creches e das pré-escolas ou pelos membros do Consigli Infanzia Città, junto de projetos e trabalhos que já foram combinados.

Fonte: Documentation and Educational Research Centre (2003, p. 48).

Recentemente mais de 75% dos pais votaram nas eleições para os Consigli Infanzia Città. E muitos participaram, aqueles que estavam mais motivados e aqueles que evidenciaram o seu interesse. Por exemplo, em 2008, de 5.909 famílias usando os nossos serviços infantis municipais, 756 pais foram eleitos, o que significa que uma a cada oito famílias participou na gestão das creches e das pré-escolas. Nessa eleição de 2008, ao todo 3.058 pais votaram, junto de 431 cidadãos e 415 profissionais – o que sugere que houve ampla participação no processo eleitoral.

O Consigli Infanzia Città em uma pré-escola com 75 crianças pode ser composto de 19 pais, 13 profissionais da escola e sete cidadãos. Dentro de cada conselho, um grupo de voluntários toma conta da gestão: eles organizam a agenda e os planos de emergência, processam preocupações e propostas dos pais, e assim por diante. Outros membros servem em diferentes grupos de trabalho com objetivos específicos. Por exemplo, eles estudam e implementam estratégias para maximizar a participação dos pais; organizam reuniões sobre assuntos especiais, como problemas de sono das crianças ou a decoração do salão da escola; consideram atividades para facilitar a transição da creche para a pré-escola ou da pré-escola para o ensino fundamental; e assim por diante. Eles também coordenam sessões de trabalho, monitoram a implementação e avaliam os resultados do trabalho que foi feito.

Gandini: *De quais maneiras, especificamente, as creches e as pré-escolas envolvem os pais?*

Spaggiari: Em primeiro lugar, como as discussões e as decisões são tomadas coletivamente dentro de cada escola, os pais ficam muito envolvidos. Além disso, ao ampliar o campo de participação, os educadores que participam da gestão comunitária incluem todos os tipos de adultos que trabalham nas escolas – professores, cozinheiros, assistentes –, os quais devem compartilhar a responsabilidade que deriva de sua participação na comunidade de educadores. As ideias e as habilidades que as famílias trazem para a escola e, ainda mais importante, a troca de ideias entre os pais e os professores favorecem a construção de uma nova maneira de educar e de ajudar os professores a enxergarem a participação das famílias não como uma ameaça, mas como um elemento intrínseco de coleguismo e de integração de sabedorias distintas.

Para alcançar isso, é necessário, muito antes de a criança vir à escola, dar às crianças, aos pais e aos professores muitas oportunidades de interação, como Loris Malaguzzi sugeriu (veja o Cap. 2). São muitas as oportunidades de participação quando o ano letivo começa:

1. *Reuniões em uma sala específica.* Os professores da sala se reúnem com os pais para discutir coisas, como os acontecimentos dentro de um grupo determinado de crianças, as direções pedagógicas e práticas do grupo, exemplos de atividades que ocorreram (por meio de *slides*, apresentações dos trabalhos, etc.) e avaliações de experiências educacionais. Preferencialmente, essas reuniões devem ocorrer à noite ou em algum momento que seja conveniente para a maior parte das famílias. A programação deve ser acordada, e os pais devem ser notificados de antemão. Esse tipo de reunião deve ser repetido pelo menos cinco ou seis vezes por ano.

Pais chegando para buscar os filhos na pré-escola do Centro Internacional Loris Malaguzzi.

2. *Reuniões em grupos pequenos.* Os professores se reúnem com um pequeno grupo de pais de sua turma. O número limitado de participantes permite uma discussão mais íntima e pessoal quanto às necessidades e os problemas de famílias específicas ou de determinadas crianças. É útil, para o professor, realizar essas reuniões até que todas as famílias tenham participado de pelo menos uma no ano.
3. *Conversas individuais entre pais e professores.* Elas costumam ser solicitadas pela família ou sugeridas pelos educadores e podem lidar com problemas específicos relacionados com uma família ou criança ou oferecer a oportunidade de uma discussão aprofundada relacionada ao desenvolvimento da personalidade da criança.
4. *Reuniões sobre um tema.* Essas reuniões são iniciadas e conduzidas por pais e educadores e estão abertas a todos aqueles que estão conectados com a creche ou com a pré-escola e que se interessem pela discussão ou ampliação do conhecimento sobre um assunto específico. Tais temas devem incluir o papel do pai, os medos das crianças, e assim por diante. O tópico em questão é debatido e analisado por todos os presentes, assim dando a todos a oportunidade de trocar ideias e pontos de vista.
5. *Encontros com um especialista.* Esses encontros assumem a forma de uma palestra ou mesa de discussão e podem envolver muitas escolas. Eles são pensados para aumentar o conhecimento de todos acerca de problemas ou questões de interesse comum – por exemplo, contos de fadas, sexualidade das crianças, livros para crianças pequenas, alimentação das crianças, e assim por diante.
6. *Sessões de trabalho.* São oportunidades de contribuir de maneira concreta para a melhoria da escola. Os pais e os professores se juntam para montar móveis e equipamentos, reorganizar o espaço educacional, aprimorar o pátio da escola e fazer a manutenção dos materiais.
7. *Laboratórios.* Nessas reuniões do tipo "aprenda fazendo", os pais e os professores adquirem técnicas com um forte potencial educacional, tais como trabalhos com papel (origami), criação de marionetes, teatro de sombras, uso de material fotográfico, e assim por diante. Um desses exemplos é a "aula de culinária", em que o cozinheiro e os pais de crianças pequenas preparam pratos juntos, os quais poderiam lhes ser desconhecidos.
8. *Feriados e celebrações.* Essas são atividades em grupo em que crianças, pais, avós, amigos e cidadãos se unem. Às vezes, elas envolvem a escola toda, outras vezes apenas uma turma específica. Exemplos de eventos celebrados incluem aniversários das crianças, a visita de um avô, o fim de ano, acontecimentos esporádicos, e assim por diante.
9. *Outras possibilidades de reuniões.* Saídas de campo, piqueniques, excursões, feriadões na praia e nas montanhas, frequentemente em albergues, são possibilidades. Um evento especial é o "um dia na escola", quando um pai passa o dia inteiro na sala do filho. Outras atividades envolvem visitas de grupos pequenos às casas uns

dos outros ou a turma toda passando algum tempo em algum lugar específico – por exemplo, o ginásio, a piscina, a praça da cidade ou o mercado público.

Gandini: *Ao longo dos últimos 10 ou 15 anos, o que mudou em termos da participação dos pais?*

Spaggiari: Para ser sucinto, o que mais mudou são as razões e os motivos que estimulam os pais a participarem. Em outras palavras, essa é uma era em que as ideologias e os grandes ideais do passado estão em crise. Essas ideologias e esses ideais, junto com a confiança e a convicção que engendrava, há muito são a força motriz do comprometimento público e social das pessoas. Contudo, está claro que, atualmente, as pessoas participam e se envolvem, mesmo no campo da educação, não tanto por uma questão de fervor idealista ou convicção política, mas por um desejo de buscar oportunidades de crescimento pessoal ou dos filhos, por experiências significativas e para dar e receber enriquecimento e ajuda.

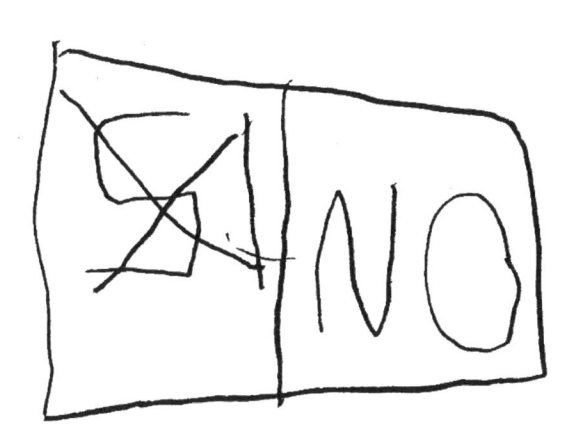

Votação, um desejo de uma criança de 2 anos. A urna também é mostrada com o *SÌ* riscado, em vez do *NO*. Da pré-escola Diana, 1999.

Na raiz disso está uma forte exigência por motivos significativos de participação, a qual está ligada intimamente a um desejo crescente de parte do povo de reunir-se e interagir com os outros, de sair da solidão e do anonimato e vivenciar novos sentimentos de solidariedade e reciprocidade.

Gandini: *Pode dar um exemplo em que a participação dos pais foi particularmente importante em anos recentes?*

Spaggiari: Nos anos entre 2001 e 2006, as leis e os regulamentos italianos impossibilitaram a contratação de novos profissionais em serviços e escolas públicas, tanto em Reggio quanto em outros locais. Durante esse período, as nossas pré-escolas e as nossas creches tiveram de contar com profissionais temporários (professores, atelieristas, pedagogistas, cozinheiros e auxiliares) com contratos de curto prazo. Antigamente, quando um professor ou profissional se aposentava, podíamos contratar, por meio de um concurso público comum, outra pessoa qualificada com um contrato estável, mas agora não mais.

Os nossos pais e o Conselho Infância-Cidade ficaram cientes e preocupados com essa situação. Por volta de março de 2006, as nossas pré-escolas e as nossas creches estavam funcionando com 45% de funcionários temporários e grande rotatividade. Por lei, os funcionários temporários precisam se mudar regularmente a locais diferentes. Isso gerou grande ansiedade para as famílias e para os educadores, porque era difícil manter a continuidade das relações, que é essencial no nosso sistema. Os professores, que administram as pré-escolas e as creches em coletividade, achavam difícil manter uma noção de grupo e de organização do trabalho. Além do mais, o planejamento didático, ou *progettazione*, podia não funcionar muito bem porque os professores temporários não sabiam quanto tempo ficariam e achavam difícil projetar o futuro.

Os pais passaram a protestar ativamente. Eles coletaram milhares e milhares de assinaturas para uma petição para o Conselho de Governança Municipal, afirmando que esse tipo de trabalho precário estava prejudicando a qualidade da educação. "Não existe qualidade na precariedade" (*Non c'é qualitá nella precarietá*) era o seu *slogan*. Em junho de 2006, os representantes dos pais que participaram da reunião do Conselho Municipal de Reggio Emilia apresentaram um pedido oficial de que o governo local defendesse a modificação das leis pelo governo nacional, pelo menos para os serviços destinados a crianças pequenas. Quando o governo municipal assumiu essa missão, houve uma mudança favorável no governo nacional e uma lei financeira foi aprovada, possibilitando usar concursos públicos para contratar profissionais para serviços infantis.

Entre 2007 e 2008, vimos a luz no fim do túnel. Trabalhamos duro para possibilitar a organização de concursos para contratar professores para pré-escola e creches, pedagogistas, atelieristas, cozinheiro e auxiliares para que todas as nossas escolas e as nossas creches funcionassem bem e contratamos muitos outros profissionais novos.

Gandini: *Estou vendo que isso foi de grande importância!*

Spaggiari: Estou convencido de que uma experiência educacional dessa dimensão, ou qualquer experiência que envolva profunda dedicação humana, tende a se dissipar se ela não se regenerar. É indispensável a introdução de novas forças e novas energias. Essa mudança ocorre graças à presença dessas pessoas.

Gandini: *Olhando para o futuro, quais são os pontos focais ao redor dos quais* *irão girar os pensamentos e as ações desse espírito participativo e dessas experiências compartilhadas?*

Spaggiari: Há vários conceitos-chave aqui. O primeiro é a *subjetividade*. Não há dúvida de que a sociedade moderna esteja examinando cada vez mais a demanda crescente por subjetividade que parece estar se manifestando nas atitudes das pessoas. Quaisquer que sejam as suas origens, o neoindividualismo mascara um forte desejo de afirmação da própria identidade e do respeito aos próprios direitos individuais. A aposta que devemos fazer tem relação precisamente com isso: a possibilidade de reconciliação – e não de oposição – das necessidades, dos direitos e dos desejos individuais e do grupo. De fato, podemos ver que os tipos de participação e cooperação que dão os melhores resultados são os que acomodam e recepcionam muitas contribuições pessoais diferentes. Isso é precisamente assim porque é o indivíduo que participa e é o indivíduo que deve encontrar um motivo para sua própria participação. Além do mais, a consideração atual pela identidade de cada indivíduo é uma condição essencial para fazer a participação valer a pena. Qualquer atividade que envolva participação e cooperação, para que atraia os outros e valha a pena, deve ser prazerosa, útil e significativa para o indivíduo, em vez de se basear na noção de que só é possível cooperar por meio do sacrifício da própria individualidade.

Até que ponto a experiência educacional nas creches será compartilhada e coautoral com os pais dependerá do quão bem as oportunidades criadas para socializar e conversar conseguirão responder às expectativas pessoais e valorizar as contribuições individuais.

Além disso, existem maneiras definidas pelas quais as nossas instituições infantis se tornam locais distintos e únicos. Percebemos que o processo de "gestão" compartilhada" se manifesta de maneiras diferentes em cada escola em termos de estilo e procedimentos, às vezes de modos extremamente distintos. Essas diferenças, que dão a cada escola o seu selo particular, demonstram que a realidade de cada processo gerencial separado é o resultado de decisões e soluções independentes.

Gandini: *E o segundo conceito?*

Spaggiari: *Parentalidade*. Não há dúvida de que, hoje, o papel dos pais mudou drasticamente. Em geral, você não se torna pai por acidente, como costumava acontecer. Em vez disso, o nascimento de uma criança costuma ser pensado, desejado e planejado. A decisão de ter um filho é algo que é cuidadosamente considerado à luz de diversas variáveis familiares importantes: situação econômica, habitação, estabilidade do casal, segurança no emprego, garantia de ajuda, e assim por diante. Em geral, portanto, um casal decide ter um filho quando tem certeza de que conseguirá oferecer o melhor à criança. Tudo isso impõe sobre os pais um alto grau de responsabilidade e expectativas. Existe uma consciência de que o advento de uma criança irá modificar enormemente a vida do casal e que ser um pai, especialmente de uma criança pequena, constitui uma experiência especial – às vezes única – que pode ser cansativa, cheia de preocupação, mas, acima de tudo cheia de responsabilidades e deveres educacionais.

Hoje, há uma crença difundida de que os anos iniciais da criança são particularmente importantes para a sua formação como pessoa, de que eles são quase definitivos em termos do seu desenvolvimento positivo. Essa convicção leva os pais a investirem muito do seu tempo e dos seus recursos precisamente nesses anos. Atualmente, contudo, os pais estão na posição paradoxal de se sentirem e serem altamente responsáveis por um oneroso fardo educacional pelo qual estão despreparados, além de não contarem com pontos de referência. O *know-how* educacional dos avós não é mais viável e o conselho geral oferecido por manuais costuma não ser de grande utilidade, pois não leva em conta a natureza singular das circunstâncias individuais. Essa preocupação crescente com a qualidade da experiência educacional da criança induziu, indubitavelmente, muitos pais a se envolverem em creches na crença de que, ao fazerem isso, poderiam aproximar-se dos seus filhos e prepará-los melhor para lidar com escolhas educacionais, mas também devido à convicção de que irão enriquecer suas próprias capacidades como pais. Contra esse pano de fundo, a escola local torna-se o assento privilegiado de encontro e intercâmbio social, o lugar natural onde profissionais, pais e crianças contribuem diariamente para a construção de uma comunidade educacional edificada sobre as premissas do diálogo e da cooperação.

Gandini: *E o terceiro conceito-chave?*

Spaggiari: *Comunicação.* Em uma comunidade de pessoas construída sobre uma teia crescente de interações sociais e uma rede de intercâmbio, a própria comunicação se torna o conector primário de todo o tecido participativo, o agente unificador que liga os elementos mais diversos e distantes nesse sistema social multiforme e complexo que chamamos de centro ou escola infantil. Já há alguns anos, quando Loris Malaguzzi, com tamanha clareza de ideias, desenvolveu uma teoria da "pedagogia da comunicação", ele endossou a importância dos métodos de comunicação e adotou-os como a base do *design* e da implementação da abordagem educacional infantil na nossa cidade.

A comunicação, como ferramenta significativa e efetiva, é percebida como uma forma de determinar e medir a qualidade das experiências sociais e educacionais. Entretanto, atualmente existe uma necessidade urgente de se alcançar uma compreensão mais aprofundada e uma definição mais clara das estratégias para se pôr em prática essa pedagogia da comunicação. Estamos bem cientes das implicações psicológicas positivas da comunicação intensa e sensível que se foca na personalização dos relacionamentos humanos, na noção de pertencimento e de identidade, no refinamento de um diálogo comum, no sentimento de apego e tranquilização. Contudo, também percebemos que uma abordagem que busca criar um sistema integrado de comunicação deve envolver diretamente todos os aspectos das creches e das pré-escolas. Entre os fatores que servem para determinar a qualidade da comunicação estão a interação entre pais e professores, as decisões tomadas coletivamente, a organização dos trabalhos e do local de trabalho, o planejamento do calendário, o relacionamento entre a gestão e as crianças, a programação educacional e o uso dos materiais, a interação entre a escola e a comunidade e o período e a organização das reuniões com as famílias. Nesse nível, ainda estamos aprendendo com os nossos erros. Em um mundo onde a comunicação se tornou a profissão de muitos (jornais, televisão, publicidade, etc.), provavelmente somos meros diletantes. Na nossa sociedade bombardeada por informações, talvez nós, também, estejamos correndo o risco de abusar das técnicas de comunicação e de mal utilizá-las.

Gandini: *Algo mais?*

Spaggiari: Gostaria que você pensasse no valor da *organização* também. Poucos livros educativos ou pedagógicos discutem o valor da organização. Muitos pensam na organização apenas como um problema de gestão da escola, mas acreditamos que ela é parte integral do processo educacional. Trata-se de um elemento decisivo do nosso projeto dentro da escola. A organização, em si mesma, é um pensamento pedagógico.

TRAZENDO OS PAIS COMO PARCEIROS IGUAIS

Como pedagogista, Paola, qual é o seu ponto de vista sobre como os pais são vistos como iguais nas escolas?

Cavazzoni: Uma creche ou pré-escola que desejar praticar a participação deve conseguir se mobilizar e propiciar oportunidades para trocas individuais ou em grupo antes que as crianças e os pais venham à escola. Os professores têm de saber planejar e estabelecer as ferramentas (cadernos, diários, etc.) para fomentar o fluxo de ideias dos pais e o seu desenvolvimento ao longo do tempo. Os professores precisam saber organizar os espaços da creche e da pré-escola para que sejam ambientes acolhedores, um local para guardar os traços, os testemunhos, as vozes e a presença ativa dos pais de hoje e de ontem como parte da história da escola. Reggio Emilia optou por acreditar em pais que são fortes em virtude de sua paternidade e essa escolha nos leva a valorizar a participação familiar na vida das nossas escolas. Isso também significa que os professores não devem necessariamente procurar os tipos de pais que mais se aproximam do modelo idealizado de família, e sim reconhecer e valorizar famílias e pais individualmente. Isso significa ouvir as suas perguntas, as suas dúvidas, os seus desejos e moldar a própria abordagem de acordo, ao mesmo tempo em que utilizam essas questões individuais como oportunidades para a escola discutir os valores da educação.

Não há momentos em que os adultos dentro da sala, os pais ou membros da comunidade em geral na escola verdadeiramente discordam de algum aspecto da filosofia e não querem refletir ou trabalhar para compreender essa forma de apoiar a aprendizagem das crianças? Como você vê o papel do pedagogista nessas situações?

Cavazzoni: A maioria dos adultos que vêm até os nossos centros não está preparada para esse tipo de escola, portanto a crença deles sobre o nosso projeto educacional geral precisa ser desenvolvida. Nós sentimos que todo adulto que é exposto à nossa experiência e cujo filho começa a frequentar a nossa creche ou a nossa pré-escola é um parceiro importante e tem o direito de ser informado sobre a filosofia e a organização dos nossos serviços. Acho que as famílias têm o direito de comunicar à escola os indicadores de qualidade que elas usam para medir o grau em que a escola proporciona uma experiência positiva e exigir que esses ou outros aspectos do processo educacional, com o qual eles podem ou não concordar, sejam discutidos.

Portanto, acho que o debate e a possibilidade de trocar opiniões é importante e os pais devem poder expressar sua discordância, visto que isso representa um exemplo importante de participação democrática. Se os pais sentem que isso é possível, isso costuma significar que eles se sentiram legitimados pela escola para expressar suas opiniões e dúvidas. Quanto a como lidar com a situação referida na pergunta, acho que esse é o trabalho de muitas pessoas, incluindo os professores e os pedagogistas. As maneiras de organizar as reuniões com os pais são muito importantes, apesar de elas diferirem de acordo com cada situação. Às vezes, entrevistas individuais podem ser mais úteis para resolver problemas de maneira pessoal. Em outros momentos, reuniões mais amplas, portanto mais acessíveis a outros pais, podem ser mais efetivas e enriquecedoras. Em ambos os casos, a função da escola é promover e aumentar a consciência dos adultos e promover uma sensação de pertencimento aos valores da comunidade específica daquela escola.

Fonte: Gambetti, Sheldon-Harsch e Kitchens (2000, p. 5).

Gandini: *Então, para concluir, você pode resumir quais são os requerimentos-chave para sustentar um programa de participação bem-sucedido?*

Spaggiari: Um requerimento é que haja diversas atividades para dar conta dos diversos interesses, das diversas necessidades e aspirações das diferentes famílias. Outro é o foco na sala como o local natural de encontro para aqueles que se interessam pela experiência educacional da escola e como ponto de partida para se envolver na vida mais ampla da comunidade.

O que vimos em Reggio Emilia foi, e continua sendo, uma experiência educacional extraordinária. Ainda assim, o que é mais extraordinário é que essa experiência tem se construído por quase meio século – não por santos ou heróis, mas por adultos que estão diariamente presentes em nossas escolas: professores, cozinheiros, auxiliares, atelieristas, pedagogistas, pais e famílias. Esses participantes têm convicções fortes e enraizadas em suas mentes. Eles respeitam e valorizam todas as pessoas sem distinção e percebem que esse respeito é a chave dos serviços educacionais.

James Heckman, vencedor do Nobel de economia, nos falou de três condições que dão esperança de mudança para crianças e jovens desprovidos. Primeiro, a intervenção educacional tem de começar muito cedo na vida das crianças. Segundo, deve ser de alta qualidade. Terceiro, as escolas devem garantir a participação dos pais. Essas condições reforçam o nosso profundo investimento na participação social e na ideia de tornar os pais protagonistas completos.

A participação não é uma escolha fácil ou confortável. Certamente, ela não pode ser alcançada delegando-a a um "Escritório de Participação" que se comunique com as famílias por meio de pôsteres, panfletos, telefonemas, mensagens de texto, *e-mails* ou pelo Facebook. Pelo contrário, a participação depende da criação de uma cultura de preocupação social. Tal cultura nutre a nossa experiência educacional e nos coloca a todos no papel de construtores da decência humana, espalhando esperança e promovendo a emancipação. Quando temos a força de trazer um senso de civilidade ao nosso trabalho, então, conforme dizia Paulo Freire, nos juntamos ao exército da libertação para libertar o destino das pessoas e oferecemos às crianças, às famílias e às comunidades a oportunidade de mudar e crescer, assim transformando as creches e as pré-escolas em autênticos laboratórios de paz e humanidade.

NOTA

1 Este capítulo se baseia em entrevistas publicadas por Gandini (2009), Gandini e Kaminsky (2007) e Spaggiari (2004) em *Innovations in Early Education: The International Reggio Exchange,* publicado por Wayne State College of Education, em Detroit, Michigan. Integrado e atualizado pelos editores para refletir as informações mais atuais. O capítulo é concluído com declarações públicas que Spaggioni fez ao final de seu longo período como pedagogista e diretor de creches e pré-escolas (1995 a 2010).

REFERÊNCIAS

DOCUMENTATION AND EDUCATIONAL RESEARCH CENTRE. *Charter of the City and Childhood Councils.* Reggio Emilia: Reggio Children, 2003.

GAMBETTI, A.; SHELDON-HARSCH, L.; KITCHENS, H. The nature of professional development in the Reggio Emilia municipal infant-toddler centers and preschools: an interview with Paola Cavazzoni, part 2. *Innovations in Early Education: The International Reggio Exchange,* v. 7, n. 4, p. 1-6, 2000.

GANDINI, L. Renewal and regeneration of an educational community: an interview with Sergio Spaggiari. *Innovations in Early Education: The International Reggio Exchange*, v. 16, n. 2, p. 1-6, 2009.

GANDINI, L.; KAMINSKY, J. A. Cooperative early childhood education services in Reggio Emilia: an innovative solution for a complex society. *Innovations in Early Education: The International Reggio Exchange*, v. 14, n. 1, p. 1-5, 2007.

SPAGGIARI, S. The path toward knowledge: the social, political and cultural context of the Reggio municipal infant-toddler center and preschool experience. *Innovations in Early Education: The International Reggio Exchange*, v. 11, n. 2, p. 1-5, 2004.

Leitura recomendada

SCUOLE E NIDI D'INFANZIA ISTITUZIONE DEL COMUNE DI REGGIO EMILIA. *Bilancio sociale 2008*. Reggio Emilia: Scuole e Nidi d'Infanzia Istituzione del Comune di Reggio Emilia, 2009.

8

A equipe de coordenação pedagógica e o desenvolvimento profissional[1]

Paola Cagliari, Tiziana Filippini, Elena Giacopini, Simona Bonilauri e Deanna Margini

Na Itália, a profissão de pedagogista, ou coordenador pedagógico, surgiu na década de 1970, quando alguns municípios (como Bologna, Modena, Parma e Pistoia, entre outros) começaram a abrir seus próprios sistemas de pré-escola e, posteriormente, de educação e cuidado infantil. Esse processo se espalhou por toda a Itália, apesar de ter sido de maneira lenta e desigual; como resultado, os pedagogistas eram mais encontrados no Norte da Itália, com definições um pouco diferentes sobre os seus deveres de acordo com o local.

O papel do pedagogista em Reggio Emilia está incrustado em um sistema de relações com professores, outros profissionais da escola, pais, cidadãos, administradores, funcionários públicos e audiências externas. O pedagogista não pode interagir com apenas uma parte do sistema e deixar o resto de lado, porque isso prejudicaria o todo. Neste momento, em 2011, há 13 pedagogistas na Equipe de Coordenação Pedagógica que trabalham colegialmente em seu próprio grupo de trabalho, mas também interagem com os "coletivos", ou grupos de trabalho (compostos por professores, atelieristas, mentores, mediadores culturais, auxiliares, cozinheiros e outros membros da equipe), dentro de cada escola e com os administradores, oficiais e corpos públicos que participam do "projeto" de educação infantil de Reggio Emilia.

Atualmente, existem 10 pedagogistas "diretos" que coordenam as creches e as pré-escolas municipais. Cada profissional normalmente acompanha quatro creches/pré-escolas (com exceção de alguns indivíduos que seguem um número menor, porque têm outras tarefas especiais). Além disso, há outra pedagogista "direta", Ivana Soncini, que é responsável pela integração de crianças com direitos especiais (veja o Cap. 11).

Abrangendo esses 11 pedagogistas estão dois pedagogistas "transversais", que coordenam o sistema pedagógico em toda a sua complexidade. Tiziana Filippini e Elena Giacopini são responsáveis pela coordenação pedagógica dentro da Istituzione do Município de Reggio Emilia e pelo desenvolvimento profissional da equipe. Tiziana Filippini também é responsável pela colaboração com uma nova iniciativa da cidade, a Officina Educativa, e Elena Giacopini está encarregada de interagir com os pedagogistas da região da Emilia Romagna. Os pedagogistas "transversais" são novos no sistema e vitais para o contínuo desenvolvimento profissional.

A EQUIPE DE COORDENAÇÃO PEDAGÓGICA

Nós, na Equipe de Coordenação Pedagógica, somos responsáveis por garantir a qualidade dos serviços infantis no sistema municipal e por nos certificarmos de que eles sejam consistentes e unitários. As creches e as pré-escolas municipais de Reggio Emilia não têm diretores no local. Em vez disso, as funções administrativas e de supervisão são distribuídas em distintas áreas do sistema. Tais funções (como contratação de professores e outros profissionais, matrícula de crianças e coleta da mensalidade dos pais) se dão na gestão central. Então, dentro de cada centro e escola, os educadores e a equipe trabalham coletivamente para oferecer serviços de alta qualidade. Para realizar isso, eles dependem do seu pedagogista e do apoio do resto da equipe de coordenação para fazer escolhas, tomar decisões e interagir com as famílias e o público.

Todos nós da Equipe de Coordenação Pedagógica frequentemente nos encontramos nas creches e nas pré-escolas, mas nos reunimos semanalmente para discutir políticas e problemas relacionados a toda a rede dos nossos serviços infantis. Envolvemo-nos em uma contínua troca de informações em relação ao que está acontecendo dentro das escolas, com os novos avanços na teoria e na prática e com os acontecimentos políticos. Todos nós buscamos ser flexíveis, sensíveis, abertos e capacitados para antecipar mudanças – do mesmo modo como se espera dos professores e profissionais no sistema.

Nós nos vemos em constante transformação e crescimento profissional por meio de nossas interações com os outros. Lutamos constantemente por clareza e abertura, uns com os outros, e buscamos ser forças integradoras. No nosso trabalho, interagimos com administradores e funcionários públicos de muitos tipos (eleitos, funcionários civis e representantes de grupos culturais e científicos) cujas sugestões precisam ser unificadas. Além do mais, a nossa presença é ativa dentro das creches e das pré-escolas, porque, junto dos outros professores, apoiamos e integramos os diversos aspectos da experiência das crianças pequenas (por exemplo, a experiência de aprendizagem de que o pensamento tradicional divide e separa em compartimentos).

Como todos os membros da equipe pedagógica são ativos em diferentes níveis do sistema, a nossa competência é multifacetada. Trazemos um alto nível de flexibilidade e um ponto de vista sistêmico ao nosso trabalho. Por exemplo, trabalhamos com colegas nos ramos políticos e administrativos do governo municipal, contribuindo para funções executivas e gerenciais. Outra parte importante das nossas responsabilidades está a serviço do planejamento do desenvolvimento profissional constante com professores e equipe.

Atualmente, pedagogistas individuais juntam-se a outros para auxiliar um certo número de creches e pré-escolas, e cada um também exerce outras responsabilidades específicas no sistema. Por exemplo, um dos pedagogistas trabalha como intermediário nas pré-escolas administradas pelo Estado (nacional) na nossa cidade, outro está encarregado de se manter a par de novas tecnologias de comunicação e informação, e assim por diante.

Hoje, contudo, exige-se cada vez mais do desenvolvimento profissional devido ao influxo de novos tipos de crianças e famílias, assim como a onda de novos professores, pedagogistas e outros profissionais, que entraram no sistema infantil de Reggio Emilia. Paola Cagliari, a nova diretora das creches e pré-escolas municipais, e Claudia Giudici, presidente da Istituzione, trabalharam muito em conjunto para criar e liderar uma transformação de um sistema de desenvolvimento profissional que elas chamam de *sistema pedagógico difuso*. O sistema difuso de desenvolvimento profissional não foi criado para transmissão linear de cima para baixo, e sim para desenvolver muitas zonas colegiais de criação e troca de conhecimento, onde as competências são aprofundadas e ampliadas em um fórum que, idealmente, promove a aprendizagem entre gerações mais velhas e mais novas, entre as categorias de trabalhos, em torno de questões pedagógicas. Esse novo sistema amplia tendências dos últimos anos e intensifica ênfases iniciais, além de também revelar a capacidade do sistema infantil de Reggio Emilia de evoluir e se adaptar a novas condições e a novos desafios.

O sistema difuso de desenvolvimento profissional envolve novos arranjos de organização, assim como um foco de conteúdo. Organizacionalmente, em vez de um único pedagogista interagindo com cada creche e pré-escola, algumas situações de desenvolvimento profissional são criadas em que dois (ou mais) pedagogistas interagem com grupos pequenos de professores e mentores que podem vir de mais de uma escola. Dessa forma, novos rostos entram em contato uns com os outros. O primeiro foco que eles trabalham é a sensação de pertencimento de todos; eles têm o direito de expressar seus pontos de vista e são encorajados a oferecer suas próprias experiências, enquanto recebem ideias e aprendem com os outros. Para alcançar esse objetivo, eles precisam se reunir e se encontrar com os outros em diversas ocasiões para estabelecer confiança e desenvolver um relacionamento.

Com relação ao conteúdo, o conteúdo intelectual do desenvolvimento profissional atualmente se foca em "nós conceituais" que podem ser explorados em colaboração ao longo de papéis profissionais. Os "nós" são essas questões mundanas, mas espinhentas do ensino, tipo como e o que observar; como as crianças interagem e aprendem; maneiras de encontrar a zona de desenvolvimento proximal das crianças, dos colegas e dos pais; e como se tornar parte e contribuir com a ação educacional. Esses tópicos representam um ponto de partida, ao menos temporariamente, ou um foco em projetos de longo prazo, tais como foram descritos extensivamente nas muitas publicações e exposições preparadas pelos educadores Reggio (por exemplo, *Cidade na Chuva, Sombriedade, O Longo Salto, A Importância de Olhar para Nós Mesmos, Parque de Diversões para Pássaros, Reggio Tutta, A Cortina do Teatro*, para dar alguns exemplos conhecidos). Ainda assim, o patrimônio desse tipo de *progettazione* e documentação não será perdido; pelo contrário, ele será mantido vivo por meio de permanente estudo e pela contínua revisitação com as crianças de alguns desses temas, apoiando-se na documentação preservada nas escolas e no Centro de Documentação e Pesquisa Educacional.

O objetivo final é que a equipe pedagógica e os educadores formem e informem uns aos outros reciprocamente. Eles irão se desenvolver profissionalmente juntos, apoiando um fluxo mútuo de trocas e aprendizagem. A questão não é *quando* ou *qual o tamanho e a composição* dos grupos com os quais os educadores se reúnem, e sim *como* eles se reúnem, a forma e o entusiasmo e a disponibilidade para os encontros. Se os encontros se derem de maneira genuína e aberta, então as reuniões podem alcançar o intento de valorizar – igualmente e ao máximo – todas as ideias que os participantes puderem trazer para contribuir. É a responsabilidade e a função especial dos pedagogistas valorizar todas as contribuições e depois integrá-las na conversa. Eles precisam se harmonizar e valorizar os pensamentos e as sugestões de todos e devem integrar as sugestões para repassá-las ao grupo. Isso é paralelo e semelhante ao que eles também fazem com as crianças, assim como o que fazem com os pais e as famílias. Se isso não for feito, os educadores perdem a oportunidade de construir a participação. De fato, essa é a própria base da participação.

TRABALHANDO COM SITUAÇÕES COTIDIANAS DA "ESPINHA DORSAL"

Em nosso trabalho nas escolas, interagimos com todos os adultos (professores, equipe e pais) para ajudar a sustentar e interpretar a filosofia geral do projeto educacional.

Estamos profundamente envolvidos na experiência educacional que ocorre dentro de cada creche e pré-escola. Apoiamos as relações lá e promovemos o valor das trocas e das discussões na tentativa de ajudar os adultos na escola a confrontar problemas e questões cotidianas. Muitas dessas questões cotidianas envolvem operações básicas e organização de rotinas, a "espinha dorsal" do sistema concebido como um organismo vivo. Para dar alguns exemplos (FILIPPINI, 1998), os pedagogistas podem considerar os problemas de agenda, tarefas e as responsabilidades da equipe, a carga de trabalho e os turnos. Podemos, por exemplo, considerar questões sobre o ambiente físico, refletindo acerca de pedidos e objetivos dos pais e dos professores e seguir compartilhando essas reflexões com o arquiteto que está redecorando o ambiente ou com os pais e professores que estão montando novos móveis e equipamentos. Podemos ouvir as preocupações que um pai tenha sobre a inserção de seu filho na escola ou sobre a sua interação com as outras crianças. Ao lidar com essas situações, apoiamos as relações interpessoais e ajudamos a criar alianças efetivas e solidariedade por meio da organização cotidiana do trabalho, do tempo e do espaço.

TRABALHANDO COM OS PROFESSORES NA OBSERVAÇÃO E NA DOCUMENTAÇÃO

Nós, pedagogistas, colaboramos de perto com os grupos de trabalho em creches e pré-escolas particulares em relação a todos os tipos de questões e problemas educacionais acerca das crianças, em que o objetivo maior é promover a autonomia dos professores, em vez de assumir esses problemas e resolvê-los para eles. Observação, interpretação e documentação são os processos que convidam ao "reconhecimento" regular entre esses grupos de trabalho, conforme descrevem Elena Giacopini (2007) e Paola Cavazzoni (GAMBETTI, SHELDON-HARSCH; KITCHENS, 2000). Agimos para apoiar e promover o coletivo, ou grupo de trabalho, de todos os adultos (professores, atelieristas, mentores, mediadores culturais, cozinheiros e auxiliares) que promovem a aprendizagem das crianças nas creches e na pré-escola. Olhando e analisando as experiências e os questionamentos das crianças, refletimos com os professores acerca da relação entre teoria e prática e sobre como a tese inicial das crianças se conecta com a investigação que está em

Professores trabalham juntos preparando uma documentação.

andamento. Essas questões devem ser pensadas em relação às áreas e às habilidades relacionadas ao problema que as próprias crianças podem procurar soluções. O objetivo é descobrir juntos as limitações e incongruências, assim como os aspectos que podem ou não emergir no trabalho das crianças ao longo do desenvolvimento da experiência educacional.

Ao refletirmos juntos sobre a documentação, o nosso papel se concentra não apenas no estágio final em que, por exemplo, a documentação torna a experiência visível via pôster, folheto, exposição de *slides* ou outro produto, e sim no processo inteiro, por meio da escuta e contribuição para a construção dos projetos das crianças e para a documentação ndo (CAGLIARI, das hipóteses, conforme vão se desdobra2004). Em vez de agir como especialista, o nosso papel com os professores é o de debatedores ativos, em posição de apoiar as interpretações críticas dos professores, sugerir perguntas possíveis e questões que possam pôr para fora as habilidades narrativas e interpretativas dos professores em relação aos seus projetos atuais. Isso significa, por exemplo, conversar com os professores sobre a relação entre a tese de um projeto e a forma como ele é realizado em experiências e articulado pelas imagens (escolhidas e produzidas pelos professores), escolhendo em parceria com as mídias mais efetivas para refletir e demonstrar a complexidade e o valor da pesquisa realizada pelas crianças e pelos adultos. O nosso papel também inclui trocas e discussões relacionadas ao processo de aprendizagem dos professores para apoiar a riqueza do trabalho diário da escola com maior consciência.

TRABALHANDO COM OS PROFESSORES PARA PROMOVER PARCERIA COM AS FAMÍLIAS

Em Reggio, os educadores acreditam que uma precondição essencial para o ensino efetivo é a criação de relações mais próximas entre pais e professores. Por meio do desenvolvimento profissional em serviço, que se foca nos processos e nas estratégias de comunicação, nós, pedagogistas, tentamos apoiar os professores e os profissionais a competência para ativar trocas com os pais, assim como entre pais, e a disponibilidade para ouvir os pontos de vista dos outros.

Também temos grande preocupação com o ambiente das creches e das pré-escolas, esperando que sejam receptivos e transparentes para as famílias (GIACOPINI, 2007). Manter isso é um esforço contínuo, e a equipe pedagógica é responsável por ajudar os grupos de trabalho nas escolas a encontrarem suas maneiras preferidas de comunicação. Documentação específica para cada criança individual, assim como para o grupo como um todo, deve ser mantida atualizada e não pode se tornar uma pilha de papéis e fotografias que ninguém olha; em vez disso, deve permanecer um meio vital de troca. Algumas escolas mantêm um diário que reconta os eventos que transcorrem no interior da sala ou da escola. Em outras, há um jornal diário em que o foco se dá no que as crianças e os professores consideram particularmente importante ou interessante. As famílias contribuem para esses diários e jornais, às vezes levando-os para casa. Os diários e jornais tornam-se instrumentos úteis para revisar um ano inteiro de vida dentro da escola e são extraordinariamente úteis para os novos membros da equipe, que podem aprender sobre as experiências na escola. Desenvolver tais rotas de comunicação exige tempo e esforço, e a equipe pedagógica apoia os professores nesse trabalho.

Se notarmos, por exemplo, que alguns dos nossos professores acham que a maioria das perguntas dos pais se refere a questões de rotina, como o que as crianças comeram ou como dormiram na escola, nós os ajudamos a considerar como o pai está abrindo a conversa com o professor e como o professor pode responder a essa pergunta e depois elaborar ou discutir outras questões. Isso pode levar ao compartilhamento de ideias interessantes sobre a criança e ao levantamento de novas perguntas. Dessa forma, ajudamos professores e pais a ouvirem e a aprenderem uns com os outros.

TRABALHANDO PARA PROMOVER O MULTICULTURALISMO NAS ESCOLAS

Nos últimos anos, o aumento da diversidade das crianças e das famílias nas escolas representou um foco de preocupação, e alguns membros da nossa equipe pedagógica demonstraram iniciativa ao ajudarem a cultivar a sensibilidade para com outras culturas entre os professores e a aumentar o apreço e o respeito dentro das escolas (MARGINI, 2006; 2010). Descobrimos que reuniões semanais com os profissionais das creches e das pré-escolas são importantes, assim como encorajar os professores a falar abertamente. Podemos perguntar aos professores como as coisas estão indo com famílias específicas e como elas têm participado. Podemos ajudar os professores a descreverem as experiências das crianças e a compartilharem como a relação com a família está se desenvolvendo. Qualquer professor naturalmente se sente profundamente afetado quando surge um mal-entendido ou quando parece que a família não confia nele, e podemos encorajá-los a conversar sobre algum episódio que não tenha sido positivo, ou que lhe tenha sido desconfortável ou em que ele não tenha compreendido nuances interculturais. Às vezes, um professor pode interpretar mal o comportamento de um familiar porque aquela pessoa vem de uma nacionalidade ou cultura diferente. Em contrapartida, pode ser útil, para os educadores, refletir em conjunto nas reuniões para compreender melhor as experiências das pessoas e considerar como prestar mais atenção aos aspectos da comunicação que a equipe possa estar subestimando ou deixando passar.

Também podemos ajudar os professores a trabalharem os seus desapontamentos quando as famílias não estão presentes para uma experiência. Se a família não estiver presente, podemos discutir, por exemplo, como a família foi convidada. O objetivo seria concentrar-se, junto dos professores, nas estratégias que preparam e permitem a participação de todas as famílias. É importante informar às famílias quanto às diversas possibilidades de participação e informá-las sobre esses convites para que elas possam optar por participar como e quando estiverem preparadas. Lembramo-nos de uma ocasião específica durante uma reunião escolar em que uma professora mencionou, com pesar, a falta de participação dos pais imigrantes. Uma mãe da América do Sul estava presente e disse: "Não se preocupe. Se não viermos, significa que precisamos de um tempo, mas é importante que você nunca se esqueça de nós e continue nos convidando!". Essas palavras conseguiram restabelecer a confiança.

Em anos recentes, um novo papel de *mediador cultural* foi criado nos serviços públicos de Reggio Emilia. As seis mediadoras culturais que trabalham no sistema infantil são imigrantes de várias nacionalidades (as mais representadas entre as famílias) que receberam formação como mediadores culturais. Elas interagem de maneira íntima e pessoal com as crianças, as famílias e os educadores e aprimoram a habilidade dos educadores de mediar a inclusão de culturas diversas.

Eis um exemplo que ilustra como o mediador cultural trabalha. Em uma pré-escola, a mediadora cultural, que é albanesa, vem uma vez por semana. Essa mediadora não vem ensinar albanês, e sim esclarecer e apoiar a língua e a cultura e passar a ideia de que há muitas línguas no mundo e de que as pessoas podem conversar entre si mesmo que não sejam fluentes na língua dos outros. Em uma ocasião, ela observou uma criança pedindo para a mãe não contar que eles eram albaneses; obviamente, ela tinha vergonha. A mediadora entrou na sala, que continha sete crianças albanesas, e disse olá e algumas outras palavras em albanês. Ninguém respondeu. A mediadora ficou confusa, pensando se as crianças sabiam a sua língua. Ainda assim, na vez seguinte em que ela foi à escola, os pais albaneses estavam lá para cumprimentá-la. Seus filhos haviam vindo felizes para casa, dizendo: "Tem alguém na nossa escola que fala albanês!". A partir daquele incidente, surgiram muitas outras experiências favoráveis na pré-escola envolvendo o intercâmbio de línguas entre crianças.

Como resultado de suas experiências interculturais, nós, membros da equipe pedagógica, as mediadoras culturais e os professores e a equipe em Reggio Emilia conseguimos compreender melhor os pontos de vista dos pais imigrantes. Os professores, por exemplo, perceberam como eles compreendem melhor as coisas quando as famílias passam a participar, em sua individualidade, para oferecer seus recur-

Duas professoras e uma pedagogista compartilhando o trabalho e a experiência das crianças com os pais.

sos pessoais e culturais e falar sobre suas vidas: sua trajetória específica como imigrantes; as questões pessoais que eles têm; preocupações quanto a criar uma família aqui; problemas que possam ter em relação às famílias do seu país nativo; ou dificuldades que as leis e o sistema legal italiano continuam a impor à sua vida cotidiana como imigrantes. Juntos, exercemos um papel facilitador na criação de uma experiência educacional verdadeiramente compartilhada, em que as escolhas e as decisões podem ser tomadas com o maior consenso e respeito pela pluralidade dos pontos de vista.

TRABALHANDO JUNTOS PARA PROMOVER O DESENVOLVIMENTO PROFISSIONAL

O desenvolvimento profissional sempre foi uma parte fundamental para o pedagogista. Nós da equipe pedagógica garantimos que oportunidades para o desenvolvimento profissional em serviço sejam incluídas na agenda de trabalho de modo a respeitar as necessidades e preferências individuais quanto a tempo e modalidade (FILIPPINI, 1998). Por exemplo, dada a complexidade dos seus papéis, sabemos que os professores se beneficiam de diversas reuniões relacionadas à teoria educacional, às técnicas de ensino e às relações sociais e de comunicação. Os professores apreciam o apoio contínuo para aprimorar suas capacidades de observação e escuta das crianças, documentação de projetos e realização das próprias pesquisas. Durante o ano letivo, fazemos algumas reuniões separadas para professores de creches e de pré-escolas – por exemplo, reuniões sobre desenvolvimento infantil e orientação em diversas idades distintas –, mas também reuniões conjuntas. Também temos oficinas voltadas para

> **TORNANDO-SE UM PEDAGOGISTA**
>
> *Angelica Luizzi é um dos mais jovens e novos membros da Equipe de Coordenação Pedagógica. Sua história ilustra os caminhos diversos pelos quais os indivíduos chegam a ser pedagogistas, além da dedicação e paixão de todos aqueles que trabalham em Reggio Emilia.*
>
> A minha rota educacional não foi muito linear.
>
> A minha mãe era professora no Bellelli e, quando era pequena, eu passava muitos dos meus dias contente com ela ali, primeiro frequentando como criança pequena e, depois, mais velha, como visitante durante as férias escolares. Contudo, no ensino médio, descobri que era muito boa em matemática e fiz planos e orientei os meus estudos para entrar para a engenharia. Com o passar do tempo, sentia cada vez mais que a engenharia não era exatamente o que eu queria. Eu me senti compelida a me voltar para algo que seria mais significativo.
>
> A minha família estava preocupada se, com essa mudança de perspectiva, teria um bom futuro. Foi uma decisão difícil para mim, mas eu me decidi e acabei me graduando em Pedagogia. Depois, consegui uma posição como pedagogista na cidade de Bologna. Lá, aprendi muitas coisas, incluindo o papel das mulheres na Resistência italiana contra o fascismo e o seu importante papel na fundação das pré-escolas de Reggio Emilia. Eu estava trabalhando como educadora de crianças de muitas idades, além de adultos e mães jovens, e realizei alguns trabalhos com uma editora de livros infantis.
>
> Quando ouvi falar sobre as vagas para novos pedagogistas em Reggio Emilia, entrei no *concorso* (um exame competitivo). Enquanto me preparava para a prova, estudei as publicações da Reggio Children. De repente, consegui relacionar tudo o que estava lendo e alinhar com as minhas memórias de antigamente. Tudo isso foi muito surpreendente para mim. Devido às minhas experiências prévias, descobri que tinha uma mente aberta às novas ideias que estava aprendendo. Muitas pessoas fizeram a prova junto comigo, mas passei com pontuação muito positiva.
>
> Sergio Spaggiari, naquela época diretor da Istituzione Pré-escolas e Creches do Município de Reggio Emilia, me chamou para dizer como ficara feliz com os resultados da minha prova. Ele disse que eu estava entre os poucos a se tornarem pedagogista depois de terem frequentado uma creche quando criança. O município poderia contratar seis novos pedagogistas e eu estava entre eles. Os outros cinco eram professores experientes, que já estavam trabalhando como pedagogistas. Para mim, era uma posição nova.
>
> Estou muito feliz com o meu trabalho agora sinto que encontrei tudo o que estava procurando e continuo a aprender na minha profissão como pedagogista dentro das creches e pré-escolas do município de Reggio Emilia.

a aquisição de proficiências técnicas – por exemplo, o *design* e a preparação de documentação para visibilizar um projeto e explicar a organização e o funcionamento escolar aos pais e aos visitantes. Outro exemplo é convidar um especialista de fora para dar uma palestra sobre algum assunto de interesse. Além disso, o sistema também possibilita que professores, outros profissionais, pais e cidadãos participem de discussões abertas ou fóruns, normalmente realizados na primavera, sobre debates científicos e culturais contemporâneos.

CONCLUSÃO

Os pedagogistas são profissionais que atendem o sistema infantil em Reggio Emilia ao *não* separarem a teoria da prática – ou seja, ao *compreensivamente* apoiarem o trabalho curricular e educacional nas escolas que lhes foram confiadas (VECCHI, 2010, p. 54-55). O nosso trabalho é complexo, porque realizamos diariamente a interface com todos os níveis de participação do sistema e devemos pensar sobre as implicações das questões, desde os aspectos mais abstratos aos mais concretos. Ao conversar com professores e pais, por exemplo, precisamos manter a visão inspiradora do prefeito, assim como as limitações financeiras, explicadas pela tesouraria, em nossas mentes. É um trabalho difícil equilibrar os pedidos, as demandas, os sonhos e as esperanças respectivas de todos os diferentes segmentos da comunidade e integrar teoria e prática de maneira autêntica e responsiva a uma sociedade em mudança. Ainda assim, o bem-estar das crianças e das famílias exige que não fiquemos nem muito presos às preocupações cotidianas nem muito perdidos em discussões teóricas. Precisamos equilibrar uma empatia nova e individualizada pelas pessoas com uma franca e crítica apreciação pela filosofia da colaboração na qual acreditamos.

NOTA

1 Este capítulo foi compilado pelos editores com base em uma entrevista de Paola Cagliari e Simona Bonilauri em outubro de 2010, conduzida e traduzida por Lella Gandini; uma entrevista com Tiziana Filippini em outubro de 2009, conduzida por Lella Gandini, Carolyn Edwards e George Forman; uma conversa com Angelica Liuzzi, na creche Arcobaleno, em maio de 2010, por Carolyn Edwards e Penny Fahlman; uma visita à pré-escola Anna Frank, de Carolyn Edwards, como parte de uma visita de estudos em maio de 2010; e em conteúdos adaptados de todos os capítulos e artigos listados nas referências.

REFERÊNCIAS

CAGLIARI, P. The role of observation, interpretation and documentation in understanding children's learning processes. *Innovations in Early Education: The International Reggio Exchange*, v. 11, n. 4, p. 1-5, 2004.

FILIPPINI, T. The role of the pedagogista: an interview with Lella Gandini. In: EDWARDS, C. P.; GANDINI, L.; FORMAN, G. E. (Ed.). *The hundred languages of children*: the Reggio Emilia approach, advanced reflections. 2nd ed. Westport: Ablex, 1998.

GAMBETTI, A.; SHELDON-HARSCH, L.; KITCHENS, H. The nature of professional development in the Reggio Emilia municipal infant-toddler centers and preschools: an interview with Paola Cavazzoni. *Innovations in Early Education: The International Reggio Exchange*, part 1, v. 7, n. 3, p. 1-3, 2000.

GIACOPINI, E. Observation, documentation, and interpretation as strategies for knowledge. *Innovations in Early Education: The International Reggio Exchange*, v. 14, n. 3, p. 1-8, 2007.

MARGINI, D. A difference in ethics or an ethics of difference? Interview with Lella Gandini. *Innovations in Early Education: The International Reggio Exchange*, v. 13, n. 2, p. 1-11, 2006.

MARGINI, D. Social justice and multicultural aspects in the Reggio Emilia experience. *Innovations in Early Education: The International Reggio Exchange*, v. 17, n. 3, p. 1-7, 2010.

VECCHI, V. *Art and creativity in Reggio Emilia*: exploring the role and potential of ateliers in early childhood education. London: Routledge, 2010.

Leituras recomendadas

FILIPPINI, T.; CASTAGNETTI, M. The Documentation and Educational Research Center of the Istituzione Scuole e Nidi d'Infanzia, Municipality of Reggio Emilia. *Innovations in Early Education: The International Reggio Exchange*, v. 13, n. 3, p. 1-11, 2006.

GAMBETTI, A.; SHELDON-HARSCH, L.; KITCHENS, H. The nature of professional development in the Reggio Emilia municipal infant-toddler centers and preschools: an interview with Paola Cavazzoni. *Innovations in Early Education: The International Reggio Exchange*, part 2, v. 7, n. 4, p. 1-6, 2000.

SCUOLE E NIDI D'INFANZIA ISTITUZIONE DEL COMUNE DI REGGIO EMILIA. *Bilancio sociale 2008*. Reggio Emilia: Scuole e Nidi d'Infanzia Istituzione del Comune di Reggio Emilia, 2009.

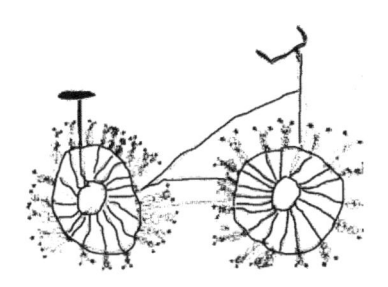

9
Professor e aprendiz: parceiro e guia. O papel do professor

Carolyn Edwards

> *A nossa imagem das crianças não as considera mais isoladas e egocêntricas, não as vê apenas envolvidas com objetos, não enfatiza apenas os aspectos cognitivos, não reduz os sentimentos nem o que é ilógico e não considera com ambivalência o papel do domínio afetivo. Em vez disso, a nossa imagem da criança é rica de potencial, forte, poderosa, competente e, acima de tudo, conectada aos adultos e às outras crianças.* (MALAGUZZI, 1993, p. 10).

> *Precisamos de um professor que às vezes seja o diretor, às vezes o criador do cenário; que às vezes seja a cortina e o fundo, e às vezes aquele que sopra as falas. Um professor que seja igualmente doce e rígido, que seja o eletricista, que distribui as tintas e que pode até ser o público – o público que observa, que às vezes bate palmas, às vezes fica em silêncio, cheio de emoção, que às vezes julga com ceticismo, e outras aplaude com entusiasmo.* (MALAGUZZI apud RINALDI, 2006, p. 89).

"Não é fácil transmitir um resumo completo das tarefas do professor", disse, certa vez, Malaguzzi (1995, p. 18). Na verdade, o papel do professor em Reggio Emilia é complexo, multifacetado e necessariamente fluido, responsivo às mudanças do tempo e às necessidades das crianças, das famílias, da sociedade.

Ainda assim, ensinar e aprender estão no cerne de Reggio Emilia e, portanto, são um bom ponto de partida. Em Reggio Emilia, o papel do professor no apoio da aprendizagem é um tema de interesse central e duradouro. Ao longo dos últimos 50 anos, professores e administradores discutiram e consideraram as responsabilidades, os objetivos, as dificuldades e as oportunidades diante dos professores em sua carreira pública. Eles desenvolveram juntos um discurso compartilhado, uma forma coerente de pensar e conversar sobre o papel do professor dentro e fora da sala baseada – como todos os aspectos de sua organização, do *design* do ambiente, da pedagogia e do currículo – em uma filosofia explícita sobre a natureza das crianças como aprendizes – jovens seres humanos que estão aprendendo e se desenvolvendo em reciprocidade com os pares, adultos próximos e sua comunidade – assim como em seus valores educacionais, focados na busca da verdade e da beleza na vida cotidiana (veja a Parte IV). Essa linguagem da educação serve para organizar e unir todos os participantes do sistema Reggio em uma só comunidade. Este capítulo descreve perspectivas sobre o papel do professor, baseando-se em observações registradas que ilustram o comportamento do professor e das crianças, em exemplos de fontes publicadas e na exposição *The Wonder of Learning: The Hundred Languages of Children* (REGGIO CHILDREN, 2011). As palavras dos professores e das crianças transmitem os significados e as maneiras distintas de reunir ideias e se comunicar com outros que são encontrados em Reggio Emilia.

DEFINIÇÕES DO PAPEL DOS PROFESSORES EM REGGIO EMILIA

Qual é o papel do professor na educação infantil? Para responder a essa pergunta, um bom momento para começar é analisar e listar as várias dimensões importantes conforme são expostas nos livros didático-infantis da América do Norte. Os papéis tipicamente incluem os seguintes:
- Planejamento do currículo para promover o desenvolvimento das crianças em todos os domínios.
- Planejamento do programa geral e preparação do ambiente.
- Interação com crianças para promover a aprendizagem por meio de brincadeiras e de instrução adequada.
- Promoção de cuidado e orientação para as crianças.
- Observação das crianças e avaliação do seu progresso.
- Educação dos pais e promoção da participação familiar.
- Defesa da comunicação dos valores da educação infantil para públicos externos.

Esses mesmos aspectos são vistos no trabalho de professores em Reggio Emilia, apesar de adquirirem novas nuances de significado, vistas em suas diferentes formas de falar sobre o ensino. Para citar Fraser e Gestwicki (2000, p. 51--53), podemos ver isso nos seguintes:
- O papel do professor como planejador do currículo muda para o papel do professor como *coconstrutor de conhecimento*.
- O papel do professor como planejador do programa enfatiza o papel do *criador do ambiente como terceiro professor*.
- O papel do professor como facilitador de brincadeiras muda para o papel do professor como *intercambista de entendimentos*.
- O papel de orientação muda para o papel do professor como *apoiador da criança competente*.
- O papel do professor como observador é aumentado para *documentarista* e *pesquisador*.
- O papel do professor como educador dos pais muda para o papel do professor como *parceiro dos pais*.
- O papel de comunicador com públicos externos muda para o papel do professor como *ouvinte, provocador* e *negociador de significado*.

Parece claro que professores profissionais, independentemente do seu ambiente ou da sua sociedade, concordam quanto à sua gama básica de responsabilidades. Ainda assim, não pensam nessas responsabilidades da mesma forma: como eles as priorizam, transformam-nas em tarefas concretas e falam sobre as razões

Uma dupla de professoras se reunindo com a atelierista na pré-escola Diana.

para o que eles fazem. Quando precisam definir o papel do professor, por exemplo, os educadores de Reggio não começam da mesma forma que os norte-americanos, com uma lista de dimensões. Em vez disso, eles começam holisticamente e com frequência falam sobre uma imagem idealizada – ou sobre uma dupla de imagens idealizadas: professor e criança. O papel do adulto como professor complementa o papel da criança como aprendiz, como disse Malaguzzi (1994, p. 52): "A sua imagem da criança: onde o ensino começa". Ao criar um significado compartilhado da natureza, dos direitos e das capacidades da criança em idade escolar, membros de uma comunidade também podem vir a concordar com que tipo de professor é necessário para educar e auxiliar essa criança.

Imagens da criança e do professor

Como definir essa criança aprendiz? Os educadores em Reggio Emilia frequentemente dizem que as crianças pequenas são *protagonistas* poderosas, ativas e competentes do próprio crescimento. As crianças são protagonistas na sociedade, tendo o direito de serem ouvidas e de participarem, de fazerem parte do grupo e realizarem ações junto dos outros com base em suas próprias experiências e em seu próprio nível de consciência. As crianças nunca devem ser ensinadas de maneira abstrata, generalizada e desconectada da realidade concreta. Cada criança está intimamente ligada a condições no tempo e no espaço. Todas as crianças buscam realizar sua identidade e se fazerem ouvidas dentro daquele contexto específico. O seu contexto específico é a fonte da sua individualidade; é nele que elas se expressam por meio do diálogo e da interação com o grupo, chamando adultos próximos para servir de parceiros, recursos e guias.

Essa visão intrinsecamente social das crianças – como protagonistas com identidades pessoais, históricas e culturais únicas – envolve expectativas e possibilidades paralelas para os adultos. Os professores são igualmente protagonistas – participantes com crianças e pais em momentos singulares do tempo e da história.

> A definição da identidade profissional do professor, portanto, não é vista em termos abstratos, mas em contextos, em relação aos seus colegas, aos pais e, acima de tudo, às crianças; mas também em relação à sua própria identidade e origem e experiência pessoal e educacional. (RINALDI, 2006, p. 41).

Assim, quaisquer definições sobre o papel do professor jamais podem ser aceitas de uma vez por todas, devendo sofrer revisões constantemente – conforme as circunstâncias, os pais e as crianças mudam; a dinâmica de suas preocupações e as trocas de turno; e quanto mais se entende sobre os processos fundamentais do ensino e da aprendizagem. Perguntas sobre o que os professores podem e devem fazer jamais serão definitivas, voltando sempre ao problema inicial: de que tipo de professores *nossas* crianças necessitam – aqueles indivíduos reais nas escolas de hoje?

Escutando as crianças

Carlina Rinaldi coloca o ato de escutar no cerne da educação (veja o Cap. 13). Assim, o professor não pode apenas pensar nas crianças como fortes e competentes, mas deve agir de tal modo que as convença de que eles compartilham dessa imagem. "Escutar" significa estar plenamente atento às crianças e, ao mesmo tempo, assumir a responsabilidade por registrar e documentar o que é observado e usar isso como base para a tomada de decisões compartilhada com crianças e pais. "Escutar" significa buscar seguir e entrar na aprendizagem enquanto ela ocorre. Tiziana Filippini, pedagogista, descreveu isso em uma de suas primeiras palestras nos Estados Unidos:

> Às vezes, o adulto trabalha dentro de um grupo de crianças, e às vezes ao redor delas, então ele exerce muitos papéis. O papel do adulto é, acima de tudo, escutar, observar e compreender a estratégia que as crianças usam em uma situação de aprendizagem. O professor tem, para nós, o papel de *distribuidor de ocasiões*; e é muito importante para nós que a criança sinta que ele é não um juiz, mas um recurso ao qual ela pode se dirigir quando precisar de um gesto, uma palavra. De acordo com Vygotsky, se a criança foi do ponto **a** ao ponto **b** e está se aproximando muito de **c**, às vezes, para alcançar **c**, ela precisa do auxílio de um adulto naquele momento tão especial. Sentimos que o professor precisa estar envolvido com o procedimento de exploração da criança, se quiser entender como ser o organizador e provocador de ocasiões, por um lado, e coautor de descobertas, por outro. E as nossas expectativas para a criança devem ser muito flexíveis e variadas. Temos de saber ficar impressionados e aproveitar como as crianças. Devemos saber pegar a bola que a criança nos joga e lançá-la de volta de maneira que a criança queira continuar brincando conosco, desenvolvendo, talvez, outros jogos conforme vamos indo. (FILIPPINI, 1990).

Assim, o professor precisa entrar em algum tipo de diálogo intelectual com o grupo de crianças e participar da sua empolgação e curiosidade. Apesar de a aprendizagem ser uma questão séria, o professor deve abordá-la em um espírito de ludicidade e respeito. A metáfora de "pegar a bola que a criança nos joga e lançá-la de volta para continuar brincando" é uma das favoritas em Reggio Emilia. Pensar na interação entre professor-criança como um jogo de peteca foi uma sugestão original feita por Max Wertheimer, psicólogo da Gestalt, para Malaguzzi.[1] Este falava sobre como, "Para o jogo continuar, as habilidades do adulto e da criança precisam dos ajustes adequados que permitem o crescimento da criança por meio da aprendizagem de habilidades" (Cap. 2).

Um exemplo desse ensino responsivo é documentado em um pequeno livreto da pré-escola Diana, chamado *O Sol é Amigo da Terra* em 1998. Junto de desenhos e citações das crianças de 3 anos, o livreto inclui perguntas dos professores. De um dia ao outro, os professores levantavam novos questionamentos para as crianças, e essas questões parecem responder ao pensamento antropomórfico dos primeiros anos, assim como seus interesses sobre outros seres. Por exemplo, as crianças exploravam ideias sobre onde está o sol, o que ele faz e como ele fica lá no céu. Elas indagavam se o sol tem amigos e quem seriam eles. Elas comparavam o sol e a lua, refletiam sobre onde o sol vai à noite e quando chove e se as crianças poderiam tocá-lo ou viver nele. Ao conversar sobre o que acontece com o sol quando escurece, as crianças diziam:

"Ele vai nanar."

"Ele desaparece."

"Ele vai para casa, mas ela é amarela e fica bem longe."

"À noite ele vai para a terra, dentro da terra, dentro do mar, e as estrelas aparecem e de dia as estrelas vão para o mar."

"De noite, tem a lua."

Uma professora se aproxima (mas não se envolve) de um grupo de crianças para documentar sem orientar o trabalho das crianças diretamente.

Mas outra versão do ensino responsivo envolve proporcionar uma próxima ocasião para que as crianças sigam suas conjecturas ou incentivar as crianças a pensarem sobre como algo funciona para ajudá-las a esclarecer suas teorias. Todas essas intervenções dos adultos se baseiam em entrar no ritmo do jogo e modelar uma atitude de atenção e de cuidado. O professor busca aumentar o vigor intelectual e a capacidade de atenção das crianças, aprimorar sua gama de estratégias investigativas, desenvolver sua concentração e esforço e ainda permitir que elas vivenciem plenamente o prazer e a alegria do jogo.

APRENDIZAGEM ESPIRAL E CONTROLE COMPARTILHADO

Assim, o papel do professor se foca na provocação de ocasiões de descoberta por meio de um tipo de escuta atenta e inspirada e na estimulação do diálogo, da (co)ação e da (co)construção de conhecimento das crianças. Como na América do Norte, o ensino é compreendido como uma tarefa complexa, delicada e multifacetada, que envolve muitos níveis e exige grande especialização e autoavaliação contínua.

Rinaldi (2006) ofereceu importantes ideias sobre o papel do educador. Em muitas discussões, ela destacou como o trabalho de um professor deve se basear em crenças e defesas políticas. Essa perspectiva está enraizada na filosofia política de Rinaldi, progressista de esquerda e com um idealismo comum entre as pessoas em sua cidade e região na Itália. Rinaldi tem orgulho da herança antiga de sua região – com raízes que remontam a uma cultura agrária e a uma tradição de cooperação entre grandes fazendas – de se basear em empenho comunitário, em vez de individual (por exemplo, ver Hellman, 1987; Putnam, 1993). Ela acredita que os cidadãos têm uma obrigação moral de investir recursos públicos no bem-estar das crianças e de criar conhecimento contínuo e permanente com as crianças para que a sua cidade e a sociedade em geral progridam e aprimorem o bem-estar humano. Ela também acredita que o papel do professor deve ser imaginado em termos holísticos e circulares, e não segmentados e lineares. Tal circularidade – ou melhor, *espiralidade* – é vista na revisitação, um componente frequente do processo de aprendizagem. Não se espera que as ações do professor aconteçam em determinada ordem ou de uma só vez, mas que se repitam em ciclos de revisitação e representação.

A partir desse ponto de vista, o professor analisa e avalia o que está acontecendo com as crianças dentro de um ciclo de dias que se passam em um ciclo maior (semanas, meses ou até anos). Essa maneira de pensar e proceder em espiral, em vez de linearmente, é característica dos educadores de Reggio – quer estejam descrevendo o trajeto da aprendizagem e do desenvolvimento; narrando a história de um projeto curricular específico; passando por pontos teóricos que esclarecem um aspecto da prática; ou, como aqui, pensando sobre papéis pedagógicos.

Os educadores de Reggio acreditam em um controle compartilhado entre professores e crianças. Por exemplo, o professor orienta a aprendizagem de uma turma pegando ideias individuais das crianças e usando-as para formar uma ação em grupo. Às vezes, isso envolve liderar reuniões de turma e buscar ativar uma fagulha escrevendo o que as crianças dizem e lendo os comentários, procurando ideias que motivem ainda mais questionamentos e atividades em grupo. Em outros momentos, envolve o professor sentar e ouvir, percebendo comentários provocativos ou criativos, para então repeti-los e esclarecê-los para ajudar as crianças a manterem sua conversa ou atividade. Malaguzzi frequentemente destacava a importância de sintonizar exatamente o que as crianças dizem (verbalmente ou não) para que o professor possa pegar uma ideia e devolvê-la à turma, tornando assim sua discussão e ação mais significativa. Isso é essencial quando as crianças parecem incapazes de prosseguir. O seu trabalho pode ter perdido todo impulso ou o seu interesse pode ter começado a se dissipar. O professor pode ajudar as crianças e descobrir suas próprias ideias e perguntas, talvez expressas por uma criança de maneira ensaística ou parcial – não totalmente clara para ela ou para a turma como um todo. O professor, percebendo e apreciando o potencial da ideia de voltar a estimular a turma toda, passa a reafirmá-la de maneira mais clara e em linguagem mais enfática e assim torna o *insight* mais acessível às crianças, um tipo de faísca para acender mais a conversa e a ação:

> Dessa forma, o jogo da participação e o jogo da comunicação realmente ocorrem. É claro, a comunicação pode ocorrer sem a sua assistência, mas seria importante não perder tal situação. (VECCHI, 2010).

Ainda em outras ocasiões, especialmente no fim do período da manhã, a intervenção do professor é necessária para ajudar as crianças a procurarem por uma ideia – especialmente uma que surja de uma discussão ou disputa intelectual entre elas – e moldá-la em uma hipótese que deve ser testada, em uma comparação empírica que deve ser feita ou em uma representação que deve ser tentada como base para a atividade de outro dia. Examinar a pergunta, a hipótese ou o argumento de uma criança, portanto, torna-se parte de um processo recorrente de levantar e responder perguntas de todos.

Com a ajuda do professor, a pergunta ou observação de uma criança leva os outros a explorarem territórios novos, talvez nunca imaginados. Essa é a genuína (co)ação entre crianças.

Conforme seus projetos avançam, os professores refletem, exploram, estudam, pesquisam e planejam em conjunto maneiras de elaborar e estender o tema usando materiais, atividades, visitas, ferramentas e outros recursos. Essas ideias, então, são levadas de volta à sala e investigadas. Os professores trabalham em pares de (co)ensino em cada turma. A organização do (co)ensino é considerada difícil, porque os dois adultos devem se (co)adaptar e se acomodar constantemente; apesar disso, trata-se de algo muito poderoso, porque requer que cada adulto habitue-se a cooperar com os pares, valorize a natureza social do crescimento intelectual e torne-se mais apto a ajudar as crianças (e os pais) conforme aprendem e tomam decisões juntos.

Os professores se comunicam com os pais sobre o tema atual e os encorajam a se envolverem nas atividades dos filhos indo atrás dos materiais necessários, trabalhando com os professores no ambiente físico, oferecendo livros suplementares, e assim por diante. Dessa forma, os pais são provocados a revisar sua imagem dos filhos e a compreender a infância de maneira mais rica e complexa.

A equipe de ensino trabalha de perto com outros adultos (às vezes o atelierista, às vezes o pedagogista) para planejar e documentar o que ocorreu. Isso acontece de maneiras distintas em escolas diversas, mas, em geral, a documentação envolve notas manuscritas, assim como cópias dos registros em áudio das transcrições dos diálogos das crianças e das discussões da turma; fotografias e filmagens de momentos-chave e atividades; e uma coleção de produtos e construções criados pelas crianças.

Ao longo dos projetos (assim como em outros trabalhos), os professores agem como a "memória" da turma, discutindo com as crianças os resultados da documentação. Assim, eles permitem que as crianças revisitem sistematicamente sentimentos, percepções, observações e reflexões – delas mesmas e dos outros – e depois os reconstruam e reinterpretem de maneiras mais profundas. Revivendo momentos anteriores por meio de fotos e registros audiovisuais, as crianças são profundamente reforçadas e validadas pelos seus esforços, além de receberem um estímulo para a memória crucial em sua idade.

Às vezes, o professor trabalha do lado de dentro do grupo das crianças e, às vezes, do lado de fora ou ao redor. Qualquer que seja o ponto de vista, o professor observa e documenta seletivamente as palavras, as ações, os interesses, as experiências e as atividades das crianças. O professor também observa e documenta suas próprias palavras e ações. Tais observações são necessárias para interpretar o que está acontecendo com as crianças e para fazer previsões e projeções sobre como seguir adiante. Com base nisso, o professor intervém, compartilha as experiências e as atividades das crianças e facilita ou provoca as próximas ocasiões de aprendizagem – sempre em negociação com as crianças e com base no acordo com elas.

> O que envolve é encontrar uma ideia especial, todos juntos, em cuja rota o trabalho será direcionado, e o projeto pode durar um bom tempo – até semanas ou meses – se a ideia pegar e o trabalho funcionar bem. (MALAGUZZI, 1995, p. 10).

Os professores costumam prestar muita atenção na atividade das crianças. Eles acreditam que, quando as crianças trabalham em um problema de seu interesse, elas irão naturalmente encontrar questões que irão querer investigar. O papel do professor é ajudar as crianças a descobrirem seus próprios problemas e questionamentos.

Além do mais, nesse ponto, ele não irá oferecer soluções prontas, e sim ajudá-las a se concentrar em um problema ou dificuldade e formular hipóteses. O seu objetivo não é tanto "facilitar" a aprendizagem, no sentido de "tornar tranquilo ou fácil", e sim de "problematizá-la", tornando os problemas mais complexos, envolventes e empolgantes. Eles perguntam o que as crianças precisam para conduzir experimentos – mesmo quando eles sabem que uma abordagem ou hipótese específica não está "correta". Eles ajudam as crianças como parceiros, mantendo-as e oferecendo auxílio, recursos e estratégias para "relançá-las" quando estiverem empacadas. Com frequência, os professores encorajam as pessoas com algo ou lhes pedem para completar ou acrescentar algo que estão fazendo. Eles preferem não deixar as crianças trabalhando sozinhas, mas, em vez disso, tentam ajudá-las a cooperar com os objetivos delas.

Enquanto trabalha com um grupo de crianças, cada professor faz anotações, incluindo descrições do que ele mesmo fala e faz. As anotações devem ser feitas de modo que possam ser compreendidas pelos outros e que possam ser comunicadas, pois serão sempre usadas para realizar discussões. As discussões ocorrem em diferentes níveis, envolvendo grupos de diferentes tamanhos, variando de discussões com alguns poucos (coprofessor, atelierista, pedagogista) a reuniões com a equipe inteira da escola, a oficinas desenvolvidas para tipos específicos de professores, a grandes assembleias de educadores de todo o município. Tais discussões são essenciais não só para o planejamento do currículo, mas também para o desenvolvimento profissional dos professores. Atividades analíticas e críticas são vitais para o desenvolvimento do professor individual e, em último nível,

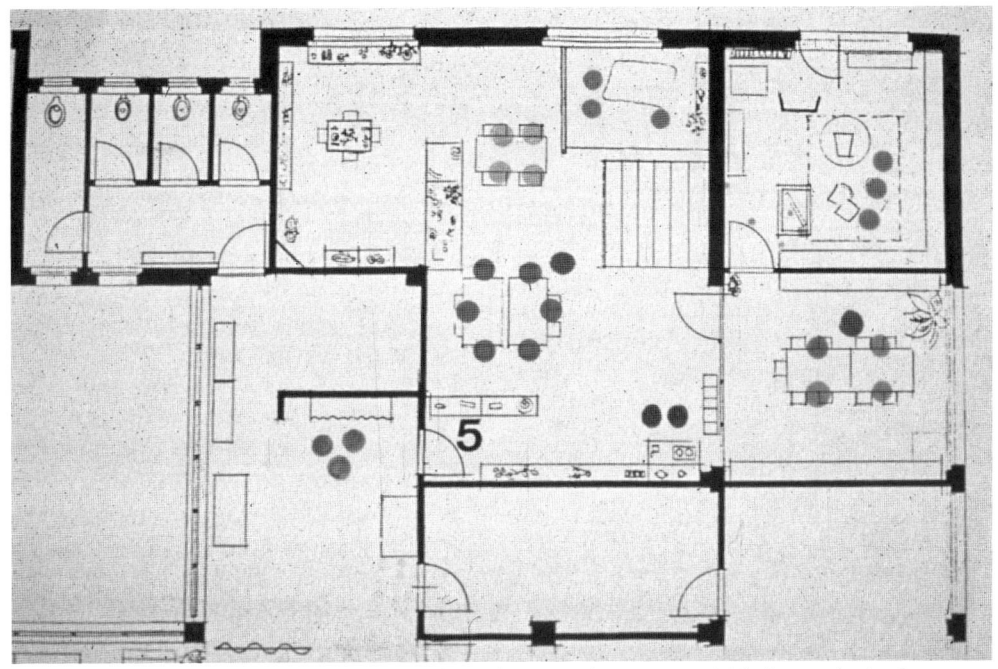

Mapa da sala das crianças de 5 anos na pré-escola Diana durante as atividades matinais. Os pontos indicam onde as crianças e os professores podem ficar posicionados um dia. Um professor trabalha de perto com um grupo de quatro crianças, enquanto o outro flutua entre todos os outros (mas está com um grupo de seis no momento).

para o sistema de Reggio Emilia como um todo. A documentação sistemática permite que o professor se torne um produtor de pesquisa – ou seja, alguém que gera novas ideias sobre o currículo e a aprendizagem, em vez de meramente um consumidor de certezas e tradições.

AS DIFICULDADES ESPECIAIS DO PAPEL DO PROFESSOR

Os educadores de Reggio Emilia não consideram o papel do professor como algo fácil, orientado por respostas simples em preto e branco. Eles possuem, isso sim, a confiança e o senso de segurança de que sua abordagem de ensino, desenvolvida coletivamente ao longo dos últimos 50 anos em Reggio Emilia, é a forma como eles *devem* trabalhar. Como a professora Rubizzi (1989) fala: "É uma forma de trabalhar que não só é válida como também é certa". Sua colega da pré-escola Diana, Strozzi (1990), disse: "Fazemos parte de um projeto que se baseia na coação das crianças e na certeza de que essa é uma boa forma de aprender.

Encontrando problemas desafiadores e satisfatórios

O trabalho diário, contudo, envolve desafios e decisões constantes devido ao uso do currículo emergente ou *progetazzione*. Uma difícil tarefa para os professores é ajudar as crianças a encontrarem problemas grandes o bastante e difíceis o suficiente para engajar seus maiores esforços e ideias ao longo do tempo. Muitas coisas acontecem todos os dias, mas apenas algumas podem ser aproveitadas. Os professores buscam descobrir o que pode ser importante e esperado nos momentos que passam e, então, ajudar as crianças a torná-los ainda mais inspirados.

Identificando "nós"

Não só os projetos maiores contêm segmentos substanciais, mas até as sessões de trabalho cotidianas devem idealmente conter pontos de impasse ou "nós". Assim como um nó em um pedaço de madeira impede que uma serra o corte e assim como um nó em uma linha impede a ação de uma agulha, qualquer problema que interrompa as crianças e impeça a ação delas é um tipo de nó cognitivo. Ele pode ser causado por um conflito de vontades ou por falta de informação ou habilidade de prosseguir. Todavia, tais nós devem ser vistos como algo mais do que simplesmente momentos negativos de confusão e frustração. Pelo contrário, trata-se de momentos de desequilíbrio cognitivo, contendo possibilidades positivas de reagrupamento, testagem de hipóteses e comparação intelectual de ideias. Eles podem produzir interações construtivas para a socialização e para a criação de novos conhecimentos. A função do professor é observar esses nós e ajudar a trazê-los para o centro das atenções – lançando pontos para as próximas atividades.

Decidindo quando intervir

Os professores em Reggio têm dificuldades para saber como e quando intervir, porque isso depende de uma análise momento a momento do pensamento das crianças. Como as professoras Bondavalli e Mori (1990) disseram:

> Com relação às dificuldades (de ensino), nós as enxergamos continuamente. A forma como sugerimos coisas que as crianças podem fazer sempre deixa possibilidades abertas. Essa é uma forma de estar com elas reajustando continuamente. Não existe nada definitivo ou absoluto. O tempo todo nós tentamos interpretar, por meio de seus gestos, palavras e ações, como estão vivenciando uma experiência e então prosseguimos a partir daí. É muito difícil!

Também nos Estados Unidos, os professores se preocupam em como e quando intervir, como auxiliá-las com problemas sem oferecer a solução. As crianças estão "[...] perigosamente no limite entre a presença que querem e a repressão que não querem" (MALAGUZZI, 1996, p. 28-29). Portanto, o professor não deve intervir demais, mas também não pode permitir que momentos valiosos de ensino passem batidos.

> Mas você está sempre com medo de que vai perder este momento. Trata-se, realmente, de um ato de equilíbrio. Acredito na intervenção, mas, pessoalmente, sempre espero porque percebi que as crianças frequentemente resolvem o problema por conta própria e nem sempre da forma que eu teria mandado que fizessem! As crianças frequentemente encontram soluções que eu jamais teria visto. Mas, às vezes, esperar significa perder o momento. Então, é uma decisão que você precisa tomar muito rápido (Vea Vecchi, discussão em grupo, quinta-feira, 18 de outubro de 1990, pré-escola Diana).

O que eles estão descrevendo aqui é um comprometimento genuíno ao currículo emergente, não uma manipulação sutil do tema do projeto que irá acabar em determinado local. Os professores realmente não sabem onde o grupo vai parar. Apesar de essa abertura adicionar uma dimensão de dificuldade ao seu trabalho, também o torna mais empolgante:

> Trabalho em um estado de incerteza, porque não sei aonde as professoras vão che-

gar, mas é uma experiência fabulosa! (Entrevista, 11 de novembro de 1989).

É como se estivéssemos iniciando uma jornada juntos. Pode ser curta ou pode ser longa. Mas existe uma ansiedade em fazermos isso juntos (Laura Rubizzi, discussão em grupo, 18 de outubro de 1990, pré-escola Diana).

O trabalho com projetos, portanto, proporciona um contexto de apoio para a aprendizagem que parte em direções inesperadas, evocando

> [...] a ideia de um processo dinâmico, um processo que envolve a incerteza e a chance que sempre surgem nas relações com os outros. O trabalho de projetos cresce em muitas direções, sem progressão predefinida, sem desfechos decididos antes de a jornada começar. (RINALDI, 2006, p. 19).

Ademais, além de ser empolgante, essa forma de trabalhar tem também a vantagem das estruturas de apoio embutidas. Não se espera que o professor saiba o que deve fazer por conta própria. Ele trabalha sempre em cooperação com outros adultos.

> É assim que as coisas funcionam nessa escola: comparamos anotações continuamente e conversamos uns com os outros o tempo todo. (BONDAVALLI; MORI, 1990).

Tal debate ocorre quase todos os dias em pequenas reuniões entre professor e (co)professor, professor e atelierista e em discussões informais entre professores de diferentes turmas na hora das refeições (STROZZI, 2001). Os professores acreditam que, ao discutir abertamente, eles oferecem modelos de cooperação e participação para pais e crianças, promovendo uma atmosfera de aberta e franca comunicação. Uma análise mais formal e extensa ocorre durante reuniões da equipe da escola ou em alguma reunião mais ampla envolvendo administradores, professores de outras escolas e, talvez, até visitantes ou palestrantes externos.

UM MÉTODO DE CRÍTICA E AUTOAVALIAÇÃO EXTENSO

É importante notar que a análise e o *feedback* em Reggio Emilia envolvem tanto apoio quanto críticas. Diferentemente de sistemas em que a preocupação com mágoas ou a posse de ideias impeça uma avaliação e argumentação aprofundada, em Reggio Emilia o conflito intelectual é considerado prazeroso tanto para adultos quanto para crianças. Conforme Strozzi (1990) disse: "Estou convencida de que há algum tipo de prazer em tentar concordar em como fazer as coisas". O propósito da discussão não é simplesmente exibir diversos pontos de vista, e sim prosseguir até que todos tenham aprendido algo e chegado a algum lugar em suas ideias. Uma discussão deve prosseguir até que uma solução ou o próximo passo fique aparente; assim, a tensão se dissipa e uma compreensão nova e compartilhada fornece as bases para atividades ou esforços conjuntos futuros.

É claro, os professores e membros da equipe oferecem uns aos outros apoio emocional e encorajamento, assim como sugestões e conselhos concretos. Além disso, todavia, um método de crítica e auto-avaliação mútua é muito bem-aceito, sendo uma parte importante do desenvolvimento profissional dos professores em Reggio Emilia, onde um pequeno grupo de trabalho – composto talvez de professor(es), mentor, pedagogista e atelierista – observa e documenta um grupo de crianças juntas, depois reúne-se para uma ampla discussão, análise e comparação de perspectivas sobre o que estavam vendo (RUBIZZI, 2001). Esse trabalho ilustra um quarto importante aspecto do papel do professor, *fazer-se perguntas importantes* (MALAGUZZI, 1994).

Como é difícil descrever isso para pessoas de fora, esse intenso processo às vezes é simulado para grupos de estudo que estão visitando Reggio Emilia. A simulação tipicamente envolve uma apresentação em que a pequena turma que planejou, conduziu e documentou uma experiência com as crianças oferece ao público ou aos participantes o contexto necessário para entrar na narrativa. Eles também apresentam o formato e a estrutura da fase de reflexão a seguir. Depois, a documentação é mostrada. A seguir, os participantes envolvem-se em uma longa reflexão sobre aquela documentação, ouvindo respeitosamente a cada falante, seguindo uma ética implícita de dar a todos o direito de participar (ninguém deve dominar). Por fim, cada um dos apresentadores irá comentar e, talvez, sintetizar as reflexões, oferecer comentários finais e reconhecer as ideias oferecidas e as novas questões levantadas.

Como exemplo, Vea Vecchi (atelierista), Marina Mori (mentora) e Loretta Bertani (professora) realizaram um simulação dessas em outubro de 2009 para um grupo de estudos avançado, usando como documentação provocadora um vídeo de 27 minutos com as crianças da Escola Robinson trabalhando em argila. Durante a fase introdutória, Marina ofereceu as explicações necessárias e esclareceu por que as turmas pequenas são o contexto mais favorável para a aprendizagem dos adultos e das crianças. A seguir, eles assistiram ao vídeo, realizaram reflexões independentes (divididos em três subgrupos menores, cada um com um gravador), compartilharam suas reflexões e, por fim, os educadores de Reggio fizeram pequenos comentários.

Reflexões críticas desse tipo de documentação de ensino e aprendizagem têm ocorrido há muitos anos em Reggio Emilia, apesar de as especificidades do formato das turmas pequenas variar de ano a ano e de situação para situação, de acordo com os planos anuais para desenvolvimento profissional formulados pela Equipe de Coordenação Pedagógica. A reflexão em turma pequena é um método do qual os professores gostam muito, quer eles sejam novos para o ensino ou possuam muitos anos de experiência. Como uma professora experiente comentou:

> Pessoalmente, acho que debatemos muito (em nossos grupos pequenos), mas nunca me senti inadequada ou diminuída quando estava discutindo. E acho que, sem o debate profissional, não é possível crescer (Notas, *The Teachers Speak*, *feedback* de professores sobre o trabalho com um mentor, Reggio Emilia, 2009).

O conflito intelectual é entendido como o motor de todo crescimento em Reggio. Portanto, os professores buscam pôr para fora, em vez de suprimir, pontos de vista conflitantes entre as crianças. Similarmente, entre eles já se aceita o desacordo e eles esperam longas discussões e críticas construtivas. Isso é visto como a melhor forma de avançar. O prazer dos professores com o trabalho em grupo e sua aceitação de confrontos é um modelo para pais e filhos.

EXEMPLOS DE COMPORTAMENTO DOS PROFESSORES

Para proporcionar uma visão mais completa e exemplos mais concretos dos princípios abstratos apresentados, oferecemos diversos pequenos exemplos extraídos de fontes diversas. Eles ilustram diferentes tipos de comportamento dos professores comumente vistos nas creches e nas pré--escolas de Reggio Emilia.[2]

LORIS MALAGUZZI LIDERA UM GRUPO DE TRABALHO DISCUTINDO A DOCUMENTAÇÃO DO PROFESSOR

Nossa equipe de pesquisa, com Lella Gandini, John Nimmo e Carolyn Edwards, estudando o desenvolvimento da cooperação entre crianças, observou e gravou o grupo de trabalho de adultos na pré-escola Diana, em outubro de 1990. Cada reunião, realizada a cada três dias, durou várias horas e incluiu professores, atelierista, pedagogista, auxiliares e Loris Malaguzzi.

Malaguzzi abriu a primeira reunião explicando os benefícios de assistir coletivamente a um vídeo obtendo diversas interpretações ("círculo de ideias") e trabalhando rumo a uma compreensão ou a um ponto de vista comum. Então, Laura Rubizzi, uma das professoras, apresentou seu vídeo editado com meninos de 4 anos trabalhando juntos para criar um dinossauro de argila e falou sobre as perguntas que ela se fez após rever a sessão, sugerindo que aspectos do ensino eram-lhe mais presentes e quais eram mais desafiadores. Ela perdeu uma ocasião em que talvez pudesse provocar uma discussão entre os garotos? Ela perdeu um importante "nó" da sessão ao não perceber quando um deles abandonou a tarefa de criar um pescoço para o animal sem ter finalizado? Por fim, o que ela deveria ter feito para ajudar as crianças a adquirirem mais conhecimento técnico sobre como estabilizar estruturas tridimensionais?

Na segunda reunião, a professora Paola Strozzi apresentou um vídeo editado de uma atividade em que quatro crianças de 3 anos tiveram seu segundo encontro com um novo material. Paola nos explicou como ela apresentou o material (arame) às crianças, que perguntas ela fez e como ela respondeu às ideias de cada criança do grupo. Sua apresentação foi seguida de uma longa análise sobre suas decisões pedagógicas. Será que ela tinha "liderado" demais as crianças com imagens verbais sobre suas construções? Será que ela havia oferecido uma gama adequada de materiais para que elas pudessem comparar e analisar as propriedades do arame? No dia seguinte, a atividade com arame foi repetida com as crianças, oferecendo-lhes mais opções de espessura para estudar se essa mudança levaria a mais experimentos e hipóteses.

Na terceira reunião, a professora Marina Castagnetti apresentou um vídeo editado e uma análise comportamental de uma sessão envolvendo dois meninos de 5 anos tentando desenhar um castelo em uma folha grande e usando ferramentas de computador. Ela havia criado um código de comportamento e representado visualmente toda a sua interação em uma tabela. Sua apresentação também gerou uma ampla discussão. As crianças haviam sido adequadamente preparadas para resolver o problema? Elas conseguiam lidar com os comandos no computador? Elas precisavam de réguas próximas para estimular ideias de mensuração? Elas ficaram muito tempo mexendo nas coisas sozinhas sem a assistência da professora? Será que Marina deixou um "momento quente" passar ou "abandonou" as crianças por muito tempo? A linguagem plural frequente das crianças ("Vamos fazer isso", "Vamos tentar isso", e assim por diante) indica colaboração produtiva ou desespero crescente? Marina acabou perguntando: "Como professora, o que eu deveria fazer que não fiz?". Mas ninguém lhe ofereceu uma resposta certa e definitiva. O propósito da discussão, evidentemente, era pensar criticamente sobre perguntas difíceis, e não dar respostas definitivas.

A nossa equipe de pesquisa ficou impressionada com a profundidade da discussão e com a falta de defensividade dos professores. Na conclusão da última reunião, resumimos as nossas reações para o grupo de trabalho e tecemos comentários sobre o seu método rigoroso de reflexão crítica. Loris Malaguzzi, com evidente afeto por Marina, disse: "Sim, temos sempre de ter dois bolsos para usar, um para a satisfação e outro para a insatisfação". (Discussão em grupo, 16 de outubro de 1991).

Uma professora transforma uma disputa em uma investigação conjunta

29 de setembro: a boneca disputada

Laura e Silvia, ambas exatamente com 11,5 meses de idade, sentam lado a lado no tapete da sala *Piccoli* ("Pequenos") da creche Arcobaleno. Elas estão brincando com objetos distintos. Laura segura uma bonequinha com um chocalho dentro.

Quando Silvia percebe, ela também quer e tenta arrancá-la das mãos de Laura. Laura resiste brevemente, depois desiste da boneca e irrompe em lágrimas. Silvia assiste a esse evento sem reagir: ela observa Laura chorando, mas continua segurando a boneca.

Somente a minha intervenção restaura um pouco de calma entre as duas meninas que, ainda lado a lado, respondem ao meu pedido para que apontem para os olhos, o nariz e o cabelo da boneca.

Essa é a primeira vez que Laura briga por um brinquedo.

(Observação da professora Eluccia Forghieri, em EDWARDS; RINALDI, 2008, p. 39-40.)[3]

Uma professora observa a brincadeira de uma criança, e surge a curiosidade (das duas)

12 de outubro: descobrindo a gaveta

A gaveta da escrivaninha está entreaberta, e Laura fica curiosa e se aproxima. Laura aprendeu a caminhar há alguns dias e vai até a gaveta. Após abrir um pouco mais a gaveta e explorá-la, ela olha para dentro e pega uma folha de papel. É uma folha comprida com rótulos adesivos, e Laura fica puxando com amplos movimentos até acabarem. Os pés de Laura ficam completamente cobertos pelo papel, e a gaveta fica vazia. Laura

Uma página da história original de Laura, que remonta à exploração e surpresa infantis.

certifica-se de que não há mais papel na gaveta. Então, ela pega uma tira longa dos pés, mas não parece achar o mesmo jogo tão divertido. O que ela acha interessante é repetir o jogo de "esvaziar", então estabelece uma conexão (muito boa, acreditamos) e abre outra gaveta, mas ela fica confusa, porque a gaveta está vazia. Ela não fica convencida e reabre a gaveta acima, verifica de novo e sai, decepcionada.

(Observação da professora Ivetta Fornaciari, em EDWARDS; RINALDI, 2008, p. 46-47.)[4]

Professoras seguem os interesses das crianças

No dia desse incidente, a área dos blocos das crianças de 3 anos na pré-escola Diana foi organizada para que duas professoras pudessem gravar um "episódio de cooperação". As professoras prepararam uma seleção convidativa de blocos, tubos e outros adoráveis materiais de construção. Então, algo inesperado acontece: as crianças descobrem um inseto rastejando por entre os blocos. Em vez de interromper, as professoras seguem o interesse das crianças, moldando-o em vez de cancelá-lo, permitindo que se torne uma resolução de problema em colaboração por um grupo grande de crianças. Muitas perguntas são feitas implicitamente pelas crianças, por meio de suas ações e palavras – perguntas que podem ser seguidas em outros dias –, sobre o tipo de inseto que encontraram, se está vivo ou morto, se é perigoso ou inofensivo, como fazer para pegá-lo, se ele tem medo delas, se tem um nome, se é forte ou fraco, se é bom ou mau, se é nojento ou lindo, se é ele ou ela? Mesmo quando novas crianças entram para o grupo tentando salvar o inseto, elas imediatamente captam os temas originais e os elaboram, em um círculo de cooperação.

No início da observação, duas garotas são vistas, às quais daremos o nome de Bianca e Rosa. Para sua surpresa, elas encontram um inseto entre seus blocos. Suas professoras estão próximas (uma gravando a cena), observando em silêncio.

Bianca diz: "Eca! Que nojo. É uma mosca (um moscardo)", e Rosa responde: "Não é uma mosca, elas voam".

Bianca observa: "Olha, está morta", mas Rosa discorda, dizendo: "Não, está mexendo a cauda".

Rosa declara: "Ele tem um ferrão! Fique longe!". Bianca também está preocupada e fala: "Não, não, vamos matar ele!". Rosa repete: "Olha, ele pode te picar", e Bianca aprimora sua ideia original: "Sim, mas eu disse para a gente matar ele. Eu tenho uma arma de verdade lá em casa. Vamos matar ele! Ele se mexeu! Não está morto. Socorro! Socorro!". Rosa murmura agora: "Sim, ele está morto. Tenta... Olá, olá".

Bianca comanda Rosa: "Mata você! Você está de calças". Rosa diz: "Não, ele vai me picar". Mas Bianca revida: "Não com as suas roupas, ele não consegue". Rosa não admite isso e fala: "Ele pode me picar pelas calças", mas Bianca diz: "Não, ele não consegue te picar pelas calças". Rosa insiste: "Ele pode me picar pelas roupas".

A professora mais próxima intervém. "Na minha opinião, acho que ele prefere ficar de pé. Tentem virá-lo, porque ele não consegue se virar sozinho. Por que não tentam levá-lo para o gramado lá fora? Talvez vocês possam salvá-lo."

As crianças aceitam esse reenquadramento. Rosa diz: "Não tenha medo. Ele não pica. Me ajuda a levar ele lá fora. Pega a folha de papel (juntas) para a gente levar ele lá fora. Não precisamos usar as mãos".

A comoção chamou atenção das outras crianças. Uma criança diz: "Podemos carregar ele com o papel. Me ajuda, Agnes?". Agnes diz: "Ajudo, sim".

Agora, Rosa tem novas ideias sobre o inseto. Ela comenta em voz alta: "Ah, como ele é bonito". Para o inseto, ela diz, de maneira reconfortante: "Não tenha medo. A gente está te ajudando". As crianças tentam levantar o inseto com a folha de papel. Eles fazem diversos comentários: "Assim não. Ah, tadinho. Pega esse lado da folha. Ele até sabe andar! Você não pode deixar ele morrer! Tudo bem, então tá, eu ajudo vocês. Olha, ele anda! Ele também consegue andar. Você viu... fiz bem? Aonde ele foi? Ele está lá dentro (apontando), dentro do papel. Aqui ou aqui? Vamos ver. Vamos abrir (um rolo de papel). Cadê ele? Ah, está aqui". Rosa olha e diz: "Onde? É pequenininho. Ah, está ali!".

As crianças o carregam e depois o derrubam. A professora diz a uma criança: "Você não está ajudando (a carregar)", mas a criança protesta: "Eu estou ajudando". Outra criança grita: "Me ajuda, prende ele. Vem, me ajuda. Isso, ele está preso".

A segunda professora agora fala: "Não, ele está escapando. O que vocês querem fazer? Tentem carregar ele para fora".

As crianças tentam levar o inseto para fora. Várias crianças gritam : "Ah, ele caiu. Se machucou. Ele (o inseto) é bom. O inseto está com medo. Não, não está com medo. Sim, está com medo. Ele caiu. Não, ele está com medo". Alguém declara: "Você matou ele". Isso desperta muito mais comentários da turma: "Você precisa acreditar para poder salvar ele. Olha, olha. Você não pode deixar ele morrer. Sim, ele é lindo. Ele é muito bonito e bom. Não quero deixar ele morrer. Vamos botar ele aqui. Põe ele aqui. A gente não pode deixar ele morrer. Não pisem nele".

Uma garota tenta chamar o inseto, dando-lhe um nome: "Vem aqui, lindo. Lindo, vem cá, *Topolone* ("Grande Ratinho"). Outra criança responde a ela: "Ele não quer vir. Cuidado, ou ele vai ser esmagado".

As crianças veem como o inseto está. Um menino declara: "Ele ainda está vivo". A segunda professora confirma: "Ele ainda está vivo". Ela encoraja as crianças:

"Bem, então vamos pegá-lo". Um menino diz: "Ele foi para baixo da mesa", e a segunda professora orienta: "Certo, peguem-no e levem-no para fora".

As crianças estão triunfantes: "Capturamos ele! Capturamos ele. Ele não quer descer (do papel). Pegamos ele! Somos demais!". Do lado de fora, elas deixam o inseto ir, dizendo: "Ele não quer descer. Vamos deixar ele aí, coitadinho. Não pisem nele. Ele é lindo. Onde ele está?".

(Gravação do estudo de cooperação de EDWARDS; GANDINI; NIMMO, 1994.)

Uma professora oferece instruções sobre uso de ferramenta e técnica

É manhã em maio de 1988 na *piazza* da pré-escola Diana, onde a professora Paola Notari está trabalhando com oito crianças de 3 anos e grandes quantidades de argila. Ela instrui as crianças quanto ao uso correto dos materiais e das ferramentas como parte do processo de facilitação, apoio e encorajamento. Quando questionada a respeito, ela tenta oferecer ajuda e aconselhamento necessários para as crianças alcançarem seus próprios objetivos artísticos e representativos, sem serem dominadas pelos materiais. Por exemplo, ela sabe que, se as crianças fizerem um rolo muito fino de argila, ele vai quebrar na hora de esquentar, e elas ficarão chateadas.

As crianças se sentam ao redor de uma longa mesa retangular, enquanto Paola fica caminhando ao redor delas. Diante de cada uma, fica uma barra de madeira onde elas podem trabalhar com argila. Paola está preparando uma lousa plana de argila para cada criança: ela arranca um pedaço de argila, amassa com o rolo de massa, corta os lados para criar um quadrado e os entrega. Ela está usando uma faca para cortar a argila e fala: "Essa ferramenta podemos usar para cortar a argila quando ela fica bem boa e grossa".

As cem linguagens da criança **169**

A professora nota que as crianças precisam de ajuda com algo que estão tentando fazer com a argila. Primeiro, ela aponta e fala.

Depois, ela decide que eles precisam que ela lhes mostre o que está tentando dizer.

As crianças podem ter muitas ferramentas para cortar e amassar por perto. Elas estão trabalhando no problema de "representar movimento em uma superfície". Com uma faca, elas podem cortar um pedaço da argila, depois dobrá-la para dar uma sensação de movimento na superfície da lousa. (Ela explica depois que algumas crianças não conseguem dar sensação de movimento à sua, mas Paola não interfere e insiste em sua ideia de movimento. Como todos estão muito envolvidos na atividade, ela não impõe suas ideias sobre eles. Contudo, ela lhes passa instruções em questão de técnica – mostrando como amassar e cortar a argila e como usar as ferramentas.)

No início do episódio, Paola é vista usando uma espátula para dar uma lousa recentemente criada para uma criança. "Você precisa disso?", ela pergunta. Ela fala para outra: "Você está apertando demais. Se pressionar muito, não vamos conseguir pegá-la e aí não vai dar para aquecê-la no forno. Não aperte tanto". Então, outra criança se vira para ela: "Assim está bom?". "Sim, sim", Paola responde, "assim está bom. Se quiser outra lousa de argila, posso preparar para você".

Ela observa uma pequena discussão entre duas crianças. Uma quer o molde de massa que a outra está usando. A criança protesta: "Isso é meu. Eu peguei antes". "Mas são todos iguais", diz Paola, apontando para os outros moldes. "Eles realmente são todos iguais." Ela se aproxima, e a primeira criança lhe mostra que, de fato, o molde desejado cria um tipo de traço diferente na argila. Ela revê sua opinião: "Ah, entendi. Bem, se olhar na caixa de ferramentas, vai encontrar outro exatamente igual a esse". A criança vai procurar alegremente.

Ela começa a preparar uma lousa de argila para uma das garotas e, durante o preparo, olha para a criança do outro lado. "O que você está fazendo?", ela pergunta. O garoto mostra, e Paola diz: "Que legal!".

Terminando a nova lousa, ela a leva para a garota que precisa. Vendo sua primeira peça, Paola comenta: "Olha que maravilha! Agora, você precisa pensar no que mais quer fazer. Você pode colocar as mesmas marcas (na lousa) que pôs antes. Ou você pode colocar esses pedaços dobrados ou de pé". Ela demonstra, usando pequenas tiras de argila. A garotinha tem em sua mão um molde para massa, que ela passa sobre a lousa sem dizer nada. Paola continua: "Você só quer cortar com essa rodinha, não é? Ela cria marcas lindas, mesmo".

Paola vai até o outro lado da mesa, onde uma criança muito pequena parece estar tendo dificuldades. Ela pergunta: "Posso limpar isso para você?". Sua mão alisa a lousa, usando o rolo. Ela lhe explica: "Isso é um tipo de borracha. E agora, vou mostrar como se usa essa ferramenta (um molde). Você pode criar uma tira fina, como essa, e dobrá-la ou levantá-la". Ela mostra como erguer um lado da tira. Depois, ela lhe dá o molde e fica atrás dele, orientando-o quanto ao uso de ambas as mãos. "Com essa mão, você segura a argila. Agora, com essa outra, você empurra com força. Mais. Assim, certo? Agora você consegue."

Um pouco depois, ela pergunta a todas as crianças: "Alguém quer mais argila? Posso ir pegar mais". As crianças gritam: "Eu quero!". "Eu também!". "Certo", Paola diz, "eu vou buscar mais". Ela sai da sala, deixando as crianças sozinhas por alguns minutos. A observação continua do mesmo modo quando ela volta.

(Extraído de uma filmagem da coleção de Carolyn Edwards.)

Uma professora apoia a compreensão conceitual

Em um episódio recontado por Vecchi (2010), as crianças da sala Marina

Mori, na pré-escola Diana, são vistas desenhando sua colega, Sewaa. Como é de praxe em Reggio, as crianças são divididas em grupos ao redor do modelo, cada um com uma perspectiva distinta.

Uma garota, Laura, dá uma volta e para para falar com Martina, que está sentada ao lado de Sewaa. Laura diz a Martina que o que ela fez não está certo. De maneira amistosa, ela diz: "Você desenhou Sewaa como se ela estivesse assim, na sua frente... Em vez disso, você deveria ter desenhado ela assim... do lado... de perfil... só com um olho, uma perna, uma orelha". Ela mostra a Martina seu desenho lateral, colocando-os lado a lado para compará-los. Martina, inicialmente surpresa, parece pouco a pouco compreender o que Laura está tentando mostrar.

Marina, a professora, aproxima-se de Martina e diz, gentilmente: "O desenho que você fez está ótimo". Ela faz uma pausa e depois continua: "Mas, para vê-la assim, onde você precisaria estar sentada?". Martina aponta para os grupos que podem ver Sewaa de lado: "Lá, naquela mesa, ali".

É assim que Vea Vecchi analisa o método de intervenção de Marina:

> A professora não diz que o desenho está errado, mas destaca que o desenho está bom e nem manda a criança refazê-lo, mas, com sua pergunta, ela sanciona a diferença entre dois pontos de vista: o frontal e o lateral. Com grande respeito para com a sensibilidade da criança, ela não a confronta imediatamente com outra pergunta sobre o desenho, porque Martina, com a sua resposta, demonstra que deu um passo para a compreensão do problema, que não se trata de uma simples questão artística, mas conceitual. Haverá outras horas para aprofundar essa consciência recentemente adquirida. (VECCHI, 2010, p. 52).

(A história completa, ilustrada com fotografias e com os desenhos das crianças, é descrita por VECCHI, 2010, p. 51-53.)

Uma professora relança um projeto

Em uma investigação que envolve pensamento matemático, as crianças da pré-escola Diana são confrontadas com um problema da vida real. Como elas podem passar todas as medidas necessárias ao carpinteiro para que ele possa construir uma nova mesa de trabalho igual à antiga? Cinco meninos e uma menina da turma com crianças de 5 anos se ofereceram para trabalhar juntos no problema.

Em um de seus encontros iniciais, Marina Castagnetti, a professora, convida as crianças a ficarem em volta de sua velha mesa e dar ideias sobre como medi-la. Alan sugere: "Dá para contar e medir com os dedos. É só botar um dedo depois do

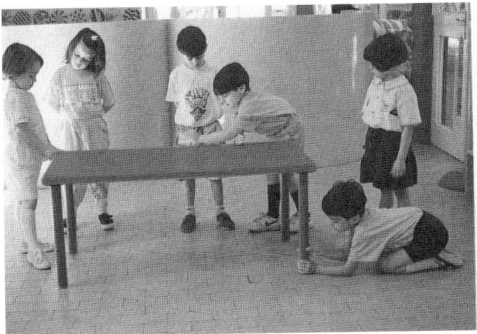

As crianças tentam usar os seus corpos para medir o comprimento da mesa. Elas tentam com os dedos, as mãos, os pés e até a cabeça. Elas acabam ficando empacadas. O que as professoras farão para ajudar?

outro, você conta até cinco em uma mão e até dez na outra. As crianças seguem essa ideia, depois fazem alguns desenhos e continuam a medir a mesa com o seu corpo. Então, quando abandonam a ideia dos dedos, elas tentam medi-la com os punhos, as mãos e, por fim, com as pernas. Uma criança tenta até usar a cabeça. As crianças passaram de uma unidade de medida à outra sem chegar a uma escolha definitiva e ficam empacadas.

Marina e Vea Vecchi trabalham em dupla para estudar as observações que coletaram até o momento e tentar gerar ideias sobre como auxiliar as crianças. Elas releem as anotações e chegam à conclusão de que os adultos precisam "incentivar as crianças a mergulharem ainda mais na desordem que criaram" como forma de acentuar as contradições dos seus pensamentos. Talvez isso ajude as crianças a progredirem em sua compreensão.

No próximo encontro, Marina sugere que as crianças tentem dar longos saltos para depois medi-los. Ela pergunta: "Como vocês podem medir saltos?". As crianças respondem: "Precisamos de duas marcas, uma para o início e outra para o final, aí medimos com os pés".

Tommaso dá o salto e mede a distância, colocando um pé à frente do outro. O seu salto tem quatro "pés" de comprimento. Agora, Marina mede a mesma distância com seus pés, o que dá três "pés" de comprimento.

Marco e Daniela saltam depois, e ambas as vezes as medidas das crianças dão mais do que a medida de Marina. Finalmente, as crianças descobrem o que está havendo. Elas dizem: "O seu pé é maior e ocupa mais espaço. A gente tem pés pequenos".

Esse projeto continua por muitos encontros, com as crianças usando barbante, depois os tênis e, por fim, réguas de papel que elas mesmas desenharam, enquanto constroem seu conhecimento e retraçam a rota da humanidade até compreenderem a necessidade de uma unidade de medida padrão.

(O episódio completo, ilustrado com fotografias e com os desenhos das crianças, é descrito por CASTAGNETTI; VECCHI, 1997, p. 19-31.)

CONCLUSÃO

O papel do professor em Reggio Emilia demonstra muitas semelhanças com o papel que comumente se pensa nos Estados Unidos. Em ambos os cenários, os objetivos são elevados – como ideais supostamente difíceis de atingir e manter na prática. Em ambos, a educação infantil envolve interações complexas com múltiplos públicos (crianças, pais, colegas, governo, o público em geral) e a estimulação da aprendizagem e do desenvolvimento infantil por meio da melhor organização da escola, dos melhores ambientes físicos, do melhor currículo e da melhor pedagogia. Em Reggio Emilia, no entanto, o professor da creche ou da pré-escola sempre trabalha junto de um coprofessor. Como dupla, eles se relacionam com os outros professores, com a equipe auxiliar e com o atelierista da escola, além de receber apoio dos pedagogistas, mentores, mediadores culturais, assim como dos profissionais indicados pelo Centro de Documentação e Pesquisa, pelo Remida (o Centro de Reciclagem) e por outros laboratórios e centros de recursos. Eles também interagem em diálogo constante com os pais para apoiá-los a participar da vida escolar.

Em suas interações com as crianças, os professores de Reggio Emilia buscam promover o bem-estar e encorajar a aprendizagem em todos os domínios (cognitivo, físico-motor, social e afetivo), ao mesmo tempo em que aproveitam momentos-chave para instruí-las no uso de ferramentas e materiais cada vez mais sofisticados para se expressarem em meios artísticos e simbólicos. Do seu ponto de vista, o trabalho em sala se concentra em "provocar ocasiões" de crescimento intelectual genuíno para uma ou mais crianças – particularmente escutando as palavras e comunicações das crianças e oferecendo-as de volta ao grupo para reestimular e estender suas discussões e atividades em conjunto. Esse método de ensino é considerado importante, complexo e delicado, está em constante evolução e mudança e trata-se de uma questão de esforço e preocupação coletiva. Sua tendência a conversar com colegas – um comportamento de crítica e autoavaliação mútua do seu comportamento de ensino – parece distinguir os educadores de Reggio Emilia. Assim como eles acham que as crianças aprendem melhor por meio da comunicação, do conflito e da coação, eles também consideram que podem aprender melhor assim. Eles veem o trabalho e o desenvolvimento dos professores como uma atividade pública que ocorre dentro da vida compartilhada da escola, da comunidade e da cultura. Eles valorizam muito a comunicação e a interação dentro e fora da escola. A busca pela realização desses ideais é exigente, como eles bem sabem, mas é recompensadora e gratificante, além de ser vital para o progresso da sociedade e para o bem-estar humano.

NOTAS

1 Wertheimer (1982) tem uma descrição famosa de dois garotos jogando peteca. Um dos garotos era muito melhor do que outro e, conforme o jogo ia andando, esse garoto mais velho ia ganhando fácil, enquanto o desempenho do mais novo ia ficando cada vez pior. Então, os garotos decidiram fazer um novo jogo, em que o objetivo era ver quantas vezes eles conseguiam manter a peteca no ar. Agora, os dois garotos começaram a trabalhar cooperativamente, já que o mais velho precisava ajustar o seu jogo para auxiliar os esforços do mais novo. O jogo do mais novo melhorou, e os dois se doaram para o jogo com esforço e entusiasmo.

2 Outros exemplos vívidos de comportamento do professor foram publicados na segunda edição deste livro. Eles podem ser encontrados em Edwards (1998).

3 Citações de Edwards e Rinaldi (2008), editado por Carolyn Edwards e Carlina Rinaldi, *copyright* de 2009 de Carolyn Edwards, o município de Reggio Emilia – Istituzione Pré-escolas e Creches e Reggio Children LTDA. Reimpresso com a permissão de Redleaf Press, St. Paul, MN (www.redleafpress.org).

4 Citações de Edwards e Rinaldi (2008), editado por Carolyn Edwards e Carlina Rinaldi, *copyright* de 2009 de Carolyn Edwards, o município de Reggio Emilia – Istituzione Pré-escolas e Creches e Reggio Children LTDA. Reimpresso com a permissão de Redleaf Press, St. Paul, MN (www.redleafpress.org).

REFERÊNCIAS

BONDAVALLI, M.; MORI, M. *Magda Bondavalli e Marina Mori*: depoimento [jun. 1990]. Entrevistadora: Carolyn P. Edwards. [S.l.: s.n.], 1990.

CASTAGNETTI, M.; VECCHI, V. (Ed.). *Shoe and meter*. Reggio Emilia: Reggio Children, 1997.

EDWARDS, C. P. *Partner, teacher, and guide*: examples of teacher behavior in Reggio Emilia. [S.l.: s.n.], 1998. Disponível em: <http://digitalcommons.unl.edu/psychfacpub/503/>. Acesso em: 23 jan. 2015.

EDWARDS, C. P.; GANDINI, L.; NIMMO, J. Promoting collaborative learning in the early childhood classroom: teachers' contrasting conceptualizations in two communities. In: KATZ, Lilian G.; CESARONE, Bernard. (Ed.). *Reflections on the Reggio Emilia approach*. Urbana: ERIC, 1994.

EDWARDS, C. P.; RINALDI, C. *The diary of Laura*: perspectives on a Reggio Emilia diary. Minneapolis: Redleaf, 2008.

FILIPPINI, T. The Reggio Emilia approach. In: NATIONAL ASSOCIATION FOR THE EDUCATION OF YOUNG CHILDREN, Washington, 1990. *Proceedings*... Washington: NAEYC, 1990.

FRASER, S.; GESTWICKI, C. *Authentic childhood*: experiencing Reggio Emilia in the classroom. Albany: Delmar, 2000.

HELLMAN, J. A. *Journeys among women*: feminism in five Italian cities. New York: Oxford, 1987.

MALAGUZZI, L. For an education based on relationships. *Young Children*, v. 49, n. 1, p. 9-12, 1993.

MALAGUZZI, L. Introductory remarks. In: CASARINI, T.; GAMBETTI, A.; PIAZZA, G. (Ed.). *The fountains*. Reggio Emilia: Reggio Children, 1995.

MALAGUZZI, L. *The hundred languages of children*: narrative of the possible. Reggio Emilia: Reggio Children, 1996.

MALAGUZZI, L. Your image of the child: where teaching begins. *Child Care Information Exchange*, v. 3, p. 52-56, 1994.

PUTNAM, R. D. *Making democracy work*: civic traditions in modern Italy. Princeton: Princeton University, 1993.

REGGIO CHILDREN. *The wonder of learning*: the hundred languages of children. Reggio Emilia: Reggio Children, 2011.

RINALDI, C. *In dialogue with Reggio Emilia*: listening, researching and learning. New York: Routledge, 2006.

RUBIZZI, L. Documenting the documenter. In: PROJECT ZERO; REGGIO CHILDREN. *Making learning visible*: children as individual and group learners. Reggio Emilia: Reggio Children, 2001.

RUBIZZI, L. *Laura Rubizzi*: depoimento [nov. 1989]. Entrevistadora: Carolyn P. Edwards. [S.l.: s.n.], 1989.

STROZZI, P. Daily life at school: seeing the extraordinary in the ordinary In: PROJECT ZERO; REGGIO CHILDREN. *Making learning visible*: children as individual and group learners. Reggio Emilia: Reggio Children, 2001.

STROZZI, P. *Paola Strozzi*: depoimento [jun. 1990]. Entrevistadora: Carolyn P. Edwards. [S.l.: s.n.], 1990.

VECCHI, V. *Art and creativity in Reggio Emilia*: exploring the role and potential of ateliers in early childhood education. New York: Routledge, 2010.

WERTHEIMER, M. *Productive thinking*. Chicago: University of Chicago, 1982.

Leitura recomendada

MALAGUZZI, L. The invisibility of the essential. In: CASTAGNETTI, M.; VECCHI, V. (Ed.). *Shoe and meter*. Reggio Emilia: Reggio Children, 1997.

10

O professor observador: a observação como uma ferramenta recíproca do desenvolvimento profissional. Uma entrevista com Amelia Gambetti

Lella Gandini

Nota dos editores: Após 25 anos de experiência como professora nas pré-escolas de Reggio Emilia, em 1992, Amelia Gambetti começou a reservar tempo para promover o desenvolvimento de professores nos Estados Unidos, por meio de conferências e reuniões educacionais, além de apoiar a evolução das escolas infantis que optaram por experimentar o trabalho inovador inspirado pelas escolas de Reggio Emilia. Seu papel em Reggio Children como coordenadora de intercâmbios internacionais lhe proporciona a oportunidade de estabelecer colaborações com o Norte da Europa, com a Ásia, com a América do Sul, com a África e com o Oriente Médio. A conversa a seguir se concentra, em primeiro lugar, em sua experiência como professora envolvida com o próprio desenvolvimento e, em segundo, em como ela tem transferido sua aprendizagem no contexto norte-americano para ajudar em situações específicas com a observação e com o apoio à aprendizagem mútua entre professores e crianças.

Gandini: *Eu gostaria que você começasse descrevendo quando iniciou o contato com visitantes dos Estados Unidos que vieram observar como o ensino e a aprendizagem ocorrem em Reggio Emilia.*

Gambetti: Houve algumas visitas iniciais às nossas escolas, como você sabe, já que vieram várias vezes no início da década de 1980. Depois, os grupos começaram a vir mais regularmente, da Europa e dos Estados Unidos, e eu fui observada com frequência. Tivemos algumas visitas bem intensas: por exemplo, Baji Rankin veio em 1989-1990 para passar todo um ano letivo estagiando e depois Louise Cadwell veio em 1991-1992. Vamos também lembrar a nossa colaboração com você e George Forman, quando vocês vieram juntos em 1992 para observar o projeto Parque de Diversões para Pássaros. Lembra-se do quanto analisamos juntos o trabalho com as crianças?

Mas, para ser franca, nós tivemos muita prática na observação e na reflexão sobre a aprendizagem com Carla Rinaldi, que era nossa pedagogista na época, e sobre o que significa ser observado. Na pré-escola La Villetta, Carla nos observou, e nós, professores, observamos uns aos outros, assim como a atelierista. Era uma forma de aprender com os outros sobre a melhor maneira de trabalhar com as crianças. Observávamos o que cada um de nós fazia ao mesmo tempo em que éramos observados.

Gandini: *A intenção básica de Carla, imagino eu, era contribuir para o seu desenvolvimento profissional e mostrar como, reciprocamente, vocês podiam se ajudar a crescer como professores. O que é notável é que a intenção dela tornou-se uma intenção compartilhada entre todos vocês na pré--escola La Villetta.*

Gambetti: Com certeza, e isso estava acontecendo junto de ocasiões coletivas de desenvolvimento profissional que eram realizadas semanalmente na nossa escola e, às vezes, formalmente organizadas de modo a incluir todas as escolas, com o objetivo de nos conscientizar das metas gerais do nosso trabalho.

Quando você aceita ser observado e compreende a importância disso, você tem de aprender a separar os seus sentimentos pessoais do seu papel profissional, sem esquecer, é claro, sua identidade e personalidade. É necessário assumir uma atitude impessoal em relação à pessoa que está observando você interagindo com as crianças. Isso também é verdade quando você se vê novamente em um vídeo: você se analisa enquanto é analisado pelos seus colegas ou pela pedagogista. Acho que é importante aprender a aceitar os comentários de maneira construtiva, porque melhoram a qualidade do seu trabalho. O ponto de vista dos outros também aumenta sua sensação de responsabilidade pelas ações que realiza. Na verdade, você precisa aprender a aceitar críticas e a se criticar. É verdade que, às vezes, você vê o que poderia ter feito melhor antes mesmo de os seus colegas mencionarem.

De fato, para observar melhor, planejamos e adotamos o uso de gravações em vídeo. Foi bom assistirmos juntos, ver e criticar o nosso trabalho com as crianças entre colegas. Foi tão importante que, na discussão, todos os pontos de vista emergiram e foram incluídos em uma avaliação compartilhada de situações diversas.

Gandini: *Considero esse método recíproco de observação, por meio de gravações em vídeo e de críticas construtivas, uma poderosa ferramenta para o crescimento. Tenho certeza de que requer um grande respeito e uma grande confiança mútuos, além, é claro, do apoio do coordenador pedagógico como técnico e mediador para começar.*

Gambetti: O uso do vídeo foi uma forma de ajudar os professores a compreenderem como expressam seus pensamentos em conversas entre colegas. Quanto espaço você deixa para que os outros expressem seus pensamentos ou suas opiniões e conversem? Era também uma maneira de compreender, por exemplo, como o seu pensamento em voz alta funciona em conversas. Quanto espaço você deixa para a voz dos outros? Como você apresenta a sua opinião sem considerar o que o outro está dizendo? Se, em todas essas trocas, você mantém a intenção de ser um ouvinte, fica mais fácil de ver as atitudes mais e menos positivas das trocas.

Gandini: *Essa foi uma tendência que você percebeu entre colegas ou também de sua parte, Amelia?*

Gambetti: Acho que estávamos todos aprendendo e enxergávamos a colaboração como um recurso profundo.

Gandini: *É uma forma complexa de trabalhar que requer, a mim parece, muito tempo e muitas reuniões.*

Gambetti: Sim, mas isso também acontece com as crianças; elas também aprendem a fazer a mesma coisa. Não acho que requeira necessariamente muito tempo, e sim o uso efetivo do tempo; então, em vez de trabalhar mais, você trabalha melhor. Quando as crianças estabelecem familiaridade (isso é um processo), trabalham em grupo e discutem algo, suas conversas são semelhantes a uma corrida de revezamento. Elas usam as palavras e as ideias de seus pares para continuar a conversa. Na verdade, quanto mais capacitado o grupo é em suas estratégias de comunicação, mais suas conversas se articulam e se enchem de detalhes significativos. Essa consciência em relação ao processo de pensamento dos outros procede do professor para as crianças; os pais também se tornam envolvidos e cientes.

Gandini: *Poderia nos contar mais sobre como essa forma de trabalho por observação se desenvolveu? Foi um plano com uma estratégia elaborada? Quão gradual foi o processo?*

Gambetti: Carla Rinaldi sempre nos incentivou a incluir no nosso estilo de trabalho – fortemente baseado na união entre teoria e prática – essa atitude de observação. Ela costumava sugerir que todos nós tínhamos pontos fracos e fortes, então, se nos observássemos trabalhando na escola, aprenderíamos com o que os outros fizeram de diferente e por quê. Tudo isso facilita a formação de uma atitude de colaboração e de coleguismo, em vez de uma atitude baseada na competição.

Gandini: *Estou pensando na época em que George Forman e eu perguntamos a Loris Malaguzzi se poderíamos vir observar os professores em ação durante um projeto. Estávamos interessados em aprender se era possível descrever e documentar o papel do professor na construção da aprendizagem com as crianças. Queríamos uma oportunidade de observar de perto. Sei que a escolha por La Villetta não foi casual, visto que havia um processo de observação recíproca já estabelecido lá, devido ao grande investimento de Carla.*

Amelia Gambetti pergunta a uma criança como ela acha que a água entra na fonte.
Fonte: Forman e Gandini (1994).

Gambetti: A escolha por La Villetta não foi por acaso. O processo de observação fazia parte do nosso trabalho diário e, em particular, já tinha começado de maneira mais formal e intensa com a produção do vídeo: *Para criar o retrato de um leão*. Giovanni Piazza, atelierista de La Villetta, e eu havíamos passado pela experiência, observando cada um enquanto também éramos observados por Carla Rinaldi e Loris Malaguzzi. Eles queriam compreender de que forma o desenvolvimento de um projeto podia ser documentado. Eu realmente gostaria de destacar que o processo de documentação era, e continua sendo, parte do nosso trabalho diário.

Essa experiência (com *Para criar o retrato de um leão*) foi um grande passo adiante, porque muitos problemas surgiram e as estratégias que elaboramos formaram aprendizagem construtiva e foram incrivelmente úteis. Elas eram sempre geradas combinando-se a teoria e a prática. O objetivo era conseguir demonstrar que um projeto específico podia ser documentado integralmente em todo o seu desenvolvimento, além de dar visibilidade ao próprio processo do nosso trabalho – ou seja, mostrar, com o vídeo, os pontos altos da comunicação dentro das várias experiências que ocorreram e com as quais nos deparamos. Essas experiências estavam muito conectadas à teoria das cem linguagens da criança – as muitas maneiras com que as crianças se expressam, contam histórias e experimentam, em situações visíveis no vídeo.

Com relação a ser observado, não podemos esquecer de mencionar que, após *O retrato de um leão*, houve um grande projeto em Reggio, chamado A Cidade e a Chuva, que envolveu várias escolas. Assim como com *O retrato de um leão*, esse projeto foi documentado na exposição *As cem linguagens da criança*.

Gandini: *Lembro que Loris Malaguzzi esteve particularmente envolvido neste projeto. Ele havia pensado bastante em todas as relações e interpretações possíveis das crianças sobre as mudanças naturais e as mudanças da cidade com a chuva. Quando ele veio à University of Massachusetts, 1988, para abrir a exposição* As cem linguagens da criança, *A Cidade e a Chuva foi incluída e ele nos deu uma narrativa especial sobre esse projeto. Nós, os três editores, tivemos muita sorte de ouvir suas análises atenciosas e provocativas naquela ocasião.*

Gambetti: Ser observado enquanto você está envolvido em um relacionamento com as crianças é uma situação que também o ajuda a aprender as estratégias de questionar e de como intervir e interagir com elas. É difícil encontrar equilíbrio dentro de suas diferentes intervenções com as crianças, a menos que você as conheça muito bem; e, mesmo assim, é uma situação complexa que está sempre diante de você. Se você conhecer bem as crianças pode usar a sua intuição e entrar no contexto como ouvinte. Você pode se colocar em posição de reconhecer o momento mais adequado para intervir. Eu diria que essa situação se baseia em conhecer as crianças. O que você aprende é como aprender, principalmente a realizar tentativas de formular perguntas muito abertas. A própria formulação das perguntas poderia incluir uma indagação sobre como modular o tom de voz de maneira particular para manter a conversa ou o diálogo suspenso como estava. É como "segurar o tempo" ou dar valor a um tempo que permanece aberto para dar às crianças a oportunidade de formular perguntas que podem ser geradas pelo seu raciocínio. Às vezes, as crianças o acompanham ou orientam (talvez inadvertidamente) para compreender que perguntas é melhor fazer; às vezes, só a sua atitude ou o seu tom de voz podem sugerir uma pergunta.

Há muitas formas de observar e ser observado. Você pode observar e ser observado por meio da estratégia de tirar fotos e de gravar vídeos. Por exemplo, com A Cidade e a Chuva, observamos uns aos outros usando fotografias quando estávamos trabalhando juntos. Não era sempre possível ser observado pela Carla ou pelo Loris Malaguzzi, porque eles eram responsáveis por seguir muitas outras escolas com o mesmo projeto. Quando eu estava com as crianças, e Giovanni observava essa situação tirando fotos, estávamos documentando dois níveis de observação. Percebemos isso olhando para as fotos juntos. Víamos o que Giovanni havia fotografado e, consequentemente, quais foram as suas escolhas; e, apesar de eu ter sido observada desse ponto de vista sobre como eu estava interagindo com as crianças, as fotografias estavam dando visibilidade às escolhas que eu estava fazendo.

Gandini: *Comparando as várias ferramentas de observação – vídeos, fotos, gravações de áudio, anotações – você acha que elas são todas igualmente valiosas ou você tem alguma preferência?*

Gambetti: Na minha experiência, elas são todas ferramentas fortes, porque contribuem tanto para aprender a observar quanto para aprender a ser observado. Elas o ajudam a compreender como você está se comportando no contexto específico que está sendo observado. Elas podem ajudá--lo a compreender suas próprias motivações, conectadas com as escolhas que você faz. Além disso, essas ferramentas podem ajudá-lo a se conscientizar e a perceber a evolução da própria metodologia de trabalho com as crianças, com os seus colegas e com os outros adultos.

É importante se conscientizar sobre sua própria maneira de trabalhar. Acho que, quando você é consciente, mais crítico você fica em relação ao próprio trabalho. Essa atitude crítica é necessária, no meu ponto de vista, porque, como educadores, temos a responsabilidade de realizar o melhor trabalho possível com as crianças, com as famílias e com os colegas. Sempre me ajudou começar com a convicção de que a pessoa que me observava e que iria analisar o meu trabalho não tinha raiva nem nada contra mim. Era essa a questão. A coisa mais importante sempre foi fazer o melhor possível trabalhando em contextos cheios de complexidade. Para ficar com as crianças, você tem de estar sempre no seu nível mais alto de criação de relações de qualidade. Portanto, para alcançar esse nível, é preciso ter consciência de cada detalhe do próprio comportamento. Acredito fortemente que trabalhar e ouvir atentamente são as bases do bom trabalho de todos os educadores.

Essa consciência não veio fácil. No início do meu trabalho, investi muita energia para compreender a importância da observação. Às vezes, não é um processo prazeroso, mas sempre foi um estudo de atitudes que é útil na construção do meu papel como professora. Por exemplo, se alguém faz algo que inibe as crianças ou diz algo que produz um desequilíbrio na compreensão da criança ao seu lado, se alguém tem a atitude de ouvir, pode entender o que não funcionou direito; essa pessoa pode imediatamente saber como recuperar a comunicação de maneira positiva. Essas atitudes, creio eu, podem ajudar o professor a aumentar a qualidade das suas relações com as crianças e com os adultos também.

Na minha vida profissional, tive sorte de fazer muitas observações de muitas maneiras distintas. Comecei a trabalhar muito jovem e trabalhar enquanto era observada moldou tanto a minha vida profissional quanto a minha vida pessoal. Tive sorte de receber minha formação profissional principalmente de Loris Malaguzzi e de Carla Rinaldi. Tanto Carla quanto Loris sabiam muito bem como analisar as diferentes personalidades dos professores, tendo como objetivo trabalhar conosco continuamente para enriquecer o nosso conhecimento – e o deles também, creio eu. Em relação à minha personalidade, sou obtusa e as minhas características são ser tenaz e persistente. Não costumo desistir diante das dificuldades. Contudo, preciso admitir que o crescimento profissional tem sido um processo complexo e nem sempre prazeroso. Como pessoa, costumo me desafiar o tempo todo a melhorar cada vez mais. Tanto Loris Malaguzzi quanto Carla entenderam imediatamente esse meu traço, e acho que foi por isso que eles investiram tanto no meu desenvolvimento profissional como professora.

Gandini: *Deve ter sido uma experiência incrível ter sido acompanhada por pessoas de tamanho calibre, dedicação e visão.*

Gambetti: Durante esse período, quando eles viam que eu reagia de maneira negativa, eles me diziam: "Olhe com mais cuidado. Olhe, mas não julgue com muita pressa. Tente entender. Observe". Essa estratégia me ajudou um pouco na hora em que precisava aprender a me avaliar, porque eu ficava zangada comigo mesma por ter cometido aqueles erros. É claro, eu me sentia desencorajada, mas depois eu usava a minha frustração para aprimorar o meu trabalho como professora e pessoa. Realmente entendia que as crianças, assim como todos, merecem o melhor e, às vezes, até mais do que isso.

Compartilhava esses pensamentos com os meus colegas e também faço isso agora quando me reúno e colaboro com outros educadores. No trabalho como educador, não é possível contentar-se com aproximações. Não se pode pensar que as crianças só conseguem fazer e compreender um pouco; não devemos nos satisfazer com "só um pouco". Se os educadores se contentarem com um pouco, eles podem pensar que as crianças só conseguem atingir pequenos objetivos. Ao fazer isso, é como se estivéssemos diminuindo a nossa visão da criança. Se, por outro lado, os educadores aprenderem a investir mais no potencial e nas capacidades das crianças, eles não só oferecerão mais oportunidades e possibilidades, como também proporcionarão mais a si próprios como educadores. Sempre busquei o objetivo de que as crianças possam fazer mais; se eu, como professora, não tentar fazer mais, acho que jamais aprenderei o bastante sobre o potencial das crianças.

Gandini: *Notei, Amelia, que mesmo quando estamos trabalhando junto com outros professores e chega a hora de resumirmos o nosso dia de desenvolvimento profissional com eles (como aconteceu recentemente), você encontra palavras de apreço pelo trabalho deles; contudo, você imediatamente expressa a ideia de que o que eles fazem não basta e de que eles poderiam fazer mais.*

Gambetti: Sim. Porque é verdade, pode-se sempre fazer mais. Acredito que há o risco de que, quando as pessoas estão contentes e satisfeitas com o que fazem, elas comecem a se sentir menos curiosas com a vida e menos interessadas no que poderiam fazer. Se eu pensar em todo o trabalho que realizamos em Reggio Emilia, se eu pensar em todo o interesse que desenvolvemos em nível nacional e internacional, se tivéssemos começado a nos sentir satisfeitos e não investíssemos na evolução do nosso trabalho e na pesquisa em inovação, não teríamos cumprido o nosso dever nem para conosco nem para com todos aqueles educadores que vêm a Reggio de muitas partes da Itália e do mundo. Temos a responsabilidade de continuar seguindo em frente e de evoluir acompanhando uma sociedade em constante mudança. Devemos isso às crianças, a nós mesmos, à nossa comunidade e à nossa sociedade.

Agora, quando vejo uma escola, tal como a que recentemente visitamos juntas, onde o dia inteiro das crianças já está planejado em um quadro com tarefas impostas pelo currículo, mudando a cada 15

Enquanto explica a Amelia como a roda d'água funciona, uma criança entende que precisa modificar sua construção.
Fonte: Forman e Gandini (1994).

minutos, e onde o espaço é pequeno e atulhado de mesas, sinto que estou em um lugar onde não se vê o respeito pelas crianças, pelos professores e pelos pais e sei que nós duas nos sentimos tristes e desencorajadas. Mas lembro imediatamente do que Malaguzzi costumava dizer em situações semelhantes: "Sofro quando vejo essas escolas... Não podemos mais permanecer indiferentes quando vemos que uma criança e seres humanos não são respeitados, e isso, para mim, é um tipo de violência dirigido especialmente às crianças".

Entendo e compartilho a determinação que existe em Reggio, assim como a forte vontade de continuar a fazer pesquisas de inovação. Entendo como isso é duro e cansativo, mas realmente se trata cada vez mais da coisa certa a fazer para que possamos continuar nesse caminho. Há pessoas novas no nosso sistema educacional, há professores muito jovens que não conhecem a nossa história, mas que fazem parte dela agora e podem ver sua qualidade. Eu me considero uma pessoa de sorte, já que sempre conheci, trabalhei com e fui ensinada por Loris Malaguzzi e Carla Rinaldi. Com eles (e com você), participamos de pesquisas e tivemos a oportunidade de realizar o nosso trabalho valorizando as nossas ações, compreendendo a importância do processo, sempre com o objetivo de fazer melhor.

Gandini: *A meu próprio modo, também sinto que tive sorte por ter trabalhado com Loris Malaguzzi, em parte como sua intérprete quando ele esteve nos Estados Unidos. Conte-me sobre sua experiência neste país.*

Gambetti: Gosto de incluir as experiências nos Estados Unidos no diálogo com Reggio Emilia, porque mantenho o meu desenvolvimento e a minha história lá em minha mente, além de trabalhar para a Reggio Children e de ser um membro do Comitê Consultivo da Istituzione. A forma como trabalho com os professores não é decidida apenas por mim, mas junto dos educadores envolvidos. Quando trabalho em um novo contexto, faço um grande esforço para conectar as minhas próprias experiências como professora em Reggio com o que estou vivendo neste novo contexto específico. As escolas com as quais colaboro podem ter seguido tipos diferentes de processo de trabalho educacional. Às vezes, as colaborações podem ser menos difíceis se houver estruturas organizacionais que apoiem o contexto – especialmente onde um intercâmbio entre professores, crianças e pais já está em prática. Esse tipo de situação pode auxiliar e manter o nível positivo de qualidade que pode ser alcançado em nossa colaboração. Às vezes, as escolas neste processo podem tentar ampliar suas experiências entrando no diálogo e no intercâmbio com outras experiências ou outras escolas que estão trabalhando para aprimorar a aprendizagem por meio das relações.

É por isso que gosto de trabalhar no desenvolvimento profissional junto de Margie Cooper na Geórgia e na Carolina do Sul. Aprecio esse trabalho porque tem havido um grande esforço para manter diferentes tipos de escolas na rede e para usar suas diferentes identidades para desenvolver recursos comuns e compartilhados. Reuniões organizadas para apresentar inovações à educação, a partir do processo de trabalho de Reggio Emilia ou do professor, para educadores ou pais poderem fazer parte desse processo de atribuir qualidade ao trabalho em que o grupo de escolas está investindo. Acho que essa é uma escolha e uma atitude construtiva que é gerada no processo de aprimoramento da qualidade da escola. Estou me referindo à boa qualidade de uma experiência que respeita a criança e as pessoas como parte de uma comunidade e sociedade. É uma qualidade que também é obtida por meio de investimento contínuo no desenvolvimento profissional. Todo esse trabalho continua a dar vida às experiências que, por sua vez, espero que contribuam para gerar outros trabalhos de boa qualidade.

Em Atlanta, há algumas escolas envolvidas nesse tipo de experiência. Margie Cooper continua a observar a profundidade da aprendizagem por meio do trabalho de desenvolvimento profissional com base em projetos de estudo e de pesquisa, além de estudar como as escolas poderiam aprender a ter mais autonomia e, consequentemente, assumir um papel de liderança. Estou profundamente convencida de que, no trabalho com os professores nas escolas, é necessário ter altos objetivos a alcançar. Acho que essa maneira de trabalhar dá aos professores as mesmas oportunidades de construir uma atitude e uma vontade de aprender mais para investir nos objetivos da alta qualidade educacional.

Comecei as minhas experiências nos Estados Unidos pela University of Massachusetts, Amherst, seguida pelo Model Early Learning Center, em Washington, e pela Reggio-St. Louis Collaborative, em St. Louis, Missouri. Com o tempo, as minhas experiências continuaram com a First Presbyterian Nursery School, em Santa Monica, Califórnia; com L'Atelier School, em Miami, Flórida; e com MacDonald Montessori School, em St. Paul, Minnesota. Esses são exemplos definitivamente interessantes de investimento em educação de qualidade. O nosso trabalho conjunto se baseia na continuidade, na pesquisa e no estudo para valorizar nossos diferentes contextos em diálogo. Também gostaria de mencionar as colaborações em Chicago, Illinois, com as Escolas Públicas de Chicago e com a Chicago Commons, assim como a Boulder Journey School, em Boulder, Colorado, que, entre muitas experiências compartilhadas, também foi uma das escolas que abrigaram a grande abertura da exposição *The Wonder of Learning*. Em San Francisco, Califórnia, colaborei com o Innovative Teacher Project, sendo a diretora, Susan Lyon, aquela que iniciou as discussões de mesa-redonda no início da década de 1990. Elas continuam até hoje, com base em escolas de desenvolvimento profissional inspiradas pela abordagem Reggio. Mais recentemente, eu entrei em contato com a Riverfield School, em Tulsa, Oklahoma; a Blue School e a Beginnings School, em Nova York; St. John's, em Washington, D.C.; e com a escola pública Maplewood, em St. Louis, Missouri, que também colabora com a Webster University.

É bastante complexo trabalhar com escolas que têm diferentes identidades. É difícil apoiar diferentes processos de aprendizagem. Acho que até quando vale a pena manter o nível de qualidade alcançado, para abrir-se a novos objetivos, é necessário ter uma estrutura administrativa organizada, forte e aberta para apoiar as mudanças progressivas. Portanto, acho que uma boa oportunidade para escolas que estão investindo em alta qualidade é ampliar a rede de relacionamentos com outras escolas que têm a intenção de participar de crescimento baseado em inovação. Essas iniciativas não são apenas instrutivas, mas apoiam novas interações, desenvolvem novas conexões e dão esperança ao trabalho de educadores e crianças.

Gandini: *Entendo que criar uma rede de escolas para que a qualidade e a quantidade do desenvolvimento profissional sejam compartilhadas e aumentadas pode ser uma estratégia ideal.*

Gambetti: Quando faço parte de iniciativas de desenvolvimento profissional com um grupo de educadores, tento não guiar o trabalho deles. Mesmo que seja difícil não estabelecer uma conexão imediata com o meu trabalho e a minha experiência em Reggio, compreendo e acredito fortemente que é necessário respeitar o ritmo de trabalho do grupo de educadores com quem estou trabalhando. É por isso que escolas diferentes com as quais interagi desenvolveram o seu trabalho de sua própria maneira. Algumas escolas foram capazes de desenvolver uma colaboração comigo analisando suas experiências e dando-lhes visibilidade por meio do processo de documentação do trabalho que discutimos juntos. Durante encontros abertos ao público, todos os educadores conseguiram responder a perguntas que lhes foram feitas, demonstrando um alto nível de consciência, incluindo as motivações por trás de suas escolhas e experiências. Ao fazer isso, eles perceberam que jornada eles estavam trilhando e o quanto eles haviam crescido ao visibilizarem e explicarem o seu trabalho. Quando esses níveis são alcançados, os próprios educadores sentem-se motivados a continuar a buscar níveis mais altos. Eles também ficam mais abertos a compartilhar e a aceitar diferentes pontos de vista e, acima de tudo, tornam-se capazes de falar sobre seu trabalho e sobre suas ideias sem se intimidarem. Na verdade, os professores tendem a mudar sua atitude e a compreender a importância e a necessidade de ensinar e aprender ao mesmo tempo.

Gandini: *Você pode explicar mais sobre o processo e a jornada que você e Margie Cooper realizaram com essas escolas?*

Gambetti: Todas as mesmas passagens aconteceram com algumas pré-escolas e uma creche, respeitando a diversidade de cada um desses contextos. Então, outra escola começou a colaborar. Muitos dos educadores foram à Reggio Emilia. Na minha visão, o nosso trabalho profissional dentro de cada contexto chega a um ponto crucial quando uma viagem a Reggio Emilia é um importante passo no desenvolvimento dos professores. É importante ir até a fonte da experiência que os inspira, e isso está agora em processo.

Gandini: *Me pergunto, é melhor ir até Reggio somente depois de ter havido certo número de experiências de coconstrução e de aprendizagem por meio dos relacionamentos? Se for muito cedo na própria aprendizagem, será que a surpresa e o espanto não serão demais, impedindo a observação das múltiplas camadas do que acontece nas pré-escolas de Reggio Emilia?*

Gambetti: Vi ambas as experiências. Em qualquer caso, sempre há reações emocionalmente fortes. Às vezes, vir até Reggio Emilia faz os educadores visitantes perceberem os importantes valores da vida que não são tão aparentes em suas próprias escolas, talvez por causa da complexidade das oportunidades que podem não ser oferecidas. Esses elementos costumam estar conectados à identidade do seu próprio contexto de trabalho. Exatamente porque as escolas de Reggio são tão diferentes umas das outras, apesar de se inspirarem na mesma filosofia, as interpretações dos princípios filosóficos são diferentes, portanto, as escolas oferecem uma visibilidade diferente da sua identidade. Mesmo após essas visitas a Reggio, há professores que não continuam a aprofundar o seu trabalho e me perguntam como "fazer Reggio". Eu lhes explico toda vez que são eles que precisam me explicar se, quando e quanto eles querem entrar em um diálogo com a experiência de Reggio, primeiro focando-se na compreensão e na identidade do próprio contexto.

Conforme Howard Gardner, não se pode transplantar o que é feito em Reggio Emilia para outro lugar como se fosse uma planta, mas se as pessoas quiserem mudar o seu contexto, as observações precisam começar com o que o seu contexto oferece e o senso de participação que ali há.

Gandini: *Voltando ao poder da observação, aquilo que você descreve leva os educadores a observarem a si mesmos no próprio contexto?*

Gambetti: Peço que os educadores se observem, observem o seu contexto e assumam uma atitude de pesquisa. Podemos ficar refletindo bastante sobre a mudança de atitude com relação ao próprio trabalho. Às vezes, a equipe de uma escola muda enquanto o grupo de educadores está refletindo em conjunto, o que aumenta a dificuldade do seu trabalho. Aqui, estou me referindo especificamente aos Estados Unidos. Em Miami, por exemplo, nos muitos anos de colaboração com a escola L'Atelier e a diretora Simonetta Cittadini, houve grande rotatividade de profissionais devido a diversos fatores. Contudo, como Simonetta é uma pessoa muito determinada em sua busca por alta qualidade, ela investiu no papel de alguns professores que ficaram em sua escola como coordenadores pedagógicos, e a presença deles proporcionou uma continuidade construtiva dentro da escola. Portanto, também acho que mudanças no quadro profissional, em alguns casos, podem ser contrapostas se houver investimento suficiente na colaboração, na parceria e, como sempre, na qualidade do trabalho.

Gandini: *Lembro que você disse que é importante observar muito antes de abrir um diálogo sobre o que os professores consideram difícil ou problemático.*

Gambetti: A observação de uma sala ou de um espaço com um grupo de crianças e seus professores em ação é algo que faço após ficar algum tempo na escola, sendo decidido em colaboração com os educadores, já que essa é uma coisa delicada de se fazer e requer muito respeito pelas situações que são observadas. Em particular, para relatar as próprias observações é necessário ficar atento para evitar julgamentos, encorajando os professores a interpretarem as suas próprias atitudes enquanto elas são observadas. Como estratégia, sempre encorajo professores, diretores ou coordenadores pedagógicos a observarem uns aos outros.

Em qualquer caso, quando observo, assumo o papel de um ouvinte sobre tudo o que acontece. Às vezes, conseguia prever por que algo não funcionava ou como as coisas poderiam correr melhor, mas tento acompanhar os pensamentos e o raciocínio dos professores de tal modo que eles compartilhem suas ideias e cheguem a conclusões por conta própria, sem que eu seja aquela que vai dizer quando as coisas funcionam ou não.

Gandini: *Considerando a sua narrativa, você também passou por vários lugares na observação, tanto da sua experiência em Reggio Emilia quanto no seu trabalho nos Estados Unidos.*

Gambetti: Para mim, em quase 20 anos viajando e passando tempo fora, sempre passei por um processo de aprendizagem. Também aprendi cometendo erros, assumindo riscos e analisando o meu próprio trabalho. No começo, eu me sentia apressada e estava muito voltada a compartilhar as minhas próprias reflexões. Talvez o fato de eu ter conhecimento limitado de inglês (e, portanto, dos termos adequados) me fizesse usar palavras que eram muito fortes. Agora compreendo cada vez mais que, em certas situações, talvez parecesse que eu estava fazendo avaliações apressadas, em vez de ajudar as pessoas a entenderem. A minha transformação ocorreu especialmente ao examinar e revisitar minhas próprias reações e meus pontos de vista. Tenho praticamente aprendido a me documentar enquanto trabalho. Logo, relia as minhas anotações no fim do dia e escrevia páginas de observações sobre o meu trabalho e as reações das pessoas que estavam me ouvindo. Compreendi que, às vezes, a minha intervenção era mais do que uma contribuição, e sim uma avaliação, mesmo que, da parte dos professores que eu estava observando, nunca encontrasse resistência e os meus pontos de vista sempre fossem recebidos positivamente.

Mas aí percebi que essa minha atitude podia passar a impressão de que eu era a única que sabia como ver e como se comportar com crianças e adultos e, consequentemente, eu estava me arriscando a ensiná-los a trabalhar. Quanto mais eu tentava repensar e me observar, mais conseguia mudar as coisas; quanto mais eu participava do processo de compreensão da situação que estava observando, melhor esse período servia para a compreensão dos educadores. Aprendemos como avaliar as situações juntos.

Gandini: *Estou vendo que, de certa forma, você pretende se relacionar com os professores com quem está trabalhando da mesma forma como quando trabalhavam com crianças.*

Gambetti: Agora eu realmente tento prosseguir dessa forma: dando a minha contribuição a partir das contribuições que os professores me dão. Eu olho e peço análises aprofundadas de uma situação para as pessoas que trabalham comigo. Essa "desaceleração", bem como a continuidade do nosso relacionamento, contribuiu para uma maior integridade e um maior valor aos nossos papéis e interações. Quando trabalho em uma escola, trabalho em um contexto que pertence a outros, e esse contexto tem uma dignidade que precisa ser respeitada. É por isso que tento ver e compreender com cuidado e respeitar o modo de trabalho dos professores.

Gandini: *Se pensarmos em termos da sua história nos Estados Unidos e nos muitos anos desde o seu começo em Amherst, as pessoas entenderam o seu método de trabalho com os professores (e, portanto, tam-*

bém com as crianças e as famílias), mas nem todas conseguiram transferir esse conhecimento para os outros. Ainda assim, penso na sua maneira de formar e de tentar ajudar as pessoas a se conscientizarem e a conseguirem auxiliar os outros a compreender com mais profundidade. Penso, por exemplo, em Mary Beth Radke, que começou trabalhando com você e que agora é professora especializada no prazer de ler e aprender; aí, eu penso em Jennifer Azzariti e no modo como ela ajuda professores em seus encontros com materiais. Ela tem um jeito que ajuda a tirar o melhor dos professores.

Há muitas sementes que você plantou. Você descreve como os professores trabalham com uma consciência mais aprofundada e encontra a forma de trabalhar com as crianças e respeitá-las que tende a transformar sua escola em um lugar de alta qualidade de pesquisa em inovação.

Gambetti: Há várias pessoas com quem eu colaborei nos Estados Unidos que têm papéis de liderança em seu trabalho e que conseguiram criar programas de qualidade em suas escolas. Nessas escolas, pode-se ver uma imagem de crianças, professores e de pais que são competentes. Tudo isso não acontece do dia para a noite. Exige investimento de tempo para valorizar as necessidades ou os direitos de todos os envolvidos, requer continuidade, persistência, trabalho duro com um senso de ética, integridade, rigor, responsabilidade e respeito recíproco.

REFERÊNCIA

FORMAN, George; GANDINI, Lella. *An amusement park for birds*. Amherst: Performanetics, 1994. 1 gravação (90 min.), son., color.

11

A comunidade inclusiva[1]

Ivana Soncini

Nota dos editores: A Itália é um líder reconhecido no movimento geral pela integração e inclusão de pessoas com deficiências físicas e mentais. Desde meados da década de 1970, as organizações internacionais apontaram a educação de crianças com deficiências na Itália como a mais inclusiva de todos os países da Europa (BEGENY; MARTENS, 2007; GOBBO, RICUCCI; GALLONI, 2009; PHILIPS, 2001; VITELLO, 1991). Esse movimento pela integração e inclusão começou na década de 1960, quando instituições para pessoas com deficiência foram fechadas e todos os serviços de saúde foram reorganizados em unidades descentralizadas para cada região. Reggio Emilia nunca ficou isolada desse movimento, mas sempre manteve contato e respondeu às necessidades desses tempos. O movimento de desinstitucionalização na saúde mental criou um percurso paralelo dentro da educação contra a segregação de alunos com deficiências e, hoje, está entrando em uma nova fase na formação do pensamento sobre o trabalho inclusivo com famílias e crianças imigrantes.

Em 1971, o parlamento italiano aprovou a primeira lei de educação para crianças com deficiências, estabelecendo o direito a uma educação sem segregação entre crianças nas escolas públicas. Essa lei e uma subsequente, de 1977, relacionam-se ao direito das crianças dos 6 aos 14 anos a uma educação inclusiva, a menos que suas deficiências sejam tão graves que elas fiquem impossibilitadas de frequentar uma aula regular. Todavia, autoridades de saúde e educação reconhecem a necessidade de intervenções desde cedo, e muitas regiões têm programas para crianças dos 6 meses aos 6 anos (CECCHINI; MCCLEARY, 1985; MCCLEARY, 1985). No ano acadêmico de 2004-2005, 10.084 crianças pequenas com deficiências estavam matriculadas no sistema de pré-escolas italianas (federais) – 1,04% do número total de alunos. Elas tinham diversos tipos de deficiência: mental e física (9.270 crianças), visual (299 crianças) e auditivas (515 crianças) (Organização para a Cooperação e o Desenvolvimento Econômico, 2006, p. 363). Muitas outras crianças com deficiências participavam de escolas municipais e privadas.

De acordo com a lei italiana de 1971, uma criança com deficiência é definida como alguém com dificuldades persistentes no domínio de habilidades e comportamentos específicos da idade cronológica; a definição inclui crianças diagnosticadas com Síndrome de Down, paralisia cerebral, retardo mental (QI menor de 60), afasia, psicose infantil, graves deficiências de linguagem e graves problemas de aprendizagem. Surdez e cegueira foram incluídos nos anos seguintes. O serviço local de saúde é a agência responsável pelo diagnóstico. A avaliação costuma se basear em observações conduzidas por diversos cenários, avaliações neurológicas e psicológicas e testes padronizados, quando adequado. Os serviços locais de saúde continuam envolvidos ao longo dos anos, apoiando a criança, a família e os professores. As mesmas pessoas costumam permanecer na equipe por longos períodos, oferecendo continuidade a serviço da criança, da família e da escola, além de auxiliar na transição entre diferentes níveis de escolaridade. Enfatiza-se uma abordagem holística à criança e, em sua maioria, medicamentos psicotrópicos para controle de comportamento não são bem aceitos. (MCCLEARY, 1985).

Em 1977, outra lei nacional especificou estratégias para implementar a integração nas escolas públicas. No máximo duas crianças com deficiência podem ser integradas a uma turma, e não são permitidos mais de 20 alunos nas salas integradas. As atividades extracurriculares devem incluir todos os alunos. Os professores de apoio, que recebem formação especial para trabalhar com crianças com deficiência, formam duplas com professores educacionais em salas integradas, e ambos os professores interagem com todos os alunos. Apesar de não ser requerida nenhuma ajuda específica para crianças com transtornos leves de linguagem ou comportamento, na prática os professores e os membros da equipe de saúde conhecem as crianças abaixo da norma e devem dar-lhes atenção especial, sem as desvantagens do rótulo (MCCLEARY, 1985). Como resultado dessa legislação, a Itália tornou as salas gerais o cenário educacional principal para quase todos os alunos em idade escolar obrigatória. Pesquisas atuais e relatórios confirmam que a ampla maioria dos pais e dos educadores na Itália apoia a ideia da inclusão (VITELLO, 1991, 1994), apesar de estudos rigorosos de resultados dos alunos ainda não estarem amplamente disponíveis.

*O sistema educacional italiano para crianças pequenas com deficiência é uma extensão do modelo de integração dos anos escolares obrigatórios. Em ambos os níveis, a filosofia da integração progrediu da integração física (*mainstreaming *pelo menos parte do dia escolar) à inclusão total, sendo a criança incluída em atividades curriculares e um membro aceito da turma. A Itália eliminou o modelo de déficit e focou-se primariamente em alterar a natureza do ambiente educacional para atender todas as crianças (MCGRATH, 1999).*

Diversos observadores externos especializados em educação especial teceram comentários sobre a atmosfera receptiva e o respeito nas pré-escolas de Reggio Emilia e sobre a forma como os ambientes de aprendizagem estimulam os sentidos e a percepção para apoiar as necessidades sociais e de desenvolvimento das crianças em uma ampla gama de habilidades (NURSE, 2001; PALSHA, 2002; PHILIPS, 2001; SMITH, 1998). Esses observadores também fizeram suas próprias perguntas, por exemplo, relacionadas ao grau em que a documentação regular das crianças é usada para monitorar o progresso e estabelecer objetivos adequados para crianças individualmente (PHILIPS, 2001) e como os professores tratam questões de aprendizagem e comportamento sob o sistema italiano, mas que seriam incluídas nas necessidades especiais caso fossem utilizadas as definições mais amplas do Reino Unido (NURSE, 2001).

Crianças com deficiências ou necessidades especiais frequentemente são chamadas de "crianças com direitos especiais" em Reggio Emilia. Ivana Soncini usa todos esses termos indistintamente.

Eu, Ivana Soncini, como membro da Equipe de Coordenação Pedagógica da Istituzione Pré-escolas e Creches do Município de Reggio Emilia, sou responsável pela inclusão de crianças com direitos especiais nas creches e nas pré-escolas municipais de Reggio Emilia. Sou formada em psicologia, mas este não era um pré-requisito, e eu poderia ter estudado outra área, como licenciaturas ou pedagogia. O meu papel específico foi criado para facilitar a inclusão de crianças com deficiências nas creches e nas pré-escolas municipais de Reggio Emilia. Trabalho com todas as escolas e com todas as famílias de crianças com deficiências. O nosso fundador, Loris Malaguzzi, achava importante incluir crianças com "direitos especiais" nas nossas escolas. Ele sentia que poderíamos aprimorar a nossa experiência e compreensão pedagógica de todas as crianças como resultado dessa inclusão.

DIFERENÇAS ENTRE AS CRIANÇAS: CRIANDO UM CONTEXTO EDUCACIONAL COMPLEXO

Nós queríamos abraçar, e não ignorar, o conceito das diferenças entre crianças. Queríamos encontrar essas crianças diversas e tentar entender o que elas podem nos ensinar. Loris Malaguzzi acreditava fortemente que ter crianças com direitos especiais nas escolas poderia nos estimular, como professores, a pensar em termos de uma abordagem pedagógica muito mais ampla, a expandir os nossos horizontes para todas as crianças. Malaguzzi sentia que as diferenças poderiam estimular novos pensamentos e ideias, porque, ao lidar com diferenças em todas as crianças, não se pode usar métodos homogêneos. O encontro com as diferenças estimula uma incerteza saudável, tornando necessário interpretar, entender e observar mais. Ter essas diferenças no contexto educacional treina o professor a adotar uma atitude de utilização dessa nova maneira de pensar com todas as crianças.

No nosso ponto de vista, uma deficiência é apenas uma das diferenças possíveis que uma criança específica pode ter. Estamos interessados em ver como essa criança integrou a deficiência em sua vida e que estratégias ela usou. Queremos conhecer essa criança – compreender sua subjetividade, o mundo em que ela vive e a imagem que sua família tem dela. Estamos interessados nas mesmas coisas dessa criança como estamos pelas outras. Queremos ter um encontro com essas e todas as exceções. Toda criança tem a sua própria excepcionalidade. Ter uma criança com direitos especiais na classe torna necessário que os professores expandam as oportunidades, as possibilidades e os códigos de comunicação para todas as crianças. Isso força os professores a criarem um contexto educacional mais complexo.

IDENTIFICAÇÃO E REFERÊNCIA: PROMOVENDO UMA LINHA DE RELACIONAMENTOS ENTRE SERVIÇOS

Tentamos incluir as crianças com necessidades especiais no nosso sistema o mais cedo possível. Colaboramos de perto com o serviço de saúde local, onde essas deficiências foram certificadas, para sabermos quem são essas crianças antes mesmo que seus pais as inscrevam no nosso serviço. Hoje em dia, há uma forte cultura de inclusão em Reggio Emilia e ela realmente mudou a nossa forma de ser e a forma de ser das famílias. Uma geração atrás, ter um filho com deficiência significava uma quebra completa no equilíbrio da família. Por exemplo, muitas mulheres deixavam os seus trabalhos para cuidar dessa criança. Contudo, quando as famílias têm apoio educacional e de reabilitação adequado, esse equilíbrio não se quebra. Testemunhamos algumas famílias extraordinárias de crianças com direitos especiais ajudando e tornando-se recursos para os outros. Isso só pode acontecer quando os pais se sentem apoiados.

O processo de identificação normalmente começa no nascimento, no hospital. Quando os bebês são examinados pelos médicos no nascimento, eles são referidos ao pediatra da família se houver algum questionamento quanto a alguma indicação de deficiência. O Serviço Nacional de Saúde certifica que a criança tem uma deficiência que requer serviços especiais. Algumas deficiências, tais como autismo, não têm como ser identificadas ainda neste estágio. O hospital age como um agente de referência, o que funciona bem na Itália. Imigrantes residentes, que não são cidadãos italianos, também têm direito aos serviços de saúde gratuitos desse tipo para seus filhos. Os serviços especiais disponíveis para as crianças por meio do Serviço Nacional de Saúde incluem fonoaudiologia, fisioterapia, terapia psicomotora, psicologia e serviços sociais. Aqui em Reggio, todos esses serviços de saúde e de apoio estão disponíveis para essas famílias e são todos públicos.

As crianças com direitos especiais têm preferência absoluta sobre todas as outras crianças em admissão nas creches e nas pré-escolas municipais. Além do mais, escolhemos não aplicar quaisquer critérios específicos para o aceite ou não de crianças com qualquer tipo de deficiência. As famílias pagam taxas de matrícula para as creches e para as pré-escolas municipais, de acordo com a renda, como todas as outras.

Para promover a inclusão nas nossas creches e nas nossas pré-escolas, antes do início do período de matrículas, faço uma visita aos médicos do Serviço Nacional de Saúde que realizam os exames e o rastreamento dos bebês. Por causa da rede do Serviço Nacional de Saúde, os únicos casos em que iremos deixar de ver a criança é porque ela não tem estatuto de residente. Os pediatras explicam às famílias que as crianças podem frequentar as creches e a pré-escola. A menos que a criança tenha problemas muito sérios, o médico encoraja as famílias a inscreverem-se no nosso sistema de creches e pré-escolas. Recebo uma lista de crianças certificadas, e, quando chega o período de matrícula, verifico quem não se inscreveu para poder entrar em contato com os pediatras e ver se, juntos, podemos encorajar os pais a virem a uma reunião para discutir a nossa abordagem. Assim, o relacionamento próximo e a coordenação entre sistemas são importantes.

Além de ter prioridade na matrícula, as famílias com crianças com necessidades especiais têm o direito de escolher que pré-escola ou creche frequentar. Às vezes, eles baseiam suas escolhas na localização da escola, na presença de amigos ou na estrutura física da escola. Por exemplo, uma família com um filho que era cego escolheu a pré-escola La Villetta, que contém três andares e uma escada estreita. Ficamos preocupados com esse pedido e perguntamos aos pais a respeito, e eles disseram: "Acreditamos que, se o nosso filho dominar o ambiente de La Villetta sob atenção e cuidados da equipe escolar, ele terá autoconfiança para enfrentar qualquer ambiente com que se depare pelo resto da vida".

No meu papel como coordenadora pedagógica, mantenho a linha de relações entre a escola, a família, os serviços de saúde e os serviços terapêuticos. Como estou na Equipe de Coordenação Pedagógica, coordeno junto dos outros pedagogistas também. Preferimos que os diversos especialistas e terapeutas trabalhem com as crianças no seu centro ou na sua escola quando apropriado para que isso ocorra

"il sole, il fiume": Lorenzo

O sol e o rio, de Lorenzo. Extraído de *Looking at Lorenzo*, Girotondo Infant-Toddler Center-Preschool, 2003-2004.

"io e Lorenzo stiamo giocando a palla di dietro nella scuola": Federico

Lorenzo e eu estamos brincando com a bola atrás da escola, de Federico. Extraído de *Looking at Lorenzo*, Girotondo Infant-Toddler Center-Preschool, 2003-2004.

em um contexto normal, e não em um consultório especial. Quando os diversos especialistas e terapeutas vêm até as escolas, queremos que esse período seja harmonioso com as experiências normais da criança ali. Então até os fisioterapeutas, por exemplo, usam o equipamento e os móveis que já estão lá na escola. Estou encarregada de manter os contatos, de tomar decisões com essas pessoas sobre a quantidade necessária de terapia e de coordenar o seu trabalho dentro das escolas com as crianças. Também é útil, para eles, ter um ponto de referência dentro do sistema escolar, naquela parte da vida da criança.

TIPOS COMUNS DE DEFICIÊNCIAS NO NOSSO SISTEMA: TODA CRIANÇA TEM EXCEPCIONALIDADE

Em anos anteriores, os tipos mais comuns de deficiências que víamos nas crianças pequenas de Reggio eram Síndrome de Down; deficiências motoras, incluindo paralisia; psicose; esquizofrenia; autismo; cegueira; surdez; retardo no desenvolvimento devido a anomalias cromossômicas; e problemas emocionais e psicológicos (SMITH, 1998). Hoje, por outro lado, mais da metade das crianças pequenas de Reggio foi diagnosticada com autismo ou transtorno do espectro autista. A maioria das outras tem deficiências intelectuais/cognitivas. Essas duas categorias são as mais comuns. Quero esclarecer que o sistema de saúde italiano não identifica formalmente como "deficiências infantis" todas as doenças possíveis, como déficits de atenção e atrasos no desenvolvimento linguístico. (Isso difere em alguns outros países.) Ainda assim, no contexto das nossas creches e das nossas pré-escolas, respondemos às necessidades emocionais e de aprendizagem de cada criança. De fato, buscamos ser responsivos aos pontos fortes e fracos de cada criança.

O número de crianças com Síndrome de Down diminuiu enormemente no nosso contexto. Temos alguns casos sérios de crianças com paralisia cerebral. Temos alguns casos de cegueira atualmente, mas sem casos diagnosticados de psicose. Claramente, os transtornos do espectro autista e as deficiências intelectuais/cognitivas são os tipos de problemas mais comuns que vemos nas crianças de hoje. Por exemplo, das 40 crianças identificadas com necessidades especiais que estão atualmente no nosso sistema de creches e pré-escolas, há 20 que foram diagnosticadas com transtorno do espectro autista.

O número cada vez maior de crianças pequenas com transtornos do espectro autista é assustador e reflete uma tendência vista não só entre crianças em idade escolar em Reggio, mas também em crianças de toda a região da Emilia Romagna e no mundo todo.[2] Trata-se de uma questão preocupante que tem recebido bastante atenção. É claro, estou preocupada com os números. Como pode ser possível que, nos últimos 10 anos, tenhamos passado de alguns poucos casos para esses números tão altos? A resposta que costumo ouvir é que estamos mais preparados para notar e observar comportamentos do tipo autista, mas, francamente, isso não é explicação que chegue para mim. Observei uma grande variedade de diferenças entre as crianças. São apenas alguns poucos casos que podemos enquadrar na definição médica clássica de autismo. Frequentemente, as crianças diagnosticadas com autismo apresentam grande variação entre si, e acho que isso deveria ser o foco de mais pesquisas.

O PROCESSO DE TRANSIÇÃO: UMA ENTRADA LONGA E GRADUAL

Todas as crianças em Reggio Emilia têm uma entrada longa e gradual nas creches e nas pré-escolas. Esse período pode ser ainda mais longo para crianças com direitos especiais para facilitar o seu processo de separação e dar conta do apego. No caso de uma criança com autismo, por exemplo, os pais e os filhos visitaram a creche por um ano inteiro antes de ela começar a frequentar o programa formalmente.

Realizamos diversas coisas para orientar uma criança nova e sua família, dando atenção específica ao sono e à alimentação. Na nossa reunião com os pais, buscamos aliviar quaisquer preocupações possíveis que eles possam ter quanto ao início de seus filhos na escola. A nossa relação com os pais tem de ser cuidadosamente pensada e planejada. Construir uma relação positiva é a parte mais importante do nosso trabalho preliminar: todos os arranjos são feitos tendo-se o conforto dos pais e dos filhos como a mais alta prioridade. Os pais relatam que, ao fazermos tantas perguntas sobre seus filhos, nós lhe passamos confiança de que compreendemos todo o básico sobre as suas necessidades e exigências, seus gostos e desgostos. Isso é especialmente reconfortante quando seu filho é um bebê, e eles já estão se sentindo culpados ou relutantes em deixarem-nos com outras pessoas. Além disso, o processo de perguntas proporciona um tipo de modelo para os pais, encorajando-os a realizarem os próprios questionamentos sobre os filhos.

O trabalho com crianças com direitos especiais é considerado uma tarefa de educação compartilhada, envolvendo os pais, os professores, a pedagogista da creche e da pré-escola e a mim mesma. Isso significa que, como todo o nosso trabalho com as crianças, começamos com a observação e a documentação. A observação e a documentação são sempre fundamentais, mas são particularmente benéficas para as crianças com direitos especiais.

O que fazemos é isso: quando uma criança com direitos especiais chega na aula, já conhecemos o diagnóstico de sua deficiência e sabemos o que descobrimos em conversas diretas e observações com os pais. Todavia, não sabemos nada sobre a nova situação e as possíveis relações da

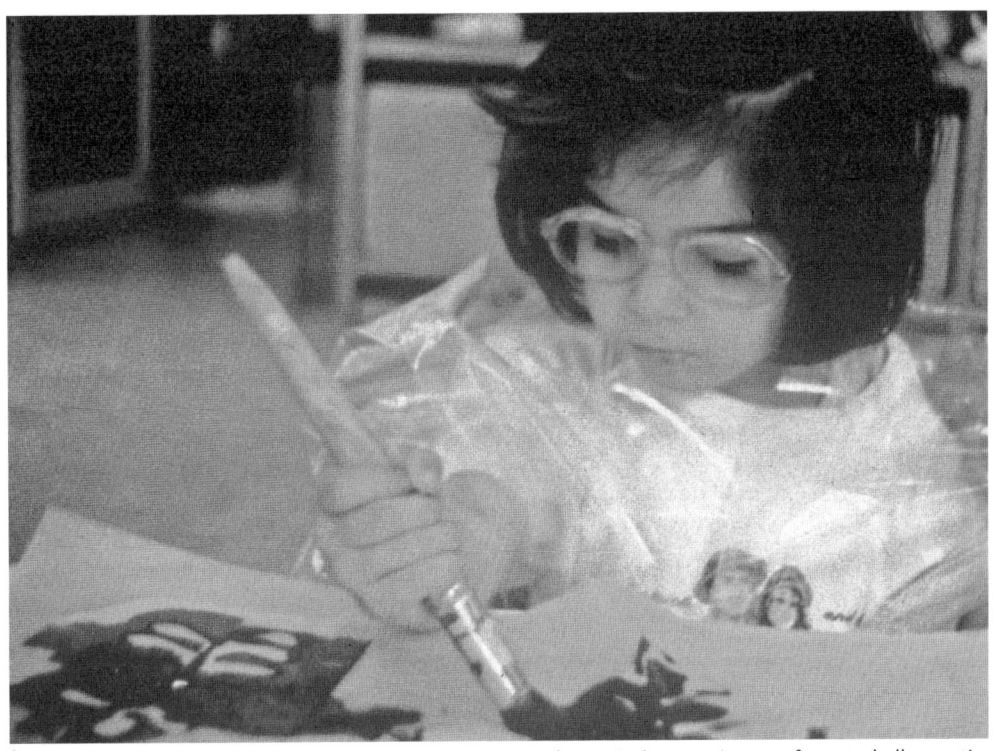

Às vezes, um pincel com um cabo comprido e uma tinta forte ajudam a criança a fazer trabalhos satisfatórios.

criança no ambiente do centro ou da escola. Então, em primeiro lugar, precisamos conhecer a criança. No início do ano, nós lhe oferecemos uma ampla gama de possibilidades, porque precisamos entender suas escolhas, seus desejos. Após um período bastante longo de observação e documentação iniciais, nós compomos aquilo que chamamos de "Declaração de Intenção". Esse é um acordo escrito entre escola, pais e equipe do serviço de saúde para garantir colaboração. A declaração inclui definições sobre os métodos e materiais que possivelmente usaremos, assim como quaisquer ideias sobre como o trabalho pode ser realizado. Isso dá um foco às relações, com pessoas, objetos e com o ambiente. Nas páginas finais da declaração, o plano do projeto do ano é delineado e inclui objetivos para a criança e a família, para colegas, professores e a equipe do serviço de saúde que irão auxiliar na educação da criança.

A Declaração de Intenção para a criança com direitos especiais não é um documento vinculante formal que a equipe precisa seguir sem flexibilidade. Na verdade, conforme vamos conhecendo a criança, espera-se que os professores revisem, reinterpretem e refinem o programa continuamente, sob minha supervisão e da pedagogista da escola. A ideia do plano não é se focar apenas nas deficiências da criança, mas também em suas tremendas capacidades. É importante oferecer muitas possibilidades ricas e ter altas expectativas. O nosso trabalho é ajudar a criança a encontrar um caminho e fazemos isso por meio da motivação e do interesse.

Você pode questionar se há expectativas dos sistemas de saúde e educacional que são observáveis, replicáveis e mensuráveis. Na nossa visão, é papel dos médicos e do sistema de saúde coletar dados que possam ser avaliados com propósitos estatísticos. Dentro das creches e das pré-escolas, tendemos a evitar avaliações padronizadas, nos focando, ao contrário, nas nossas ferramentas pedagógicas para acompanhar as crianças. Desde o início, as crianças são avaliadas pelo sistema de saúde para analisar sua deficiência e seu progresso. Essas informações são importantes, mas nós vamos mais longe. A colaboração que desenvolvemos com o sistema de saúde é poderosa e tentamos ter relações constantes e contínuas.

PARCERIA COM FAMILIARES: TROCANDO IMAGENS DA CRIANÇA

Quando as famílias ficam confortáveis e sentem que é possível compartilhar este evento de suas vidas com os outros, elas têm um desejo muito maior de se envolver com a criança e muito mais interesse na qualidade da sua relação com ela. Por exemplo, há muitos anos, as crianças com direitos especiais ficavam na escola o dia todo. Cada vez mais, vemos que as famílias estão mais ansiosas por levar seus filhos para casa mais cedo e passar um tempo com eles. Eu também vi famílias colocando estratégias incríveis em ação e utilizando os recursos mais inesperados para confrontar a situação. Precisamos mudar a atitude de que temos de ensinar às famílias algo novo. Não podemos nos esquecer de que são elas que ficam com a criança em casa, frequentemente por um ou dois anos, antes de ficar conosco, e são elas que têm muito a ensinar. A nossa atitude para com as famílias é realizar trocas e oferecer nossos diferentes pontos de vista para construir um projeto educacional geral para as crianças. Talvez o nosso ponto de vista, como professores, seja ligeiramente mais desapegado, já que não estamos tão envolvidos emocionalmente quanto elas estão com seus filhos.

Ambas as perspectivas são valiosas. Por exemplo, muitas crianças com deficiências físicas complexas irão aprender a comer sozinhas na escola. A mãe nos ensina muito sobre a forma como a criança segura a colher, o jeito que senta. No entanto, ela também diz: "Não deem comida sólida. Ela pode engasgar". Ainda assim, o serviço de saúde pode ter dito à escola que não tem problema dar comida sólida a essa criança. Então, ao tentar dar algo sólido para a criança comer, contribuímos com algo novo ao que a mãe já começou. Após ver a nossa experiência, a mãe pode tentar dar sólidos para a criança comer em casa. É esse o tipo de troca constante.

Frequentemente, vemos que algumas famílias têm dificuldades para participar de reuniões de turma com outros pais, enquanto algumas se recusam a participar de tudo. Isso faz perguntar: "Por que isso está acontecendo?", e desenvolvemos outras estratégias. Com essas famílias, marcamos reuniões mais frequentes com elas, os professores e comigo. Por exemplo, podemos mostrar um vídeo ou outra documentação que fizemos com a criança. Os vídeos são uma ferramenta poderosa para usar com crianças com direitos especiais para conhecê-las melhor e usar nas discussões com as famílias. Com o vídeo, podemos identificar os menores detalhes das mudanças das crianças.

Além das trocas diárias, nós nos mantemos atentos à troca de informações entre casa e escola. É extremamente importante documentar o que acontece na escola com as crianças com necessidades especiais e compartilhar observações com as suas famílias. Precisamos produzir fotografias das crianças no contexto educacional, imagens de como as outras crianças se relacionam com elas. Com frequência, há certas coisas que os pais têm medo de perguntar aos professores sobre seus filhos – por exemplo, como as outras crianças os veem. Ainda assim, eles ficam imaginando o que acontece e como as outras crianças lidam com o seu filho. É muito comum que eles imaginem situações negativas, e é por isso que eles têm medo de perguntar.

O nosso objetivo é dar às famílias a possibilidade de construir uma nova imagem do seu filho. Frequentemente ocorre que a família volte do hospital para casa não só com um filho com deficiência, mas também com uma lista de coisas que a criança não pode fazer. O que queremos é estimular as famílias a imaginarem o que pode acontecer e o que é possível, e isso só pode se dar quando as crianças são incluídas no contexto educacional. As crianças têm o direito de ser respeitadas no seu crescimento e desenvolvimento; elas mudam e aprendem.

Permita-me relatar uma história sobre uma garota que não se comunicava verbalmente e tocava com o grafite do lápis no papel continuamente, fazendo pontos na página. Era irritante para os professores. Uma vez, quando estávamos filmando essa criança, eu perguntei para as outras crianças: "O que vocês acham que ela está fazendo?". Não havia indícios de que as crianças considerassem isso estranho. Elas disseram: "Ela está deixando marcas. Está deixando traços". A psicóloga que estava trabalhando com essa garota concordou plenamente com o ponto de vista das crianças. Essa era a única forma em que a garota podia deixar rastros de si mesma, sua identidade, e eram as crianças que estavam sugerindo isso. Como resultado, alteramos a direção do nosso projeto educacional com ela. Também compartilhamos a documentação com a família.

Em todas as experiências de documentação nas salas, as crianças com direitos especiais aparecem e, portanto, são visíveis para suas próprias famílias, assim como para todas as outras famílias. Não acho que a dificuldade ou relutância de algumas famílias em participar das reuniões de turma se devam ao que os filhos exigem dos pais. Acho que depende mais do fato de esses pais conseguirem abandonar a imagem que tinham de seus filhos antes de eles nascerem, sua ideia de como eles seriam. Alguns pais falaram sobre isso conosco, e eles podem ter dificuldades de se reunir com os outros pais quando veem pais com os filhos que eles queriam ter. Nem sempre podemos ajudar essas famílias completamente, porque essa é uma situação difícil, e os problemas são profundos.

Atualmente, as nossas parcerias com as famílias e os serviços locais de saúde passaram a dar apoio e a serem mantidas de maneiras importantes. Os profissionais dos serviços de saúde em Reggio Emilia consideram não apenas a importância dos aspectos médicos, mas também a dos educacionais no crescimento e no desenvolvimento das crianças. Crianças com autismo vêm até a clínica duas vezes por semana para fazer a fonoaudiologia focada na emergência da linguagem espontânea. Elas também recebem intervenção comportamental, o que chamamos de *pedagogia estruturada*, que envolve uma modificação leve e flexível de comportamento.

Modelos para o trabalho com crianças com autismo proliferaram, e a estrutura específica que favorecemos em Reggio se baseia em uma abordagem norte-americana conhecida como Modelo Denver[3] (ROGERS; DAWSON, 2009). Até agora, temos no nosso "DNA coletivo" uma filosofia de cuidado e educação baseada na relação com as crianças pequenas que se espalhou até para os nossos serviços de saúde. Nas nossas creches e nas nossas pré-escolas, dá-se grande importância às relações e à sua qualidade. Assim, também no cenário clínico, atenta-se à criação de um relacionamento enfático entre adulto e criança, um relacionamento brincalhão, uma relação que leva em conta quem a criança é. Por exemplo, uma criança pequena com autismo que não quer participar de uma interação estruturada ou seguir os outros nunca é obrigada a isso. A criança é orientada a fazer coisas que fortaleçam conexões muito precisas de causa-efeito e apoiem a relação terapêutica da criança com o adulto.

Os profissionais da saúde estão cada vez mais convencidos de que esse tipo de intervenção formal adulto-criança não deve ser o único oferecido, porque o que a criança aprende no ambiente clínico pode não ser generalizado para outros ambientes. Eles reconhecem que a escola também tem uma forte influência terapêutica e uma grande contribuição a fazer. Portanto, os serviços de saúde designam um de seus professores clínicos para se reunir com cada criança com autismo uma vez por semana na creche ou na pré-escola da criança. Esse profissional, preparado no campo do autismo, também trabalha com professores regulares na creche ou na pré--escola para demonstrar como falar ou agir com a criança. De fato, nas nossas creches e nas nossas pré-escolas em Reggio, estamos utilizando os princípios do Modelo Denver nas interações com crianças com direitos especiais, sendo que o consideramos útil para escutar as crianças e encorajar a linguagem. É claro, contextualizamos as técnicas à nossa situação. Um exemplo disso se vê na observação de Matteo (veja a caixa de texto a seguir).

MATTEO E SUA PROFESSORA DE APOIO

Matteo é um garoto de 5 anos diagnosticado com transtorno do espectro autista.[*] Ele frequenta a pré-escola La Villetta há 3 anos. No início, ele não falava e tendia a jogar objetos que estavam próximos, mas ele evoluiu muito. Agora é hora do lanche. A professora auxiliar prepara três cadeiras e um banco diante da bancada onde a maioria das crianças está sentada. Matteo é encorajado a sentar ao lado da professora, voltado para a bancada. Ele toca o rosto dela. Rosi leva Matteo pela mão e o guia até a cozinha para preparar um prato de frutas. Ela carrega o prato, e Matteo a segue. Ele pega o garfo no prato e o afasta dela. A professora intervém e o para, enquanto Rosi lhe pergunta: "Aonde você está indo?". Eles voltam juntos e ficam diante do grupo sentados na bancada. Matteo senta em uma cadeira entre a professora e Rosi.

A professora diz: "Chame os amigos". Então ela dá ao Matteo – um de cada vez – os cartões com a foto de cada criança. Matteo olha para cada foto, depois olha para a criança designada e chama o nome dela. A criança que é chamada responde imediatamente e vem usar o garfo para pegar um pedaço de fruta do prato, que foi posto no banquinho. Quando Matteo chama um nome, ele entrega o cartão com foto para Rosi, que segura uma pequena caixa pronta para coletá-los. A professora sorri, e as crianças que são chamadas parecem satisfeitas quando vão pegar o seu pedaço de fruta. Algumas vezes, Matteo se distrai, e Rosi acaricia sua face. Ele sorri e continua na tarefa, com as crianças respondendo com gentileza. Toda vez que ele diz um nome, a professora ou uma das crianças diz, "*Bravo!*" ou "*Bravissimo. Tommaso! Bravo!*" (confirmando que era Tommaso neste caso).

Em determinado momento, Rosi mostra, apontando com o dedo, uma das fotos que a professora acabou de lhe entregar, dizendo: "Olha!" Ele diz o nome e acrescenta "em casa". Várias crianças dizem "*Bravissimo!*". Uma diz: "Ele nem procurou!". Quando Matteo chega à sua própria foto, ele diz: "Sou eu". Rosi faz carinho, ri e pega a foto para colocá-la na caixinha que está segurando. Matteo pega um pedaço de maçã com o garfo. Quando está tudo terminado, Matteo e Rosi saem juntos para jogar fora uns pedaços de maçã excedentes.

[*] Além dos exemplos de Soncini e das histórias neste capítulo, há dois estudos de caso adicionais publicados sobre Reggio Emilia e crianças com direitos especiais: a história de Lucas (GANDINI; GAMBETTI, 1997) e a história de Stella (SMITH, 1998, p. 209-213).

Por fim, para completar o círculo de parceria, os serviços locais de saúde empregam conjuntos de educadores que realizam visitas ao domicílio de cada família para ver como a criança vive em seu próprio contexto e fornecer aos pais estratégias úteis com o seu filho. Toda essa intervenção envolve um enorme comprometimento financeiro, e mesmo isso por si só não basta. Começando este ano de 2010, seguindo requisição nossa, os serviços de saúde marcaram reuniões voltadas para a educação dos pais, ou melhor: aconselhamento e terapia em grupo para dar apoio às questões pessoais dos pais quanto ao cuidado dos seus filhos com direitos especiais. Por exemplo, há pais que parecem não conseguir contar aos parentes ou ao próprio parceiro sobre o diagnóstico do seu filho. Outros têm dificuldades para se reunir com os amigos. Essas sessões em grupo são uma tentativa de dar apoio aos pais que estão tentando lidar com suas emoções e preocupações difíceis. Já estava na hora de isso acontecer. Até agora, nós em Reggio Emilia não fornecemos qualquer serviço de terapia ou aconselhamento, como fazem nos Estados Unidos para famílias com crianças com necessidades especiais. Não proporcionamos programas organizados com psicólogos ou terapeutas, apesar de termos algumas famílias que se organizaram em grupos de autoajuda.

ORGANIZAÇÃO DA SALA E COMUNIDADE: *AMIGOS COMEÇANDO A SONHAR PARA O FUTURO*

Quando incluímos uma criança com direitos especiais em uma turma, é incluído um terceiro professor "de apoio" na sala também. Ela não é uma professora especial, mas uma professora como as outras. Na verdade, parte da minha função é preparar esses professores de apoio, porque eles não receberam qualquer formação específica em educação especial. Isso não é uma desvantagem; pelo contrário, é uma escolha positiva, porque consideramos a criança com direitos especiais como parte do grupo, como uma criança no grupo de pares. Continuamos a enfatizar essa troca na observação de crianças de muitos pontos de vista. Os professores de apoio são escolhidos a partir da lista de professores que participaram na seleção de um trabalho de ensino regular. Atualmente, eles não precisam ter um diploma especial que os qualifique para trabalhar com crianças com deficiências, apesar de já haver esse curso em nível de graduação. Porém, tal situação não vai durar muito, visto que as famílias estão indagando acerca do preparo dos professores de apoio.

Ter um terceiro professor (de apoio) permite que crianças com direitos especiais trabalhem em grupos pequenos. Trabalhar em grupos pequenos permite que os adultos observem mais claramente e prestem mais atenção a todas as crianças, além de possibilitar a iniciação e a consolidação de amizades e de relacionamentos em um tipo de contexto íntimo. Possibilita aos adultos e a outras crianças criar relações mais próximas com a criança com direitos especiais. Descobrimos que rotinas, pequenas ações diárias, são ocasiões maravilhosas para trocas, orientação e valorização das capacidades emergentes.

Em geral, incluímos apenas uma criança com direitos especiais por turma, tanto nas creches quanto nas pré-escolas. Até pode ter duas, mas nunca com a mesma deficiência, porque não queremos que façam comparações entre elas. Os professores na sala são imediatamente estimulados a responder e a usar uma ampla gama de estratégias expressivas (vocalizações, sinais, gestos, olhar, expressões faciais, postura corporal, entre outras) para que a criança com direitos especiais possa viver e ficar nesse contexto.

Ter uma criança com direitos especiais na turma é altamente educativo para as outras crianças, porque as força a ajustar o seu comportamento, sua linguagem, sua comunicação e até seu contato físico. Isso contribui para a aquisição de conhecimento da criança, porque exige que ela seja mais flexível, e a estimula a perceber que o encontro com a criança com direitos especiais é possível. Observei os encontros mais incríveis entre crianças dessas turmas e nunca vi as outras crianças machucarem ou magoarem uma criança com deficiência física ou motora. Testemunhei muitos exemplos de empatia e cuidado, conforme ilustrado na história de Marco, na caixa de texto a seguir. Também vi crianças usando linguagem corporal extraordinária para se comunicar com uma criança com linguagem verbal limitada. As crianças não estabelecem conotações negativas nessas diferenças; pelo contrário, elas reconhecem e, portanto, legitimam essas diferenças. Esse é outro exemplo de como os professores aprendem com as crianças. Toda vez que entro nas escolas, são sempre as crianças que sugerem as estratégias e as abordagens para as crianças com direitos especiais que nem sempre conseguimos enxergar. É por isso que Loris Malaguzzi sempre dizia: "As coisas sobre as crianças e para as crianças só são aprendidas com as crianças".

MARCO E SEUS COLEGAS

Quando Marco chegou na pré-escola Anna Frank, ele já havia passado um ano na creche Salvador Allende. Durante aquele ano anterior, o objetivo compartilhado havia sido o de tentar aumentar o seu relacionamento social e ajudá-lo a interagir com o mundo ao seu redor. Nascido sem os globos oculares, ele usava uma prótese que precisava ser higienizada periodicamente e recolocada, um processo que pode ter sido difícil para ele. Sua família vivia de maneira isolada, então ele não tinha contato com outras crianças. Seus pais, especialmente sua mãe, sofriam com sentimentos de tristeza e depressão. Seus professores ponderavam quais seriam as perspectivas de Marco. Como ele poderia ser auxiliado a encontrar o seu lugar na sala? Como nós, como adultos, poderíamos ser reconhecidos e nos tornar familiarizados por ele? Será que Marco desenvolveria uma linguagem verbal? Que tipo de exploração com as mãos poderíamos esperar? Que motivações poderíamos desenvolver nele para caminhar na direção de áreas identificadas pelo som?

Na creche, tomamos a decisão de conhecer melhor o Marco escolhendo espaços dentro e fora da sala que se diferenciariam pelos sons e pela ressonância dos materiais. Por exemplo, as professoras disponibilizaram instrumentos musicais de percussão em uma área, guizos presos a uma estrutura para escalar em outra, materiais de construção de madeira e de metal em uma terceira e um travesseiro feito de material felpudo para ele sentar na hora da roda. Elas também encontraram um tapete com um bordado grosso fácil para ele sentir quando estivesse engatinhando e o colocaram onde ele pudesse brincar com as outras crianças.

O ano em que entrou na Salvador Allende foi como um renascimento para Marco. Ele começou a usar linguagem verbal, acima de tudo proferindo declarações (frases) que ele usava para pedir ajuda. Por exemplo, ele dizia "me ajuda", "Quero levantar", "Quero sentar", "Quero ficar de pé". Ele também começou a caminhar acompanhado por um adulto e não demonstrou dificuldades de movimento. Ele ainda não usava a linguagem espontaneamente para nomear objetos e sua exploração dos materiais com as mãos era bem limitada.

Sempre que chegava à pré-escola Anna Frank, Marco demonstrava grande prazer em se encontrar com os colegas, que gostavam de cumprimentá-lo na porta e o ajudavam a retirar o casaco.

continua

continuação

> Sua mãe também ficou muito contente! Ele conseguia encontrar facilmente o seu armário, já que ele era marcado por um animal tridimensional que era fácil para ele reconhecer.
>
> As professoras e as crianças na Anna Frank discutiam e compartilhavam os desafios de Marco para encontrar soluções que pudessem ajudá-lo a ir de um lugar ao outro independentemente. Como elas poderiam ajudá-lo a conhecer o caminho até o banheiro, diretamente conectado à sala? Como poderiam ajudá-lo a reconhecer o caminho de sua sala até a cozinha e até a *piazza*? *As crianças poderiam colocar na piazza* algo de que ele gostava tanto para que Marco quisesse ir lá brincar com elas? Todas essas perguntas são relevantes, porque Marco ainda realizava poucas tentativas de se mover ou caminhar sozinho e exibia poucas explorações espontâneas com as mãos de objetos conhecidos, mesmo quando ficavam disponíveis para ele.
>
> Para facilitar que Marco fosse ao banheiro, as crianças pensaram na ideia de criar um caminho tátil, usando um tapete de plástico com protuberâncias em relevo que ele poderia sentir com os pés conforme andasse. Elas experimentaram com diferentes superfícies e tipos de tapete, caminhando de olhos fechados até encontrarem o que consideravam o melhor. Para o caminho até a cozinha, elas pensaram em uma corda com guizos, que foi pendurada na parede, começando após a porta da sala. Por fim, pensando em ir da sala até a *piazza*, seus colegas primeiro escolheram elementos da *piazza* e da sala que viram que Marco gostava de interagir: um cavalo de madeira perto da porta na sala e o piano na *piazza*. Suas ideias eram muitas e demonstravam grande variedade; e elas levavam em conta as necessidades de Marco, que estavam sempre mudando, e as dificuldades que ele gradualmente encontrava.
>
> O que era importante para os professores era que as crianças quisessem brincar com ele e estivessem tentando "pensar no Marco e como o Marco". Elas sentiam empatia por ele e fingiam seriamente ter suas limitações e possibilidades. As crianças discutiam os problemas e as possíveis soluções em grupos grandes e pequenos. Marco participava das discussões em pequenos grupos, de modo que a sua opinião estivesse envolvida. Essas discussões pareceram ativar no Marco alguns movimentos espontâneos e independentes. Em particular – e nós documentamos isso em vídeo – Marco usou o teclado do piano e descobriu os diferentes tons, do baixo ao alto. Ele começou a brincar com os sons na companhia de uma ou de duas crianças e a demonstrar grande interesse em ir até o piano, pondo-se de pé facilmente para tocar as teclas e as diferentes tonalidades. Ele até criou alguns jogos com um amigo, que consistia em um diálogo de sons (estímulo e resposta) e alguns padrões de ritmo. Tudo isso era muito encorajador na história atual do Marco.

Uma questão importante é como promovemos pequenos grupos de crianças que se formam ao redor de seus pares com direitos especiais e oferecem uma noção de pertencimento. Frequentemente, os grupos se formam sozinhos durante a assembleia matinal, em que os professores compartilham com as crianças diversas possibilidades para aquela manhã. Por exemplo: "A professora Luana vai realizar uma atividade com argila essa manhã. Quem quer trabalhar com ela?". Com muita frequência, são as crianças que optam por trabalhar naquele grupo e também que escolhem incluir a criança com direitos especiais. Quando as professoras organizam os grupos, elas tendem a colocar as crianças com direitos especiais em um grupo com crianças hábeis que são boas comunicadoras. Amizades muito fortes foram construídas entre as crianças, e respeitamos isso em termos de sua habilidade de organizar-se em grupos.

Permita-me contar sobre o desenvolvimento de um garotinho chamado Umberto. Quando essa criança chegou ao nosso programa, há quatro anos, ele não conseguia se sentar e passava o tempo todo deitado. Descobrimos que ele tinha uma tolerância muito pequena para estímulos em suas mãos, mas não em sua face. As professoras trabalharam com as outras crianças na turma para encorajá-las a interagir e desenvolver um relacionamento com ele. Certa vez, observamos uma linda interação entre Umberto e duas meninas na sua turma. Estavam todos ouvindo uma música calma e tranquila, e as meninas estavam passando materiais suaves de diferentes cores sobre seu rosto. Elas também estavam tocando sinos para ele. Umberto estava sentado no chão e, quando caía para trás, as meninas o ajudavam a se levantar. A professora entrava e saía da situação para interagir quando achava importante encorajar as crianças a fazerem sugestões. Ela falava com Umberto sobre como ficar de pé e sugeria maneiras de as meninas ajudarem. Uma vez, quando Umberto começou a cair para trás e se segurou, a professora gritou do outro lado da sala, "*Bravo*, Umberto, *bravo!*". Umberto gostava muito desse tempo com as meninas. Ele sorria, batia palmas e fazia barulhos com a boca. As meninas também ficavam alegres ao estar com ele. Elas tocavam o seu rosto e, às vezes, ele mesmo passava o pano. As meninas também ajudavam a assoar o seu nariz e a tomar conta dele.

Com muita frequência, as outras crianças nos davam ideias e sugestões sobre como trabalhar com crianças com direitos especiais (da mesma forma como fariam em relação a outros pares que estivessem causando reações ou protestos pelo seu comportamento). Por exemplo, podemos dizer às crianças: "Isso é o que precisamos fazer com o Umberto. Como podemos fazer isso?". Elas normalmente dão ideias e sugestões que não havíamos considerado ou captam os sinais comunicativos, incluindo gestos e outros métodos não verbais, usados pela criança com direitos especiais.

As outras crianças aprendem que a criança com direitos especiais pode ficar onde bem estiver. Mesmo que a criança não se movesse por conta própria, ela ainda poderia ser mantida por perto. O mais importante sobre oferecer todas essas possibilidades à criança é que ela se torna uma parte do nosso pensamento e, consequentemente, do pensamento das outras crianças. É extraordinário como, com o tempo, essa criança se transforma em parte do pensamento de todos. Elas percebem quando ela está ausente. Elas trabalham com certos materiais e dizem: "A Caterina precisa vir e fazer isso com a gente". Os espaços nas creches e nas pré-escolas não são espaços de separação, mas espaços que encorajam a reunião e o encontro. Sempre há caixas de mensagens onde as crianças podem passar e receber mensagens, e, com muita frequência, a criança com direitos especiais é a que recebe mais mensagens em sua caixa. Essas são todas formas de manter essa criança no grupo e nos pensamentos do grupo.

Certamente, esse espírito de pertencimento deve começar do início. Quando uma criança com direitos especiais entra na sala da pré-escola, primeiro falamos com as outras crianças e realizamos uma discussão aberta com elas. (Na verdade, fazemos algo assim quando qualquer criança nova está prestes a entrar na sala para ajudar esse novo amigo a ser bem recebido pela turma.) Compartilhamos informações sobre a nova criança e envolvemos as outras. Podemos dizer, por exemplo: "O seu novo colega não pode falar igual a vocês, então o que podemos fazer para nos comunicarmos com ele?".

Do mesmo modo, ao final do ano letivo, se a criança está passando para o 1º ano, tentamos conversar com as outras crianças sobre que conselhos daríamos ao seu próximo professor. Em um caso, perguntamos aos colegas o que poderíamos transmitir acerca do seu amigo especial, Francesco, aos professores do ensino fundamental. Isso fazia parte de um projeto que chamávamos de Projeto Ponte para juntar materiais que acompanhariam uma turma inteira da pré-escola ao ensino fundamental. Os amigos reconheceram a possibilidade de Francesco aprender a ler e a escrever, mesmo que precisasse de mais tempo para isso. Foi interressante como eles se lembravam de todas as pequenas mudanças pelas quais ele havia passado durante seus três anos juntos na pré-escola. Acreditamos ser importante que os colegas tenham sonhos para seus amigos com direitos especiais; eles continuarão sendo pares e mediadores no futuro.

AS CEM LINGUAGENS DA CRIANÇA: AMPLIANDO A PALETA DAS LINGUAGENS

Quando não conseguimos usar os códigos habituais de comunicação, predominantemente a linguagem verbal, somos obrigados a nos lembrar que cada um de nós nasce com vários órgãos sensoriais que usamos para entrar em contato com o mundo e nos comunicar. Quando a criança não usa a linguagem verbal, a professora tem uma responsabilidade enorme de interpretar métodos de comunicação alternativos. Ficar nessa situação também nos lembra que toda criança tem seu próprio tempo individual e suas próprias estratégias de aprendizagem.

A inclusão das diferenças também aprimora o contexto educacional geral de outra maneira. Ao desenvolver as experiências de aprendizagem com as crianças, não podemos nem queremos ver produtos ou resultados finais. Tentamos manter a nossa atenção na motivação e nas estratégias da criança para alcançar esses resultados. As mudanças nas crianças com deficiências podem ser mínimas, mas devem ser valorizadas quando ocorrem. Assim, a sua presença nos ensina a ser observadores atentos. Estamos em dívida com as crianças, porque a sua inclusão contribui muito para a qualidade da nossa abordagem e experiência educacional.

Um exemplo extraordinário é o de um menino de 4 anos, que chamarei de Enrico, que estava no seu 2º ano na Escola Andersen. Ele foi diagnosticado com atraso do desenvolvimento psicomotor devido a uma doença genética não determinada. Suas habilidades motoras melhoravam, mas ele era muito menor do que as outras crianças. Ele não tinha comunicação oral, mas ele entendia muito mais do que os médicos haviam nos falado! Ele havia desenvolvido o seu próprio sistema complexo de linguagem de sinais, indicando que estava realizando síntese conceitual. Por exemplo, quando queria falar sobre outras pessoas, ele indicava as características delas que ele considerava mais marcantes. Usávamos linguagem verbal quando nos comunicávamos com ele, mas a nossa linguagem verbal ficou enriquecida pela sua linguagem de sinais.

O jardim externo convida crianças de diferentes habilidades a brincarem juntas.

Naquele mesmo ano, passando por todas as nossas creches e as nossas pré-escolas, estávamos realizando uma investigação sobre como as crianças enxergavam a identidade de sua cidade (DAVOLI; FERRI, 2000). As professoras faziam perguntas aos alunos e, a partir de suas respostas, tentavam entender a imagem que as crianças tinham da cidade. Na Escola Andersen, nós nos perguntamos como iríamos descobrir como Enrico via sua cidade. Como permitiríamos que essa criança comunicasse o que pensava sobre a cidade? Foi um grande desafio. Havíamos tirado fotos das crianças e da cidade durante um passeio e, quando voltamos à sala, projetamos 10 imagens dessa saída em uma tela e pedimos que Enrico indicasse o que ele gostava em Reggio. Dissemos que ele podia apontar, desenhar ou usar materiais sonoros para comunicar suas escolhas. Incrivelmente, Enrico indicou os sons e barulhos da cidade, com atenção especial a um saxofonista em uma esquina na rua. É importante compreender o contexto dessa situação. Como uma criança que não se comunica oralmente indicaria suas escolhas e sua "imagem da cidade"? A paleta de linguagens tinha de ser bem ampla para ele expressar seus pensamentos.

CONSTRUTIVISMO SOCIAL: CRIANÇAS QUE NOS MOSTRAM SUA ABORDAGEM PARA A VIDA

Acredito que crianças com deficiências têm o direito de viver em uma escola que lhes permita construir intersubjetivamente uma representação positiva de si – uma representação que está em mudança contínua. Quando nos referimos à filosofia da observação, ao processo da documentação, também nos referimos ao construtivismo, em que o conhecimento se desenvolve por meio da interação com os outros.

O objeto do conhecimento, o que é observado, não é considerado separadamente do sujeito que observa. Conhecer as crianças que têm direitos especiais é difícil. Portanto, no nosso trabalho, para construir interação e conhecimento, devemos refletir contínua e cuidadosamente sobre as nossas próprias premissas filosóficas. Devemos sempre prestar atenção à construção do entendimento semântico dos adultos e do seu modo de conhecer. As crianças com direitos especiais nos fizeram desviar a nossa atenção para a própria autoavaliação e para encontrar instrumentos que nos possibilitariam uma autoavaliação em relação a elas. Concordamos com as ideias de Jerome Bruner e Franco Kayer, em que nos acreditamos responsáveis por construir uma estrutura ou andaime, por decodificar, desconstruir e construir ou comunicar com as crianças. Para nós, é essencial prestar atenção às nossas ações interpretativas e nos conscientizarmos dos nossos limites e dos nossos potenciais criativos.

Aprendemos com as crianças com direitos especiais, mais ainda do que com as outras crianças, que emoção e cognição estão intimamente conectadas. Também aprendemos, como descrevi, a prestar atenção a outras linguagens além da verbal. As crianças nos motivaram a respeitar o seu tempo e ritmo, mas também a analisar a nossa própria interpretação da ideia de mudança. Como interpretamos a mudança? Tradicionalmente, a mudança tem sido percebida como um movimento rumo à normalidade. Historicamente, o objetivo era trazer uma criança com direitos especiais o mais perto possível de um estado de normalidade. Essa ideia de mudança concentra-se nas deficiências da criança.

Em Reggio, estamos tentando ver as coisas de maneira realista considerando o que é ou não possível em relação à criança. Esse conceito de mudança é especialmente relevante para crianças em condições mais complexas. Esse processo é longo, especialmente para as famílias que estão ansiosas para ver mudanças nos filhos. Frequentemente, as famílias começam pensando sobre a mudança do jeito tradicional como um processo de normalização. Temos sorte de podermos seguir as crianças por um longo período, até 6 anos nas creches e nas pré-escolas infantis em Reggio. Portanto, temos a responsabilidade de ajudar as famílias a enxergarem as possibilidades e os limites de seus filhos realisticamente. As crianças frequentemente aceitam seus limites com mais facilidade do que as famílias. A nossa experiência nos ensinou a prestar mais atenção às famílias e a tentar compreender suas expectativas, em vez de influenciá-los com as nossas. O diálogo com as famílias em relação às suas expectativas é delicado, porque, se não compreendermos quais são suas expectativas, essa conversa irá se transformar em um diálogo entre duas pessoas incapazes de se ouvirem. Nós, como educadores, tivemos de aprender a ouvir as expectativas das famílias.

Também aprendemos que, se prestarmos atenção às diferenças entre as crianças e especificamente às com direitos especiais, poderemos ver que cada uma tem um jeito diferente de ser criança. É importante deixar que elas nos mostrem sua abordagem da vida, pois é a partir disso que aprenderemos como estar com elas. A abordagem das crianças para a vida é um tipo de pesquisa para tentar entender o mundo ao seu redor – uma maneira muito humana de tentar conhecer. As nossas experiências com crianças com direitos especiais qualificaram o nosso trabalho porque nós nos tornamos observadores melhores. Somos mais capacitados para discutir nossos próprios limites e expectativas e para considerar os interesses das crianças de maneira mais aprofundada. Devido às suas condições físicas, a evidência dos interesses das crianças costuma ser sutil e difícil de reconhecer.

Ainda assim, em Reggio, aprendemos que cada criança tem uma forma diferente de alcançar a intersubjetividade. Combinamos o nosso conhecimento em pedagogia com a sugestão clínica para ajudar as crianças a se conscientizarem mais das outras. Descobrimos que, em uma situação rica em estímulos, as crianças com tendências autistas tendem a explorar a intersubjetividade por meio da emoção e do movimento. Aprendemos que as crianças podem se tornar cientes dos outros, por exemplo, revezando-se em arremessos de basquete. Vimos que, quando três crianças quaisquer se sentam em uma mesa com argila, elas tendem a se olhar de tempos em tempos. Em um caso, houve uma criança que se sentiu intimidada pelo círculo de crianças e foi sugerido que ela se afastasse das demais. No entanto, ela encontrou a própria solução. Enquanto estava sentada no círculo, colocava as mãos sobre os olhos e gradualmente movia os dedos para que pudesse ver o grupo de crianças lentamente. Ela estava aceitando ficar com o grupo em seu próprio ritmo, o que significa que havia possibilidade de troca com os outros.

DESENVOLVIMENTO PROFISSIONAL: AUMENTANDO A CAPACIDADE DOS PROFESSORES DE ENXERGAR

Dentro de Reggio Emilia

O desenvolvimento profissional é de importância fundamental em um sistema como o nosso para que o progresso que fizemos seja preservado e continuado. O meu papel é funcionar como a psicóloga e pedagogista responsável pelo projeto educacional e de reabilitação das crianças com necessidades especiais. Contudo, não posso ser a única que mantém a cultura e a história das relações com as famílias, os professores e os serviços locais de saúde. Portanto, o município me disponibilizou uma jovem pedagogista da Equipe de Coordenação Pedagógica para começar a realizar seu desenvolvimento profissional.

Considerando que vivemos em um período de recursos públicos cada vez menores, estamos também buscando organizar maior desenvolvimento profissional para os professores auxiliares (e outros) que trabalham com crianças nas nossas pré-escolas e nas nossas creches. Também estamos trazendo professores de apoio que trabalham em escolas fundamentais. Todos esses educadores trabalham para a cidade, e estamos tentando criar uma rede de desenvolvimento profissional entre eles, porque todos atendem as crianças com necessidades especiais com até 10 anos. Essa troca é absolutamente fundamental, porque é uma forma de conectar passado, presente e futuro nas vidas das crianças; por exemplo, permite que os professores que auxiliam as crianças no ensino fundamental saibam como elas eram quando mais novas.

Estamos nos tornando mais intencionais na promoção de desenvolvimento profissional para o apoio de professores e na promoção de ferramentas de observação mais específicas do seu trabalho. Tenho em mente que temos um contexto extraordinário para a observação de crianças. Por exemplo, uma criança com atrasos cognitivos pode ser estudada conforme constrói uma torre com blocos ou monta a mesa para o almoço, ambas tarefas difíceis para ela. As observações são sempre seguidas por planejamentos de discussão que incluem professores auxiliares e professores de sala sobre que intervenção e apoio dar às crianças. Também obtive permissão da universidade para que os nossos professores auxiliares (e outros professores) examinem ou participem do curso sobre deficiências infantis.

Na observação, seguimos os mesmos métodos que usamos com todas as outras crianças, mas com a vantagem da nossa longa experiência nas escolas, assim como a nossa abordagem construtivista. Por exemplo, um professor auxiliar pode se aproximar de uma criança de 4 anos que está bem ajustada de maneira geral, mas que não tem ideia sobre como começar a construir com blocos ou fazer um desenho. A princípio, a criança pode ficar confusa com questões que buscam obter raciocínios mais elevados, tais como "O que você acha que podemos fazer com esses blocos?" ou "Você acabou de fazer isso, como acha que devemos prosseguir?" ou "Como você poderia desenhar essa ideia?".

Com todas as crianças, buscamos formas pelas quais elas reconheçam escolhas e possibilidades e representem a sua experiência. Representação mental é aprendizagem; é uma forma de saber. As crianças que parecem não ter habilidade de planejar ou representar podem encontrar ajuda por meio da intervenção de um professor que as encoraje a começar a planejar ou começar a desenhar a parte que mais lhe interesse. Se nós fizermos sugestões gentis e ajudarmos gradualmente as crianças fazendo perguntas, estaremos seguindo a nossa filosofia, conforme inspirada por Loris Malaguzzi e as teorias psicológicas de Lev Vygotsky e Jerome Bruner. Devemos aprender a ajudar cada criança exatamente onde ela encontra dificuldades; é como se estivéssemos escolhendo prosseguir com maior atenção, mesmo que em um ritmo mais lento do que o nosso normal.

Relevante a essa discussão é o fato de que também tivemos um influxo de novos professores entrando no nosso sistema. Com esse influxo, vem uma necessidade de voltar a estudar como as crianças aprendem. Quando um sistema educacional como o nosso consolida boas práticas, originalmente baseadas em conhecer intimamente um grupo específico de crianças, com o passar do tempo surge o risco de que essas práticas afastem-se das crianças e das famílias contemporâneas – ou seja, daquelas que estão conosco hoje. Em vez de tomar conclusões precipitadas quanto às técnicas, sinto que deveríamos voltar a estudar os processos da aprendizagem de diferentes crianças. Devemos sempre lembrar que temos uma nova geração de professores e uma maior diversidade de alunos do que há 20 anos. O estilo educacional dos pais está mudando; as crianças vêm até nós de diferentes países e origens econômicas. Portanto, é importante voltar aos fundamentos da observação de crianças individualmente e do reconhecimento de que cada uma tem maneiras únicas de aprender e se desenvolver.

Por meio da nossa pesquisa, também queremos agregar à literatura do desenvolvimento longitudinal das crianças com deficiência. Ao dar início a essa iniciativa, ganhamos o auxílio de Tiziana Filippini, que irá dedicar agora um número de horas para nos auxiliar nessa colaboração. O esforço de documentação, chamado de *Officina Educativa*, será um sistema de colaboração entre educadores que trabalham com questões relacionadas a crianças com deficiências do nascimento aos 10 anos. Também estamos tentando envolver os professores de apoio em Reggio que trabalham para as pré-escolas públicas (nacionais).

Há muito tempo, Lorenzo Milani escreveu em *Lettera a una Professoressa* (SCUOLA DI BARBIARA, 1967) que uma escola laica e verdadeiramente democrática deveria proporcionar oportunidades a todos, considerando todas as diferenças (e desigualdades sociais) para oferecer a cada pessoa a possibilidade de dar o melhor de si. As escolas não devem beneficiar mais os ricos do que os pobres; todas as crianças têm o direito a possibilidades iguais, independentemente da origem. A mensagem de Milani tem sido influente em Reggio Emilia, mas a jovem geração de professores não conhece essa herança; logo, precisamos recapturá-la e apresentá-la a eles. Entendo que nós, que somos mais velhos, temos essa história dentro de nós e podemos ajudar os educadores mais jovens a encontrá-la. Por exemplo, reflexões sobre as diferenças são mais do que adequadas devido às diferenças encontradas nas nossas escolas atuais. Como vivemos em uma cidade pequena, isso é possível de fazer. Podemos ampliar o círculo de aprendizagem e a troca de conhecimento adquirido no campo por meio do desenvolvimento profissional.

Indo além de Reggio Emilia

Além do desenvolvimento profissional que conduzimos na nossa cidade, frequentemente realizamos sessões de desenvolvimento profissional em escolas italianas fora de Reggio. Ao assistir a filmagens de experiências de uma dessas escolas durante uma sessão de desenvolvimento profissional, observamos que as crianças com direitos especiais eram bem cuidadas pelos professores. Contudo, também observamos que essas crianças às vezes não interagiam com as outras. Ao assistir aos vídeos das escolas de Reggio, os professores de outros locais se surpreenderam ao ver tantas crianças interagindo com crianças com direitos especiais. Eles nos disseram que seus alunos não se aproximavam das que não conseguiam falar porque as crianças com deficiências podiam ter medo das outras; isso, é claro, dificultava a interação. No entanto, parecia que os professores estavam impondo as suas próprias interpretações sobre as crianças – era ideia deles que as crianças com deficiência teriam medo das outras e não conseguiriam se comunicar com elas.

Como as crianças com direitos especiais podem construir sua própria subjetividade, sua própria noção de si quando veem as outras crianças a distância? Percebemos que, em muitas dessas situações, os professores ou terapeutas estavam agindo quase como guarda-costas, sempre próximos das crianças tentando antecipar todas as suas necessidades. Os adultos pareciam estar agindo por um sentimento de piedade, em vez de acreditar no potencial das crianças. Em outras situações, havia adultos que tinham tamanho conhecimento clínico, que sabiam tanto sobre os diagnósticos das crianças que tendiam a abordá-las de uma perspectiva muito estreita, que impunha limitações ao que eles consideravam relevante ou possível.

Em ambas as situações, barreiras ou limites artificiais influenciavam as crianças com direitos especiais em seus esforços para desenvolver uma noção de si. Em vez disso, nós, como adultos, precisamos nos conscientizar de que podemos ser o obstáculo ao desenvolvimento da subjetividade das crianças. A coisa mais importante que professores, outros adultos e crianças podem fazer para auxiliar o desenvolvimento de uma representação positiva de si é reconhecer esses esforços e essas tentativas que as crianças com direitos especiais estão fazendo por conta própria ao interagirem e aprenderem na sala e em casa.

A competência das crianças com necessidades especiais às vezes é ignorada, porque os professores não conseguem vê-la como se estivessem cegos para ela. Se tivermos consciência dessa tendência, então podemos fazer algo a respeito. Observação e documentação são fundamentais.

Quanto mais situações criarmos quando podemos observar e documentar as crianças, mais elas poderão nos ver. Por exemplo, uma criança pode se fechar em uma situação que tenha a ver com a exploração de materiais, mas se abrir para um jogo de tabuleiro. Portanto, devemos preparar muitas situações e documentá-las e interpretá-las. Na verdade, eu me sinto encorajada quando os professores compartilham inconsistências no comportamento das crianças, porque mostra que eles percebem a existência de diferentes maneiras pelas quais a criança pode revelar o que passa em sua mente. Vídeos, em particular, registram mudanças específicas e esforços minuciosos que os professores não percebem facilmente na hora; eles nos permitem estudar e rever momentos que são difíceis de perceber sem essa ferramenta visual. Também podemos usar um vídeo para revelar mudanças de longo prazo nas crianças. Descobrimos que, durante as sessões de desenvolvimento profissional para professores que ocuparão papéis auxiliares na sala, é fundamental mostrar vídeos de experiências com crianças com direitos especiais durante o ano letivo anterior. Tais lições nos permitem ouvir a interpretação dos novos professores e integrá-las com interpretações dos professores que trabalharam com as crianças no ano que passou.

Com base em tudo o que aprendemos sobre o trabalho com crianças com direitos e competências especiais, precisamos começar a pensar em passar as nossas experiências para a cidade como um todo, para que tenhamos outros locais e outros espaços receptivos às crianças pequenas com direitos especiais, de modo a tornar toda a comunidade mais aberta e acessível para elas. Eu odiaria pensar que as crianças estão inclusas apenas nas nossas pré-escolas e nas nossas creches, ficando invisíveis além dos nossos muros.

Aqueles de nós que foram pioneiros têm uma enorme responsabilidade. Precisamos falar de maneira mais direta com os planejadores, arquitetos e *designers* da cidade e passar essas ideias à comunidade como um todo.

NOTAS

1 Este capítulo, compilado por Carolyn Edwards, baseia-se em entrevistas e materiais coletados por Lella Gandini de Ivana Soncini, em 2010 e 2009, assim como em entrevistas com Ivana Soncini, publicadas em Gandini e Kaminsky (2006), Kaminsky (1997), Palsha (2002) e Smith (1998). Agradecemos pela contribuição da doutora Cathy Carotta de Omaha, Nebraska, por comentários críticos.

2 O autismo, descrito pela primeira vez em 1943, não é mais considerado um transtorno raro e estigmatizado. Na verdade, a variação em deficiências de desenvolvimento atualmente conhecida como "transtornos do espectro autista" afeta um número cada vez maior de indivíduos no mundo. Alguns apontaram para toxinas ambientais ou outros fatores que podem estar por trás da "explosão" de casos, ao passo que outros acreditam que o aumento na incidência reflita maior consciência do público, critérios diagnósticos mais evoluídos e relatos melhores. Para uma discussão mais aprofundada dos elementos culturais e históricos da doença, incluindo descrição da experiência de famílias de crianças autistas em diversos países, os editores recomendam o livro mais recente de Grinker (2007).

3 O Modelo Denver é uma abordagem de desenvolvimento para o tratamento de autismo, desenvolvido originalmente pela doutora Sally Rogers, que, naquele momento, trabalhava na University of Colorado. Ela oferecia intervenção pré-escolar para crianças pequenas com autismo, chamada *play school model*, porque a intervenção era desenvolvida durante as brincadeiras das crianças. A fundamentação teórica dessa abordagem era a teoria do desenvolvimento cognitivo de Piaget. Ao longo dos anos, o Modelo Denver incorporou alguns procedimentos comportamentais, ou Análise do Comportamento Aplicada, mas reteve o seu foco no engajamento social da criança com autismo. O Modelo Denver, como outras terapias de relacionamento, foca-se nas preocupações únicas da criança e no estabelecimento de relacionamentos com outras pessoas.

REFERÊNCIAS

BEGENY, J. C.; MARTENS, B. K. Inclusionary education in Italy: a literature review and call for more empirical research. *Remedial and Special Education*, v. 28, n. 2, p. 80-94, 2007.

CECCHINI, M.; MCCLEARY, I. D. Preschool handicapped in Italy: a research-based developmental model. *Journal of Early Intervention*, v. 9, n. 3, p. 254-265, 1985.

DAVOLI, M.; FERRI, G. (Ed.). *Reggio tutta*: a guide to the city by the children. Reggio Emilia: Reggio Children, 2000.

GANDINI, L.; KAMINSKY, J. A. To know a child with special rights: an interview with Ivana Soncini. *Innovations in Early Education: The International Reggio Exchange*, v. 12, n. 1, p. 1-11, 2006.

GANDINI, L.; GAMBETTI, A. An inclusive system based on cooperation: The schools for young children in Reggio Emilia, Italy. *New Directions for School Leadership*, v. 3, p. 63-76, 1997.

GOBBO, F.; RICUCCI, R.; GALLONI, F.. *Inclusion and education in European countries. Final report 7: Italy*. Holanda: European Commission's Directorate General for Culture and Education, 2009.

GUIDICI, C. The enchantment of writing: approaches to literacy development in the experience of the Reggio Emilia municipal infant-toddler centers and preschools, and with the primary school. *Innovations in Early Education: the international Reggio exchange*, v. 18, n. 2, p. 1-4, 2011.

GRINKER, R. R. *Unstrange minds*: remapping the world of autism. New York: BasicBooks, 2007.

KAMINSKY, J. A. An interview with Ivana Soncini. *Innovations in Early Education: The International Reggio Exchange*, v. 5, n. 3, p. 1-6, 1997.

MCCLEARY, I. D. Overview, Itália. *Journal of the Division for Early Childhood,* 203, 1985.

MCGRATH, B. *National Policy on Inclusion of Students with Special Educational Neds in Italy, Ireland, and the United States.* [S.l.]: ERIC, 1999. Disponível em: <http://files.eric.ed.gov/fulltext/ED436875.pdf>. Acesso em: 21 jan. 2015.

NURSE, A. A question of inclusion. In: ABBOTT, L.; NUTBROWN, C. (Ed.). *Experiencing Reggio Emilia*: implications for pre-school provision. Philadelphia: Open University, 2001.

PALSHA, S. An outstanding education for ALL children: learning from Reggio Emilia's approach to inclusion. In: FU, V. R.; STREMMEL, A. J.; HILL, L. T. (Eds.). *Teaching and learning*: collaborative exploration of the Reggio Emilia approach. Upper Saddle River: Merrill Prentice Hall, 2002.

PHILIPS, S. Special needs or special rights? In: ABBOTT, L.; NUTBROWN, C. (Ed.). *Experiencing Reggio Emilia*: implications for pre-school provision. Philadelphia: Open University, 2001.

REGGIO CHILDREN. *The wonder of learning*: the hundred languages of children. Reggio Emilia: Reggio Children, 2011.

ROGERS, S. J.; DAWSON, G. *Early start denver model for young children with autism*: promoting language, learning, and engagement. New York: Guilford, 2009.

SCUOLA DI BARBIANA. *Lettera a una professoressa.* Firenze: Fiorentina, 1967.

SMITH, C. Children with "special rights" in the preprimary schools and infant-toddler centers of Reggio Emilia. In: EDWARDS, C. P.; GANDINI, L.; FORMAN, G. E. (Ed.). *The hundred languages of children*: the Reggio Emilia approach, advanced reflections. 2nd ed. Westport: Ablex, 1998.

VITELLO, S. J. Integration of handicapped students in the United States and Italy: acomparison. *International Journal of Special Education,* v. 6, p. 213-222, 1991.

VITELLO, S. J. Special education integration: the Arezzo approach. *International Journal of Disability Development and Education,* v. 41, n. 1, p. 61-70, 1994.

Leitura recomendada

ORGANISATION FOR ECONOMIC CO-OPERATION AND DEVELOPMENT. *Starting strong II*: early childhood education and care. Paris: OECD, 2006.

Interlúdio

De mensagem à escrita: experiências na alfabetização

LAURA RUBIZZI E SIMONA BONILAURI DESCREVEM SUA PESQUISA

Laura Rubizzi é uma das professoras mais experientes em Reggio Emilia. Ela dá aulas na pré-escola Diana. Simona Bonilauri é a pedagogista da pré-escola e tem auxiliado Laura em sua pesquisa sobre a alfabetização emergente das crianças. Por um longo tempo, os professores em Reggio auxiliaram as crianças no envio de mensagens. Os visitantes sempre notam as caixas de mensagem em todas as pré-escolas que são usadas pelas crianças para se comunicarem umas com as outras. Dessa forma, as crianças conscientizam-se gradualmente da importância da escrita, e seus professores entendem que compartilhar uma mensagem com um público representa uma mentalidade necessária para as crianças, conforme elas continuam a estudar o funcionamento dos símbolos. Para introduzir essa conversa, ouvimos sobre as origens do projeto de Claudia Giudici, pedagogista e presidente das pré-escolas e das creches da Istituzione do Município de Reggio Emilia.

Claudia Giudici (2011): A abordagem dos "códigos", particularmente o código alfabético, não é uma ideia nova na nossa experiência, visto que, por muito tempo, intencionalmente preparamos contextos e estratégias que dão atenção à aprendizagem simbólica. Os projetos de pesquisa sobre esse tópico aconteceram em todas as creches e em todas as pré-escolas há alguns anos. A noção compartilhada desde o início é o desenvolvimento da capacidade de usar símbolos, que está presente nas crianças desde o nascimento.

Encontramos essa capacidade quando os mais jovens – até mesmo antes da emergência da linguagem – começam a usar os seus corpos e objetos simbolicamente. A seguir, as crianças desenvolvem a habilidade de usar símbolos separados dos objetos aos quais os símbolos se referem e, subsequentemente, desenvolvem a capacidade de usar o código alfabético e numeral.

Quais eram os pressupostos e objetivos dessa investigação? Começamos com a ideia de que a linguagem escrita é uma invenção cultural. Deve ser um objeto de conhecimento antes de poder transmitir conhecimento. Enquanto as crianças tentam entender esse "objeto" na realidade, elas também o reinventam. Ou seja, elas pessoal e subjetivamente o reconstroem criando teorias linguísticas originais, que ou são individuais ou motivadas pelo grupo.

Eu gostaria de esclarecer o que queremos dizer quando falamos que uma criança reinventa a escrita. Em primeiro lugar, não queremos dizer que as crianças reinventam as letras, e sim que reconstroem as regras do código. Para usar o sistema de escrita produtivamente, a criança deve compreender o processo de sua construção e as regras de sua produção. Em outras palavras, ela desestrutura e reestrutura a escrita.

Percebemos que até crianças muito jovens nas creches, sem pedidos ou requisições específicas, tentam explorar o código alfabético e começam a diferenciar a escrita do desenho. Essas tentativas são espontâneas, visto que, atualmente, as crianças estão mais imersas do que nunca em uma sociedade que utiliza predominantemente a comunicação "visual". Avaliamos e documentamos essas primeiras iniciativas das crianças.

As referências teóricas que usamos para começar a investigação estão conectadas à pesquisa de Emilia Ferreiro e Ana Teberosky, e parte de um grupo de pesquisa que elaborou e aprofundou essa pesquisa, incluindo Cristina Zucchermaglio. Essa pesquisa é longitudinal e transcultural e nela destacam um processo que é base da construção da língua escrita e se focam nas crianças até os 4 anos.

Damos muita atenção a esses estudos porque se baseiam em uma abordagem socioconstrutivista:

- Eles reconhecem um papel ativo e construtivo no processo de elaboração do conhecimento das crianças. As crianças não recebem simplesmente as informações do seu contexto, elas o transformam para compreendê-lo.
- Eles reconhecem que ler e escrever é muito mais do que "aprender o alfabeto", e isso não se limita simplesmente à aprendizagem das técnicas "instrumentais".
- Eles defendem que a alfabetização não se trata apenas da aquisição de uma técnica de transcrição de códigos, e sim da descoberta das regras com as quais o código funciona.

Portanto, esses estudos de pesquisa alteram o conceito da escrita a partir de uma visão instrumental, que se baseia principalmente nas habilidades e técnicas motores-perceptivas, para uma visão conceitual da escrita, que se foca na existência de conceitualização progressista. Esses estudos também são úteis em um nível didático. As nossas investigações confirmam que, se soubermos como observar as crianças, poderemos compreender os processos que elas ativam e que participam de suas rotas de aprendizagem de um jeito e em um tempo que melhor auxilia seu crescimento e evolução.

É importante eliminar imediatamente a perplexidade que poderia resultar dessa definição nas creches e nas pré-escolas. Não estamos tentando nos referir a uma antecipação do ensino formal da leitura e da escrita que ocorre nas escolas de nível fundamental na Itália. Em vez disso, estamos tentando pensar em uma qualidade diferente de alfabetização.

Os objetivos do nosso trabalho eram os seguintes:

- investigar como as crianças exploram de forma original o código escrito quando ainda não receberam instrução formal e
- possibilitar que as crianças sejam acompanhadas na transformação das suas teorias conforme elas se aproximam da convencionalização do código alfabético.

De mensagens à escrita

Os professores de Reggio Emilia sempre realizaram muitos trabalhos com a *messaggerie*, o processo de usar caixas de correio e trocas de mensagens, como parte da exploração geral da comunicação e da escrita e da leitura emergentes.

Professores da pré-escola Diana, na sala para alunos de 4 anos, decidem experimentar algo de diferente, começando este ano sem as caixas de correio. Eles se reúnem com os pais para explicar suas intenções e pedem que eles também fiquem atentos à emergência da escrita e da leitura entre as crianças.

A professora Laura Rubizzi observa crianças de 4 anos escrevendo. "Vocês querem escrever os seus nomes? Como vocês vão fazer isso? Do que vocês vão precisar?"

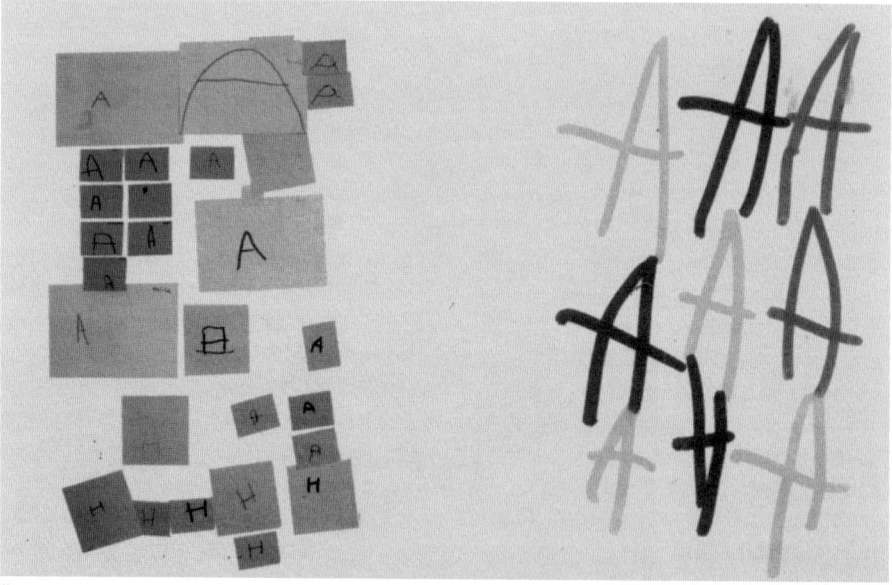

"Precisamos de letras", elas disseram. Agora, as crianças querem conversar sobre letras e escrevê-las em seus nomes. Elas tentam escrever certas letras usando canetas e papéis diversos. Uma criança pratica a letra A sucessivamente.

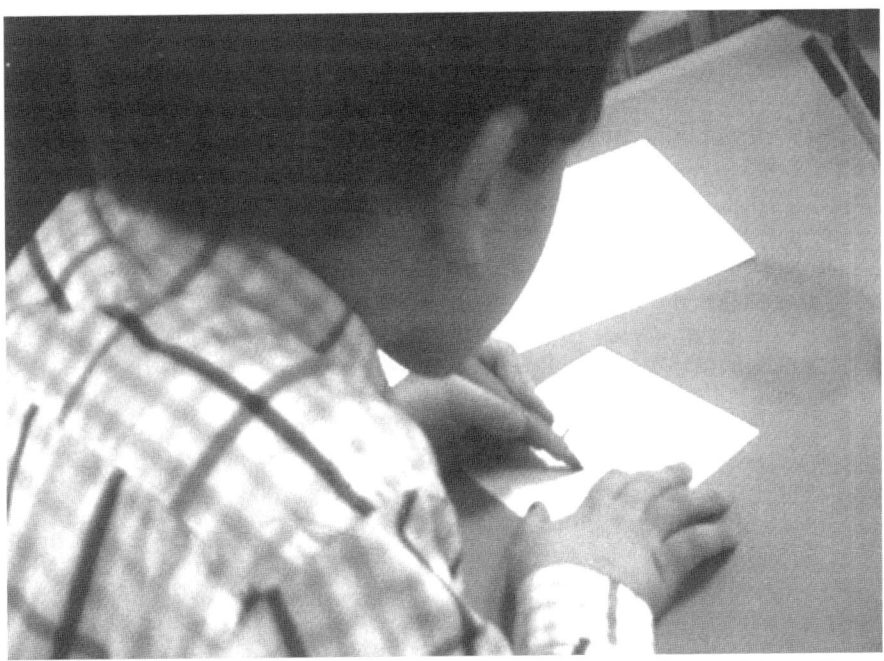

Outra criança redige cuidadosamente a letra O, que tem sido alvo de especial atenção por parte das crianças. "Esta é a verdadeira letra O?", as crianças se perguntam.

A criança divide o seu O com o amigo. As crianças discutem o que estão fazendo e comparam seus variados pontos de vista.

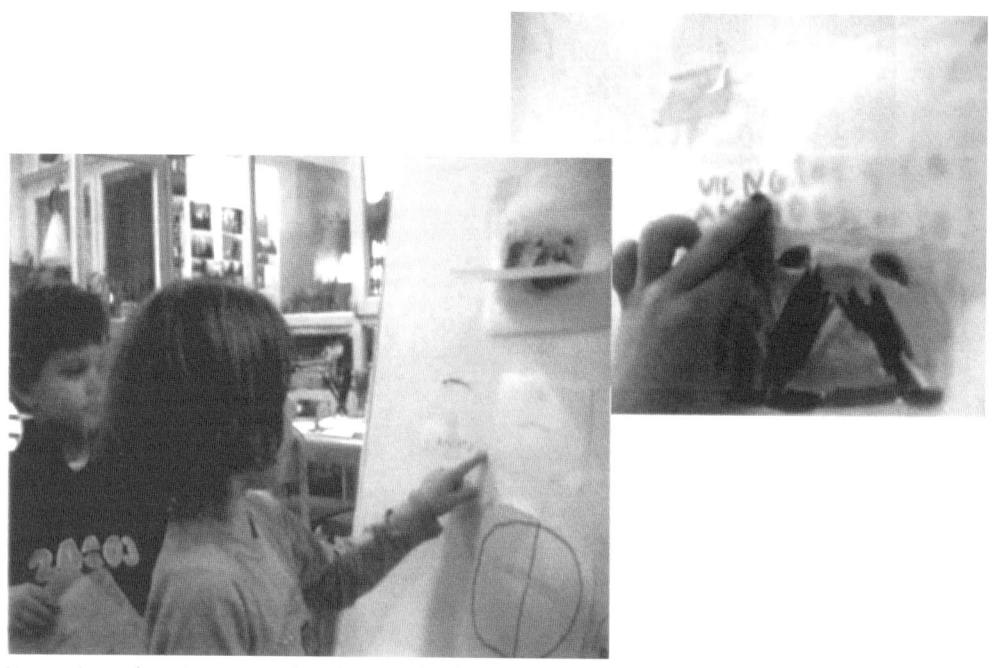

Uma criança levanta-se para ler algumas das letras penduradas, apontando ao identificá-las, lendo (neste caso) da esquerda para a direita. Note que essa é a mesma menina vista anteriormente, escrevendo com a mão esquerda.

A equipe de ensino realiza reuniões regulares para discutir o que estão observando e o que podem fazer a seguir com as crianças.

As crianças sentem muito prazer ao escrever e ler palavras em pequenos grupos. Dessa forma, elas são capazes de se consultar e de se ajudarem mutuamente.

As crianças escrevem letras ou palavras em *post-its*, que elas gostam porque podem ser colocados sobre qualquer superfície e transportados facilmente. Em um dia, muitas notas envolvem três palavras, MAMMA E PAPA ("mamãe e papai"), organizadas diferentemente. Duas crianças (LUCAS ZINI e ANGELICA) redigiram seus nomes.

Ao longo das semanas, documentações são coletadas e estudadas pela Equipe de Coordenação Pedagógica, Tiziana Filippini e Simona Bonilauri reúnem-se com professoras na pré-escola Diana.

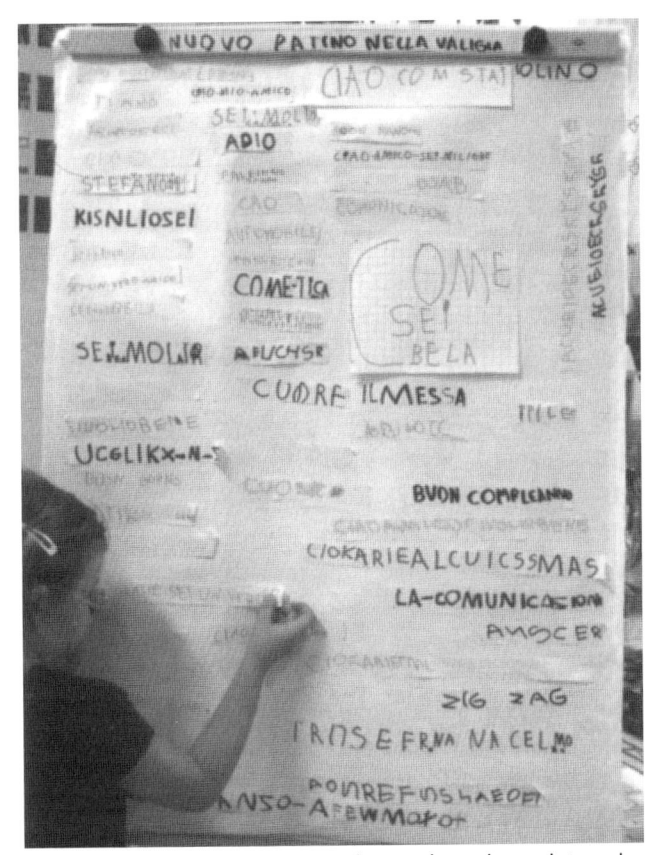

Com o passar do tempo, por toda a pré-escola, as letras das crianças mais velhas tornam-se cada vez mais palavras e frases. Na sala de aula das crianças com 5 anos, um menina pendura em um grande quadro sua tira de papel, escrito GRASIE SEI UN VERO... ("Obrigada, você é uma verdade...").

Entre outras palavras legíveis no quadro estão BUON COMPLEANNO ("feliz aniversário"), CUORE ("coração") e redigida claramente, embora com um pequeno problema de ortografia, COME SEI BELA ("Como você é linda"), onde o C maiúsculo abraça significativamente toda a mensagem.

A leitura emergente envolve todas as idades. Toda a pré-escola reúne-se para a grande abertura da loja das crianças de 5 anos.

A loja contém muitas placas. Uma das janelas diz: "COMPRATE TUTTE LE COSE" ("Compre todas as coisas"). Três conjuntos de placas declaram o nome da loja, PUNTO IMPRONTA.

Laura Rubizzi: Fizemos muitos trabalhos com a *messaggerie* (o processo de uso de mensagens, como parte da exploração geral da comunicação e da escrita). Ainda assim, eu achava que era hora de explorar outras formas de as crianças encontrarem a palavra escrita. Então, pensei nos muitos aspectos que fazem parte da comunicação e também no que acontece quando as crianças demonstram interesse na comunicação e quando elas têm um professor por perto.

No ano passado (outono de 2009), estava pronta para começar a mudar a minha abordagem de introdução da palavra escrita para as crianças. Tinha uma turma nova de crianças de 3 anos, assim com o apoio de Simona Bonilauri e outras pedagogistas. Com esse apoio, deliberadamente *não* montei as caixas de mensagem da forma usual nem falei sobre "mensagens" com as crianças. Em vez disso, decidimos passar mais tempo documentando em vídeo como as crianças de 3 anos se comunicam umas com as outras e com a turma. Começamos observando com a câmera parada como as crianças comunicavam suas emoções com o rosto e o corpo.

Tiramos fotos e as mostramos para as crianças envolvidas, perguntando: "O que você estava comunicando?". Mostramos as fotos imediatamente e então, depois de um tempo, descobrimos que as crianças interpretavam as mesmas fotos diferentemente. Então, começamos a jogar alguns jogos em que as crianças precisavam fazer seus amigos adivinharem o que elas queriam comunicar. Tiramos mais fotos e tentamos criar um "alfabeto das emoções" em que as crianças tentavam comunicar diferentes coisas, tais como "Gosto disso" ou "Isso é engraçado", com os olhos, a boca e o corpo. A intenção era ver se as crianças conseguiam se comunicar de maneira diferente, sem o uso das palavras.

Normalmente, quando as crianças fazem 4 anos nas nossas pré-escolas, elas são convidadas a escrever seus nomes, ficando muito envolvidas com isso, porque é quase como se estivessem se representando na verdade, criando um símbolo delas mesmas. Isso é verdade para crianças de qualquer nacionalidade; elas sentem-se satisfeitas consigo mesmas quando podem escrever o próprio nome. Vemos que as crianças que são mais rápidas nisso querem ajudar seus amigos a aprenderem a escrever o próprio nome.

Agora estamos em outubro de 2010, e os meus alunos do ano passado tornaram-se uma turma de crianças com 4 anos. Avancei de série com elas, como sempre fazemos em Reggio.

Seguindo de acordo com a nossa pesquisa, o que fiz no início deste ano letivo foi pedir que os pais esperassem antes de ensinar os filhos a escrevem seus nomes ou quaisquer outras palavras, porque eu queria estudar essa transição. Também expliquei aos pais que esperávamos estudar e documentar essa transição, isto é, quando as crianças descobrem o mundo dos signos, na nossa sala e aprendem sobre as letras e o modo como escrevem os seus próprios nomes.

Então, tentamos não pendurar placas ou símbolos na sala que indicariam cada criança e percebemos que as crianças, quando os pais vieram buscá-las, pegavam o próprio trabalho para mostrar. Vimos que as crianças estavam ansiosas por documentar e dar visibilidade ao que elas estavam fazendo. As crianças estavam demonstrando que precisavam de uma forma de identificar o seu trabalho e o seu espaço, assim como os dos seus amigos. Então foi aí que começamos a ajudar as crianças a escreverem seus nomes e percebemos que algumas já conseguiam reconhecer certas letras.

A língua italiana tem a vantagem de ser altamente fonética em sua ortografia. As crianças começam a reconhecer a primeira e a última letra do seu nome e do nome dos seus amigos. Na parede da sala das crianças de 4 anos, há traços do centro de comunicação do grupo do ano passado, as marcas onde as caixas de correio ficavam. Como não íamos usar as caixas de correio esse ano, em cada espaço onde elas ficavam, escrevemos *Ciao* (Olá), e isso se tornou uma saudação, *Ciao, Ciao, Ciao.*

Quando as crianças viram o que estava escrito, disseram: "Que legal! Vocês escreveram os nossos nomes".

"Tem certeza?", perguntei. "Eles parecem iguais?". "Sim", elas responderam.

"Vocês têm todos o mesmo nome?", perguntei. "Vocês são todos os mesmos?". "Não", elas disseram.

"Como podemos escrever os seus nomes?", perguntei.

Simona: É importante provocar a curiosidade, o pensamento das crianças.

Laura: Neste ponto, as crianças ficaram curiosas e motivadas com relação à escrita dos seus nomes. Achamos que, ao proceder assim, ajudamos as crianças a pensarem sobre a forma como os nomes são escritos e a considerar que os sons de palavras diferentes acompanham letras ou sequências de letras diferentes. Em geral, perguntamos às crianças de 4 anos: "Você quer escrever o seu nome? Como você vai fazer isso? Do que precisa?".

Normalmente, elas respondem: "Precisamos de letras". (Elas dizem como se isso fosse fácil.) Então eu digo: "Vocês querem fazer?". E elas tentam fazer marcas, e é aí que se deparam com as primeiras dificuldades e os primeiros conflitos. Se elas conseguem escrever uma letra ou marca que é quase uma letra – como a letra "O" –, então elas geralmente começam a se surpreender como a mesma marca, ou letra, pode aparecer em dois nomes. Uma coisa que percebemos é que as crianças têm uma noção de posse tão grande em relação ao próprio nome que elas têm dificuldade de aceitar que certa letra possa ser encontrada em mais de um nome. Ou talvez, para algumas crianças, simplesmente não faça sentido que duas pessoas (que têm aparências tão diferentes) possam ter nomes visualmente semelhantes.

Então, quando as crianças tentam escrever uma letra, elas também se preocupam em escrevê-la corretamente ou, como dizem, fazer "uma letra *de verdade*".

Simona: Discutimos isso com Jerome Bruner e dissemos que as crianças haviam usado a palavra *vero* ("verdade"). Bruner disse que elas não queriam usar o sentido de "verdadeiro", e sim de "certo" (ou seja, correto). Elas queriam chegar a um acordo sobre qual era o "O" certo (o "O" de verdade). Esse comportamento nos fez entender que elas estavam prontas para a convencionalidade – ou seja, elas queriam encontrar uma "convenção", uma fórmula compartilhada para a letra "O".

Laura: Esse momento de descoberta também é um período na vida da turma em que as crianças, que estão juntas há um ano, ou há mais de um ano, começam a procurar formas de estabelecer regras compartilhadas. Assim, esse momento também envolve a construção de regras em grupo.

Simona: Elas estão passando pela transição de uma maneira individual de estar em grupo para uma maneira compartilhada.

Laura: Elas sentem a necessidade de encontrar regras. Não uma regra imposta sobre elas, tal como *na escola vocês fazem assim*, mas do tipo *descobrir o jeito certo*, para que todos possam se entender e fazer as coisas corretamente. Como podemos concordar sobre como fazer isso? Vamos experimentar essa regra na nossa comunidade. Podemos alterá-la, mas veremos que todos a respeitam?

É um momento muito particular no crescimento das crianças. É um momento muito específico no seu desenvolvimento, em que elas descobrem a necessidade e o prazer de decidir, escolher e concordar com algo junto. Vimos isso acontecer particularmente em relação à escrita, que é especialmente significativo, visto que se trata de um desejo compartilhado por todas as crianças.

E sim, elas também gostam de invenções. O que me surpreendeu bastante durante os últimos dois anos em que participei dessa pesquisa, com essa turma de crianças, é a sua forte atitude de autonomia. Elas nunca me pediram para escrever nada para elas. Elas nunca me perguntaram: "Você, que sabe ler, como escrevemos isso?". Em vez disso, elas dizem: "Espera um pouco. A gente vai tentar".

Mas, todos os anos, tamanho é o esforço das crianças de 4 anos em descobrir a escrita correta que, com o passar do tempo, muitas delas estarão completando 5 anos, tentam escrever palavras que têm o "h" ou palavras com grandes problemas ortográficos, e podem passar até meia hora nelas. No meu ponto de vista, elas estão realizando tentativas valiosas como turma. Elas dizem: "Vamos tentar. Não... Ainda não está bom". Os objetivos das crianças tornam-se maiores, e elas escrevem histórias, criam jornais. Elas nunca mudaram esse tipo de atitude e sempre trabalham desse modo. Isso me parece muito bonito, porque depois, quando passarem aos anos iniciais, elas continuarão a escrever. Então, o que elas dizem é: "De acordo com você... No seu ponto de vista..." ou perguntam à menina da turma que parece mais competente, porque têm essa atenção e consciência de que é necessário contar com os outros para prosseguir.

Agora, em relação a essa turma particular, com 4 anos, as crianças tiveram discussões longas e difíceis, e vemos que elas ainda não distinguem o que é arbitrário do que é convenção. Por exemplo, elas escreviam indiferentemente da direita para a esquerda ou da esquerda para a direita. Elas estavam tentando, e não tinham uma ordem para prosseguir com a leitura.

E, nessa discussão, elas não conseguiam chegar a uma certeza. Contudo, entendíamos que essa transição era valiosa. Qual seria a letra "certa" (*vera*)? Então, abrimos a discussão com todas as crianças na turma. Se esse é realmente um problema tão grande, cada um deve escrever sua própria letra "certa". Assim, nós as dividimos em grupos e pedimos que cada criança escrevesse a sua própria letra "certa". Decidimos dividi-las dessa forma para ajudá-las a progredir. Era importante que elas percebessem que o seu problema era compreendido e que elas contavam com apoio.

As crianças estavam mais ou menos no mesmo nível de pesquisa, e era importante que as professoras mostrassem que, com todos juntos nessa, elas teriam sucesso. Conforme avançamos, parecia que as crianças, trabalhando junto dos professores, fossem escrever um conjunto de regras – o que chamei de "tábulas da lei", a nossa própria lei. As crianças tiveram essa ideia de uma nova forma de se ajudar (com as professoras) e perceberam que poderiam trabalhar assim, organizando-se em diferentes lugares ao redor da sala, e começaram a escrever suas letras "certas".

Depois disso, elas ficaram mais relaxadas. Elas haviam escrito todas as letras, uma depois da outra, e agora podiam escrever palavras.

Então surgiram as primeiras teorias das crianças sobre as palavras escritas – uma coletânea de teorias muito diferentes. Por exemplo, alguém sugeriu escrever uma série de letras e fotocopiá-las, mas aí surgiu a questão: as letras não eram muito parecidas?

Cada criança queria contribuir com ideias. Então houve um novo processo, com todas as crianças tentando escrever palavras, mas agora em grupos de quatro ou cinco; dentro de alguns desses grupos, subgrupos ainda menores se formaram ou novos grupos acabavam se reformando. Por exemplo, duas crianças estavam trabalhando juntas e decidiram pedir ajuda a um amigo que consideravam mais competente ou que havia descoberto algo especial.

As documentações que temos mostram principalmente seis crianças trabalhando juntas. No início, cada criança parece se sentir certa e confiante. Ao trabalhar em grupo, elas acabam olhando para o trabalho umas das outras e começam a se consultar. Às vezes, uma criança diz: "A gente precisa dessa letra!" ou "Nós colocamos essas letras e agora precisamos de... " e tentam ler e formar o som das letras. Elas tentam ler, mesmo que não saibam o som de todas as letras.

Simona: Mas elas chamam as letras pelo nome. Pelo menos as crianças que as conhecem chamam.

Laura: Sim, algumas crianças sabem, e há outras que absolutamente querem escrever. Por exemplo, tínhamos duas crianças que haviam definido que queriam escrever, então elas passavam uma quantidade imensa de tempo escrevendo letras, além de se basear em algum conhecimento que haviam adquirido com a tia ou a mãe. As outras crianças trataram essas duas como consultoras, apesar de normalmente terem dúvidas, até em relação ao conhecimento da professora!

Em um dos primeiros vídeos que gravamos, propus às crianças que escreveríamos todos a mesma palavra, e essa palavra seria o nome de um animal. Sugeri essa ideia porque as crianças estavam querendo transformar o *atelier* e enchê-lo com os nomes dos animais. Era um objetivo incrível delas, se levarmos em conta que elas não tinham a competência. Mas eu disse: "Tudo bem. Com o nome de qual animal devemos começar?".

Sugeri o símbolo da nossa pré-escola Diana: "Zebra", e elas disseram. "Não, esse é um nome pequeno!".

"Então que tal um nome grande?", perguntei. "Que tal esquilo?".

"Sim, mas... " e aí começou uma longa discussão sobre o tamanho do nome e o tamanho do animal. (Jovens escritores costumam achar que objetos grandes devem ter nomes compridos e que objetos pequenos devem ter nomes curtos; elas ainda confundem escrita com desenho em sua mente.)

É uma questão delicada para o professor estar presente, mas também estar pronto para dar um passo atrás e não se intrometer demais. Em vez disso, quero ajudá-las a se conscientizarem dos nós que estão presentes no que elas estão construindo.

Por exemplo, eu escrevi, e elas copiaram: "ZEBRA".

"Vocês têm certeza absoluta de que escreveram ZEBRA?", perguntei a elas. "Tentem me convencer."

Uma criança disse, lendo a palavra: "ARBEZ". "Não", eu disse. "Está escrito ZEBRA aqui."

"Não, não", disse uma criança, apontando para o fim da palavra. "Você precisa começar daqui!".

"Mas não se pode ler como dá vontade: uma hora da direita para a esquerda, outra da esquerda para a direita", declarou outra criança.

Esse costuma ser o tom dos nossos encontros.

Em outro grupo, em que havia duas crianças bastante competentes, eu disse: "Vamos tentar. Eu escrevo, e vocês ditam as letras para mim". Então, nesse caso, cometi erros de propósito, e elas me corrigiram. Isso foi muito interessante!

Em uma das famílias, havia um irmão mais velho que estava na terceira série e era muito competente. Ele entrou para a nossa pesquisa e era adorado por todas as crianças como consultor. Para mim, era interessante observar essa criança que havia vivenciado um tipo de aprendizagem tradicional. Ele conhecia todas as regras, mas aprendeu por meio da interação com os mais novos *por que* as regras eram assim. Ele havia aprendido as regras como procedimentos, sem compreender a razão da sua existência. Portanto, me parece que as crianças mais velhas que aprenderam a escrever da maneira tradicional ainda têm muito a aprender com as crianças menores que constroem sua própria aprendizagem.

O que era interessante para mim era explorar as crianças aprendendo a escrever nessa maneira autônoma, algo que não havia sido explorado anteriormente por meio do uso da *messaggerie*. No passado, quando as crianças queriam escrever mensagens importantes, elas nos diziam: "Você escreve pra mim? Aí *eu posso copiar*". Nessa situação, as crianças aprendem menos sobre a construção das palavras, porque elas estão vendo a mensagem como um todo, e não atentando às partes – às palavras e às letras. Dessa vez, eu queria entender mais sobre o processo da aprendizagem quando as crianças usam uma estratégia diferente e tornam-se mais completamente autores de suas escrita e leitura.

Além disso, essa pesquisa resolveu começar com as crianças de 3 anos. Por outro lado, o sistema que eu havia usado anteriormente, em que as crianças copiavam mensagens, só podia começar realmente aos 4 anos; as crianças de 3 anos simplesmente compartilhavam objetos em suas caixas de mensagem. O sistema prévio proporcionava um bom início e uma forma interessante de trabalhar. Depende de o professor estabelecer a regra para as crianças de 3 anos sobre o que elas tinham permissão para colocar nas caixas de mensagem – por exemplo, objetos e brinquedos, materiais em embalagens bonitas, mensagens cortadas de jornais ou uma fita cassete em que a criança havia gravado uma mensagem. Essa maneira anterior de usar as caixas de mensagem estava, acima de tudo, conectada com a ideia de dar um *presente*. Era satisfatório para as crianças e comunicava amizade e amor e, às vezes, envolvia o uso de um símbolo pessoal das crianças para indicar o remetente, mas não envolvia especificamente *palavras*. Era mais uma forma de as crianças cortarem e colarem, criando algo especial para outra pessoa. Às vezes, os professores e os pais podiam acrescentar uma mensagem com palavras à produção da criança, mas o foco principal continuava sendo o presente.

Nesta pesquisa, preferi me focar menos em *dar* e mais na *comunicação* com as crianças.

Simona: Com esse novo foco, o professor pode iniciar experiências muito diferentes com as crianças. A situação muda significativamente. O nosso objetivo anterior com as crianças menores era o de criar uma riqueza de materiais e objetos. Mas, nesta pesquisa, há um registro completamente diferente. O foco começou no ano passado, com as crianças de 3 anos descobrindo que conseguiam "ler" as expressões faciais e os movimentos físicos dos outros.

Deixe-me lembrar que, em 2004, conduzimos outro estudo sobre o conhecimento que as crianças tinham da escrita, no qual estudávamos, além das crianças de 3 anos no primeiro ano de pré-escola, as crianças de 2 anos no seu último ano na creche. Todo estudo de pesquisa começa com uma definição da situação, e, quando realizamos aquele estudo anterior, nos focamos nas primeiras expressões gráficas das crianças. (Parte dessa pesquisa está inclusa na exposição *The Wonder of Learning:*

The Hundred Languages of Children, Reggio Children, 2011, no tema *The Enchantment of Writing*.) Na verdade, agora entendo que estávamos criando um contexto diferente para o estudo do desenvolvimento da escrita. Abrimo-nos a ver coisas diferentes do que havíamos visto no passado, então realmente começamos a vê-las. Agora, neste projeto atual, estamos tentando sintetizar essa nova pesquisa com o que começou há cerca de cinco anos. Temos documentação daquela fase inicial, mas somente começamos a coletar boa documentação em vídeo por volta de 2008-2009.

Laura: A forma como começamos essa nova pesquisa foi com um período inicial de desenvolvimento profissional para toda a equipe da pré-escola Diana, orientado pelo professor Catellani, da Universidade de Modena e de Reggio Emilia, e pelo Professor Giacomo Stella. Como parte desse processo, nós, professores da Diana, gravamos vídeos de momentos específicos e, então, com o apoio de Simona, estudamos e refletimos sobre eles. Discutíamos e tomávamos decisões sobre como prosseguir com as crianças, assim ajustando e relançando o nosso trabalho com elas sobre a escrita. Editamos os vídeos, que foram usados para o desenvolvimento profissional em outras escolas em Reggio junto daqueles mesmos professores. Dessa forma, outras escolas se envolveram conosco na discussão sobre como as crianças aprendem.

Simona: Durante esse período, Laura foi uma professora mentora, mas ela realizou sua orientação aqui na pré-escola Diana. Os vídeos incluem passagens importantes que demonstram partes diversas do processo, visto que Laura mudou os grupos das crianças que trabalhavam juntas, além de ter alterado os detalhes da estratégia. Contudo, para um menino e uma menina, podemos observar toda a jornada em um período de um ano e meio.

A coleção de vídeos é difícil de compartilhar para o desenvolvimento profissional com professores de fora, porque são muito extensos, mas selecionei algumas histórias deles para usar. Aqueles que estavam envolvidos na pesquisa fizeram comentários, e estamos tentando juntar as anotações e os excertos de vídeo.

Devemos acrescentar que muitas coisas aconteceram na Diana nesse ano que fazem parte do contexto da pesquisa e do foco da escola na emergência da leitura. A sala das crianças de 5 anos, por exemplo, decidiu abrir uma loja. Elas realizaram pesquisas visitando suas lojas preferidas na cidade e, então, reuniram itens para vender e organizaram os preços e a publicidade. Elas chamaram a sua loja de *Punto Impronta*, que significa "local de impressões", "rastros", "traços", tais como impressões digitais, pegadas ou outras marcas deixadas para trás. Uma metáfora interessante, não acha? As placas que elas criaram demonstravam muitas de suas habilidades de escrita, além do quanto as crianças dessa idade colocam suas emoções e seus conceitos na forma figurativa com que desenham as letras. Toda a pré-escola compareceu à grande abertura da *Punto Impronta*.

Como palavra final, permita-me dizer que essa experiência, que chamamos de "La Vera O" ("O Certo O"), é útil de se descrever, porque envolve um importante princípio: *A aprendizagem não começa quando sentimos a necessidade de ensinar as crianças.* Pelo contrário, quando as crianças sentem a necessidade de tornar suas comunicações convencionais (compartilháveis), elas ficam prontas para aprender a escrever em um espaço curtíssimo de tempo. Elas estão prontas para construir por conta própria (com o nosso apoio) todas as regras do código escrito. Discutimos isso com os professores da escola fundamental porque é importante compreendermos uns aos outros reciprocamente. Sabemos que há diferentes funções nos dois níveis, mas, quando as crianças passam ao 2º ano depois do tipo de experiência que estamos descrevendo, elas realmente estão prontas para escrever.

Também tínhamos um objetivo de defesa em mente. Por meio dessa pesquisa, conseguimos combater a ideia que ressurge periodicamente na Itália: de se começar a escolarização formal aos 5 anos, em vez dos 6.

PARTE III

A documentação pedagógica como um processo integrado de observação, reflexão e comunicação

12

Documentação pedagógica: uma prática para a negociação e a democracia[1]

Gunilla Dahlberg

O PODER DA DOCUMENTAÇÃO PEDAGÓGICA

Passando pelo trabalho em Reggio Emilia, como ocorre nos capítulos a seguir, está a prática da documentação pedagógica. Expressa de maneira mais simples, a documentação pedagógica é o processo de tornar o trabalho pedagógico (ou outro) visível ao diálogo, interpretação, contestação e transformação. Ela incorpora os valores da subjetividade – de que não existe ponto de vista objetivo que torne a observação neutra. Trata-se de uma base para fomentar a negociação ao tornar as perspectivas explícitas e contestáveis por meio da documentação com os outros, sejam eles crianças, pais, educadores, políticos ou outros cidadãos. O valor da subjetividade também significa que o sujeito precisa assumir responsabilidade pelo seu ponto de vista; não é possível esconder-se atrás de alguma objetividade ou critério científico presumidamente oferecido por especialistas.

A documentação pedagógica promove a ideia da escola como um lugar de prática política democrática, permitindo que cidadãos, jovens e idosos envolvam-se em questões importantes, tais como a infância, o cuidado infantil, a educação e o conhecimento. É uma prática que abre um *espaço público*, um fórum na sociedade civil, onde discursos dominantes podem ser visualizados e negociados.

Pode-se dizer que a documentação pedagógica, conforme usada em Reggio, é uma *atitude específica sobre a vida*. Ela começa com a escuta ativa, uma forma de escuta que parte de um envolvimento e de uma curiosidade séria nos eventos do aqui e agora. Enquanto documentamos, devemos tentar, como o filósofo francês Maurice Blanchot disse, escutar aquilo que quer se fazer ouvido. Isso implica uma escuta que nos leve além da tendência de pensar em termos de "isso ou aquilo". É uma escuta confiante e afirmativa que recepciona uma infinidade de respostas possíveis e que foi descrita com tamanha sensibilidade e atenciosidade por Rinaldi (2001, 2006) e no Capítulo 13.

Inspirando-se nos serviços de educação infantil em Reggio Emilia, muitos professores ao redor do mundo começaram a usar a documentação pedagógica como um importante recurso para a construção de uma relação ética com o "Outro" e o mundo – que poderia ser cunhado como *ética do encontro* (DAHLBERG; MOSS, 2005). Para que uma escola se torne o local para a ética do encontro e para a democracia, é necessário que os professores estejam abertos a experiências com as crianças. Os professores têm coragem de ser abertos ao inesperado e ao imprevisível? Tal abertura requer atitudes que não dependam de uma mentalidade esquemática ou transacional – o tipo de pensamento que caracteriza o mercado de trabalho e os relacionamentos puramente contratuais.

Ao tornar o trabalho pedagógico visível e sujeito ao debate aberto e democrático, a documentação pedagógica oferece a possibilidade para que a educação infantil ganhe novo prestígio e legitimação social. Ainda assim, não podemos aumentar a legitimidade sob condições temporárias, a menos que os custos da educação infantil fiquem mais ligados às mentes do público com o valor que oferece. Um pré-requisito para isso é que as práticas e os propósitos educacionais devem ser visíveis fora do domínio das pré-escolas e das creches; elas devem se tornar parte da consciência e do discurso público. Isso exige a participação de diversos grupos interessados e uma prática educacional baseada na participação e na negociação entre pais, profissionais, administradores e políticos (DAHLBERG; ÅSÉN, 1994).

A linguagem das sombras é poderosa para as crianças pequenas, e muitas experiências podem ser criadas para elas.

A documentação pedagógica é importante por outras razões também. Ela exerce um papel central no discurso da criação de significado. Em vez de depender de algum medidor padronizado da "qualidade", a documentação pedagógica nos permite assumir a responsabilidade por nossas ações e por nossa forma de criar significados. Como uma ferramenta para a análise e a avaliação, a documentação pedagógica representa um antídoto extremamente forte para a proliferação das ferramentas de avaliação e de análise que ficaram cada vez mais anônimas e descontextualizadas – objetivas e democráticas apenas superficialmente.* As escalas de classificação e as ferramentas normativas similares que avaliam contra um conjunto de critérios (que se presume serem estáveis, uniformes e objetivos) representam uma "linguagem da avaliação" – qual seja, a *linguagem dos padrões e da responsabilidade*. Esse tipo de linguagem desenvolve-se a partir de um pensamento altamente administrativo, um pensamento que busca os melhores métodos e procedimentos para entregar um corpo de conhecimento predefinido e desfechos predeterminados. As técnicas de mensuração mais usadas deveriam garantir controle, previsibilidade e desempenho oferecendo um conhecimento objetivo e universal.

Em vez disso, a documentação pedagógica representa uma linguagem alternativa da avaliação – a *linguagem da "criação de significado"* (DAHLBERG; MOSS; PENCE, 2007). Esse tipo de linguagem presume que devemos nos responsabilizar por nossas ações e práticas – sempre em relação aos outros – como parte do ato de uma *democracia em um processo de tornar-se*. Essa linguagem alternativa da avaliação expõe para análise, ou "problematiza", o complexo processo da educação infantil, com suas imagens contestáveis da criança, do conhecimento, da aprendizagem e do ambiente. Em vez de reduzir a complexidade, que é o objetivo do uso das ferramentas padronizadas para mensurar a qualidade, ela abre a complexidade para que possamos trabalhar e aprender com ela.

A DOCUMENTAÇÃO PEDAGÓGICA COMO FORMA DE DESAFIAR OS DISCURSOS DOMINANTES

Os professores em Reggio Emilia levam ao seu trabalho uma consciência intelectual especial, uma serenidade e uma forma de seguir, por meio da documentação, as estratégias de experimentação e aprendizagem das crianças e dos professores. Esses hábitos mentais lhes permitem seguir processos de aprendizagem individuais e cooperativos, assim abrindo espaço para que eles examinem e "cruzem" as estruturas usuais encrustadas em nossas construções tradicionais da infância, do conhecimento, da aprendizagem e do ambiente. Pode-se dizer, inclusive, que a documentação pedagógica abre toda uma nova paisagem da infância. Quando os professores cruzam esse novo território, eles assumem um tipo de desenvolvimento profissional para o qual Reggio dá grande importância, até pela ideia de que o professor e a criança podem ser ambos vistos como aprendiz e pesquisador.

Por meio da documentação, podemos estudar e fazer perguntas mais facilmente sobre a prática. Qual é a imagem que devemos ter da criança? Que discursos do ensino e da aprendizagem aceitamos? Que voz, direitos e respeito as crianças recebem nos nossos programas infantis? Meramente falamos sobre a "criança competente", "criatividade", "participação" e "prática reflexiva" ou essas ideias realmente permeiam a nossa *prática*?

O ponto de partida aqui é que, quanto maior a nossa consciência sobre as nossas práticas de ensino, maior a possibilidade de podermos promover a mudança construindo um novo espaço, em que um discurso alternativo possa ser estabelecido. Nesse processo, a documenta-

---

* N. de R.T.: No Brasil, já temos o SAEB – Sistema Nacional de Avaliação da Educação Básica – para realização de avaliação em larga escala e já no início do ensino fundamental a Provinha Brasil.

ção irá nos encorajar – como fez com os professores em Reggio – a nos familiarizar com o desconhecido, a dar visibilidade a suposições e valores implícitos e a explicitar os pensamentos tácitos na forma em que governamos e somos governados (DEAN, 1999, p. 36). Iremos adquirir ideias sobre a possibilidade de ver, falar e agir diferentemente e, assim, conseguir cruzar barreiras, particularmente para transgredir todo o grandioso projeto da modernidade e sua determinação de mapear toda a vida humana em relação a uma suposta "verdade". Essa é uma questão de assumir controle sobre os próprios pensamentos e a prática, quer como professor ou criança.

Como a documentação pode ser mantida e revisitada e deve ser vista todo o tempo como um registro vivo da prática educacional, o processo da documentação pedagógica também pode funcionar como uma forma de revisitar e revisar experiências e eventos anteriores. Ao fazer isso, criam-se não apenas memórias, mas também novas interpretações e reconstruções do que aconteceu no passado. Dessa forma, os professores poderão aprofundar e utilizar experiências bem estabelecidas enquanto simultaneamente participam do desenvolvimento de novas teorias quanto à aprendizagem e à construção de conhecimento das crianças, usando a documentação como base. Em outras palavras, os professores podem participar da produção de novos conhecimentos. Isso pressupõe, todavia, que os professores envolvam-se em constante escrutínio do uso do conhecimento especializado como forma de poder sobre os outros. Isso requer um alto grau de profissionalismo, mas também pode servir de desafio e inspiração para um envolvimento maior. Quando os educadores em Reggio Emilia embarcam em projetos com as crianças, libera-se uma enorme criatividade, e as explorações e a aprendizagem das crianças são transformadas. O processo de documentação ajuda os professores a seguirem as transformações e as trajetórias das crianças e forja relações e conexões por meio dos quais novos "tornar-se" são produzidos. É claro, mas primeiro os professores devem ser capazes na arte de se surpreenderem e de se impressionarem pelas crianças e por suas potencialidades, como Loris Malaguzzi, constantemente, já encorajava.

A DOCUMENTAÇÃO PEDAGÓGICA COMO UM EMPREENDIMENTO PERIGOSO

A documentação pedagógica nunca pode ser uma atividade inocente. Ela sempre tem implicações e consequências políticas e sociais. Ela pode ser perigosa, e não temos garantias, como Foucault (1970) argumentava. Foucault (1970) chamava nossa atenção para o fato de que um sistema educacional construído sobre um discurso de neutralidade e igualdade formal, apesar de suas melhores intenções, ainda poderia ser visto como um ato potencial de poder e controle. O que evidenciamos por meio de nossas práticas de representação, percepção e reconhecimento, assim como por meio das nossas tecnologias e dos nossos aparatos de documentação e experimentação, não existe fora das nossas estruturas teóricas e conceituais. Tal estrutura informa e exerce um papel constitutivo para as nossas práticas. Assim, se não estivermos alertas e conscientes, a documentação pedagógica pode ser capturada por estratégias para "prever e controlar" as crianças mais efetivamente por meio de processos de normalização e vigilância. Nesse caso, as nossas ferramentas educacionais podem funcionar como ferramentas para decidir o que incluir e quem excluir. Por meio de categorias abstratas e rótulos, as crianças podem ser facilmente transformadas em meros "objetos" para a nossa compreensão. Portanto, a singularidade e o novo desaparecem.

Considerando esses riscos, devemos sempre fazer perguntas quanto ao direito que temos de interpretar e documentar os feitos das crianças e o que é eticamente legítimo. Não podemos presumir que a documentação seja automaticamente uma maneira de resistir ao nexo poder/conhecimento. Para que o processo de documentação seja democrático, ele precisa estar relacionado à sua capacidade de realizar seu potencial de escuta ativa e de assumir múltiplas perspectivas. Se permitir outras construções e perspectivas, então a documentação tem o potencial de revelar maneiras concretas da construção de conhecimento em nossas escolas e dispor as bases para a responsabilidade ética que cada ser humano tem quando age.

ABRINDO UM FÓRUM

Ao construir serviços para as crianças como fóruns de engajamento e diálogo, para uma ética de um encontro, os educadores têm o importante papel de abrir novas potencialidades, em que a reconstrução do bem-estar e da democracia se baseiem na visibilidade e na inclusão das crianças e das famílias. Podemos enxergar os serviços infantis como um fórum na sociedade civil e, assim, oferecer oportunidades para que crianças e adultos se unam e se envolvam em projetos de significância social, cultural, política e econômica. Isso dará a esses serviços um significado específico, como uma *comunidade*, em que a vida e o trabalho das crianças possam ser vistos como contribuições não restritas àquele local específico, mas também ao contexto global

maior. Nessa perspectiva, as crianças e os professores podem participar como cidadãos do mundo envolvendo-se com as questões mais vitais do nosso presente e futuro (KEMP, 2010). O papel da documentação pedagógica na construção desses serviços infantis é de importância crítica. Ele oferece um importante ponto de partida não apenas para o diálogo, mas também para a confiança e a legitimidade em relação à comunidade maior, abrindo e dando visibilidade ao que ocorre nos serviços infantis.

Graças à documentação pedagógica, cada criança, professor e escola podem ganhar voz pública e identidade visível. Aquilo que é documentado pode ser visto como uma narrativa das vidas das crianças, dos professores e dos pais – uma narrativa que pode mostrar as contribuições da escola para a nossa sociedade e para o desenvolvimento da nossa democracia. Nas palavras de Rinaldi (1995):

> A documentação pode oferecer, tanto às crianças quanto aos adultos, momentos reais de democracia – democracia que tem suas origens no reconhecimento e na visualização das diferenças trazidas pelo diálogo. Isso é uma questão de *valores e ética*.

Junto da ideia das cem linguagens da criança, a documentação pedagógica pode, por meio da confiança na vida, contribuir para a *vitalização da vida*. Ela nos permite construir nossas vidas no platô da intensidade – de uma *vibração estética*, como Loris Malaguzzi costumava dizer.

NOTA

1 Versões anteriores de algumas porções deste capítulo aparecem em Rinaldi (2006); e em Dahlberg, Moss e Pence (2007).

REFERÊNCIAS

DAHLBERG, G.; ÅSÉN, G. Evaluation and regulation: a question of empowerment. In: MOSS, P.; PENCE; A. (Ed.). *Valuing quality in early childhood services:* new approaches to valuing quality. London: Paul Chapman, 1994.

DAHLBERG, G.; MOSS, P. *Ethics and politics in early childhood education.* London: Routledge, 2005.

DAHLBERG, G.; MOSS, P.; PENCE; A. *Beyond quality in early childhood education and care:* languages of evaluation. London: Routledge, 2007.

DEAN, M. *Governmentality:* power and rule in modern society. London: Sage, 1999.

FOUCAULT, M. *The order of things:* an archeology of the human sciences. New York: Random House, 1970.

KEMP, P. *Citizens of the world:* cosmopolitan ideals for the 21st century. Amherst: Prometheus Books, 2010.

RINALDI, C. Observation and documentation. In: CONFERÊNCIA DE PESQUISA, 1995, Reggio Emilia. *Proceedings...* Reggio Emilia: [s.n.], 1995.

RINALDI, C. Documentation and assessment: what is the relationship? In: GIUDICI, Claudia; RINALDI, C.; KRECHEVSKY, M. (Ed.). *Making learning visible:* children as individual and group learners. Reggio Emilia: Reggio Children, 2001.

RINALDI, C. *In dialogue with Reggio Emilia:* listening, researching and learning. New York: Routledge, 2006.

13
A pedagogia da escuta: a perspectiva da escuta em Reggio Emilia[1]

Carlina Rinaldi

A ESCUTA E A BUSCA POR SIGNIFICADO

A escuta exerce um importante papel no alcance a um objetivo que sempre caracterizou a nossa experiência em Reggio Emilia: a busca por significado. Uma das primeiras perguntas que nos fazemos, como educadores, é: "Como podemos ajudar as crianças a encontrarem significado no que fazem, no que encontram e no que vivenciam? E como podemos fazer isso para nós mesmos?". Na busca por significado, devemos perguntar: "Por quê?", "Como?" e "O quê?". Essas são as três perguntas-chave que as crianças constantemente questionam, tanto dentro como fora da escola.

É uma busca difícil, especialmente para as crianças que têm tantos pontos de referência em suas vidas: a família, a televisão, a escola e os locais que frequentam. Ainda assim, não podemos viver sem significado, porque isso deixaria nossas vidas sem identidade, esperança ou noção de futuro. As crianças sabem disso; elas têm o desejo e a habilidade de procurar pelo significado da vida e de si mesmas assim que nascem. É por isso que nós, em Reggio, vemos as crianças como seres ativos, competentes e fortes, explorando e encontrando significado, e não como predeterminadas, frágeis, carentes e incapazes.

Tanto para adultos como para crianças, compreensão significa conseguir desenvolver uma teoria interpretativa, uma narrativa que dá significado ao mundo ao seu redor. Para nós, em Reggio, essas teorias são extremamente importantes para revelar como as crianças pensam, questionam e interpretam a realidade, além do seu relacionamento com a realidade e conosco. Expressar as nossas teorias com os outros transforma um mundo que não é intrinsecamente nosso em algo a ser compartilhado. Compartilhar teorias é uma resposta à incerteza. É por isso que qualquer teoria, para existir, precisa ser expressada, comunicada e ouvida. Aí jaz a base da "pedagogia da relação e da escuta" que distingue o trabalho em Reggio Emilia. A capacidade de escuta e expectativa recíproca, que permite a comunicação e o diálogo, é a qualidade da mente e da inteligência humana que está claramente presente nas crianças pequenas. Desde o nascimento, as crianças desenvolvem essa atitude de fazer parte da identidade dos outros. Os educadores em Reggio tiveram a oportunidade de refletir sobre a relação entre aprendizagem individual e em grupo. Aprendemos o valor da aprendizagem que é coletiva, colaborativa e democrática.

O QUE É A ESCUTA?

- A escuta precisa ser sensível aos padrões que nos conectam aos outros. A nossa compreensão e o nosso ser são uma parte pequena de um conhecimento mais amplo e integrado que compõe o universo.
- A escuta precisa ser aberta e sensível à necessidade de ouvir e ser ouvido e à necessidade de escutar com todos os nossos sentidos, não só com os ouvidos.
- A escuta deve reconhecer as muitas linguagens, os muitos símbolos e códigos que as pessoas usam para se expressar e se comunicar.
- Escutar a nós mesmos – "escuta interna" – nos encoraja a ouvir os outros, mas, por sua vez, é gerada quando os outros nos ouvem.
- Escutar demanda tempo. Quando você realmente escuta, você entra no tempo do diálogo e da reflexão interna, um tempo interior que é composto do presente, mas também do passado e do futuro, e, portanto, está fora do tempo cronológico. É um tempo cheio de silêncios.
- A escuta é gerada por curiosidade, desejo, dúvida e incerteza. Não se trata de insegurança, e sim da tranquilização que toda "verdade" só o é se tivermos consciência de seus limites e de sua possível falsificação.
- A escuta produz perguntas, não respostas.
- A escuta é emoção. É gerada por emoção, é influenciada pela emoção dos outros e estimula emoções.
- A escuta deve receber e ser aberta às diferenças, reconhecendo o valor das interpretações e dos pontos de vista dos outros.
- Escutar é um verbo ativo que envolve dar uma interpretação, um sentido à mensagem, e valorizar aqueles que são escutados pelos outros.
- Escutar não é fácil. Exige uma profunda consciência e suspensão dos nossos julgamentos e preconceitos. Exige abertura à mudança. Exige que valorizemos o desconhecido e superemos os sentimentos de vazio e precariedade quando nossas certezas são questionadas.
- Escutar remove o indivíduo do anonimato (e as crianças não suportam ser anônimas). A escuta nos legitima e nos dá visibilidade. Ela enriquece tanto aquele que escuta quanto aquele que produz a mensagem.
- Escutar é a base de qualquer relação. Por meio da ação e da reflexão, a aprendizagem ganha forma na mente do sujeito e, por meio da representação e da troca, torna-se conhecimento e habilidade.
- A escuta ocorre dentro de um "contexto da escuta", em que se aprende a ouvir e a narrar, e cada indivíduo sente-se legitimado para representar e oferecer interpretações de suas teorias por meio de ação, emoção, expressão e representação, usando símbolos e imagens (as "cem linguagens"). A compreensão e a consciência são geradas por meio do compartilhamento e do diálogo.

Assim, a pedagogia da escuta não é apenas uma pedagogia para a escola, mas também uma atitude para a vida. Pode ser uma ferramenta, mas também pode ser algo mais. Significa assumir responsabilidade pelo que é compartilhado. Se precisamos ser ouvidos, então escutar é uma das atitudes mais importantes para a identidade do ser humano, começando no momento do nascimento. Antes de nascermos, vivemos nove meses no corpo de nossas mães. Portanto, crescemos como ouvintes cercados de diálogos, e escutar torna-se uma atitude natural que envolve sensibilidade a tudo que nos conecta aos outros – não apenas ao que precisamos aprender na escola, mas também ao que precisamos para viver nossas vidas. Na verdade, o presente mais importante que podemos dar às crianças na escola e na família é o tempo, porque o tempo possibilita ouvir e ser ouvido pelos outros.

Também é essencial que escutemos cuidadosamente a nós mesmos, ao que somos e ao que queremos. Às vezes, passamos tão rápido por nossas vidas que perdemos a coragem de nos conhecermos. O que você está fazendo? Aonde você está indo? Essa coragem de escutar, essa atenção ao que está dentro de nós é um tipo de escuta e reflexão anterior. Escutar significa estar aberto às diferenças e reconhecer o valor no ponto de vista e da interpretação do outro. Logo, escutar torna-se não só uma estratégia pedagógica, mas também uma forma de escutar e de ver os outros. Escutar é um verbo ativo que envolve dar significado e valor às perspectivas dos outros, uma forma de avaliação. Esse tipo de escuta é uma forma de receber os outros e suas diferenças e uma forma de receber diferentes teorias e perspectivas.

A nossa forma de escutar significa estar aberto a dúvidas e a incertezas. Essa escuta significa estar aberto ao inesperado, e muitas vezes a entrar em crise, a aceitar frustração. Quando eu estive nos Estados Unidos, muitos professores relataram preocupação por uma criança que estava em crise, ou porque eles mesmos sentiam-se em crise. Não é sempre ruim estar em crise, porque isso significa que você está mudando. O problema é que, se você não está em crise, pode ser que você não esteja realmente escutando as pessoas ao seu redor. Ser aberto aos outros significa ter a coragem de entrar nessa sala e dizer: "Espero ser diferente quando eu sair, não necessariamente porque concordo com você, mas porque as suas ideias me fizeram pensar diferente". É por isso que a documentação é tão fascinante e tão difícil de compartilhar. A documentação como escuta visível pode ajudar você a entender e a mudar a sua identidade, pode ser um convite à reflexão dos seus valores. Escutar também significa estar aberto à incerteza e viver na zona de desenvolvimento proximal. Somente quando tenho dúvidas é que consigo receber os outros e ter a coragem de pensar que o que eu acredito não é a verdade, apenas o meu próprio ponto de vista. Preciso do ponto de vista dos outros para confirmar ou mudar o meu ponto de vista.

A verdadeira escuta exige a suspensão de julgamentos e preconceitos. A relação entre paz e preconceito concerne à habilidade ou incapacidade de sermos bons ouvintes. É aqui que a educação para a paz começa. Existe uma conexão com a pedagogia da escuta. A paz é uma forma de pensar, de aprender e de escutar os outros, uma forma de observar as diferenças como um elemento de conexão, e não de separação. A paz é uma forma de lembrar que o meu ponto de vista não é o melhor e que preciso escutar e compreender os pontos de vista dos outros. Aqui, encontramos as raízes da participação na escola como um lugar para identificar as diferenças. Devemos ter a coragem de compartilhar e de concordar ou discordar. Escutar abre a oportunidade para o desenvolvimento profissional e humano.

Um "contexto de escuta" é criado quando os indivíduos sentem-se legitimados para representar suas teorias e oferecer sua interpretação de uma questão específica. Enriquecemos o nosso conhecimento e a nossa subjetividade escutando os outros e abrindo a eles quando aprendemos como grupo. Quando as crianças trabalham juntas, cada uma desenvolve o seu próprio processo aprendendo com os processos dos outros. Se você acredita que os outros são uma fonte para a sua aprendizagem, identidade e conhecimento, você abriu uma importante porta para a alegria de estar com os outros. Não somos separados pelas nossas diferenças, mas conectados por elas. É por causa das minhas diferenças que eu lhe sou útil, porque ofereço outra perspectiva. Aprender em grupo significa aprender com os outros. Essa aprendizagem com os outros não é visível apenas por causa da documentação, mas também porque existe um contexto de escuta em que as minhas teorias são compartilhadas com os outros.

CRIANÇAS COMO OUVINTES

A capacidade de escutar e retribuir expectativas é uma importante qualidade, permitindo a comunicação e o diálogo, além de compreender e apoiar demandas. Na verdade, ela sobeja em crianças pequenas, que são os maiores ouvintes do mundo ao seu redor. Elas escutam a vida em todas as suas formas e cores. Elas escutam os outros – adultos e pares. Elas rapidamente percebem como escutar é essencial para a comunicação.

Desde o início, as crianças demonstram que têm uma voz, que sabem como escutar e que querem que os outros lhes deem ouvidos. A sociabilidade não é ensinada às crianças; elas são seres naturalmente sociais. As crianças pequenas sentem-se fortemente atraídas pelos meios e pelas linguagens (e, portanto, pelos códigos) que a nossa cultura produziu. Escutar, portanto, parece ser uma predisposição inata presente no nascimento, que apoia os processos de socialização e de aculturação das crianças. É aqui que a escola entra: em primeiro lugar, ela deve ser "um contexto de múltipla escuta", envolvendo professores e crianças, individualmente e em grupo, que devem escutar a si mesmos e aos outros. Esse conceito de contexto de múltipla escuta sobrepõe-se à relação tradicional de ensino-aprendizagem. O foco muda para a aprendizagem – a autoaprendizagem da criança e a aprendizagem alcançada pela turma de crianças junto com os adultos.

PROFESSORES COMO OUVINTES: O PROCESSO DE DOCUMENTAÇÃO

Conforme as crianças comunicam suas imagens mentais e teorias aos outros, elas também as representam a si mesmas, desenvolvendo uma visão mais consciente. Isso é o que "escuta interna" significa. Ao transitar de uma linguagem à outra e de um campo de experiência ao outro e ao refletir sobre essas mudanças, as crianças modificam e enriquecem suas teorias. Ainda assim, isso só será verdade se as crianças tiverem a oportunidade de realizar essas mudanças em um contexto em grupo – com os outros – e se tiverem a chance de ouvir e de serem ouvidas, de expressar suas diferenças e de se abrirem às diferenças dos outros. A tarefa dos educadores não se restringe a permitir a expressão das diferenças, mas também a possibilitar que elas sejam negociadas e promovidas por meio do intercâmbio e da comparação de ideias. Dessa forma, a criança não aprende apenas a aprender, mas também como o grupo torna-se consciente de si como um "local de ensino", onde as linguagens são enriquecidas, multiplicadas, refinadas e geradas, de modo que colidam se hibridizem e se renovem.

Além de oferecer apoio e mediação às crianças, o professor que sabe como observar, documentar e interpretar esses processos irá perceber o seu próprio potencial como aprendiz – nesse caso, aprendendo como ensinar. A documentação pode ser vista como uma escuta visível: ela garante ouvir e ser ouvido pelos outros. Isso significa produzir traços – como notas, *slides* e vídeos – para tornar visíveis os modos como os indivíduos e o grupo estão aprendendo. Isso garante que a turma e cada criança possam se observar de um ponto de vista externo enquanto estão aprendendo (tanto durante quanto depois do processo).

Uma ampla gama de documentações (vídeos, gravações, notas escritas, etc.) visibilizam as estratégias de aprendizagem e os processos usados por cada criança, embora sempre de maneira parcial e subjetiva. Isso também permite que a leitura, a revisitação e a avaliação dessas ações tornem-se parte integral do processo de construção de conhecimento. Por fim, isso parece essencial aos processos metacognitivos e à compreensão, tanto das crianças quanto dos adultos.

Observação, documentação e interpretação são entrelaçados naquilo que eu definiria como um *movimento espiral* em que nenhuma dessas ações pode ser separada das outras. É impossível, de fato, documentar sem observação e interpretação. Por meio da documentação, o pensamento ou a interpretação do documentador torna-se tangível e passível de interpretação. As notas, as gravações, os *slides* e as fotografias representam os fragmentos de uma memória. Cada fragmento é imbuído com a subjetividade do documentador, mas também fica sujeito à interpretação dos outros, como parte de um processo coletivo de construção do conhecimento. Nesses fragmentos estão presentes o passado e o futuro (i.e., "O que mais aconteceria se...").

O resultado é o conhecimento que é abundante, coconstruído e enriquecido pelas contribuições de muitos.

A documentação, como desenvolvemos em Reggio, não significa coletar documentos após a conclusão de experiências com as crianças, e sim durante o andamento dessas experiências. Tradicionalmente, o registro e a leitura de memórias ocorrem ao final de uma experiência e podem se tornar parte de uma coletânea de arquivos. Para nós, a documentação faz parte da vida escolar cotidiana.

É uma das formas em que criamos e mantemos as relações e as experiências entre os nossos colegas e as crianças. Pensamos na documentação como um ato de carinho, um ato de amor e interação. Acreditamos que tantos os professores quanto as crianças são aprendizes. Para nós, dentro da experiência de Reggio, a documentação é uma parte integral do processo de ensino e aprendizagem das crianças e dos professores. Nos processos da aprendizagem por meio da documentação, adquirimos consciência da aprendizagem e do seu valor; nós a avaliamos. Portanto, acreditamos que a avaliação também seja parte integral do processo de ensino e aprendizagem. Acreditamos que a relação entre documentação e avaliação é fundamental para a nossa experiência. Essa crença não só mudou completamente a nossa abordagem para a documentação, mas também nos ajudou a entender a relação entre documentação e testes. Vemos cada vez mais o risco de se considerar os testes como uma ferramenta de avaliação. Na realidade, os testes só avaliam o conhecimento das crianças acerca do conteúdo da prova, e não a sua aprendizagem verdadeira.

A nossa interpretação da documentação evoluiu a partir de uma pergunta fundamental que nós nos fazemos como professores e educadores. Não temos de ensiná-las a perguntar "por que", já que dentro de cada pessoa está a necessidade de compreender as razões, o significado do mundo ao nosso redor, o significado da nossa vida. Acreditamos que é importante tentar refletir sobre as perguntas das crianças e entender *por que* elas estão perguntando por quê. Quais são as suas conexões? Quais são as suas reflexões? *Por que* elas perguntam este por quê? As crianças não perguntam "por que" apenas quando falam diretamente, mas também por meio das cem linguagens. Há um misto de preocupações práticas e filosóficas na sua atitude questionadora, no seu esforço de compreender o significado das coisas e o sentido da vida.

Mas as crianças não perguntam apenas "por que", elas também são capazes de encontrar respostas aos seus questionamentos e de criar suas próprias teorias. Pode-se perguntar por que nós, em Reggio, falamos sobre *teoria* e sobre *construção de teorias*. Por que, entre tantas palavras, escolhemos a palavra *teoria*? Muitas pessoas referem-se a teorias apenas no reino científico de homens como Galileu e Einstein. As crianças podem desenvolver teorias? Se aceitarmos a ideia de que a nossa busca, como seres humanos, pelo sentido do mundo ao nosso redor é essencial para a vida, então podemos aceitar que podemos desenvolver respostas para as nossas perguntas. Tendemos a desenvolver teorias como explicações satisfatórias que possam nos ajudar a compreender os porquês que estão dentro de nós. Estamos convidando você, leitor, a pensar sobre esse elemento essencial que é expresso nas crianças, porque as próprias crianças são algumas das melhores expressões da nossa humanidade, quando tentam criar suas próprias teorias como explicações satisfatórias. Observe e escute as crianças, afinal, quando elas perguntam "por quê?", não estão simplesmente atrás das suas respostas. Elas estão pedindo a coragem de encontrar uma coleção de respostas possíveis.

As crianças também são mais capazes de desenvolver teorias como explicações satisfatórias que podem ser compartilhadas com os outros como pontos de vista. Uma teoria é muito mais do que uma ideia. As teorias devem ser agradáveis e convincentes. Elas devem ser úteis e capazes de satisfazer as nossas necessidades intelectuais e estéticas. A teoria é uma expressão do nosso ponto de vista sobre as coisas e a vida. Por causa disso, as teorias precisam ser compartilhadas com os outros, não só para ganhar uma perspectiva ética, mas também para encontrar um elemento indispensável para a aprendizagem e a compreensão. As teorias que as crianças podem elaborar precisam ser compartilhadas com os outros e comunicadas usando todas as linguagens que conhecemos para que existam. Essa é uma das raízes da pedagogia da escuta e uma das raízes da documentação como escuta visível, iniciando-se a partir da ideia de que as crianças podem elaborar teorias como explicações sobre a vida. Essa atitude deve ser preservada como essencial para o nosso desenvolvimento como seres humanos.

Essa atitude da criança significa que ela é um verdadeiro pesquisador. Como seres humanos, somos todos pesquisadores do significado da vida. Ainda assim, é possível destruir essa atitude com nossas respostas rápidas e a nossa noção de certeza. Como podemos apoiar e manter a atitude das crianças quanto ao desenvolvimento de explicações? Se uma criança diz: "Está chovendo porque Deus está chorando", poderíamos facilmente destruir essa teoria dizendo que, na realidade, se trata das nuvens. Como podemos cultivar as intenções de pesquisa da criança? Como podemos cultivar a coragem de criar teorias como explicações? Em sua

atitude na infância, podemos encontrar as raízes da criatividade, as raízes da filosofia, as raízes da ciência, as raízes da curiosidade e as raízes da ética. Nessa capacidade infantil de desenvolver teorias, podemos observar a liberdade de coletar elementos de ideias e montá-los de maneira original. Nessa busca por respostas na infância, vemos as raízes de uma atitude filosófica. Esse hábito infantil de perguntar "por que" é a única forma de manter o que é essencial na vida: a curiosidade. A humanidade existe e persiste porque desenvolvemos a nossa capacidade de curiosidade. Na busca por motivos e informações está a raiz de fazer o que é certo e bom – ou seja, é o fundamento da ética.

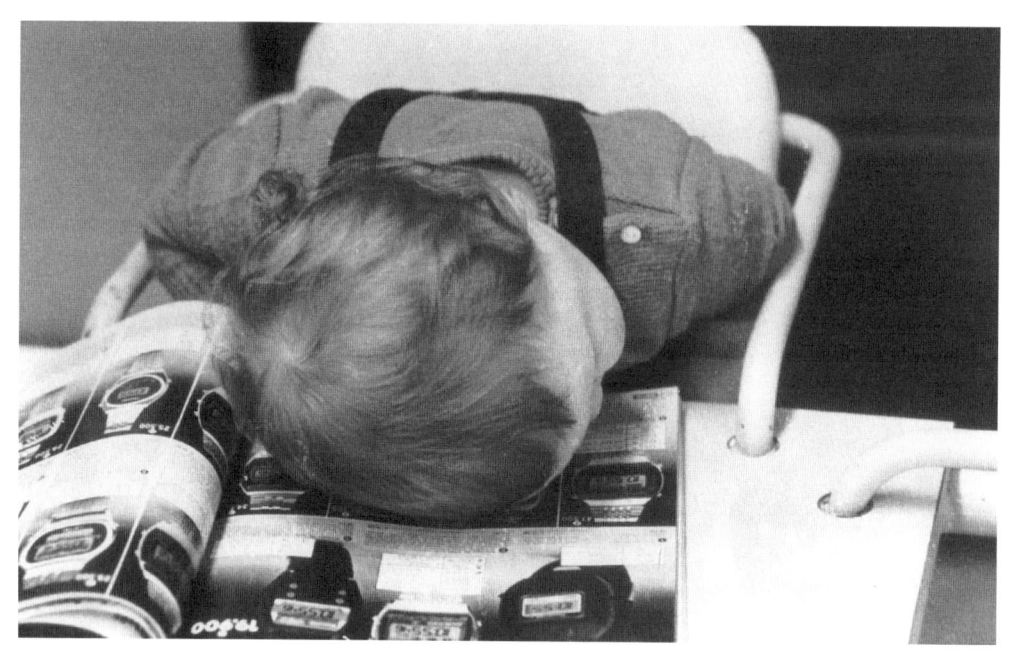

PROFESSORES COMO AVALIADORES: O PROCESSO DE AVALIAÇÃO

Para nós, em Reggio, *tornar a escuta visível* significa estarmos abertos às teorias das crianças. Os elementos da observação, da interpretação e da documentação têm uma forte conexão. É impossível observar sem interpretar, porque a observação é subjetiva. É impossível documentar sem interpretar, e é impossível interpretar sem refletir e observar. Quando você escolhe algo para documentar, quando você tira uma foto ou grava um vídeo de uma experiência, você está fazendo uma escolha. Isso significa que você está valorizando ou avaliando essa experiência como significativa para os processos de aprendizagem das crianças, assim como para os seus próprios processos de aprendizagem. Quando você documenta, você está compartilhando a aprendizagem das crianças e a sua – o que você entende, sua perspectiva, além do que você considera significativo. Dentro da palavra *avaliação* está a palavra *valor*. Valorizar significa dar valor a esse contexto de ensino e a certas experiências e interações dentro daquele contexto. Isso é o que oferecemos aos processos de aprendizagem das crianças e dos nossos colegas.

Aqui, em minha opinião, está a gênese da *avaliação*, porque, ao produzir a documentação, você torna o elemento do valor, assim como os indicadores que você aplicou, visíveis e compartilháveis. A partir da sua documentação, as crianças podem compreender não apenas os seus processos, mas o que você valoriza como significativo para os seus processos de aprendizagem. Dessa forma, a avaliação torna-se democrática. Assim, as crianças podem ver o significado que o professor interpretou do seu trabalho. Quando você compartilha a sua documentação com as crianças demonstra que o que elas fazem têm valor e significado. As crianças descobrem que existem e podem emergir do anonimato e da invisibilidade, vendo que o que elas dizem e fazem é importante, pode ser ouvido, valorizado, compartilhado, apreciado e compreendido.

Logo, não é possível documentar sem avaliar. A avaliação se torna parte dos processos de aprendizagem conforme você se conscientiza das suas escolhas e dos seus valores, conforme você compreende sua ética. Quando você entra nas nossas escolas e nas suas escolas, talvez o que você veja documentado não sejam apenas experiências, mas valores – em outras palavras, coisas que os membros da comunidade de aprendizagem tenham avaliado e valorizado como algo importante. Por exemplo, se quisermos criar uma escola para a educação, e não para a instrução e a informação, então podemos esperar que a educação para a paz também comece desde o nascimento. A educação para a paz é uma forma de pensar sobre os outros e sobre o mundo, uma forma de olhar para a realidade como as crianças fazem, sem preconceito. As crianças podem nos ensinar porque elas estão abertas a tudo. Elas podem nos ensinar a sermos abertos aos outros e às suas diferenças. Elas podem nos ensinar a sermos abertos à ideia de que somos extraordinários porque somos únicos, porque somos diferentes. Escutar é uma metáfora do encontro e do diálogo. Como acreditamos na pedagogia da escuta, a experiência em Reggio tenta honrar as crianças dando ouvidos a essa expressão do ser humano. Talvez a pedagogia da escuta possa ser uma pedagogia que apoie uma forma de viver com a esperança de que seja possível para os seres humanos mudar.

As crianças sentem que nós valorizamos o que elas dizem e, portanto, o que elas pensam, porque gravamos, transcrevemos e refletimos sobre os seus possíveis significados. As crianças sabem que buscamos indicações ligadas aos processos de pesquisa e de aprendizagem que elas estão vivenciando. Acima de tudo, elas sentem que, ao valorizarmos os seus pensamentos, nós as valorizamos como indivíduos únicos que estão dizendo algo importante; elas sentem o quanto são importantes para nós. Desde bem cedo, as crianças entendem que desenhar não é uma simples maneira de matar o tempo, mas representa um pensamento, uma emoção, uma forma de saber que pode indicar a direção dos seus processos de saber e, portanto, de expressar. Isso acontece porque os professores valorizam muito os desenhos das crianças. Elas também se reconhecem nas fotografias e nos vídeos e percebem o que está acontecendo com elas ou com o seu grupo de amigos tanto em relação às suas ações quanto às suas emoções. Elas reconhecem os esforços que fazem para discutir seus respectivos pontos de vista e compreender o valor que a cooperação tem na turma. Elas adquirem consciência de que estão contribuindo com diferentes opiniões, mantendo suas próprias ideias e, ao mesmo tempo, participando na construção de um resultado conjunto. As crianças, assim, sentem que cada uma delas é valiosa e competente. Ao mesmo tempo, elas apreciam que o conhecimento que desenvolveram juntas adquira um valor maior por se tratar de um resultado compartilhado e ter profundo significado em relação à construção da educação na comunidade.

Além do que elas passam a sentir sobre si mesmas, por meio do processo de escuta, as crianças também reconhecem que cada traço dos seus processos de aprendizagem e desenvolvimento é bem-vindo. E isso acont'ece nos diferentes campos do conhecimento, como, por exemplo, quando suas letras iniciais aparecem misturadas em seus desenhos, seus primeiros números escritos indicam mensurações da mesa que querem que os pais construam para elas ou em suas primeiras experiências com instrumentos musicais que tenham à disposição, que são então gravadas e escutadas como uma exploração musical ou como pano de fundo para suas atividades diárias. Cada um desses sinais da aprendizagem é recebido como algo precioso e apoiado com novos materiais e atividades que proporcionam possibilidades de maior significado, seja replicando as experiências ou expandindo-as em novos contextos. O que as crianças estão aprendendo torna-se evidente para elas, porque os professores dão valor aos seus processos de aprendizagem de letras, números, músicas e outros tipos de conhecimento, assim tornando-os visíveis em seu ensino diário.

As crianças se emocionam e participam com paixão e orgulho visível quando veem imagens desses processos de aprendizagem exibidos em sala, coletados em uma publicação ou organizados em uma apresentação em vídeo ou digital. Esses produtos serão exibidos e compartilhados com outros professores ou com os pais nas reuniões regulares. Autoestima e apreciação dos outros, junto da percepção de ser parte essencial da comunidade, tornam-se coisas de valor não apenas declaradas como objetivos abstratos, mas também como experiências palpáveis e manifestas em ações concretas, vivenciadas em tempo e espaço cotidiano.

Assim, uma comunidade de aprendizagem toma forma. Ela envolve os professores que aprendem que o seu modo de olhar dá valor e que, portanto, desenvolvem um profundo senso de responsabilidade e reciprocidade. Além dos professores, contudo, ela também envolve os pais. Aos pais, seus próprios filhos são importantes não apenas como crianças, mas também como indivíduos com um certo tipo de personalidade ou com uma maneira específica de aprender. Essa criança precisa e tem o direito a tempos e espaços, a amigos e a materiais e a estratégias cada vez mais direcionadas para ela. Ainda assim, os pais também descobrem que, apesar de os seus filhos serem únicos, essas crianças carregam dentro de si os direitos de todas as crianças da comunidade. Eles aprendem que fazer algo pelos seus próprios filhos significa fazer algo por todas as crianças. A partir do conceito "meu filho" ou "minha filha", os pais facilmente desenvolvem um conceito das crianças da "nossa escola" e dos "seus direitos".

Ao se reunirem com os outros pais e refletirem sobre formas de conhecer, brincar e se juntar com outras crianças, os pais se abrem ao diálogo sobre as diversas maneiras de lidar com problemas comuns e sobre estilos de educação informal que adotam em relação aos próprios filhos. A comunidade educacional é uma comunidade que dá valor aos direitos de todos.

Essa comunidade de aprendizagem é, portanto, uma comunidade ética e democrática. Ela possui a democracia da construção comunal do conhecimento e dos valores que inspiram e motivam aquele conhecimento que pode, por meio da documentação, comunicar-se fortemente com a comunidade mais ampla onde a escola está posicionada.

Com base nessa fundamentação, a documentação que começa nas escolas para crianças pequenas evolui e se transforma em algo que vai além delas, talvez assumindo a forma de uma exposição ou de livros, e abre debates que falam não só na linguagem verbal, mas também na linguagem das imagens e em outras linguagens. Falamos das "cem linguagens" pelas quais as crianças se comunicam e descobrem caminhos para o novo e o inesperado, para a coragem que a educação exige e depois propõe – a coragem dos valores que queremos construir junto de nossas crianças, valores que aceitem os desafios da vida contemporânea e das riquezas da mudança.

PROFESSORES COMO PESQUISADORES: EDUCAÇÃO COMO VIDA

Quando os professores tornam a escuta e a documentação peças centrais de sua prática, eles se transformam em *pesquisadores*. Por que o conceito do "professor como pesquisador" é tão importante? Por que, entre as tantas possibilidades, enfatizamos a qualificação do "pesquisador"? Pesquisa é uma palavra com muitos significados que pode evocar laboratórios, fórmulas químicas e ciência. Ela geralmente representa uma metodologia clara e reconhecida e implica objetividade. A palavra pesquisa tem um tom sério e tende a ser reservada para as poucas pessoas que trabalham em relação a certos procedimentos estabelecidos e convencionais. É um conceito que habita universidades ou centros especializados de pesquisa. É uma palavra que não circula pelas ruas e praças da cidade. Pesquisa não é uma palavra de uso comum e, acima de tudo, não se trata de um conceito que normalmente pensamos em pôr em prática no nosso dia a dia.

Nas escolas, a palavra pesquisa normalmente significa juntar um conjunto de informações e compilar o que já se sabe sobre um certo assunto. Emoções e experiências que caracterizam a chamada pesquisa científica, tais como curiosidade, dúvida, o desconhecido, erro, crise, teoria e confusão, não costumam fazer parte do cotidiano das escolas. Se de fato entrarem no contexto da vida da escola, elas são vistas como momentos fracos, momentos de fragilidade, de incerteza, que devem ser rapidamente superados.

Na minha opinião, é por isso que verdadeiras inovações são tão difíceis de se aceitar e apreciar. Elas abalam as nossas referências, porque nos forçam a ver o mundo com um novo olhar. Elas nos abrem ao que é diferente e inesperado.

Frequentemente, nós, seres humanos, tendemos a aceitar as coisas como são, o *status quo*, o que conhecemos e já experimentamos, mesmo que não estejamos satisfeitos, mesmo quando ficamos estressados, confusos e desesperados. Então, dessa forma, tentamos defender a nossa normalidade, as normas e regras que já conhecemos, em detrimento do novo. Ainda assim, apenas a busca e a pesquisa podem nos levar ao que é novo, ao que nos leva adiante. Por outro lado, o *status quo* da normalidade exclui a pesquisa como a abordagem a ser usada todos os dias e, assim, exclui a dúvida, o erro, a incerteza, a curiosidade, a admiração e o espanto como valores importantes de nossas vidas diárias. A preferência pelo *status quo* coloca a normalidade em oposição à pesquisa. Em vez disso, eu gostaria de propor o conceito de "normalidade da pesquisa", que define a pesquisa como uma atitude e uma abordagem do dia a dia – não apenas nas escolas, mas fora delas também – como forma de pensar por nós mesmos e em conjunto com os outros, uma forma de se relacionar com as outras pessoas, com o mundo ao nosso redor, com a vida.

Onde e como podemos encontrar a força e a coragem para essa mudança radical? Uma vez mais, devemos começar com as crianças. A criança pequena é o primeiro grande pesquisador. As crianças nascem pesquisando e, portanto, buscam o sentido da vida, o sentido do "eu" em relação aos outros e ao mundo. As crianças nascem procurando pelo significado de suas existências; o significado das convenções, dos costumes, dos hábitos que temos; e das regras e respostas que fornecemos.

As perguntas das crianças (tais como: "Por que nascemos?" e "Por que morremos?") são preciosas, assim como suas respostas, porque são generativas. As teorias das crianças (tais como: "O mar nasceu de uma mamãe onda" e "Quando você morre, você entra na barriga da morte e nasce de novo") destacam as características mais fortes da identidade das crianças e da humanidade: buscar e pesquisar o sentido, compartilhando e construindo juntas o significado do mundo e dos eventos da vida. Todas as crianças são inteligentes, diferentes umas das outras e imprevisíveis. Se soubermos como escutá-las, as crianças podem nos devolver o prazer do espanto, do assombro, da dúvida e do "por quê". As crianças podem nos dar a *força da dúvida* e a *coragem do erro*, do desconhecido. Elas podem nos transmitir a alegria de procurar e pesquisar, o valor da pesquisa, assim como a abertura aos outros e a tudo de novo que é produzido pelo encontro com os outros.

Esses conceitos fortalecem a noção de educação e formação pessoal como um processo de pesquisa em andamento. Eles também estão na raiz do valor da documentação e da visibilidade da escuta, que não é uma simples técnica a ser transportada, mas uma forma de garantir que os nossos pensamentos sempre envolvam reflexões, trocas, diferentes pontos de vista e diferenças de avaliação ou análise. Eles não são vistos apenas como estratégias didáticas, mas também como valores que inspiram a nossa visão do mundo. Os materiais de documentação que usamos atestam não apenas o nosso caminho de conhecimento em relação às crianças, mas também o nosso caminho de conhecimento quanto à criança e à humanidade e quanto a nós mesmos. Eles também atestam quanto à nossa ideia do professor como pesquisador, da escola como lugar de pesquisa e elaboração cultural, um lugar de participação, em um processo de construção compartilhada de valores e significados. A escola de pesquisa é uma escola de participação.

Além do mais, esse conceito da normalidade da pesquisa é a melhor forma de expressar o que eu creio ser um dos aspectos específicos da nossa experiência, um dos "nós culturais" mais importantes nessa era complexa: a relação entre teoria e prática. A teoria e a prática, consideradas como uma dicotomia que tem exercido enorme peso sobre o mundo escolar e sobre a nossa cultura, poderiam encontrar uma dialética e uma síntese verdadeiras nesse conceito de pesquisa em que a teoria gera a prática que, por sua vez, gera novas teorias e novas perspectivas sobre o mundo. As teorias vêm da prática, mas também a orientam e a guiam. As teorias são pensamentos práticos. As minhas teorias produzem as minhas interpretações da realidade. É por isso que as teorias deveriam ser continuamente questionadas e verificadas em intercâmbio com os outros.

Quando dizemos que a escola não é uma preparação para a vida, mas *é a vida*, isso significa presumir a responsabilidade de criar um contexto em que palavras como *criatividade, mudança, inovação, erro, dúvida* e *incerteza*, quando usadas diariamente, possam ser verdadeiramente desenvolvidas e transformadas em realidade. Isso significa criar um contexto em que a relação de ensino-aprendizagem seja altamente evoluída – ou seja, em que a solução para certos problemas leve ao surgimento de novas perguntas, novas expectativas e novas mudanças. Isso também significa criar um contexto em que as crianças, desde muito cedo, descubram que há problemas de difícil resolução, que possivelmente não tenham resposta e que, por isso, eles são os mais maravilhosos, visto que é neles que mora o "espírito de pesquisa". Apesar de as crianças serem muito jovens, não devemos lhes transmitir a convicção de que, para cada pergunta, há uma resposta certa. Se fizéssemos isso, poderíamos parecer mais importantes aos seus olhos, e elas se sentiriam mais seguras, mas pagariam por essa segurança perdendo o "prazer da pesquisa", o prazer de ir em busca de respostas e de construir as respostas com a ajuda dos outros. As crianças são capazes de nos amar e de nos apreciar mesmo quando parecemos ter dúvidas ou quando não sabemos como responder, porque elas apreciam o fato de estarmos ao seu lado em busca de respostas: a criança-pesquisadora e o professor-pesquisador. Somente assim as crianças retornarão, com direitos totais, aos construtores da cultura humana e da cultura da humanidade. Somente assim elas sentirão que o seu espanto e as suas descobertas são realmente apreciados, porque eles são úteis. Somente assim as crianças e a infância podem esperar adquirir sua dignidade humana, deixando de serem consideradas "objetos de cuidado" ou "objetos de crueldade e abuso", tanto física como moralmente. Vida é pesquisa.

NOTA

1 Versões anteriores deste capítulo foram apresentadas por Rinaldi (2001). Excertos também foram extraídos de Edwards e Rinaldi (2008). As fotografias vêm de uma experiência, Laura e o relógio, que apareceu na exposição e no catálogo de *As cem linguagens da criança* (FILLIPINI; VECCHI, 2005). A história original se deu na creche Arcobaleno, em 1983, quando Rinaldi era pedagogista.

REFERÊNCIAS

EDWARDS, C. P.; RINALDI, C. *The diary of Laura:* perspectives on a Reggio Emilia diary. Minneapolis: Redleaf, 2008.

FILLIPINI, T.; VECCHI, V. *The hundred languages of children*. Reggio Emilia: Reggio Children, 2005.

RINALDI, C. The pedagogy of listening: the listening perspective from Reggio Emilia. *Innovations in Early Education: the international Reggio Exchange,* v. 8, n. 4, p. 1-4, 2001.

14

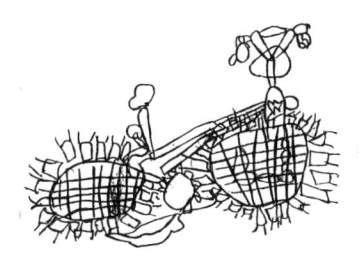

Aprendizagem negociada pelo *design*, pela documentação e pelo discurso

George Forman e Brenda Fyfe

A prática reflexiva do ensino deve se basear em uma teoria bem definida do conhecimento. Do contrário, não saberemos aonde ir. É necessária uma definição de conhecimento que sirva de padrão para o ensino efetivo. A teoria do conhecimento à qual nos filiamos é o construtivismo – mais precisamente o construtivismo social, conforme encontrado em Doise, Mugny e Perret-Clemont (1975), e o coconstrutivismo, conforme encontrado em Berger e Luckmann (1966), Tudge e Winterhoff (1993), Vygotsky (1986) e Wertsch (1985). Acreditamos que o conhecimento é gradualmente construído quando as pessoas se tornam alunos uns dos outros, quando se assume uma postura questionadora e quando se realizam tentativas sinceras de assimilar e reconciliar as perspectivas iniciais de cada um (JANKOWICZ, 1995; PALINCSAR; BROWN, 1984). Também acreditamos que o conhecimento nunca é verificável apenas por meio da escuta ou da observação, mas ganha clareza por meio da análise negociada do próprio processo de comunicação, por exemplo, "Isso foi uma pergunta ou a afirmação de um fato?". Essa análise necessariamente contém conhecimento tácito que é inferencial, e não literalmente "está nos dados" (BRUNER, 1957; POLANYI, 1998; VON GLASERFELD, 1995).

Quando essa premissa é aceita, a nossa prática educacional muda radicalmente de um estudo dos fatos para um estudo de como estudamos e de como passamos dos fatos ao significado. A educação das crianças se baseia em ajudá-las a criar sentido, a negociar com as outras em um contexto de simbolização (GARDNER, 1983), comunicação (THARP; GALLIMORE, 1988), narrativa (ENGEL, 1994; TAYLOR, 1993) e metáfora (BRUNER, 1990).

Os princípios dessa epistemologia levam à prática semelhante à que observamos em Reggio Emilia, uma prática que preferimos chamar de *aprendizagem negociada*. Esse termo captura a centralidade dos princípios sociais, coconstrutivistas recém-mencionados. Na aprendizagem negociada, os professores buscam descobrir as crenças, as suposições ou as teorias das crianças sobre a forma como o mundo físico ou social funciona. O seu estudo vai além da simples identificação do interesse das crianças. A sua análise revela os motivos por trás do interesse das crianças – não estritamente o que é familiar, mas que o paradoxo ou a curiosidade motivam seus assuntos de interesse. As crianças são encorajadas a falar sobre o que sabem antes de iniciar o seu projeto. De maneira semelhante, as crianças pré-verbais podem explorar novos objetos ou materiais de modo que o professor (observando suas estratégias) possa inferir quais são as suas teorias, dadas essas estratégias (FORMAN; HALL, 2005). Nesse currículo coconstrutivista, os professores formam uma comunidade de aprendizes com as crianças, com os pais e com outros professores (RINALDI, 1996).

Eles discutem os processos sociais e simbólicos por meio dos quais os significados são negociados rumo a um grau de compreensão compartilhada. O currículo não é centrado na criança ou dirigido pelo professor. O currículo é originado na criança e colocado em um quadrado pelo professor.* As crianças discutem muitos interesses – por exemplo, a criação de um parque de diversões para os pássaros que frequentam o pátio da escola. Os professores reorganizam os objetivos em conceitos ligeiramente mais gerais – por exemplo, como fazer os pássaros se sentirem menos ansiosos quanto a estar longe de casa (FORMAN; GANDINI, 1994). Então, atividades que darão seguimento especificamente são propostas e negociadas com as crianças e, no nível mais geral, com os pais (FYFE; FORMAN, 1996).

Por outro lado, o currículo pode ser provocado pelo professor e engajado pelas crianças. O que é importante aqui é que o professor envolva a mente e os interesses das crianças nos tópicos propostos. Por exemplo, a professora pode convidar um pequeno grupo de crianças a observar esquilos brincando do lado de fora da sala (algo que elas não haviam notado antes). Conforme as crianças e a professora comentam sobre o que notaram e conversam sobre o que os esquilos parecem gostar de fazer, a professora está envolvendo os interesses das crianças. Ela pode fazer perguntas (por exemplo, "O que vocês acham que os esquilos gostam nessa árvore?", "Os esquilos estão brincando ou trabalhando?", "Por que eles estão juntando nozes?") para envolver a mente das crianças. Quando as crianças estiverem engajadas e interessadas, a professora pode ajudá-las a fazer perguntas que deem significado às observações, às investigações ou aos experimentos continuados. Enquanto isso, a professora está guiando e auxiliando as crianças rumo aos desfechos de aprendizagem (por exemplo, desenvolver habilidades de questionamento e conhecimento sobre o mundo natural).

Nós iremos especificar três componentes que definem a aprendizagem negociada como um sistema dinâmico de causas, efeitos e contraefeitos. Esses componentes são *design, documentação* e *discurso*. Em geral, esses três componentes criam um sistema em que as habilidades acadêmicas são envolvidas dentro de um contexto de resolução de problemas, de prática reflexiva e de comunicação entre os componentes. Por exemplo, quando os professores documentam o trabalho das crianças e revisam esses documentos com elas, o resultado é uma mudança na imagem do seu papel como professor, passando do ensino da matéria para o estudo e a aprendizagem com as crianças (RINALDI, 1996). Além do mais, pedir para as crianças projetarem seus trabalhos futuros faz com que elas falem sobre o seu trabalho. Sua fala torna-se o discurso da previsão e da explicação.

---

* N. de R.T.: Podemos compreender *frame* aqui como um quadro, um mapa, um esboço.

TRÊS COMPONENTES DA APRENDIZAGEM NEGOCIADA

Design refere-se a qualquer atividade em que o *designer* (criança ou adulto) faça o registro de um plano ou solução pretendida. Um desenho é um *design* se for feito com a intenção de orientar um futuro leitor na construção dos itens desenhados ou especificar uma sequência de ações. Por exemplo, as crianças na Escola Oito de Março em Reggio Emilia desenharam a sequência tradicional das ações do jogo "Batata Assada" para que crianças não familiarizadas com o jogo pudessem aprender as regras. As crianças da pré-escola La Villetta em Reggio Emilia desenharam fontes e parques de diversão sabendo que esses desenhos seriam usados para orientar a construção e o *layout* de suas criações no pátio externo. Os *designs* podem ser feitos em muitas mídias: uma fonte de argila para guiar a construção de uma fonte com canos e mangueiras, um boneco de arame para indicar movimentos de dança para ensinar a outros. Como o *design* será revisitado posteriormente para orientar as ações de outra pessoa, ele deve ser criado de modo a ser lido. Portanto, o *designer* deve considerar a clareza da representação, e não o seu realismo. De fato, frequentemente são as representações mais esquemáticas que se comunicam melhor. O valor educacional do *design* flui a partir da atitude especial do *designer*, da construção de uma relação com o leitor, mesmo que seja ele mesmo ao revisitar o *design* (DUNN; LARSON, 1990; KAFAI; HAREL, 1991).

Discurso conota um desejo profundo de compreender as palavras uns dos outros. Discurso é mais do que falar. Discurso conota um estudo mais reflexivo do que está sendo dito, uma luta para compreender, em que falantes se confrontem construtivamente, experimentem o conflito e busquem o lugar comum em meio a uma constante mudança de perspectivas. Com efeito, o discurso é a análise da comunicação, um processo metalinguístico em que o significado é questionado em nome do crescimento e da compreensão (GEE, 1990; STUBBS, 1983). O discurso é a voz que usamos para a escolarização e a aprendizagem (GOODMAN, 1992). O *design* e a documentação servem para focar, manter e aprimorar os discursos durante o processo negociado da aprendizagem.

Documentação refere-se a qualquer registro de desempenho (*performance*) que contenha detalhes suficientes para ajudar outros a compreenderem o comportamento registrado. Enquanto o *design* representa uma previsão ou um plano, a documentação registra o desempenho durante um encontro de aprendizagem, assim como a interpretação do documentador daquele desempenho. Assim, um único desenho de uma criança não seria considerado uma documentação porque não se trata de um registro do desempenho. Contudo, um vídeo da criança fazendo o desenho ou um rascunho de proporções alteradas para planejar o processo do desenho final seria considerado uma documentação. (Uma única fotografia com um texto descrevendo e interpretando o comportamento não registrado poderia ser tradada como uma documentação, mas está longe de ser um método ideal para a compreensão aprofundada.) O objetivo da documentação é explicar, e não simplesmente descrever. A documentação é mais do que uma "amostra dos trabalhos". A documentação pode ser exibida publicamente, como em painéis de fotografias com textos explicativos nas paredes da sala, ou pode ser colocada em um portfólio para estudo posterior. Estritamente falando, a documentação não é uma avaliação formal do progresso dos alunos, e sim uma forma de explicação para os membros da escola sobre a aprendizagem das crianças e da mentalidade educacional das atividades curriculares. A documentação é central para a aprendizagem negociada, e muito do que esse capítulo discute lida com a relação entre a documentação e os dois outros componentes: *design* e discurso.

Esses comentários contêm uma distinção entre *design* e documentação. O *design* busca instruir; a documentação busca explicar. O *design* é prospectivo; a documentação é retrospectiva. Ambos são mais do que registros físicos. Assim, usamos a palavra *documentação* em vez de *documento* e *design* em vez de *designs* para pôr a função desses registros em relevo.

Um diagrama para todas as relações

Para facilitar a nossa discussão desse sistema pedagógico, nós fornecemos o diagrama a seguir. Esse diagrama contém todos os três componentes da ação e quatro constituintes (crianças, professores, pais e comunidade). Estabelecemos deliberadamente uma conexão aberta entre os quatro constituintes e os três componentes de ação. Do contrário, o diagrama ficaria parecendo um emaranhado e deixaria de ser útil. Descrevemos relações específicas no texto do capítulo.

Esses três componentes (*design*, documentação e discurso) formam um sistema de relações que é totalmente recíproco. O *design* pode ser usado para melhorar a documentação. Por exemplo, os desenhos das crianças podem ser colocados nos painéis nas paredes para ajudar a explicar o encontro de aprendizagem. A documentação pode ser revisitada para melhorar o discurso, servindo de base de dados para um ensino reflexivo. O discurso pode ser documentado e depois usado para melhorar uma segunda sessão de *design*. Usamos o fluxo entre esses componentes como um meio de organizar os segmentos deste capítulo. (Note que, ao descrevermos a inter-relação entre esses três componentes, iremos nos aventurar em algumas sugestões para a prática que não foram necessariamente vistas em Reggio ou em qualquer outro lugar.)

Esses componentes servem a diversos constituintes – crianças, professores, pais e o público geral. Considere como o *design* ajuda as crianças. Registros selecionados das suposições ou dos planos das crianças certamente são úteis para elas revisitarem suas próprias ideias de modo a aprofundar e ampliar a aplicação dos seus conceitos. O *design* ajuda os professores a planejarem atividades que virão a seguir. O *design* ajuda os pais que querem dar continuidade ao estudo dos filhos em casa e ajuda o público geral a entender a visão e aos objetivos da escola.

Essas relações com os constituintes não são nem simples nem unilaterais. Os constituintes frequentemente trabalham juntos ao redor de um componente para aprimorar outro. O professor e as crianças se envolvem juntos em uma atividade de *design* e isso melhora o nível do discurso de ambos quando estudam seus *designs*. As sessões de *design* também são documentadas. Os professores e as crianças revisitam esses documentos, o que, por sua vez, aprimora ainda mais o discurso.

Tráfego no diagrama

Uma teoria útil não só especifica os componentes de um sistema, mas também faz proposições sobre o tráfego entre esses componentes. Uma teoria nos diz o que esperar quando se percorre um caminho, em vez de outro. Em referência ao fluxograma na Figura 14.1, eis aqui alguns caminhos que exemplificam o uso da documentação para aprimorar o discurso:

```
┌─────────────────────────────────────────────────────────┐
│                                                         │
│    ┌──────────┐                                         │
│    │  Design  │◄──────────────┐                         │
│    └──────────┘               │                         │
│         │              ┌──────────┐                     │
│         │              │ Discurso │                     │
│         │              └──────────┘                     │
│         │                     ▲                         │
│         ▼                     │                         │
│    ┌──────────────┐           │                         │
│    │ Documentação │◄──────────┘                         │
│    └──────────────┘                                     │
│      ▲      ▲       ▲        ▲                          │
└──────┼──────┼───────┼────────┼──────────────────────────┘
       │      │       │        │
  (Crianças)(Professores)(Pais)(Público)
```

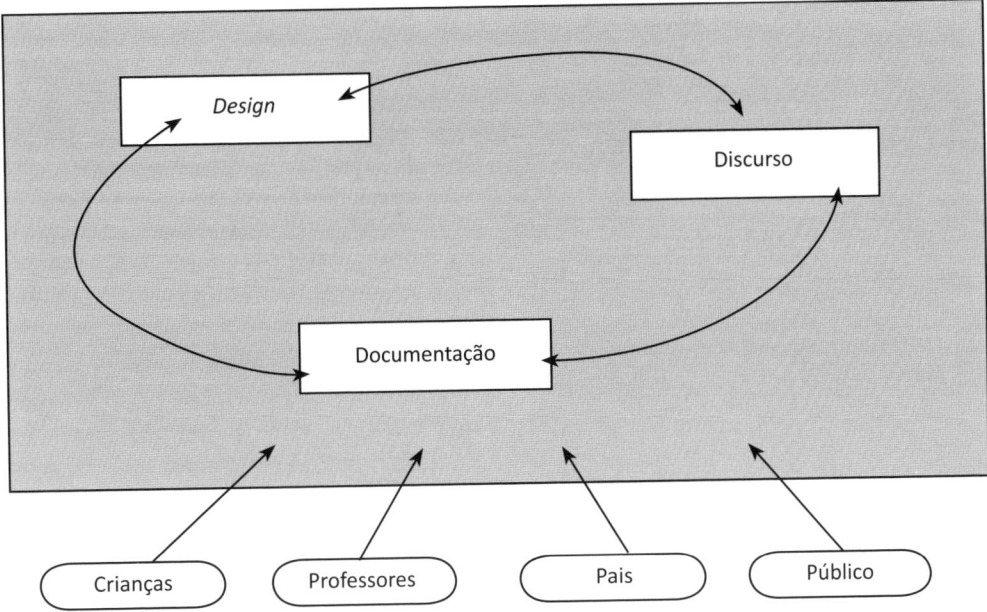

Figura 14.1 Componentes da aprendizagem negociada.

Quatro crianças desenham seus planos para uma vila na Lua, incluindo veículos com rodas aderentes (*design*). Então, elas usam os seus desenhos para explicar as construções e os veículos para os colegas que pedem esclarecimentos (*design afeta o discurso*). Os professores usam uma gravação dessas explicações para estudar as suposições das crianças sobre como as coisas funcionam na Lua (*discurso das crianças é documentado*). Trabalhando com um grupo pequeno, os professores, ao usarem esse referencial compartilhado das conversas das crianças, discutem que comentários transcrever e como explicar essa atividade no painel que irão fazer (*discurso dos professores afeta a documentação*).

PASSAGENS RUMO A UMA MAIOR COMPREENSÃO

Esse diagrama pode ilustrar os princípios da aprendizagem negociada. Apresentamos esses princípios como um conjunto de passagens, de uma compreensão inicial de uma prática de ensino a um entendimento mais abrangente. Começamos com a passagem da descrição ao *design*, que é uma passagem de uma visão estreita da representação como registro, para uma visão mais ampla da representação como uma recomendação de ação.

Da descrição ao *design*

Como mencionamos brevemente, o *design* tem uma intenção instrutiva que vai além da mera descrição. Essa diferença se aplica a muitas mídias, e não só ao desenho. No entanto, para propósito de ilustração, consideremos a passagem do desenho de um objeto para o uso do desenho como *design*. Um desenho pode ser julgado bom se o seu referente puder ser reconhecido por outra pessoa. É claro, um desenho realista pode aprimorar o discurso, porque serve como um referente comum, mas tal desenho continua sendo apenas uma imagem de outra coisa.

Um *design*, por outro lado, foi feito para construir alguma coisa ou para instruir alguém sobre como fazer algo. O *designer* precisa capturar a ação nos projetos e precisa ajudar um novo leitor a discernir essas ações implicadas. De alguma forma, o "leitor" deve traduzir as marcas no papel em um conjunto de atos para alcançar o resultado desejado. Por exemplo, um desenho usado para construir um barquinho de madeira de brinquedo deve ser desenhado com menos detalhes quanto às texturas da madeira e mais detalhes quanto à articulação das partes. A interface entre duas partes carrega mais informações para a construção do barco do que os detalhes das texturas. O *design* também inclui marcas que carregam uma mensagem de ação e sequência que é mais do que um registro estático das características de um objeto estacionário. Flechas, números e uma sequência de desenhos progressivos são algumas técnicas comuns para representar as ações. Essa mudança da análise visual do detalhe para a representação de um conjunto de procedimentos é uma mudança fundamental na ciência e na educação (PIAGET, 1970, 1978). Essa mesma mudança subjaz ao uso de alto nível de representações na aprendizagem negociada. Além do mais, o desejo da criança de explicar como algo deve ser feito implica um público, um público que participa indiretamente na coconstrução do conhecimento (VYGOTSKY, 1986; WERTSCH, 1985). A ênfase dualista no conhecimento procedimental e na comunicação põe em contato Piaget e Vygotsky na aprendizagem negociada.

Eis aqui um exemplo da passagem da descrição para o *design*:

> Um grupo de crianças estava interessado nos girassóis enormes do lado de fora da janela. Elas estavam absolutamente impressionadas com a quantidade de sementes da flor. A professora achava que essa flor prolífica deveria ser preservada na memória delas, então ela sugeriu que as crianças desenvolvessem a sua própria versão da flor usando papel e lápis coloridos. Os desenhos ficaram muito bonitos, com grande atenção às sementes no centro da enorme flor. A professora e as crianças concordaram que a atividade de desenho havia aumentado a sua sensibilidade para detalhes que elas não teriam percebido se não tivessem se esforçado para passá-lo para o papel.

Pensando um pouco mais, decidimos que essa atividade de desenho era muito limitada. Perguntamos às crianças por que elas ficaram tão impressionadas com as sementes na flor do girassol. Elas responderam que se lembravam da semente que haviam plantado havia seis semanas, e agora a flor tinha sementes iguais àquela. Então, pedimos que fizessem desenhos que mostrassem como essas sementes eram produzidas – ou seja, que desenhassem o que não conseguiam ver, desenhassem quais passos elas achavam que aconteciam dentro do girassol para produzir sementes. Em essência, estávamos pedindo para que criassem o *design* de uma fábrica de sementes.

Os desenhos eram diversos, inteligentes e reveladores. As crianças não deram muita atenção ao realismo gráfico do seu desenho, interessando-se mais na comunicação de suas ideias quanto aos procedimentos que geravam sementes na flor de girassol. Uma criança fez uma série de desenhos que retratavam a semente original avançando pelo solo, subindo pelo caule do girassol e surgindo novamente na flor, no último quadro! Por meio desses *designs* do desenvolvimento das sementes, a professora encontrou muito mais oportunidades para engajar as crianças e suas teorias do que seria possível com o desenho meramente descritivo do girassol.

Da exposição à documentação

A passagem da exposição para a documentação percorre o caminho da informação à educação e, assim, muda a perspectiva do professor, de observar as crianças para estudar as crianças. Museus, particularmente os científicos, são lugares onde se encontram exemplos tanto de exposições que informam quanto de documentações que educam. Considere essa exposição frequentemente encontrada: uma fileira de silhuetas que mostram as mudanças no perfil do crânio humano ao longo dos últimos 100 mil anos. A exposição dessas silhuetas não é, por si só, a documentação de um processo evolutivo. O painel simplesmente exibe a evolução e nos informa do seu acontecimento. A documentação, por outro lado, faria uma tentativa explícita de nos passar uma explicação detalhada.

Por exemplo, poderíamos acrescentar uma legenda a essa fileira de silhuetas: "Com a evolução dos seres humanos, a espessura da arcada supraciliar diminuiu e a capacidade craniana aumentou, indicando a redução de uma estrutura defensiva e o aumento no tamanho do cérebro". Agora, a fileira de silhuetas exemplifica um princípio interessante e pode ser estudada em busca de outras características que exemplifiquem princípios semelhantes. Qual pode ser o significado da redução do tamanho da mandíbula? Boa documentação provoca um estudo do que é mostrado, porque o texto ajuda a enquadrar a questão como um exemplo de algo mais geral.

Quando aplicadas à aprendizagem negociada, as exposições devem ser convertidas em documentação acrescentando-se uma interpretação e explicação. Um conjunto de fotos coladas em um quadro mostrando uma saída de campo para a fazenda é uma exposição. Um conjunto de fotos legendadas com as palavras das crianças continuaria sendo uma exposição. Os painéis precisam de comentários para se qualificar como uma documentação.

Imagine esse conjunto de fotos com uma exposição das palavras das crianças. Uma criança, vendo 12 leitões mamando na mesma porca, pergunta: "Todos os porquinhos comem o suficiente?". Em outro lugar do painel está escrito um relato sobre como as crianças continuavam falando sobre a relação entre o suprimento de uma mãe e as demandas de 12 filhotes. A criança acrescenta: "Se a porca comer muito, ela pode alimentar todos". A documentação continha mais do que apenas as palavras das crianças; ela também especulava sobre questões gerais que estavam implícitas, tais como o medo de que a mãe não conseguisse alimentar os filhos. A documentação propõe questionamentos sobre as ideias das crianças e faz um convite às previsões sobre o ensino efetivo. Um painel apenas com imagens e palavras das crianças poderia descrever, mas não explicar. O comentário da professora é necessário para enquadrar os dados como exemplos de algo mais geral, algum princípio que pode ser aplicado em novos contextos. A exposição convida ao prazer e à satisfação, mas não é deliberadamente feita para provocar hipóteses. A documentação é um relatório de pesquisa usado para melhorar o discurso, em vez de um mero registro de um evento passado.

Isso nos leva à diferença entre a documentação na aprendizagem negociada e os portfólios que são populares nas escolas norte-americanas (GLAZER; BROWN, 1993; TIERNEY, 1991). Os portfólios são considerados como uma forma mais autêntica de avaliação, principalmente porque os portfólios incluem os artefatos reais que as crianças produzem enquanto trabalham, os quais podem incluir desenhos, diagramas, exercícios matemáticos, fotografias e até gravações em vídeo que, quando estudadas cronologicamente, revelam o progresso único de cada criança.

A documentação, como nos referimos aqui, está mais focada nas crianças do que em uma criança. Mesmo quando uma criança é citada na documentação, o propósito é que o espectador trate-a como uma criança representativa. A documentação apresenta o espírito da escola, os princípios pedagógicos em funcionamento, os quais podem incluir Santiago como protagonista aqui e Rafael como protagonista lá. Tenha cuidado que o interesse do pai de uma criança específica pode ser inversamente proporcional ao interesse dos outros pais. Os outros pais precisam de uma mensagem à qual todos possam se relacionar.

A documentação tenta propor perguntas sobre o pensamento das crianças e as estratégias de ensino, em vez de marcar o progresso de cada criança. O espectador presume, assim, que aquilo que se vê na documentação de quatro crianças aconteceu outras vezes com todas as crianças. A documentação apresenta a sabedoria dos professores que escrevem as explicações e provocações, mas a documentação, por si só, não é uma avaliação sistemática da instrução. Esses dois objetivos – avaliação e documentação – devem ficar separados, pelo menos quando a avaliação significa aplicar algum padrão de realização ou de habilidade. A documentação não deve se restringir de apresentar histórias únicas que revelem formas de pensamentos que nenhum livro sobre padrões contém.

Da fala ao discurso

Nós falamos quase o tempo todo. Às vezes, ouvimos as nossas próprias palavras e às dos outros para compreender melhor. É essa atitude metalinguística da fala – ou seja, a própria fala como objeto de estudo – que define o discurso da escolaridade (FORMAN; MCPHAIL, 1993; ISAACS, 1930; PALINCSAR; BROWN, 1984).

Veja, por exemplo, a conversa a seguir entre várias crianças:

Erica: Olha, as minhas pernas são compridas, mas eu não sou dividida até em cima.
John: É, mas a sua mão é dividida em cinco dedos.
Tim: Bom, as suas pernas não estão divididas, elas só são duas.
Erica: O quê?
Tim: Só tem duas. Elas sempre foram duas. Você pode dizer: "As minhas pernas estão separadas".
Erica: Oh.

Tim pensou na escolha dos advérbios da Erica. Dividido significa "antes junto, depois separado". Apesar de ele certamente estar pensando sobre o processo de separação contínua das pernas, ele também estava pensando sobre as palavras que descrevessem o fato com maior precisão. Chamamos essa forma de negociação de sentido das palavras de *discurso*. Tim queria apresentar uma palavra alternativa como uma estratégia para explicitar a compreensão alternativa do futuro das pernas de Erica. Esse exemplo é real? Ele parece forçado para uma conversa comum na educação infantil.

A nossa equipe de professores leu essa conversa transcrita. De fato, o modo como a conversa foi analisada no parágrafo anterior exemplifica o discurso. Os professores conversam entre si enquanto estudam transcrições para descobrir as teorias, suposições, falsas premissas e analogias inteligentes das crianças – todas as ambiguidades que devem ser negociadas para se atingir uma compreensão compartilhada pelo grupo de professores. Os professores costumam dizer coisas como: "Então, você diria que as crianças sabiam o que iria acontecer?" ou "Eu não tenho certeza se chamaria isso de colaboração; parece mais brincadeira paralela".

Os professores trabalham para entender o significado das palavras que usam para interpretar as suas observações. Essa mentalidade do discurso é transportada para as conversas dos professores com os pais, com o público e para todas as relações representadas no final da Figura 14.1.

O discurso também muda quando é afetado pelo *design* e pela documentação e, é claro, o discurso também muda o *design* e a documentação. Ao estudar os *designs* das crianças, ouvi-las explicar os seus planos e revisitar a nossa documentação desses projetos, começamos a falar diferentemente sobre a nossa matéria e as crianças. Falamos delas como exemplificações de crescimento, desenvolvimento e poder. Além do mais, ao notarmos como falamos diferente, nos conscientizamos do nosso próprio desenvolvimento profissional. Em vez de dizer "As crianças parecem estar gostando da atividade", dizemos: "As crianças gostam de observar os pássaros sem serem notadas". Observamos que agora usamos mais verbos do que substantivos, tais como: "Você fez essa marca pressionando muito forte com o lápis", em vez de: "Estou vendo que você riscou uma linha preta com o lápis". Pensamos sobre como os nossos padrões de fala com as crianças estão mudando. Não se trata de diferenças triviais ou de jargão no discurso. Elas indicam alterações fundamentais no nosso nível de análise e de teoria da aprendizagem (SOLISKEN; WILSON; WILLETTE, 1993).

Da lembrança à revisitação

Os professores de crianças pequenas podem servir de memória, um registro de uma experiência que pode ser revisitada. Essa função pode ser cumprida escrevendo o que as crianças dizem e lendo isso para elas em outro dia, quando elas estiverem tentando entender algo melhor. Ou o professor pode mostrar uma foto ou um vídeo de uma experiência e pedir para as crianças refletirem sobre suas intenções, seus propósitos, suas suposições e suas expectativas sobre as ações que estão vendo na fotografia ou no vídeo. Note que, comparado a uma fotografia estática, um registro em vídeo "carrega" a memória da ação para o vídeo, e assim permite que as crianças usem espaço mental para pensar sobre coisas não vistas, como o propósito e a intenção, o "por que" do comportamento, em vez de "o que".

Existe uma diferença entre lembrar o que se fez e revisitar a experiência. Em relação a lembrar, as crianças se contentam com uma simples listagem do que fizeram: "A gente viu um porco. Andou de trator. Olhou dentro do silo". Mas revisitar é mais do que lembrar. Revisitar é simplesmente isso, o retorno a um lugar para restabelecer ou descobrir a sua significância como voltar para a sua cidade natal depois de uma longa ausência. Como visitante, agora você vê as experiências como um estrangeiro. Você não reside mais na experiência, mas busca estabelecer um novo significado e novos sentimentos a partir dela. Você está um pouco mais separado como não residente, mas nem por isso menos ansioso para estar lá. O passado é reconstruído a partir das novas perspectivas do presente. Você procura por padrões para criar significado, você busca causas e relações que não eram óbvias quando você residia na experiência.

Uma professora, lendo uma transcrição, diz: "Ontem, vocês disseram que o homem fez o trator dobrar parando uma das rodas grandes. Como parar pode fazer algo se mover em outra direção? Vamos lembrar no que vocês estavam pensando e tentar entender o que vocês quiseram dizer". A professora convidou as crianças a revisitarem suas suposições ou explicações sobre como as coisas funcionam na fazenda. Quanto ao experimento com as sombras, a professora poderia dizer: "Aqui está uma foto de vocês pulando enquanto olham para as suas sombras no chão. Digam-me o que vocês estavam pensando enquanto estavam no ar sobre as suas sombras". A professora convidou duas meninas a confrontarem sua curiosidade, vendo se a sombra fica sempre ligada aos pés da pessoa. Note que a professora não perguntou: "Olhe para a fotografia e me diga se os seus pés estão conectados à sua sombra". O foco está na memória das crianças, e não na evidência fotográfica.

Apesar de a pergunta inicial não necessariamente exigir lembrar-se de um pensamento ou de uma observação, a professora escolhe memórias que atraiam as crianças para uma conversa sobre algo que não foi resolvido ou uma ação que ficou incompleta. O propósito da revisitação é levar as crianças adiante, e não apenas listar os lugares onde elas estiveram. As fotografias devem ser tratadas como uma porta de entrada para um mundo de eventos possíveis, e não como uma janela que enxerga apenas um tempo e lugar (FORMAN, 1995). O vídeo deve ser tratado como uma oportunidade para as crianças abstraírem teorias, suposições, crenças ou expectativas que tornem uma estratégia razoável para elas usando aquela estratégia específica, possivelmente criando dissonância o suficiente para motivar uma reconstrução dessas teorias, suposições, crenças e expectativas.

Do símbolo à linguagem às linguagens

Ao pedirmos que as crianças representem os seus pensamentos, é importante entender os conceitos como um símbolo e uma linguagem. Frequentemente ouvimos a seguinte frase de Reggio Emilia: "As cem linguagens da criança".

O que isso quer dizer? Pode-se referir às cem maneiras em que as crianças podem usar sua língua nativa para expressar uma atitude geral em relação a algo, como nas frases *múltiplas realidades* ou *múltiplas perspectivas*. De modo mais literal, pode significar que há cem sistemas simbólicos que têm sistematicidade e sintaxe o bastante para serem chamados de linguagens, linguagens que as crianças poderiam usar se a cultura da sala permitisse (GARDNER, 1983). Por exemplo, várias crianças optam por utilizar gestos legíveis para recontar a história de um leão capturando uma gazela. Outras usam símbolos musicais que capturam a ação em tom, timbre e ritmo, enquanto outras desenham figurar para mostrar a espreita, o ataque e a captura em três quadros sequenciais. Apesar de as crianças não terem necessariamente cem linguagens à disposição, elas certamente têm mais do que apenas as palavras faladas da sua língua nativa.

Talvez, a primeira ideia das múltiplas perspectivas possa ser melhor traduzida como diferenças na *voz*, como: "Ele faz com a voz da autoridade" ou "Ela fala com a voz da experiência". As crianças têm centenas dessas vozes. Também sabemos que a voz é central para revelações sobre diferenças de gênero nos estilos de comunicação (TANNEN, 1982; 1989). Apesar de o conceito de voz ser importante, provavelmente não é esse o significado implicado pela frase *cem linguagens das crianças*. Vamos estudar o segundo significado mais de perto: diferentes sistemas simbólicos.

Uma língua é mais do que um conjunto de símbolos. Uma língua contém regras de combinação entre esses símbolos para transmitir significados. Assim, um painel em que a foto de cada criança contém uma gravura animal para representar a identidade dela não é uma linguagem. Mas o símbolo da criança seguido de uma seta e o símbolo de outra criança poderia significar "Amanda gosta de João". Uma simples sintaxe nasceu e, com ela, uma nova linguagem para as crianças inventarem e explorarem as relações. Da mesma forma, um boneco de argila de um corredor não é, em si, uma linguagem. Contudo, quando 12 crianças criam bonecos de argila diferentes para explicar para os outros como brincar de "Batata Assada", esses bonecos de argila tornam-se os elementos de uma protolinguagem. Três folhas podem ser organizadas em fileiras em um painel, mas isso não será uma linguagem das folhas, porque não nos diz nada. No entanto, se as crianças tentassem organizar as folhas para mostrar a presença de um vento forte ou fraco, então a relação entre as folhas constituiria uma protossintaxe, e todo o trabalho envolveria as crianças a pensarem na linguagem das folhas e no que elas podem nos dizer. Essas diversas mídias, quando os seus elementos são combinados para contar uma história, formam as cem linguagens.

Em suma, precisamos levar as crianças além do nível da criação de para o nível de invenção da linguagem e da postura de usar apenas a sua linguagem falada nativa para o uso de muitos sistemas simbólicos: folhas, gestos, carimbos, argila, e assim por diante. É a natureza da relação entre os símbolos que converte o meio em uma mensagem, e é a presença de uma mensagem pretendida que motiva as crianças a negociarem significados compartilhados e coconstruir conhecimento.

Hattie fala para Tom: "Você não pode fazer isso, esse é o nome da Lisa".

De ouvir para escutar

Podemos nos dar tempo para ouvir as crianças. Podemos dizer que as nossas salas são centradas na criança. Podemos transcrever suas conversas e afirmar a importância das suas palavras. Podemos ouvir, mas será que escutamos?

Na aprendizagem negociada, é essencial que os professores escutem com o seu terceiro ouvido para ouvir os significados implicados pelas palavras das crianças. Veja o exemplo de Hattie, que estava chateada com o seu professor, Tom, que estava usando uma máscara com uma foto da Lisa, outra professora. Hattie fala para Tom: "Você não pode fazer isso, esse é o nome de Lisa." (FORMAN; KUSCHNER, 1986, p. 216). Podemos ouvir as palavras exatas de Hattie, podemos imprimi-las em painel que documente o encontro, mas qual é a estrutura profunda da reclamação de Hattie? Ou o que a escutamos dizer?

Hattie, com as outras crianças de 4 anos, provavelmente tem alguma dificuldade para distinguir palavras que se referem a objetos e palavras que se referem a palavras. A palavra *Lisa* refere-se, pelo menos, à face única, ao objeto; mas a palavra *nome* refere-se à palavra dita usada para identificar aquela face única. Hattie provavelmente trata as palavras como símbolos que se referem a objetos. Então faz sentido para ela dizer *nome* quando *face* seria melhor, apesar de a face removível (a máscara com a foto) estar psicologicamente em algum lugar intermediário entre o nome e o rosto. Ainda assim, a ideia de que a palavra *nome* refere-se à outra palavra (*Lisa*) está um pouco além da compreensão de uma criança de 4 anos. Então, ouvimos as palavras exatas de Hattie, mas o nosso terceiro ouvido está atento ao conflito pelo qual ela está passando com as formas mais difíceis de referência. Também ouvimos a objeção a Tom fingir ser Lisa. Por que Tom não estava usando uma máscara com o seu próprio rosto? Por que Hattie se sentiu transtornada ou interessada quando Tom estava usando a máscara "errada"? Há muitos significados para as suas palavras, e tentamos ouvir todos. A partir dessa tentativa de entendimento, descobrimos melhores perguntas de acompanhamento para ajudá-la a refletir sobre as suas suposições.

Da compreensão às provocações

Continuando o exemplo de Hattie, o que podemos fazer com essa compreensão? É claro, os professores que usam um currículo negociado tornam-se pesquisadores, mas eles devem traduzir o seu estudo das crianças em um *design* para a educação. Devemos simplesmente perguntar a Hattie: "O que você quer dizer?". Perguntamos a ela: "Por que você disse *nome* em vez de *face*?". Fazer questionamentos tão diretos seria como perguntar a um bebê por que ele vive jogando a sua mamadeira no chão. Precisamos criar encontros que façam as crianças enfrentarem as diferenças entre esses conceitos – símbolos para objetos *versus* símbolos para palavras.

A máscara com a foto foi um desses encontros, apesar de não ter sido planejado. Construímos a aprendizagem negociada estendendo essas descobertas fortuitas a diversos contextos. Idealmente, os professores se reúnem e discutem os comentários de Hattie, olham a documentação em busca de outros episódios em que as crianças estejam lidando com essa transição para relações palavra-palavra e planejam maneiras de provocar uma reflexão sobre os diferentes tipos de símbolos. Talvez os professores e as crianças revisitem a brincadeira da máscara com a foto, em que Lisa usava fotografia de Tom na máscara e Tom usava a de Lisa. Juntos com as crianças, eles poderiam planejar outra brincadeira. Talvez as crianças queiram colocar máscaras com suas próprias fotos nos amigos ou colocar uma placa escrito *cadeira* em cima da mesa e uma placa escrito *mesa* na cadeira. Se as crianças participarem desse jogo de inventar placas de identidade, elas podem ser provocadas a pensar, pela primeira vez, sobre a variação de referentes que as palavras podem ter e até que a palavra *nome* refere-se a uma palavra (*Lisa*), e não a um objeto (rosto da Lisa).

Dos encontros às investigações

Encontros de aprendizagem interessantes podem ocorrer durante momentos comuns em sala. Pode-se aprender muito sobre o pensamento, os interesses, as disposições e o envolvimento emocional das crianças durante esses momentos comuns. Quando possível, a nossa compreensão de um encontro de aprendizagem momentâneo pode nos guiar rumo a algumas possibilidades planejadas que transformem o encontro espontâneo em uma investigação de longo prazo. Eis aqui um exemplo.

> Um grupo de crianças de 4 anos em Honolulu estava brincando do lado de fora quando uma lufada de vento soprou no pátio. "Que vento ventoso", disse uma criança. A professora perguntou: "O vento ventoso. Existem formas diferentes de vento?". Logo, uma leve brisa soprou por seus rostos, e outra criança falou: "Sim, esse foi um vento gentil". A partir desse breve encontro com dois ventos distintos, a professora organizou saídas de campo a outras partes da ilha. Por fim, as crianças descobriram e nomearam 19 ventos diferentes, desde o vento monstro até o vento da montanha, inventaram formas de diferenciá-los e até, com a ajuda de alunos do ensino médio, animaram seus desenhos dos ventos.

Essa investigação dos ventos envolveu uma série de objetivos educacionais: criar símbolos esquemáticos, mas que comunicassem as características dos ventos, criar uma mitologia própria da população do vento, pensar sobre o que acontece quando dois tipos distintos de vento se cruzam, a forma das correntes de vento conforme são influenciadas pelo terreno, aprender como diferenciar um vento do outro no campo, e assim por diante. Uma investigação usa o encontro original para dar continuidade aos diversos encontros e para manter um alto nível de envolvimento emocional. As crianças revisitam os novos encontros constantemente para relacioná-los tanto ao encontro original quanto às possibilidades planejadas.

É importante que os professores encontrem conceitos que sejam do interesse das crianças e auxiliem-nas a refletir a respeito. Um interesse não é o bastante. Não se pode simplesmente trazer mais imagens e modelos de dinossauros porque as crianças se interessam por eles. No ambiente educacional da escola cabe ao professor especular sobre o que motiva o interesse e apoiar os conceitos, e não necessariamente o interesse. O progresso da investigação estará no rumo certo não quando as crianças aprenderem mais sobre dinossauros, e sim quando elas aprenderem mais sobre os conceitos que motivam o seu interesse em dinossauros. Por exemplo: o que significaria para a minha sensação de segurança se lagartos gigantes andassem nas florestas de hoje? Eu poderia ter um raptor de estimação? Se não existem mais dinossauros, será que nós não deixaremos de existir também? Quando os professores se focam nos conceitos, e não na superficialidade do interesse, a investigação pode enveredar por caminhos que sequer incluem dinossauros, tais como observar um tratador conduzindo um elefante ou uma investigação das relações entre o clima e a população animal atual. A professora tenta identificar o medo, o paradoxo, a curiosidade, a anomalia que motiva o interesse e tenta passar a energia desse envolvimento mais emocional para as investigações – não apenas para motivar as crianças, mas também para resolver suas questões pessoais.

Quando possível, os encontros de aprendizagem devem ser expandidos em investigações, mas não necessariamente devem ser projetos de longo prazo. *Investigações* têm uma duração mais longa do que os encontros de aprendizagem, têm mais contextos que provocam determinados conceitos, têm uma atmosfera comunitária ao seu redor, envolvem mais crianças em seu andamento e progridem para conceitos mais complexos conforme vão avançando. *Projetos* têm as mesmas coisas que as investigações, além de alguns temas centrais com os quais as crianças têm um investimento emocional. Essa é uma das diferenças mais importantes entre encontros de aprendizagem e projetos.

Em um currículo negociado, os professores e as crianças se empolgam com o que estão fazendo. Eles fazem coisas que são grandes e maravilhosas e, frequentemente, bastante ambiciosas, como construir um parque de diversões para pássaros que visitem o seu pátio ou realizar uma competição de salto em distância como as Olimpíadas para toda a escola. No entanto, esses projetos podem emergir a partir de um episódio como o simples encontro de aprendizagem entre Hattie e a máscara com a foto.

Em uma reunião em sala, as crianças e os professores decidem que as fotos colocadas no lugar errado (como a foto de Lisa na cabeça do Tom) podem ser confusas, mas fotos colocadas no lugar certo podem ajudar. Aos poucos e ao longo de diversas reuniões, os professores e as crianças decidem estudar as imagens que veem do lado de fora. Um aluno menciona as imagens que ele vê na estrada, como as placas com crianças brincando, que servem de aviso aos carros. As crianças decidem pendurar imagens por toda a sala e pelo pátio que informem às pessoas sobre o que fazer, o que cuidar, regras do local, e assim por diante.

Uma variação desse projeto foi realizada na pré-escola Oito de Março em Reggio Emilia. No final, as crianças inventaram toda uma fantasia sobre um dragão, poços com cobras e uma princesa presa em uma torre que exigia placas na estrada para todos os cavaleiros que viessem salvá-la. A aventura medieval desse projeto motivou as crianças a inventarem esses símbolos, ao mesmo tempo em que não diminuiu nem um pouco o seu pensamento de alto nível sobre como os símbolos transmitem significado. Na verdade, essas crianças inventaram a convenção de que todas as imagens desenhadas dentro de um triângulo significam "perigo" e que qualquer imagem dentro de um círculo apontava a direção.

Da avaliação ao estudo

A avaliação, como vemos na aprendizagem negociada, envolve o estudo contínuo das crianças. Esse estudo permite que os professores planejem um currículo responsivo que apoie o desenvolvimento individual e em grupo. Ele não é feito para comparar crianças, determinar sua série ou inclusão em determinados programas, nem para rotulá-las ou atribuir notas. Ele é feito para entender as crianças – seus métodos, seus sentimentos, seus interesses, suas disposições e suas capacidades. Esse conhecimento possibilita aos professores planejar experiências de aprendizagem significativas e desafiadoras para as crianças.

Avaliações dessa natureza não se concentram no que as crianças podem ou não fazer, mas no que elas podem fazer, independentemente, com assistência e em tipos diferentes de contextos sociais. Trata-se de um processo dinâmico e flexível, que não busca congelar a criança no tempo e quantificar as suas realizações ou o seu desenvolvimento com uma pontuação, classificação ou nota. Trata-se de um processo vivo e contextualizado que busca compreender as crianças dentro de experiências e situações de vida em constante mutação. A documentação, como a descrevemos, está no cerne desse tipo de avaliação.

Recentemente, tem-se dado muita atenção à promoção da democracia em sala, ao desenvolvimento de um senso de comunidade nas escolas, na aprendizagem cooperativa, mas parece que só conseguimos avaliar os efeitos desses tipos de estratégias no indivíduo. O nosso trabalho com os pais, da mesma forma, concentra-se apenas nos seus próprios filhos, e não na turma. Às vezes, apresentamos o que as crianças podem fazer em situações em grupo, mas, de maneira geral, são casos em que o comportamento delas no grupo é extraído para caracterizar o indivíduo, e não a turma.

Os educadores em Reggio Emilia estudam e avaliam o desenvolvimento dos indivíduos, mas também o desenvolvimento da turma, o desenvolvimento de uma comunidade de aprendizes, de uma comunidade de pessoas que se importam. Eles celebram como as crianças aprendem dos e com os outros. Ao apresentar a documentação sobre o trabalho do grupo e ao relacionar o progresso de crianças específicas ao desenvolvimento da turma, professores, pais e crianças se focam na dinâmica social da aprendizagem. Por meio da aprendizagem negociada, os educadores colaboram para desenvolver uma consciência social sobre os direitos de todas as crianças.

Do envolvimento dos pais à parceria intelectual

Muitos professores veem o envolvimento dos pais como educação parental. Isso pode significar que o trabalho do professor é compartilhar o seu conhecimento especializado com os pais. A partir desse ponto de vista, os professores podem considerar a organização de painéis de documentação para passar informações aos pais sobre a aprendizagem dos seus filhos. Se os professores operarem com essa ideia sobre o seu papel na relação com os pais, a documentação provavelmente será usada como uma comunicação de mão única. Os pais não são vistos como *designers* nem são convidados a se envolverem em discurso com os professores. Os pais podem ser encorajados a fazer perguntas sobre a documentação, mas não a debatê-la ou complementá-la. Espera-se que os pais vejam os professores como uma fonte de informações.

Por outro lado, se aplicarmos os princípios da aprendizagem negociada ao nosso trabalho com os pais, a documentação das experiências das crianças poderá ser usada pelos professores para apoiar a comunicação interativa e proporcionar um foco para o discurso entre pais e professores. As observações que os professores tiverem coletado por meio de fotografias, gravações, registros anedóticos, anotações, vídeos ou coleções de trabalhos das crianças podem ser compartilhadas e explicadas, servindo como base para maior questionamento, discussão e análise. Assim como os professores coletam tais documentações uns com os outros para adquirir novas perspectivas e ideias sobre o pensamento das crianças, eles também podem fazer isso com os pais. Os pais oferecem tipos diferentes de ideias. Eles têm conhecimento das crianças fora da sala. Suas observações, combinadas com as observações dos professores, podem levar a uma compreensão ainda mais aprofundada dos pensamentos, dos sentimentos e das disposições das crianças. Envolvendo-se em tal discurso, os pais e os professores podem conseguir negociar uma compreensão da aprendizagem documentada. Eles tornam-se parceiros de estudo. *Designs* para futuras experiências de aprendizagem que fluem naturalmente a partir desse tipo de estudo.

Na aprendizagem negociada, os professores convidam os pais a, sempre que possível, pensar com eles não só sobre como apoiar a aprendizagem das crianças (FYFE; STRANGE; HOVEY, 2004), mas também sobre como se comunicar melhor com os outros pais. Se é para os painéis e outras formas de documentação serem lidos pelos pais, que forma melhor de testar sua clareza do que convidar um representante dos pais para servir de consultor no processo?

Outro exemplo que ilustra a mudança do envolvimento familiar para a parceria intelectual poderia se focar na participação familiar em saídas de campo. Essa é uma oportunidade perfeita para convidar pais e outros adultos a observarem e documentar os processos de aprendizagem das crianças por meio de fotografias, notas e gravações. Em preparação para uma viagem a uma fazenda, por exemplo, a professora poderia organizar uma reunião ou conversa telefônica com o familiar que irá participar da saída de campo. Ela poderia compartilhar o que ela e as crianças imaginam que irão explorar durante a saída e, então, investigar com o que os pais ou outros adultos voluntários acham que as crianças ficarão mais interessadas na experiência de aprendizagem. Essa conversa poderia revelar que experiências anteriores as crianças tiveram com fazendas; poderia se focar nos tipos de perguntas que os adultos podem fazer para que as crianças se envolvam com os animais que encontrarem, os cheiros que sentirem, o trabalho do fazendeiro, e assim por diante. Essa conversa reflexiva antes da visita poderia ajudar os familiares a criarem planos (*designs*) para as suas observações e conversas com as crianças durante a saída de campo.

Uma parte fundamental do processo de aprendizagem envolveria a reflexão e a análise da documentação após a saída de campo. De novo, a professora poderia se reunir com os pais ou com os outros parentes, conversar por telefone ou *e-mail* sobre suas reflexões e analisar a documentação, estando sempre aberta a ver aprendizagens inesperadas, assim como as antecipadas, examinando os processos de aprendizagem e outros desfechos (por exemplo, vocabulário desenvolvido ou usado durante a saída de campo, perguntas feitas pelas crianças, interações entre crianças e fazendeiro, etc.). Como notado, a documentação coletada durante a experiência deveria ser usada como uma plataforma para apoiar essas conversas, análises e reflexões (discurso). Por fim, os familiares poderiam pensar com a professora sobre: o que viria depois, que experiências ou conversas podem ser criadas (*design*) para a escola ou para casa para ampliar a aprendizagem? Assim, o ciclo completo do discurso, da documentação e do *design* é usado para negociar a aprendizagem e desenvolver parcerias intelectuais com as famílias das crianças pequenas.

Registros de envolvimento dos pais podem promover a parceria com as famílias. É importante manter registros de qualquer forma de envolvimento dos pais (por exemplo , reuniões de pais e mestres, conferências entre pais e professores, participação dos pais na contribuição e na organização dos materiais para a sala). Os registros podem assumir a forma de fotografias, descrições escritas de eventos, minutas de reuniões, vídeos de celebrações familiares ou saídas de campo, registros de perguntas ou comentários dos pais. Depois, esses registros são convertidos em documentação revisitando-os com os pais para compreender os papéis da família na aprendizagem negociada. Tais registros podem fornecer uma referência comum para o discurso, uma memória comum de experiências e realizações que, de outro modo, teria sido esquecida ou lembrada diferentemente. Essa conversão dos registros em documentação, paradoxalmente, pode gerar experiências mais ricas no futuro, assim como ler um diário sobre a viagem do ano passado irá enriquecer a deste ano. Se o diário não for revisitado, a viagem atual irá render apenas as mesmas descobertas esquecidas da primeira – ou pior, não irá generalizar as nossas descobertas sutis para novas experiências. Nossas descobertas sutis são esquecidas mais facilmente e exigem o apoio da documentação para gerar crescimento a partir da experiência.

A documentação do envolvimento dos pais pode ser exibida em painéis nas paredes da escola ou em cadernos nas salas ou ser usada em apresentações de *slide* dos eventos da escola. Esse tipo de documentação deveria convidar o público a reconhecer as muitas e diversas oportunidades para os pais se tornarem parceiros intelectuais no apoio ao currículo. A exposição, uma vez mais, torna-se mais do que um relato do envolvimento dos pais ao incluir notas sobre o processo, o propósito e o valor do envolvimento. Citações ou perguntas dos pais podem ser adicionadas aos painéis para comunicar as perspectivas deles sobre as experiências. Os professores podem até exibir fotografias de pais vendo os painéis nas salas com os filhos. Tais momentos, capturados e exibidos, passam uma presença visível do envolvimento dos pais no estudo e no trabalho dos seus filhos e uma mensagem clara da parceria entre professores, crianças e família, assim como a forma essencial e tangível dessa trilogia. Fotografias dos pais vendo os painéis sobre os projetos expressam o "estudo do estudo" que define o discurso e a aprendizagem negociada.

A documentação do envolvimento dos pais pode ser organizada e espalhada de muitas outras formas, como informativos, mensagens telefônicas, folhetins, vídeos, *websites* ou uma página no Facebook. A documentação deve se adequar à população a quem ela é dirigida. Veja o exemplo de uma turma em que os pais trazem os seus filhos para a escola ou frequentam a sala regularmente. Nesse caso, painéis pendurados nas paredes podem ser um meio eficiente de comunicação. Por outro lado, em um programa em que os pais raramente visitam a escola ou a frequentem ocasionalmente, outros veículos para a documentação podem ser mais eficazes para comunicar e afirmar o seu envolvimento. Um informativo ou uma minuta de reuniões com os pais pode ser enviada para casa ou publicada no *website*. Uma biblioteca com vídeos ou outros documentos multimídia da participação da família dentro e fora da sala pode ser disponibilizada em um *website* ou em CDs. Tornar a documentação acessível aos familiares é fundamental, mas o ciclo da aprendizagem negociada só ficará completo se a documentação for feita e usada de modo convidativo às respostas e ao diálogo sobre a aprendizagem.

Da cooperação à coconstrução

Os componentes do *design*, da documentação e do discurso têm o poder de transformar relações entre professores, de passar à equipe de professores da cooperação de rotina a verdadeira coconstrução de novos conhecimentos. No primeiro caso, os membros da equipe podem cooperar se atendo a papéis definidos, reconhecendo a especialidade de cada membro e fornecendo materiais e apoio psicológico a cada um. Contudo, essas características da cooperação podem não levar ao crescimento por meio de coconstrução, em que cada membro da equipe é visto tanto como aprendiz quanto como professor e todos se sentem à vontade para fazer sugestões sobre o trabalho dos outros. A dinâmica da negociação envolve o uso criativo da confrontação e do conflito.

A reflexão e a análise coletiva da documentação no planejamento de reuniões levam ao planejamento mais coordenado em que as equipes de professores tomam decisões melhores sobre como organizar o grupo e o tempo, como compartilhar o seu trabalho, mas diferenciá-lo para suprir melhor as necessidades diversas das crianças dentro de projetos em pequenos grupos, atividades individualizadas ou experiências de aprendizagem em turma.

Outro aspecto da organização que apoia a colaboração entre professores é a documentação das discussões e do planejamento da equipe. Na aprendizagem negociada, o planejamento do professor é complexo e demorado e envolve o estudo coletivo das palavras e do trabalho das crianças para planejar possíveis experiências que conectem ou que desafiem os esquemas atuais das crianças. Quando tal estudo e tal planejamento das possibilidades são feitos, a equipe deve concordar com as estratégias para apresentar os planos às crianças de modo que elas queiram participar. Os professores devem determinar os papéis que um ou mais membros da equipe irão exercer quanto à facilitação das atividades em grupos pequenos, enquanto outros monitoram a atividade do restante das crianças. Eles devem planejar estratégias e alocar tempo para documentar observações contínuas da aprendizagem; eles devem determinar quem será o responsável por organizar as ferramentas adequadas de documentação (por exemplo, câmera, gravador, papel e caneta) e quem irá usá-las; eles devem marcar uma hora para analisar a documentação que está sendo coletada e envolver os pais por meio da documentação e do discurso. Conforme a evolução do seu projeto, eles precisam examinar formas de usar a documentação (por exemplo, fotografias, *slides*, vídeos, transcrições dos diálogos, desenhos, textos, pinturas e construções das crianças) para manter o interesse e o envolvimento das crianças no projeto.

Minutas preservam a memória coletiva do grupo sobre esses acordos entre professores e relembram a equipe de como será coordenado o trabalho. Sem documentação desse tipo, os esforços da equipe podem facilmente cair por terra. É relativamente fácil simplesmente dividir o trabalho entre professores em um currículo fixo e predefinido, mas coordenar o fluxo do trabalho dentro de um sistema de aprendizagem negociada exige comunicação e planejamento colaborativo constante. Tal planejamento, organização e coconstrução dos propósitos e das possibilidades permite que os professores ajam de maneira flexível e eficiente com as crianças.

Da coconstrução à promoção e ao apoio da comunidade

Assim como faz com outros interessados, a documentação pode dar aos educadores e ao público uma plataforma comum de discurso sobre o que acontece nas escolas. Ela dá ao público algo tangível, visível e acessível. Se bem elaborada, ela convida ao diálogo entre educadores, pais e público. Ela pode fornecer fatos melhores para lidar com crenças longevas. Veja o caso das cordas de 1,2 metros, colocadas soltas no chão da sala. Essas cordas são usadas em muitas pré-escolas em Reggio como material de brincadeira. A reação inicial dos mais preocupados costuma ser a de considerar as cordas perigosas demais para servirem de material para brincadeiras entre as crianças pequenas. Contudo, registros em vídeos e fotografias das crianças usando as cordas como mangueira de bombeiro, como uma linha telefônica, como uma linha para orientar a construção de blocos no chão, como uma roldana amarrada ao pé de uma das mesas e até como um jogo de cabo de guerra supervisionado acabariam com o temor de que essas cordas de algodão são perigosas.

Frequentemente usamos generalizações grosseiras quando tentamos mudar a opinião pública sobre as nossas escolas. Fazemos alegações em voz alta, como:
- As crianças aprendem melhor em pequenos grupos!
- As crianças precisam de materiais manuais para ajudá-las a aprender!
- Os professores precisam de mais tempo para planejar e refletir!
- O ambiente é o terceiro professor!
- As crianças precisam de projetos significativos, e não de testes e provas!

Podemos até sustentar essas posições com evidências em pesquisas. Podemos ser articulados ao comunicar essas posições e a nossa necessidade de recursos, e às vezes até podemos conseguir mudar os votos em algum referendo escolar; ainda assim, tais realizações não costumam durar muito. A opinião pública pode mudar facilmente quando alguém ou algum grupo fala mais alto e com mais força.

Se aplicarmos os princípios da aprendizagem negociada aos nossos esforços de ganhar apoio comunitário, estaremos menos inclinados a proclamar à comunidade e mais inclinados a envolver a comunidade no discurso sobre questões educacionais. Frequentemente sentimos que a comunidade não está interessada nos detalhes do nosso trabalho, então apresentamos o que "devia" e o que "poderia" ser feito para angariar o seu apoio. Contudo, a nossa suposição de que os membros da comunidade se sentem muito distantes dos nossos projetos nas escolas só garante que eles continuarão assim. Aprendemos com Reggio Emilia que a documentação pode ser uma ferramenta poderosa para envolver o público no discurso reflexivo (RINALDI, 1996). A documentação pode dar visibilidade ao trabalho das escolas e às capacidades das crianças. Exemplos reais de aprendizagem documentada oferecem ao público um tipo mais particular de conhecimento que as empodera e provoca a refletir, questionar e repensar ou reconstruir a imagem da criança e os direitos que elas têm à educação de qualidade.

Quando as crianças de Reggio Emilia entrevistam o fazendeiro sobre a coleta de uvas ou perguntam ao funcionário público sobre o sistema de drenagem subterrâneo, elas e os seus professores estão proporcionando aos membros da comunidade experiência em primeira mão com os tipos de processos de aprendizagem ativa característicos das boas escolas. A documentação dessas atividades comunitárias pode voltar aos membros da comunidade como livretos pequenos. Esses livretos podem ser enviados aos voluntários da Audubon Society, que ajudaram a pendurar as gaiolas, ou aos funcionários públicos, que ajudaram a instalar outro sistema de abastecimento de água. Eles podem ser publicados em *websites* da cidade ou desenvolvidos como artigos para os jornais locais. Esses documentos constroem laços pessoais e conexões significativas entre crianças e adultos na comunidade. Tais documentos frequentemente aumentam o comparecimento em eventos abertos nas escolas, os quais, por sua vez, oferecem oportunidades para o discurso entre educadores, pais e membros da comunidade.

Os educadores começam pedindo que os membros da comunidade façam contribuições intelectuais, e não apenas manuais ou monetárias. Eles tratam a comunidade como um "fundo de conhecimento" para as crianças (MOLL, 1992). Esse tipo de tratamento é uma expressão de respeito, uma forma de desenvolver conexões por meio de experiência compartilhada que leve a concepções compartilhadas de ser e a uma noção de pertencimento. Ele fortalece a identidade coletiva da comunidade, que se importa com os outros e que ajuda todos os membros a aprenderem e a levar vidas mais produtivas. Esses são os ingredientes da promoção efetiva.

Precisamos ter cuidado para não presumir que qualquer contato com a comunidade seja de apoio às escolas ou que tal contato seja inerentemente bom. Os membros da comunidade envolvidos (em um projeto da turma, por exemplo) precisam ouvir boas perguntas das crianças para sentir que a equipe da escola preparou a saída de campo e para saber como a experiência será usada na sala nas próximas semanas. Ninguém gosta de sentir que proporcionou apenas uma distração para as crianças, uma saída para a estação de bombeiros, uma elevação emocional que fica isolada dos verdadeiros objetivos educacionais, uma viagem a um lugar importante cuja única lembrança seja um chapéu de plástico.

Uma vez mais, é aqui que os componentes combinados do *design*, da documentação e do discurso podem garantir mais encontros proveitosos com os membros da comunidade. As crianças, antes de se encontrarem com os membros da comunidade, realizam discussões em grupo. Com a ajuda de um professor, elas criam um propósito, um conjunto de perguntas, um motivo para fazer a viagem. Elas podem até desenhar o que esperam ver e levar esses desenhos para verificar suas hipóteses. Elas podem levar uma câmera e um gravador para documentar a experiência, o que, por sua vez, irá indicar aos membros da comunidade a seriedade dessa saída para as crianças. Elas podem até levar o caderno em alguns casos. Como mencionamos, as crianças também irão compartilhar esses registros com a comunidade posteriormente, quando criarem uma documentação para o público. Esse ciclo – do *design* do propósito à documentação ao envolvimento da comunidade no discurso durante e depois da experiência – é essencial para criar uma defesa informada e gerar apoio da comunidade.

Resumo do sistema de *design*, documentação e discurso

Para resumir como esses três componentes se afetam, iremos seguir uma atividade em sala usando a Figura 14.1. Digamos que um grupo de crianças quer entrar em um torneio de damas com outra escola da cidade. Duas crianças sabem jogar damas razoavelmente bem, mas elas não sabem como explicar essa habilidade para as outras. A turma decide fazer anotações sobre como essas duas crianças jogam. Essas anotações são feitas em um sistema que as crianças inventaram (*documentação*). Depois, essas anotações são resumidas e organizadas em um guia para crianças menos experientes (*design a partir da documentação*). Os melhores jogadores usam o guia para orientar os jogadores mais inexperientes em diversas situações de jogo. Os mais e os menos experientes discutem a lógica por trás das anotações (*discurso a partir do design*). A professora filma as lições (*documentação a partir do design*) para que os alunos possam revisitá-las. As crianças discutem a efetividade das lições e quão bem as estratégias de jogo funcionaram (*discurso a partir da documentação*).

Os pais estudam a documentação e maravilham-se não apenas vendo como as suas crianças jogam bem, mas também como elas conseguem explicar suas táticas aos outros e como os mais inexperientes conseguem explicar o que precisam para compreender melhor o jogo. Os pais ouvem uns aos outros enquanto estudam o vídeo (*discurso a partir da documentação*) e fazem planos para ajudar as crianças a aprenderem outras táticas de tabuleiro (*design a partir do discurso*). Esses planos são levados às crianças para discussão (*discurso a partir do design*).

Os documentos dos encontros de *design* dos pais e as lições das crianças mais experientes são revisitados pelos professores (*discurso a partir da documentação e do design*). Os professores criam painéis usando imagens e palavras impressas das atividades documentadas. Depois, eles acrescentam os seus próprios comentários a esses painéis que explicam o que as crianças, os professores e os pais aprenderam com essas experiências (*documentação a partir do discurso*). Logo após, os pais novos e o público geral vêm à escola para ler esses painéis. Os painéis tornam-se o foco de uma discussão para dar continuidade ao impulso coconstrutivo da escola (*discurso a partir da documentação, depois design a partir do discurso*). Dessas diferentes formas, a comunidade da escola produz os seguintes resultados:

- Desenhos funcionam como *design*.
- Descrições se transformam em documentação.
- Conversas se elevam a discurso.
- Lembranças dão suporte à revisitação.
- Símbolos se combinam em linguagens.
- Ouvir inclui escutar.
- Compreensão leva a provocações.
- Encontros expandem-se em estudos.
- Avaliação é substituída pelo estudo.
- O envolvimento dos pais torna-se parceria intelectual, e o que poderia ser desconsiderado como um simples exemplo de cooperação transforma-se em um caso proveitoso de coconstrução, com a consequência especial de criar um público informado que irá promover o sucesso continuado do programa escolar.

REFERÊNCIAS

BERGER, P. L.; LUCKMANN, T. *The social construction of reality*. New York: Irvington, 1966.

BRUNER, J. S. *Acts of meaning*. Cambridge: Harvard University, 1990.

BRUNER, J. S. Going beyond the information given. In: BRUNER, J. S. et al. (Ed.). *Contemporary approaches to cognition*: a Symposium Held at the University of Colorado. Cambridge: Harvard University, 1957.

DOISE, W.; MUGNY, G.; PERRET-CLEMONT, A. N. Social interaction and the development of cognitive operations. *European Journal of Social Psychology*, v. 5, n. 3, p. 367-383, 1975.

DUNN, S.; LARSON, R. *Design technology*. New York: Falmer, 1990.

ENGEL, S. *The stories children tell*: making sense of the narratives of childhood. New York: W. H. Freeman, 1994.

FORMAN, E. A.; MCPHAIL, J. Vygotskian perspective on children's collaborative problem solving activities. In: FORMAN, E. A.; MINICK, N.; STONE, C. A. (Eds.). *Contexts for learning*. New York: Oxford University, 1993.

FORMAN, G. Constructivism and the project approach. In: FOSNOT, C. T. (Ed.). *Constructivism*: theory, perspectives, and practice. New York: Teachers College, 1995.

FORMAN, G.; GANDINI, L. *An amusement park for birds*. Amherst: Performanetics, 1994. 1 gravação (90 min.), son., color.

FORMAN, G.; HALL, E. Wondering with children: the importance of observation in early education. *Early Childhood Education and Practice*, v. 7, n. 2, 2005.

FORMAN, G.; KUSHNER, D. S. *The child's construction of knowledge*. Washington: NAEYC, 1986.

FYFE, B.; STRANGE, J.; HOVEY, S. Thinking with parents about learning. In: HENDRICKS, J. (Ed.). *Next steps in teaching the Reggio way*: accepting the challenge to change. Upper Saddle River: Merrill Palmer, 2004.

FYFE, B.; FORMAN, G. Negotiated curriculum. *Innovations in Early Education: The International Reggio Exchange*, v. 3, n. 4, p. 4-7, 1996.

GARDNER, H. *Frames of mind*: the theory of multiple intelligences. New York: Basic Books, 1983.

GEE, J. *Social linguistics and literacies*: ideology in discourses. New York: Falmer, 1990.

GLAZER, S. M.; BROWN, C. S. *Portfolios and beyond*: collaborative assessment in reading and writing. Norwood: Christopher Gordon, 1993.

GOODMAN, K. S. Why whole language is today's agenda in education. *Language Arts*, v. 69, p. 354-363, 1992.

ISAACS, S. *Intellectual growth in young children*. London: Routledge, 1930.

JANKOWICZ, A. D. Negotiating shared meanings: a discourse in two voices. *The Journal of Constructivist Psychology*, v. 8, n. 2, p. 341-348, 1995.

KAFAI, Y.; HAREL, I. Learning through design and teaching. In: HAREL, I.; PAPERT, S. (Ed.). *Constructionism*. Norwood: Ablex, 1991.

MOLL, L. C. Creating zones of possibilities: combining social contexts for instruction. In: MOLL, L. C. (Ed.). *Vygotsky and education*: instructional implications and applications of sociohistorical psychology. New York: Cambridge University, 1992.

PALINCSAR, A. S.; BROWN, A. L. Reciprocal teaching. *Cognition and Instruction*, v. 1, n. 2, p. 117-175, 1984.

PIAGET, J. *Science of education and the psychology of the child*. New York: Grossman, 1970.

PIAGET, J. *The development of thought*: equilibration of cognitive structures. London: Blackwell, 1978.

POLANYI, M. *Personal knowledge*: towards a post critical philosophy. London: Routledge, 1998.

RINALDI, C. Malaguzzi and the teachers. *Innovations in Early Education: The International Reggio Exchange*, v. 3, n. 4, p. 1-3, 1996.

SOLISKEN, J.; WILSON, J.; WILLETTE, J. Interweaving stories: creating a multicultural classroom through school/home/university collaboration. *Democracy and Education*, v. 2, p. 16-21, 1993.

STUBBS, M. *Discourse analysis:* the sociolinguistic analysis of natural language. Chicago: University of Chicago, 1983.

TANNEN, D. Ethnic style in male–female conversation. In: GUMPERZ, J. J. (Ed.). *Language and social identity*. New York: Cambridge University, 1982.

TANNEN, D. *Talking voices*: repetition, dialogue, and imagery in conversational discourse. New York: Cambridge University, 1989.

TAYLOR, P. Narrative, pluralism, and decolonization: recent Caribbean literature. *College Literature*, v. 20, n. 1, p. 78-89, 1993.

THARP, R. G.; GALLIMORE, R. *Rousing minds to life*: teaching, learning, and schooling in social context. Cambridge: Harvard University, 1988.

TIERNEY, R. J. *Portfolio assessment in the reading-writing classroom*. Norwood: Christopher Gordon, 1991.

TUDGE, J. R. H.; WINTERHOFF, P. A. Vygotsky, Piaget, and Bandura: perspectives on the relations between the social world and cognitive development. *Human Development*, v. 36, n. 2, p. 61-81, 1993.

VON GLASERFELD, E. *Radical constructivism*: a way of knowing and learning. London: Falmer, 1995.

VYGOTSKY, L. S. *Thought and language*. Cambridge: MIT, 1986.

WERTSCH, J. V. (Ed.). *Culture, communication, and cognition:* Vygotskian perspectives. New York: Cambridge University, 1985.

15

A relação entre documentação e avaliação[1]

Brenda Fyfe

Qual é a relação entre o conceito de documentação em Reggio e a ideia convencional que se tem da avaliação? O que o termo *avaliação* significa nos Estados Unidos, na Itália e em outras partes do mundo? O que o conceito de documentação significa nas pré-escolas e nas creches em Reggio Emilia?

Gullo (2004), um professor norte-americano e autor de um livro muito reconhecido sobre avaliação na educação infantil, define o conceito de avaliação como

> [...] um procedimento usado para determinar o grau em que uma criança possui determinado atributo. O termo avaliação pode ser substituído livremente por mensuração. (GULLO, 2004, p. 6).

Ele continua afirmando que a avaliação é uma ferramenta de tomada de decisão. Ela pode ter natureza formal ou informal. As avaliações formais incluem testes de prontidão, testes de rastreamento de desenvolvimento e testes diagnósticos. As avaliações informais, por outro lado, podem incluir observação direta, entrevistas, registros anedóticos, *checklists* e amostragem do trabalho das crianças.

O conceito de documentação, como é usado nas pré-escolas e nas creches em Reggio Emilia, é um procedimento usado para tornar a aprendizagem visível para que ela possa ser relembrada, revistada, reconstruída e reinterpretada como base para a tomada de decisões. A documentação pode revelar as habilidades e o conhecimento (ou os atributos) das crianças, mas o mais importante, do ponto de vista de Reggio, é que a documentação aprofundada pode revelar os caminhos que os alunos estão percorrendo para aprender e os processos que estão desenvolvendo em busca do significado. Conforme afirmou Rinaldi (2001, p. 79):

> Nós damos grande ênfase à documentação como parte integral dos procedimentos voltados à promoção da aprendizagem e à modificação das relações ensino-aprendizagem.

A documentação é uma ferramenta que ajuda os professores e as crianças a refletirem sobre experiências posteriores; a escutarem as ideias, as teorias, as reflexões e os entendimentos uns dos outros; e então tomar decisões juntos sobre os caminhos de aprendizagem futuros. Assim, documentação, da perspectiva de Reggio, não pode ser substituída pelo termo *mensuração*. A mensuração é considerada, de maneira geral, uma ciência exata que olha a magnitude de quantidade que se estabelece por meio de uma unidade padronizada de medida. A documentação consiste em "traços de aprendizagem", mas nenhum traço de aprendizagem é limitado em sua interpretação a uma unidade de medida padronizada.

As avaliações formais, conforme descritas por Gullo (2004), não fazem parte do conceito de documentação de Reggio. Contudo, algumas das avaliações informais que ele descreve (por exemplo, observação direta, registros anedóticos e amostras de trabalho das crianças) podem ser vistas como práticas de documentação, se forem feitas com o propósito de coletar "traços de aprendizagem" que possibilitem a reflexão e a interpretação.

Isso não significa que as avaliações formais não são administradas ou usadas para informar a programação educacional das crianças em Reggio Emilia. O mais provável é que essas avaliações sejam usadas para determinar e analisar o *status* e o progresso das crianças com deficiências (veja o Cap. 11).

AVALIAÇÃO FORMATIVA E DOCUMENTAÇÃO

A literatura sobre avaliação normalmente se refere a dois tipos básicos: (1) *formativa*, que costuma ser realizada ao longo da experiência educacional, e (2) *somativa*, que é conduzida ao fim de uma experiência educacional. Se refletirmos sobre as ideias de Carla Rinaldi, expressas no seu capítulo "A pedagogia da escuta", pode ser razoável deduzir que a avaliação formativa está mais próxima do conceito de documentação de Reggio, que é usado ao longo da experiência educacional para informar o ensino e a aprendizagem.

Ao pensar sobre a relação entre avaliação formativa e o conceito de documentação de Reggio Emilia, é importante refletir sobre como diferentes teorias e filosofias da aprendizagem podem diferenciar as práticas construtivistas sociais da avaliação formativa daquelas práticas que são informadas por uma orientação filosófica behaviorista ou empirista. Por exemplo, quando a avaliação formativa é compreendida a partir de uma orientação behaviorista ou empirista, ela pode ser vista como avaliativa, crítica, corretiva ou assumir a forma de *feedback* de reforço do professor à criança durante o processo de aprendizagem. A prática da documentação, que vem de uma orientação filosófica construtivista, por outro lado, é conduzida de modo a estimular o aprendiz a participar da própria aprendizagem para construir ou reconstruir novas e mais profundas compreensões. Conforme explica Rinaldi, ela é feita para tornar a aprendizagem visível, para que os aprendizes possam "se observar de um ponto de vista externo enquanto estão aprendendo" (Cap. 13). Traços da aprendizagem, tais como anotações, transcrições, *slides*, fotos e vídeos, são examinados por equipes de professores com os pais, mas também são compartilhados com as crianças para que elas possam examinar o seu trabalho, a sua experiência, as suas ações e os seus comentários. Os professores apoiam as reflexões das crianças sobre esses documentos com perguntas investigativas, encorajamento para levar as ideias adiante, ou desafios para rever suas ideias ou ações e esclarecê-las para os outros. As crianças em escolas Reggio são ensinadas a usar a documentação para revisitar e repensar seu trabalho e suas ideias. No final, o objetivo é ajudar as crianças a se autoavaliarem.

A estrutura teórica do construtivismo social orienta os professores a com-

O centro de mensagens da creche Maplewood-Richmond Heights, em St. Louis, Missouri.

preenderem que o aprendiz é um participante ativo do processo de avaliação e a vê-lo como um participante ativo do processo de aprendizagem; por outro lado, quando os alunos recebem *feedback* avaliativo, corretivo, ou de reforço durante o processo de aprendizagem, os aprendizes são vistos (ou, pelo menos, são tratados como) recipientes passivos do conhecimento – recipientes cujo comportamento é moldado pelo reforço externo, mais do que informado pelo *feedback* externo.

Apesar de tornar a aprendizagem visível por meio da documentação – poder apoiar as crianças que veem suas palavras ou seus trabalhos valorizados nesse processo –, o uso da documentação tem como objetivo ajudá-las a refletir, a revisitarem as experiências ou se autoavaliarem, e não moldar a sua inclinação para repetir tal comportamento ou trabalho. A revisitação pode auxiliar as tentativas das crianças de atribuírem sentido às suas teorias e a lidarem com suposições que, com maior verificação, não fazem sentido.

Eis aqui um exemplo que pode ilustrar os *feedbacks* de vários tipos. Em resposta a uma criança que anuncia que completou uma mensagem para o seu amigo, a professora pode dizer algo como: "Estou vendo que você escreveu uma mensagem, mas você precisa assiná-la" (*feedback avaliativo/corretivo*). Outra professora poderia dizer: "A sua mensagem está quase pronta, mas você precisa colocar o nome embaixo para que o destinatário saiba que ela veio de você" (*Isso pode ser considerado um empréstimo de conhecimento, a partir de uma perspectiva Vygotskiana*). Ou ela pode dizer à criança: "Quando você começou essa mensagem, me disse que estava escrevendo para o seu amigo, Sam, mas depois de colocá-la na caixa do correio, fico pensando se ele vai saber que ela é sua" (*usando os comentários expressos para ajudar a criança a refletir se a mensagem está, de fato, pronta*). A professora também pode mostrar à criança um painel de documentação com as mensagens exibidas acima do centro de mensagens e sugerir que ela olhe para ver o que percebe, perguntando: "Quais são as características dessas mensagens que você acha importantes para ajudar o destinatário a identificar o remetente?" (*usando a documentação visual do trabalho de outras crianças para provocar o raciocínio*). Qualquer uma dessas respostas pode ajudar a fornecer um *feedback* construtivo que venha de avaliação formativa, mas qual dessas respostas da professora irá encorajar a criança a pensar e a repensar o seu conceito da mensagem? Qual permite à criança distanciar-se do seu trabalho, questioná-lo e refleti-lo ou se autoavaliar?

AS PRÁTICAS DE AVALIAÇÃO PODEM LIMITAR A BUSCA DE SIGNIFICADO DA CRIANÇA?

Aqueles entre nós que aspiram à pedagogia da escuta concordam com Carla Rinaldi de que ela apoia a busca pelo significado, e esse significado torna-se visível e possível por meio dos processos de observação, interpretação e documentação. Conforme afirma Rinaldi: "A documentação pode ser vista como uma escuta visível: ela garante ouvir e ser ouvido pelos outros... Isso garante que a turma e cada

Professora e criança olham no espelho, preparando a aluna para desenhar seu autorretrato.

criança possam se observar de um ponto de vista externo enquanto estão aprendendo (tanto durante quanto depois do processo)" (Cap. 13).

Ainda assim, como o processo da avaliação apoia (se é que consegue) a busca pelo significado? Mais especificamente, devemos perguntar como os nossos próprios processos de avaliação auxiliam na busca por significado. Eles auxiliam ou, às vezes, inibem ou limitam a busca por significado? Os exemplos anteriores sobre os vários tipos de respostas dos professores (a partir de diferentes perspectivas filosóficas) podem nos ajudar a refletir sobre essa questão. Contudo, outra direção que podemos seguir para responder a essa pergunta é observar como o nosso entendimento convencional do currículo e das expectativas de desenvolvimento podem inibir ou limitar a nossa busca de significado.

Um princípio comumente compartilhado da boa avaliação é de que ela deve estar alinhada com os objetivos e os padrões da aprendizagem. Contudo, os educadores de Reggio advertem que devemos nos abster de impor um quadro preestabelecido de análise, que pode limitar, de antemão, como iremos interpretar e usar a documentação com as crianças. Eles nos encorajam a manter a mente aberta para ver além da aprendizagem, que pode ter sido antecipada ou planejada, e olhar além dos objetivos do currículo.

Dahlberg, Moss e Pence (1999, p. 36) expressaram sua preocupação de que os educadores frequentemente tentam categorizar e classificar de acordo com esquemas predeterminados:

> Consequentemente, tudo o que sabemos é até onde essa criança irá se conformar a certas normas inscritas nos mapas que usamos. Em vez de descrições e reflexões concretas sobre os feitos e as ideias das crianças, sobre suas hipóteses e teorias do mundo, nós facilmente acabamos com mapeamentos de suas vidas, classificações gerais que dizem coisas como: "Crianças dessa e dessa idade são assim". Os mapas, as classificações e as categorias pré-prontas acabam substituindo a riqueza das vidas das crianças e a inescapável complexidade da experiência concreta.

Em um livro posterior, Dahlberg e Moss (2005, p. 88) questionaram se essa ênfase na padronização poderia ser considerada uma prática ética. Eles explicaram que, na sociedade atual,

> [...] o conceito de qualidade se trata de estabelecer conformidade a padrões predeterminados. Ele busca encerramento, no sentido de que quer certas respostas sobre conformidade, frequentemente reduzidas a números. O discurso da construção de significado, por outro lado, trata-se, em primeiro lugar, de construir e aprofundar a compreensão... Ele presume que o significado do trabalho pedagógico esteja sempre aberto a diferentes interpretações.

Em *Schools that Learn,* Senge et al. (2000, p. 81) escreveram:

> Estados ficam preocupados com o estabelecimento de padrões e a mensuração do desempenho dos alunos com provas. Os educadores focam a sua atenção em técnicas e estratégias para responder às exigências dos políticos, frequentemente estreitando o currículo e aumentando a ênfase na memorização.

Como resultado, uma "des-ênfase" ou "não ênfase" é dada ao raciocínio ou à construção de significado da criança em relação ao currículo, menos o raciocínio da criança, que parece, deste modo, não ter relação com os objetivos do currículo que orientam a instrução.

Os conceitos de um currículo responsivo e de uma aprendizagem negociada (Cap. 14) que colocam *documentação, discurso* e *design* no centro do processo de ensino-aprendizagem certamente não são apoiados por muitos sistemas escolares atuais. Mesmo quando os professores do jardim de infância não precisam seguir as exigências de padrões predefinidos e das mensurações de desempenho, eles frequentemente sofrem com a tremenda pressão que vem indiretamente dos pais, dos colegas do ensino fundamental e da comunidade em geral para fazer as crianças passarem por um currículo de conhecimentos e habilidades que são considerados preparatórios para os testes que estão por vir. Os professores que sentem essa pressão frequentemente passam a se focar mais no professor e no currículo. Eles sentem que não têm tempo nem são encorajados a apoiar o processo de aprendizagem negociada, em que as ideias das crianças (especialmente as que parecem desconectadas dos objetivos do currículo) são seriamente consideradas. Não há espaço para perguntas e incertezas, especialmente quando a aprendizagem deve ser mensurada para propósitos de avaliação.

As avaliações nas escolas norte-americanas costumam se focar mais em determinar os níveis de competência das crianças, e não em descobrir suas teorias ou em revelar os seus processos de construção de significado ou em os adultos apoiarem a sua busca de sentido. Elas são usadas para dar aos pais um entendimento de como o seu filho está se saindo em relação aos padrões e em comparação com as outras crianças, e não para ajudá-los a entender o raciocínio do seu filho.

Estou preocupada que alguns dos nossos documentos sobre as melhores práticas em educação infantil nos Estados Unidos ainda tendam a reduzir e limitar a nossa imagem da criança, fechando-a em expectativas predeterminadas sobre a aprendizagem. A forte ênfase na instrução e na avaliação orientada por objetivos não é equilibrada com uma possibilidade da exploração de territórios desconhecidos com as crianças. Na última edição de *Preparing Early Childhood Professionals* (HYSON, 2003), o Padrão #3 dá conta da importância de observar, documentar e avaliar para apoiar crianças pequenas e suas famílias. À primeira leitura, parece que esse padrão está bem alinhado com a ênfase de Reggio na natureza contínua e integral da documentação e da avaliação no processo de aprendizagem. Esse documento da National Association for the Education of Young Children (NAEYC) indica que os professores demonstram a sua compreensão desse padrão "[...] colocando atividades relacionadas à avaliação no currículo e em atividades cotidianas para que a avaliação torne-se uma parte habitual da vida profissional" (HYSON, 2003, p. 33).

O documento continua a enfatizar o *alinhamento*:

> A boa avaliação é uma ferramenta positiva que auxilia o desenvolvimento e a aprendizagem das crianças e que aprimora os destinos das crianças pequenas e suas famílias. (HYSON, 2003, p. 33).

Os conceitos básicos descritos neste documento são sólidos, mas estou preocupada com o que não foi dito. Por exemplo, existe pouca ou nenhuma discussão sobre a importância de usar a documentação para ajudar as crianças a se autoavaliarem. Não há menção sobre o uso da documentação com as crianças para refletir sobre a sua própria aprendizagem ou para pensar sobre o seu raciocínio. Não há menção de interpretar e reinterpretar para desenvolver (com as crianças) teorias que atribuem significado a eventos e objetos no mundo delas. Em vez disso, esse documento da NAEYC dá ênfase ao uso da observação e da documentação "[...] para capturar as qualidades, as forças e as necessidades únicas das crianças" (HYSON, 2003, p. 33). Não há menção do uso da documentação para estudar e desenvolver as ideias, os esquemas atuais ou as teorias das crianças; não há nenhuma conversa sobre o uso da documentação com as crianças para ajudá-las a fazer boas perguntas (FORMAN, 1989), para auxiliá-las na busca por significado.

A abordagem construtivista social que Carla Rinaldi descreve nos encoraja a ir além da identificação de qualidades, forças, necessidades e interesses. Os professores em Reggio Emilia

> [...] buscam descobrir as crenças das crianças sobre os tópicos a serem investigados... A sua análise revela os motivos por trás do interesse das crianças, a fonte do seu conhecimento atual e o seu nível de articulação sobre os detalhes. (FORMAN; FYFE, 1998, p. 240; veja o Cap. 14).

Retorno ao pleito de Dahlberg, Moss e Pence (1999; veja também o Cap. 12) para sugerir que, nos Estados Unidos e em outras nações onde os padrões e os objetivos são muito valorizados, onde a análise é considerada essencial, devemos buscar o equilíbrio no que tange à combinação das estruturas de normalização (padrões ou escalas de desenvolvimento) e à possibilidade de construção de significado que vá além dos limites dos padrões e das escolas. Isso envolve o uso de múltiplos quadros (objetivos do currículo, progressões de desenvolvimento e perguntas abertas sobre sua aprendizagem e seu raciocínio) para examinar a aprendizagem e a criação de sentido das crianças.

COLETA, ORGANIZAÇÃO E INTERPRETAÇÃO DA DOCUMENTAÇÃO AO FINAL OU DURANTE A EXPERIÊNCIA EDUCACIONAL?

Frequentemente, os professores novos no estudo da abordagem Reggio Emilia coletam, organizam e interpretam a documentação somente ao final de um projeto ou experiência, em vez de durante o processo. Em *Making Learning Visible*, Seidel (2001, p. 304-305), o diretor do Project Zero, de Harvard, comentou que, nos Estados Unidos,

> [...] a prática da avaliação é frequentemente considerada sinônimo de mensuração e, no contexto norte-americano, a mensuração é um processo de julgamento, medindo e colocando um trabalho em relação aos outros.

Acho que a observação de Seidel poderia explicar por que tantos educadores norte-americanos que documentam as observações ou coletam amostras do trabalho das crianças esperam para interpretá-lo e usá-lo (como se fossem dados de análise) para julgar ou descrever o desfecho final da aprendizagem ao término de uma série de experiências, em vez de como parte de um processo diário do processo de ensino-aprendizagem.

A mensuração costuma se focar no caráter somativo, em vez de formativo, da avaliação. A avaliação, quando encarada como mensuração, é vista como uma ferramenta para atribuir notas e comparar alunos, classificá-los em uma escala para determinar o nível de competência ou desenvolvimento, classificá-los para serviços especiais ou decidir se reprová-los ou passá-los à próxima série. O conceito de documentação conforme descrito e praticado pelos educadores de Reggio é uma ferramenta para professores, crianças e pais refletirem sobre os processos e desfechos de aprendizagem, não apenas como indivíduos, mas também em grupos.

Hoje, cada vez mais professores que estudaram a abordagem Reggio estão interpretando a documentação como parte do seu trabalho diário, em vez de apenas ao final da experiência educacional. Além do mais, mesmo quando a documentação é analisada apenas ao fim de uma unidade, projeto ou período de tempo, há valor. Toda vez que a aprendizagem se torna visível por meio de exemplos reais de trabalho, palavras e ações das crianças, existe a oportunidade de compreender o pensamento e o potencial das crianças. Há a oportunidade de oferecer aos pais uma visão interna da mente da criança, uma oportunidade de pensar junto com os professores sobre a aprendizagem. Apesar de se perder muita coisa que poderia ter surgido com o uso da documentação no sentido formativo (com crianças, pais e professores) durante o conjunto das experiências, a documentação do tipo que Rinaldi descreve pode proporcionar uma base rica para a interpretação e o estudo a qualquer momento. Essa interpretação ao fim de um projeto ou estudo de longo prazo pode ser considerada "formativa", no sentido de que pode ser usada pelos professores para informar o ensino e a aprendizagem futura. Quando tal documentação é refletida por crianças e pais, ela pode auxiliar a sua compreensão como aprendizes e provocar novas direções e ideias para pesquisas ou aplicações em outros cenários.

A documentação culminante de um projeto de um ano letivo pode ser a provocação para um novo grupo de alunos em anos posteriores. Ela também pode ser usada como ponte entre a creche e a pré-escola, ou entre a pré-escola e o 1º ano, para reconectar crianças e professores a aprendizagens e experiências anteriores, criando um currículo especial e uma situação cultural de significados (BRUNER, 1977) que ajudam a dar continuidade à história das experiências e dos estudos das crianças de um ano ao outro. A documentação desse tipo pode ajudar os professores a voltarem à experiência anterior e ao conhecimento cognitivo que pode servir como fundamentação para aprendizagem mais aprofundada. Frequentemente, os professores na pré-escola ou no 1º ano não sabem nada sobre as experiências de aprendizagem e de pesquisa que eles devem desenvolver. A documentação do fim do ano pode se tornar a ligação ou a ponte para esses professores.

Em Reggio Emilia, é uma prática comum que cada escola ou, às vezes, cada turma produza um livreto apresentando uma investigação, uma pesquisa ou um projeto da comunidade de longo prazo. As crianças e os professores da pré-escola Martiri di Sesso, por exemplo, produziram esses documentos (por exemplo, *Ippolito, Ascoltare con le mani... , Come in un Giardino, Gli Uccellini del Parco*) sendo o seu conteúdo usado de diversas formas durante o projeto para informar a aprendizagem; contudo, quando são organizados e apresentados ao fim do ano, adquirem outro valor. Os livretos contam toda a história e o estudo do projeto. Eles ilustram a aprendizagem dos indivíduos, mas, mais importante, a aprendizagem da turma. Essa documentação que é organizada e apresentada ao fim de uma experiência educacional tem enorme valor ao celebrar as realizações da comunidade de aprendizes. Ela dá valor à inteligência coletiva e às realizações de crianças, pais, professores e comunidade que colaboraram com as experiências.

INCORPORE A DOCUMENTAÇÃO COMO PARTE DA PRÁTICA DIÁRIA

Os professores tipicamente vivenciam diversas mudanças de mentalidade quando começam a enxergar a documentação como algo fundamental ao ensino e à aprendizagem (Cap. 14, FYFE, 1998; FYFE; GEISMAR-RYAN: STRANGE, 2000). Uma dessas mudanças é a ideia de pensar sobre o ensino e aprendizagem como um processo de questionamento colaborativo, um processo de pesquisa contínua. Ele requer a busca por novos padrões de organização e comunicação com as crianças, os pais e colegas e os professores. A ação colaborativa envolve uma compreensão da interdependência entre organização e colaboração, um dos fundamentos da abordagem Reggio (GANDINI, 1993). É um estilo colaborativo de trabalho que exige que os professores pensem, planejem, trabalhem e interpretem juntos (RINALDI, 1994).

Essa prática de investigação colaborativa, quando aplicada ao conceito de avaliação, insiste que os professores observem a evidência da aprendizagem e das observações documentadas dos processos de aprendizagem juntos. A documentação oferece um tipo de dado puro que ainda não foi interpretado. Ela dá à equipe de professores uma plataforma comum para pensar em conjunto sobre a aprendizagem e utilizar múltiplas perspectivas para enriquecer possíveis interpretações.

Esse paradigma de ensino como uma atividade colegiada ou de grupo e baseada na pesquisa exige o seguinte:

> [...] (1) que tornemos as nossas observações visíveis para podermos compartilhá-las com os colegas; (2) que consideremos as perspectivas uns dos outros ao dialogarmos, debatermos e negociarmos as interpretações compartilhadas; (3) que juntos formulemos hipóteses, previsões e projeções sobre experiências de ensino futuras que podemos propor às crianças; e (4) que organizemos, diversifiquemos e coordenemos o nosso trabalho à luz desses acordos. (FYFE, 1998, p. 21).

Loris Malaguzzi (Cap. 2) afirma que essa mudança "representa uma quebra deliberada da solidão e do isolamento profissional e cultural tradicional dos professores". Malaguzzi falava de uma mudança que havia acontecido há tempos nas escolas em Reggio Emilia. Essa mudança ainda precisa ocorrer em qualquer escala nos Estados Unidos. Schmoker (2006, p. 18) citou inúmeros estudos que atestam o fato de que o ensino nos Estados Unidos ainda é, em sua maior parte, uma prática isolada, e ele defendia que o isolamento é o inimigo da mudança. Ele dizia:

> Ao contrário de outros profissionais, e, apesar do acordo quase universal sobre a importância da união, os professores não trabalham em equipes. Eles não preparam lições e avaliações juntos, e não testam nem refinam suas lições regularmente com base nos resultados de avaliação.

Pode ser mais fácil para professores dos anos iniciais dentro de uma sala (preparando experiências de aprendizagem, realizando-as e refletindo sobre sua efetividade), porque é comum ter dois professores por sala. Contudo, a norma nos Estados Unidos é ter um professor principal e um professor assistente, em vez de dois professores com autoridade e credenciais iguais, como é a norma nas pré-escolas em Reggio Emilia. Infelizmente, os professores principais nem sempre cultivam relações igualitárias com os seus assistentes, convidando-os a participarem da coleta e da análise da documentação e dos dados de avaliação. As estruturas de alguns distritos escolares (por exemplo, em relação a regramentos, tempo e compensação de sindicatos, etc.) podem até, direta ou indiretamente, proibir os assistentes de participarem de tais atividades.

Os educadores que mudaram para esse estilo colaborativo de pesquisa contínua podem usar a documentação pedagógica para repensar o significado de "avaliação", para questionar suas certezas sobre o que é aprendizagem significativa e o que não é. A pesquisa colaborativa, por sua própria natureza, descobre novas perguntas e sugere novas rotas de aprendizagem, em vez de apenas analisar objetivos predeterminados.

ENCONTRANDO E ORGANIZANDO TEMPO PARA A REFLEXÃO COLETIVA E A ANÁLISE DA APRENDIZAGEM

Encontrar e organizar tempo semanalmente ou quinzenalmente para interpretar a documentação ou avaliar as informações costuma ser uma grande barreira ao trabalho em equipe e à pesquisa colaborativa. Contudo, observei que, mesmo quando há tempo disponível no dia de trabalho, ele costuma ser usado de modo ineficiente.

Como o tempo dessa natureza é tão precioso, ele precisa ser organizado de maneira mais produtiva. O uso efetivo do tempo exige agendas pré-planejadas de reuniões com acordos entre os membros da equipe sobre qual documentação será apresentada e quem ficará responsável por levá-la em um formato fácil para a equipe examinar (por exemplo, diversas cópias de transcrições e tecnologia adequada quando necessário, tal como um *tablet* ou computador). O espaço da reunião deve auxiliar no discurso focado e sério, um espaço livre de distrações. Na reunião, diversas perspectivas e interpretações devem ser encorajadas e debatidas. As equipes devem reservar bastante tempo para refletir conjuntamente sobre o que a documentação revela a respeito das ideias, dos interesses, dos sentimentos, das opiniões, das suposições ou das teorias das crianças. Observei que muitos professores querem passar muito rápido por essa parte do processo, pulando para as implicações do ensino. Somente após análise considerável do que a documentação revela (em termos de teorias, compreensões e equívocos das crianças), os professores estarão em posição de formular hipóteses, previsões e projeções sobre futuras experiências de aprendizagem que deem continuidade ao raciocínio atual das crianças – de experiências que irão desafiar e envolver um grupo específico de aprendizes em um momento particular do tempo e do espaço (DEWEY, 1998). Por fim, os professores devem planejar como irão organizar, diversificar e coordenar o seu trabalho à luz das suas interpretações e projeções (FYFE, 1998).

Outra barreira menos óbvia que pode impedir os professores de comprometerem-se com a prática regular de colocar a documentação e a avaliação no cerne do processo de aprendizagem é uma preocupação que retira tempo do ensino das crianças. Amelia Gambetti certa vez comentou, em uma visita feita aos professores de St. Louis, que devemos pensar nessa como a "era das crianças". O tempo que os adultos passam observando e documentando para depois interpretar e reinterpretar a documentação tornará o nosso período com as crianças ainda mais significativo e responsivo. Além disso, os professores aprenderam o valor de interpretar e reinterpretar a documentação com as crianças. Conforme explica Carla, isso é feito para desenvolver teorias com as crianças que atribuam sentido aos eventos e aos objetos do seu mundo (RINALDI, 2006).

Em Reggio Emilia e em todos os bons sistemas escolares que apoiam a investigação colaborativa e a avaliação formativa, os professores e os gestores criam estruturas escolares que lidam com o recurso do tempo. A viabilidade e a sustentabilidade das organizações de aprendizagem que dão valor ao questionamento colaborativo dependem de tais estruturas. O trabalho amplamente aclamado sobre a "compreensão pelo *design*", de Wiggins e McTigue (2007), se baseia na investigação colaborativa. Eles afirmaram que

[...] encontrar novos períodos de tempo para permitir que os grupos de trabalho se encontrem é obviamente um desafio. Exige raciocínio criativo e habilidade política (porque encontrar tempo "novo" significa roubar tempo "velho", na maioria dos casos). (WIGGINS; MCTIGUE, 2007, p. 189).

Equipe de professores estudando a documentação em conjunto.

Eles ofereceram muitas sugestões com base no seu trabalho com as escolas. Algumas dessas práticas (WIGGINS; MCTIGUE, 2007) são semelhantes às que observei nas escolas norte-americanas que estão comprometidas com o processo da investigação colaborativa e da reflexão coletiva sobre os dados da avaliação formativa:

- Cada equipe, por série ou departamento, recebe 2 horas por semana, com cobertura de outras equipes, administradores, especialistas em recursos, alunos de licenciatura ou professores substitutos.
- Os professores reúnem-se para um almoço estendido ou durante períodos de recurso ou reuniões marcadas.
- Professores substitutos passageiros, contratados para um dia, proporcionam um período de liberação para as equipes das séries ou dos departamentos.

EXPECTATIVAS RECÍPROCAS E DIÁLOGO COM AS CRIANÇAS: UMA BASE PARA A AUTOAVALIAÇÃO INDIVIDUAL E EM GRUPO

Os professores que começaram a entender a pedagogia da escuta frequentemente expressam uma compreensão significativa. Lá em 1992, quando vários de nós em St. Louis deram início a uma colaboração entre universidades-escolas para estudar a abordagem Reggio, a frase *parar para escutar* podia ser ouvida em conversa após conversa com os professores que estavam começando a estudar a abordagem Reggio. Os professores estavam cada vez mais surpresos com o que aprendiam com as crianças pequenas quando paravam para perguntar suas opiniões, para escutar suas ideias, para ponderar sobre o significado dos seus comentários ou para pedir esclarecimentos da criança e ver o quanto as estavam entendendo. Os professores refletiam que esse tipo de interação com as crianças não era possível quando estavam focados unicamente na orientação, na direção e na avaliação das crianças a todo momento por meio de um currículo preestabelecido e limitado.

Os professores que são novos ao conceito de documentação e pedagogia da escuta de Reggio frequentemente precisam ser ajudados a desconstruir o que aprenderam sobre o processo de aprendizagem, o papel do professor e o papel do aluno (DAHLBERG; MOSS; PENCE, 1999; MACNAUGHTON, 2005). Eu acrescentaria que os professores também devem desconstruir os seus conceitos sobre os propósitos e os processos da avaliação. Com a ajuda de um sistema contínuo de desenvolvimento profissional, os professores no nosso grupo de St. Louis conseguiram desconstruir suposições prévias que dirigiam as interações com as crianças. Os professores eram encorajados a assumir o risco de desafiar os seus padrões normais de comportamento (por exemplo, de orientar, dirigir e facilitar para parar e escutar e ter conversas genuínas com as crianças), além de receberem tempo e oportunidade de refletir sobre essas novas experiências com os colegas (FYFE, 1998). Como resultado, as expectativas mudaram.

Os professores relataram que, por meio da escuta, eles conseguiam entrar "no momento" com as crianças. Por meio da escuta, eles conseguiam apoiar e desafiar uma criança espontaneamente a expandir suas ideias. Contudo, eles também aprenderam que expectativas recíprocas de diálogo devem ser desenvolvidas ao longo do tempo com algumas crianças. Muitas delas não estão acostumadas com professores que querem entender as suas opiniões e teorias emergentes. As crianças podem não confiar nas motivações dos professores, supondo que o interesse em suas ideias não passa de um teste, em vez de curiosidade genuína e interesse pelos seus pensamentos (KAMINSKY; GANDINI, 2002). Os professores que abraçaram a pedagogia da escuta podem ter de persistir por um período de descrença e desconfiança. A minha observação é que, quando as crianças constroem relações de mútua confiança e respeito com os adultos, e esses adultos se envolvem regularmente com elas em diálogo significativo, as crianças, assim como os professores, desenvolvem expectativas recíprocas quanto ao diálogo.

Observei que os professores que abraçam a pedagogia da escuta têm uma imagem da criança como alguém cujas ideias valem a pena ser ouvidas, cujos comentários e opiniões não são apenas frívolos e bonitinhos, e sim esforços inteligentes de atribuir sentido ao mundo. Eles aprendem que assumir a mentalidade das crianças é fundamental para ajudá-las a fazer boas perguntas (FORMAN, 1989). Observei que, quanto mais os professores desenvolvem expectativas recíprocas quanto à pedagogia da escuta, mais forte a imagem da criança se torna – na mente dos professores, das crianças e dos pais.

As expectativas recíprocas nas escolas de Reggio Emilia vão além dos relacionamentos entre criança-professor. A intersubjetividade das crianças nos grupos e a habilidade da turma do grupo de funcionar como uma comunidade efetiva de aprendizagem também são cultivadas por meio das expectativas recíprocas. Espera-se que os pares auxiliem a aprendizagem uns dos outros. Por meio das experiências de aprendizagem do grupo, as crianças aprendem não só como apoiar, mas a irem além e se responsabilizarem pela aprendizagem uns dos outros.

Nas pré-escolas e nas creches de Reggio, dá-se grande atenção à forma, à função e à compreensão nos grupos de aprendizagem. Kreschevsky (2001), do Project Zero, apresentou um conjunto de sete propostas sobre os grupos de aprendizagem na educação infantil que foram identificados pelos educadores Reggio. A última dessas propostas se concentra nos indicadores que os grupos de aprendizagem apoiam e demonstram compreensão. Um indicador relacionado a essa proposição é "[...] avaliação e autoavaliação têm forte presença dentro do grupo de aprendizagem e servem para guiar e orientar o processo de aprendizagem." (KRECHEVSKY, 2001, p. 247).

Tenho observado nos Estados Unidos que, apesar de falarmos muito sobre a importância de as crianças aprenderem a funcionar dentro de um grupo, raramente valorizamos (por meio da avaliação ou da pesquisa) a compreensão dos grupos de aprendizagem e os desfechos de aprendizagem, tanto do grupo quanto dos indivíduos. Podemos examinar e avaliar como cada criança contribui para a discussão em grupo ou coopera com os seus colegas para realizar uma tarefa, mas raramente pensamos sobre ou valorizamos as dinâmicas da aprendizagem, as realizações e os contextos do grupo de aprendizagem. Nas escolas de Reggio Emilia, as crianças são vistas como aprendizes, coletiva ou individualmente (GIUDICI; RINALDI; KRECHEVSKY, 2001). Os professores e as crianças refletem sobre e avaliam não só os seus desempenhos individuais ou as suas contribuições em grupo, mas também os esforços coletivos, a cooperação e as interações que permitiram que o grupo alcançasse – ou não – os seus objetivos. Grande parte da documentação que vemos em Reggio Emilia concentra-se intencionalmente nas relações, na subjetividade e na interdependência dos aprendizes (crianças e adultos) dentro da escola. Ela frequentemente revela o que alguns chamariam de cognição distribuída ou situada (KIRSHNER; WHITSON, 1997; ROSS et al. 2007; SALOMON, 1997; WOODHEAD; LIGHT, 1991) de um grupo de aprendizes. Ela revela a habilidade das crianças pequenas de envolver-se em aprendizagem mútua e em desenvolver uma comunidade de aprendizagem em que cada criança fica responsável pelo aprendizado das outras. Ela ilustra como a cultura de participação e "[...] o valor da democracia [...] está encrustado no conceito de participação" (GIUDICI et al., 2001, p. 42).

Os processos de avaliação nos Estados Unidos raramente se focam nesse aspecto social e coletivo da aprendizagem. Professores, crianças e pais poderiam se beneficiar da ampliação dos nossos conceitos de avaliação, indo além de um foco no aprendiz individual (conforme descrito por Gullo no início deste capítulo) para um foco na aprendizagem do indivíduo, assim como do grupo.

CONCLUSÃO

As imagens usadas para ilustrar algumas das práticas de documentação e avaliação que discuti neste capítulo foram tiradas na creche Maplewood-Richmond Heights (MRH). Essa escola atende crianças dos 3 anos até o 2º ano em um público urbano racial e economicamente diverso adjacente à cidade de St. Louis, Missouri, nos Estados Unidos. Eu me juntei aos meus colegas da faculdade de educação infantil na Webster University nos últimos anos por meio de um modelo de desenvolvimento profissional. Jennifer Strange, professora assistente pela Webster University, trabalha lado a lado com os professores e a diretora dessa escola de 2 a 3 dias por semana, orientando-os, exemplificando práticas informadas de Reggio e auxiliando-os nos processos de observação e documentação. Jennifer pode se basear em sua experiência de mais de 20 anos como professora mentora, e agora consultora internacional que trabalha diretamente com os educadores do MRH, enquanto também auxilia o desenvolvimento profissional conectado com os alunos e professores da Faculdade de Educação de Webster. Como forma de concluir este capítulo, eu gostaria de compartilhar uma reflexão escrita por Jennifer Strange e Joanne Ford, uma das professoras do MRH, quando elas pensavam sobre um ponto determinante na vida dos professores no seu primeiro ano de profissão para compreender a pedagogia da escuta e o poder da documentação.

> Os educadores da creche Maplewood-Richmond Heights, da pré-escola ao 2º ano, em St. Louis, estavam lendo e pensando sobre a aprendizagem inspirada em Reggio há algum tempo. Uma pedagogista foi contratada para trabalhar com os professores e as crianças até o outono de 2006. O trabalho inspirado em Reggio começou imediatamente.
> A imagem da criança começou a ser vista nos corredores da escola por meio de fotografias nos quadros do lado de fora de cada sala. Autorretratos para acompanhar as fotos seriam iniciados pela pedagogista.

Os professores de sala ficaram intrigados e rapidamente passaram a apoiar esse trabalho contínuo com as crianças. Conforme os quadros de fotografias e autorretratos foram sendo pendurados nos corredores, os professores, as crianças e os familiares de toda a escola começaram a parar e admirar os resultados da imagem de cada criança.

Os educadores pré-escolares logo reconheceram a importância desses autorretratos para as crianças e para o seu aprendizado. Uma professora disse: "No início, promover as habilidades de fazer um autorretrato me pareceu estranho. No entanto, quando pensei em como poderíamos promover a escrita de cartas para melhorar a ideia, fiquei convencida de que poderíamos usar linguagem e técnicas semelhantes para o desenho". As crianças comentaram o seu prazer com os resultados do seu trabalho. Uma disse: "Desenhei os meus dentes, e eles ficaram parecendo os dentes do meu pai... uau!". Apesar de os educadores estarem documentando essas respostas, eles não puderam antecipar to-

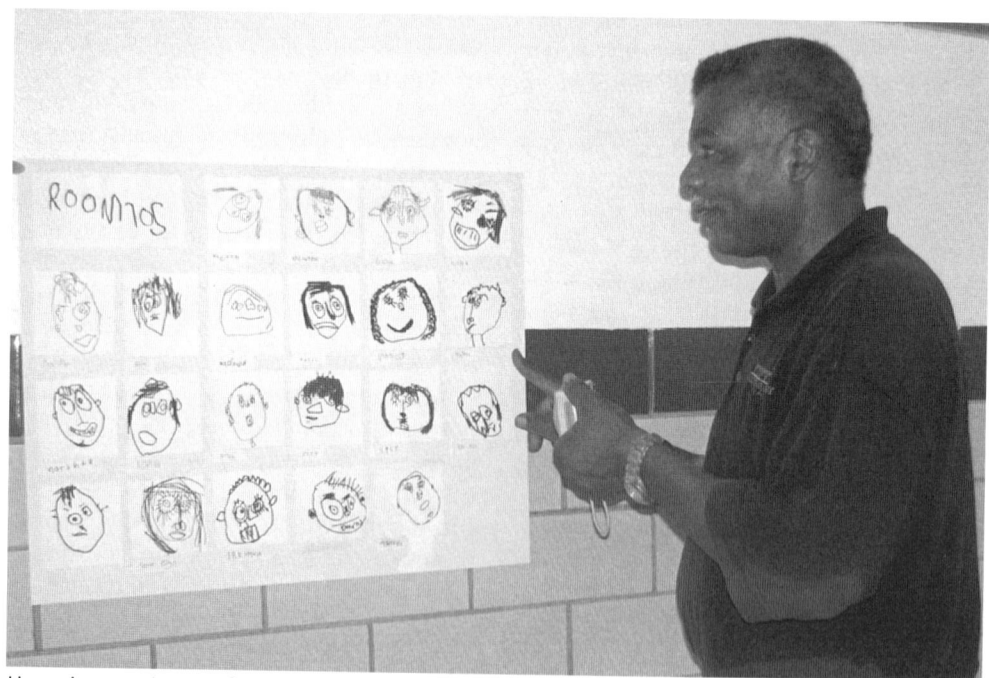

Um pai para e tira uma foto dos autorretratros das crianças.

talmente como os retratos se tornariam uma ferramenta para comunicar a profundidade dessa nova forma de pensar e de fazer para os outros.

Certa manhã, quando a pedagoga passava pelo corredor, ela viu um pai tirando uma foto do autorretrato do seu filho no painel. Apesar de ficar satisfeita pelo interesse, ela também ficou curiosa e perguntou por que ele estava tirando a foto. Ele respondeu: "Esses desenhos das crianças são ótimos. Eu quero uma foto deles para pendurar na nossa sala". A pedagoga ficou profundamente comovida. Todos os educadores ficaram cada vez mais cientes do interesse que os autorretratos estavam gerando nas famílias.

Em reuniões colaborativas em preparação para a conferência de outono, os professores decidiram usar os autorretratos como um foco do diálogo. Descrever o processo dos autorretratos proporcionou um *insight* para os pais quanto às relações que estavam sendo construídas entre as crianças e os professores, conforme eles colaboravam nesse trabalho significativo. As habilidades expressivas, reflexivas e de observação das crianças foram especialmente esclarecidas nesses diálogos. Essa conferência específica foi tão diferente em relação a conferências anteriores, que lidavam mais com *checklists* e avaliações padronizadas. Tanto os pais quanto os professores saíram desses encontros cheios de encantamento pelo trabalho das crianças e empolgados pelo que seria possível nos próximos meses.

Acredito que essa história ilustra os esforços dos professores em relacionar a documentação com os conceitos da avaliação. Esses educadores desconstruíram conceitos prévios da avaliação como algo estritamente preocupado com dados analíticos. Eles descobriram que os pais aprendem uns com os outros e com os professores por meio do intercâmbio do que eles veem na documentação, do que eles questionam e do que eles interpretam. A partir dessa reflexão, ficou claro para mim que Jennifer e Joanne viam a avaliação como uma construção social de conhecimento por meio do estudo da aprendizagem das crianças. Isso não significa que elas não utilizem mais *checklists* ou avaliações padronizadas, e sim que elas acreditam e viram que os pais e os filhos precisam se envolver no processo de construção de significado, em vez de serem simplesmente tratados como recipientes de informações avaliativas. Elas veem a avaliação como construção de sentido e sabem que a boa documentação pode apoiar o processo da aprendizagem. Elas usam a documentação com pais e crianças para desenvolver expectativas recíprocas sobre a aprendizagem. Elas ajudam as crianças a refletirem sozinhas e com as ideias dos outros, além de avaliar as ideias e as contribuições feitas pelo grupo.

Hoje, os professores do 1º primeiro ano no MRH, como Heather Bailey, que passa dois anos com os seus alunos, estão relacionando a documentação com a avaliação quando trabalham com as crianças e se comunicam com os pais. Heather recentemente relatou que, graças à ideia de compartilhar a documentação dos seus alunos (histórias, textos e revisões) com pais nas reuniões de pais e mestres, um novo nível de participação dos pais surgiu. Um pai, por exemplo, tirou conclusões sobre as suas próprias aulas com alunos mais velhos e iniciou uma troca contínua entre seus alunos mais velhos e do 1º ano. Outros pais expressaram apreço por ter essa compreensão das ideias e das experiências dos seus filhos, dizendo que isto dá um significado maior e mais profundo aos boletins de desempenho. Os alunos dessa professora de 2º ano mostraram-se dispostos a aumentar o nível de expectativas para si mesmos e para os outros, criticando coletivamente a documentação do seu trabalho e das experiências de aprendizagem.

Para esses professores, crianças e pais, a documentação tornou-se uma força necessária e motivadora para a criação de um currículo responsivo e para a promoção e a avaliação da aprendizagem individual e em grupo. Eles também encontraram formas significativas de usar a documentação como um complemento a dados de avaliação mais formais, sendo que todos informam melhor o ensino e a aprendizagem.

NOTA

1 As fotos neste capítulo foram tiradas por Jennifer Strange. O autor agradece a colaboração de Jennifer Strange e Joanne Ford no trabalho aqui descrito.

REFERÊNCIAS

BRUNER, J. *The process of education*. Cambridge: Harvard University, 1977.

DAHLBERG, G.; MOSS, P. *Ethics and politics in early childhood education*. London: Falmer, 2005.

DAHLBERG, G.; MOSS, P.; PENCE, A. *Beyond quality in early childhood education and care:* postmodern perspectives. London: Routledge, 1999.

DEWEY, J. *Experience and education:* the 60th anniversary edition. West Lafayette: Kappa Delta Pi, 1998.

FORMAN, G. Helping children ask good questions. In: NEUGEBAUER, B. (Ed.). *The wonder of it*: exploring how the world works. Redmond: Exchange, 1989.

FORMAN, G.; FYFE, B. Negotiated learning through documentation, discourse and design. In: EDWARDS, C. P.; GANDINI, L.; FORMAN, G. (Eds.). *The hundred languages of children*: the Reggio Emilia approach to early childhood education. 2nd ed. Norwood: Ablex, 1998.

FYFE, B. Questions for collaboration: lessons from Reggio Emilia. *Canadian Children*, v. 23, n. 1, p. 20-24, 1998.

FYFE, B.; GEISMAR-RYAN, L.; STRANGE, J. The potential of collaborative inquiry. *Innovations in Early Education: The International Reggio Exchange*, v. 7, n. 4, p. 7-19, 2000.

GANDINI, L. Fundamentals of the Reggio approach to early childhood education. *Young Children*, v. 49, n. 1, p. 4-8, 1993.

GIUDICI, C.; RINALDI, C.; KRECHEVSKY, M. (Eds.). *Making learning visible:* children as individual and group learners. Reggio Emilia: Reggio Children, 2001.

GULLO, D. F. *Understanding assessment and evaluation in early childhood education*. New York: Teachers College, 2004.

HYSON, M. (Ed.). *Preparing early childhood professionals:* NAEYC's standards for programs. Washington: NAEYC, 2003.

KAMINSKY, J. A; GANDINI, L. The role of culture and community in children's learning and development: an interview with Barbara Bowman. *Innovations in Early Education: The International Reggio Exchange*, v. 9, n. 3, p. 4-12, 2002.

KIRSHNER, D.; WHITSON, J. A. (Ed.). *Situated cognition*: social, semiotic, and psychological perspectives. London: Psycholog, 1977.

KRECHEVSKY, M. Form, function, and understanding in learning groups: propositions from the Reggio classrooms. In: GIUDICI, C.; RINALDI, C.; KRECHEVSKY, M. (Eds.). *Making learning visible*: children as individual and group learners. Reggio Emilia: Reggio Children, 2001.

MACNAUGHTON, G. *Doing Foucault in early childhood studies*: applying poststructural ideas. London: Routledge, 2005.

RINALDI, C. Documentation and assessment: what is the relationship? In: GIUDICI, C.; RINALDI, C.; KRECHEVSKY, M. (Ed.). *Making learning visible*: children as individual and group learners. Reggio Emilia: Reggio Children, 2001.

RINALDI, C. *In dialogue with Reggio Emilia:* listening, researching and learning. London: Routledge, 2006.

RINALDI, C. Staff development in Reggio Emilia. In: KATZ, L.; CESARONE, B. (Ed.). *Reflections on the Reggio Emilia approach*. Urbana: ERIC, 1994.

ROSS, D. et al. (Ed.). *Distributed cognition and the will*: individual volition and social context. Cambridge: MIT, 2007.

SALOMON, G. (Ed.). *Distributed cognitions*: psychological and educational considerations. New York: Cambridge University, 1997.

SCHMOKER, M. *Results now*: how we can achieve unprecedented improvements in teaching and learning. Alexandria: ASCD, 2006.

SEIDEL, S. Understanding documentation starts at home? In: GIUDICI, C.; RINALDI, C.; KRECHEVSKY, M. (Ed.). *Making learning visible*: children as individual and group learners. Reggio Emilia: Reggio Children, 2001.

SENGE, P. M. et al. *Schools that learn*: a fifth discipline fieldbook for educators, parents, and everyone who cares about education. New York: Doubleday, 2000.

WIGGINS, G.; MCTIGUE, J. *Schooling by design*. Alexandria: ASCD, 2007.

WOODHEAD, M.; LIGHT, P. *Learning to think*. New York: Routledge, 1991.

PARTE IV

A ideia das cem linguagens da criança e a sua evolução

16

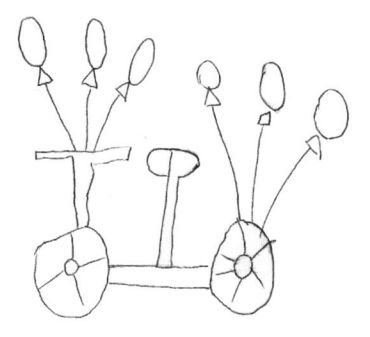

A beleza é uma forma de conhecimento?[1]

Margie Cooper

E se nós estivéssemos vivendo em uma época de mudança de paradigmas na nossa compreensão das relações entre ensino e aprendizagem? Estaríamos cientes disso? Estaríamos abertos a isso? Estaríamos dispostos a investigar com mais profundidade e perspectiva nossos papéis de educadores?

Pode-se argumentar que a última *grande* mudança no nosso campo se deve às contribuições dos teóricos construtivistas sociais que avançaram nossas percepções sobre as importantes e essenciais influências dos *outros*, quer sejam pares ou adultos, em termos das formas em que nós, seres humanos, construímos a aprendizagem e o significado. Como a nossa área é responsável pela construção das condições mais positivas para a aprendizagem humana, e se estivermos perdendo ou interpretando mal outras contribuições ou condições importantes e essenciais para a aprendizagem?

A teoria das cem linguagens, conforme proposta pelos educadores de Reggio Emilia, oferece um novo ponto de vista para enxergar as crianças em seu brilho e competência na construção e desenvolvimento de sua própria compreensão. Quase cinco décadas de observação de crianças e adultos na vida real das escolas, de interpretação crítica e social dessas observações, experiências e documentação detalhada dos processos de aprendizagem realizados por crianças e adultos apontam para uma característica humana crucial que nos conduz e satisfaz ao longo da nossa rota única e particular de desenvolvimento.

Essa característica ou sensibilidade pode ser chamado de dimensão estética e, quando tem espaço e tempo para se desenvolver em relação a todas as outras faculdades humanas, torna-se uma poderosa ferramenta que orienta e conecta a aprendizagem ao longo da experiência humana. Até o momento, a "estética" é um campo que foi reivindicado pela filosofia e pela arte, conforme evidenciado por extensa literatura sobre o assunto nessas disciplinas. É interessante notar que uma grande publicação dessas disciplinas afirma:

> A estética é um campo próspero de indagação escolar, e a demanda por cursos em estética iguala ou ultrapassa a demanda por quaisquer cursos de filosofia em muitas universidades. (GAUT; LOPES, 2005, p. 18).

Concomitantemente, com cinco décadas de experiência, os educadores de Reggio Emilia estão agora mais cientes e mais aptos a articular, com humilde confiança, suas observações e teorias do desenvolvimento humano em relação à presença e à contribuição de uma dimensão estética. O que segue é uma discussão dessas ideias, extraída de um estudo experimental conduzido por uma semana em Reggio Emilia, em abril de 2009. A semana foi cheia de sol, longos dias e ideias desafiadoras. Eu me senti especialmente cativado pelas contribuições de Vea Vecchi, atelierista da pré-escola Diana por 30 anos. Tendo se aposentado em 2000, Vea continua a colaborar com a Reggio Children, particularmente nas áreas da publicação, das exposições, dos projetos de pesquisa e dos conceitos do *atelier* e da teoria das cem linguagens. Suas contribuições ao longo da semana não se deram apenas por suas palavras, mas também por sua paixão, por seu espírito, por seu prazer e por sua energia positiva. Suas primeiras frases da semana deram uma ideia da complexidade que iríamos encontrar:

> Não podemos realizar uma discussão sobre o *atelier* se não fizermos, por trás disso, uma discussão sobre a cultura da educação. E também acho que não podemos ter uma discussão sem poesia, estética, epistemologia e ética. Esses são conceitos difíceis, mas são uma estrutura para a ideia do *atelier* sem a qual o *atelier* fica empobrecido. O risco é que o *atelier* torne-se simplesmente um lugar de atividades. Usamos muitas técnicas e materiais muito bem. O risco é que os nossos gestos sejam muito apressados, não apenas os das crianças, mas os dos adultos também. Perdemos a relação com o que estamos fazendo. Somente se pudermos atribuir sentido às nossas ações no *atelier* poderemos elevar o nosso trabalho. Atribuir sentido é fundamental....
> A pergunta que deve nos acompanhar essa semana é: como e de que maneira os processos de ensino e de aprendizagem se modificariam, e enriqueceriam, se a escola recepcionasse as linguagens poéticas e uma dimensão estética como importantes elementos para a construção de conhecimento? Não se trata de conceito abstrato – ele tornou-se real dentro das creches e das pré-escolas aqui.

Nunca senti, de maneira tão poderosa, o comprometimento subjacente à "pesquisa pela inovação" como quando o conceito do *atelier* foi discutido ao longo dessa semana. Claudia Giudici, pedagogista de longa data que frequentou a pré-escola Diana quando criança, relembrou as ideias iniciais por trás da introdução do espaço físico e do *atelier*, além do perfil do atelierista: "Nossa intuição teórica sugeria que um novo elemento era necessário nas escolas para tornar o trabalho mais complexo e para descobrir as formas complexas pelas quais as crianças conheciam o mundo ao seu redor".

Apesar de certamente ser verdade que as linguagens expressivas eram consideradas por Malaguzzi e seus colegas como recursos culturais prontamente disponíveis a serem trazidos para as escolas no início da sua experiência, é interessante que o principal motivador da inovação de um novo paradigma educacional era, conforme Giudici, a necessidade de compreender profundamente "as formas complexas pelas quais as crianças conheciam o mundo ao seu redor" para melhor moldar uma abordagem educacional valiosa para as crianças. Isso contrastaria com a forma como, às vezes, interpretamos mal o papel do *atelier*, como simplesmente local de confecção e duplicação de arte, e o papel do atelierista, como simplesmente professor de arte que oferece materiais expressivos e ensina técnicas a partir de um ponto de vista externo. Uma interpretação mais forte do papel do *atelier* é interpretá-lo como um ambiente de pesquisa rico e bem mobiliado, e o atelierista co-

Entrada do parque próximo à pré-escola Diana.

mo um pesquisador atencioso e hábil das formas com que crianças e adultos sabem quem, ao mesmo tempo, permanece um companheiro divertido e amável em experiências recorrentes com crianças, famílias e colegas. A partir disso, podemos extrapolar esses conceitos para incluir todo o ambiente da escola, pensando metaforicamente na escola inteira como um *atelier*.

Malaguzzi referia-se ao *atelier* como

> [...] uma réplica ao papel marginal e subsidiário comumente atribuído à educação expressiva... (e) uma reação contra o conceito da educação infantil baseada primariamente em palavras e rituais simplificados. (GANDINI et al., 2005, p. 7).

A escolha do *atelier* foi uma forte declaração da importância dada à expressão, à criatividade, à estética e às fibras naturais dentro da educação e à ampla busca humana por compreensão e significado.

Como as escolas são locais culturais de apoio, expansão e criação da aprendizagem para crianças *e* adultos, a presença do *atelier* desde o início dentro das creches das pré-escolas da Reggio Emilia se provou uma vantagem para sua compreensão coletiva da natureza da aprendizagem e contribuiu significativamente para as curiosidades recorrentes da epistemologia na nossa área. Os educadores de Reggio, profundamente arraigados em ciclos de observação, interpretação e documentação, testemunharam crianças aprendendo desde o início no *ambiente menos restritivo*, pegando emprestado um conceito do campo da educação especial dos Estados Unidos. O ambiente menos restritivo, nesse caso, não se refere a um caos onde "vale tudo", e sim a um ambiente livre de falsas limitações e advertências externas que inadvertidamente impedem ou analisam desnecessariamente o desenvolvimento das crianças. Em vez disso, todo o ambiente escolar nas creches e nas pré-escolas de Reggio é positivamente influenciado pela presença do *atelier*. Os professores buscam provocar continuamente as propensões naturais das crianças em busca de significado, propõem perguntas para si e para os outros e interpretam os fenômenos de suas próprias vidas.

No início da década de 1930, John Dewey (1934) contribuiu significativamente para os fundamentos essenciais interpretados por Malaguzzi e colaboradores. Apesar de prolífico em muitos aspectos da educação e da sociedade, foi o seu livro seminal, *Arte como Experiência*, que ofereceu a Malaguzzi e colaboradores outro ponto de vista para agregar a sua contraposição às abordagens tradicionais da educação. Ao discutir a importância do espaço onde a experiência humana comunga com a experiência diária, cotidiana, a originalidade de Dewey (1934) foi relacionar o conceito de estética ao de experiência:

> Para **compreender** [ênfase no original] a estética em suas formas definitivas e aprovadas, deve-se começar com ela em sua forma bruta; nos eventos e cenas que prendem os olhos e os ouvidos do homem, despertando seu interesse e garantindo-lhe prazer quando olha e ouve... O homem que pôs gravetos na fogueira o fez para o fogo pegar melhor, mas nem por isso ele é menos fascinado pelo drama colorido da mudança que se realiza diante de seus olhos e imaginativamente participa. (DEWEY, 1934, p. 3).

Frequentemente, os educadores Reggio usam a frase *rica normalidade* para descrever os ambientes físicos, sociais, emocionais e cognitivos aos quais eles continuamente aspiram, prestando muita atenção à promessa presente nos momentos cotidianos. Pois é a união de momentos comuns que, no fim das contas, molda e qualifica a vida humana ao longo do tempo, do mesmo modo ocorre com a união de momentos comuns que, por fim, moldam e qualificam as creches e as pré-escolas. Os educadores de toda parte estão profundamente cientes das exigências profissionais, momento a momento, de elaborar uma jornada reunido com crianças e famílias e as demandas exponenciais de juntar uma sequência de dias e uma sequência de anos, que constituem uma infância bem vivida. Por mais persuasivo e sedutor que seja, o projeto de longo prazo dos educadores e das crianças em Reggio Emilia que prendeu nossa atenção jamais será plenamente compreendido até que acompanhemos e examinemos profundamente o estilo da vida cotidiana que o segue, vive dentro dele e gera jornadas de pesquisa mais longas que capturaram a nossa imaginação e as nossas emoções.

Quanta atenção positiva damos aos momentos comuns dos nossos programas infantis na América do Norte? Por exemplo, a fisicalidade que as crianças naturalmente expressam em seus encontros cotidianos – passar os dedos pelas cercas, correr e pular em espaços abertos, respirar fundo as fragrâncias do mundo natural, pegar objetos para ver por todos os ângulos – são formas comuns usadas pelas crianças para construir compreensão por meio de disposições naturais de investigar mundos *polissensorialmente* – ou seja, com todos os sentidos. Dentro desses métodos naturais vive uma dimensão estética, descrita por Giudici como "a busca da beleza, da harmonia, do equilíbrio, do aprumo e da sensibilidade das relações", que existe epistemologicamente. Pode-se argumentar, como concluíram Dewey e Malaguzzi, que a estética não é uma dimensão separada da experiência, e sim um elemento dela.

Dewey (1934, p. 2) usou a metáfora de uma montanha para transmitir essa completude conceitual:

Os picos das montanhas não flutuam sem suporte; eles nem repousam simplesmente sobre a terra. Eles são a terra em uma de suas operações manifestas. É a função dos que lidam com a teoria da terra, geógrafos e geólogos, tornar este fato evidente em suas várias implicações.

Da mesma forma, tornou-se função dos educadores de Reggio Emilia, geógrafos e geólogos da epistemologia, evidenciar as "operações manifestas" da epistemologia. As contribuições originais das crianças e dos adultos em Reggio Emilia, em termos de pesquisa de inovação, deram origem à nova teoria das cem linguagens da criança, dentro da qual a importância da estética, da pluralidade e da complexidade é destacada em conjunto com os processos de aprendizagem e de construção do conhecimento.

Stephen Hawking, o renomado físico contemporâneo, afirma:

> Nós vivemos em um estranho e maravilhoso universo. Sua idade, tamanho, violência e beleza exigem uma imaginação extraordinária para apreciá-lo. (HAWKIN, 2005, p. 3).

Sua visão apoia ainda mais as posições de Dewey e Malaguzzi de que o pensamento científico e a imaginação não são operações mentais separadas, mas diferentes pontos dentro da complexidade da inteligência humana que trabalha para construir o nosso conhecimento do universo, assim como a identidade e o significado das nossas vidas. Dewey (1934, p. 14) sugeriu que a única diferença entre o artista e o cientista estava na forma como eles abordavam o mundo:

> A diferença entre o estético e o intelectual está, portanto, nos locais onde se dá ênfase no constante ritmo que marca a interação da criatura com os seus arredores.

Saída de campo do lado de fora da pré-escola Bruno Munari.

Eis aqui algumas das citações de Vea Vecchi que mais mexeram comigo e sobre as quais continuo pensando. Muitas delas refletem o texto do seu livro novo (VECCHI, 2010).

> É bastante difícil falar de maneira simples o que queremos dizer com dimensão estética. Uma atitude de empatia em relação às coisas ao nosso redor, talvez venha primeiro, uma aspiração pela qualidade que nos faz escolher um trabalho em vez de outro, ou uma música em vez de outra ou o gosto de uma comida em vez de outra. Isso, com outras coisas mais complicadas, é uma atitude de cuidado e atenção sobre as coisas. Então, talvez a dimensão estética pudesse ser definida como o oposto da indiferença ou do conformismo e pudesse ser definida como o oposto da falta de participação e de envolvimento. Assim, uma percepção consciente junto da presença da dimensão estética aumentaria a qualidade do processo de aprendizagem...
> Visto que nós, seres humanos, fazemos parte de todo um cosmo, então se perdemos a sensação de que somos parte da relação com todo o resto, perderemos algo fundamental à nossa experiência. Cada linguagem é composta de racionalidade e imaginação – *todas* as línguas, e não só a arte. Uma cultura educacional que separa as disciplinas perde muito do significado de união das coisas.
> Uma parte biológica da nossa composição nos faz pensar de maneira complexa. Se parte dessa complexidade não for reconhecida, então as nossas formas de pensar e os nossos processos de aprendizagem ficarão empobrecidos. A imaginação tem cognição e racionalidade. Em todos os processos de aprendizagem, esses elementos ficam conectados. Não é uma tarefa fácil e nem sempre conseguimos realizá-la, mas esse é o nosso objetivo, como deve ser.
> Produtos bonitos são um testemunho de processos bonitos. A busca pela beleza e pelo encanto faz parte de todos nós. Se você pensar em tempos passados, não só trabalhos de arte, como objetos cotidianos – vasos, joias, roupas – as coisas mais simples e mundanas de todas as eras e culturas, você descobrirá essa busca pela beleza e essa atenção pelo formato das coisas, pela forma das coisas... Continuo acreditando que a beleza constitui a salvação dos homens e das mulheres. Acredito que eles devem ser considerados direitos humanos em vez de necessidades.
> Na estética, conforme estamos explicando – aquela que promove as relações, as conexões, as sensibilidades, a liberdade e a expressão – , a proximidade da ética aparece naturalmente. No que tange à educação, não podemos abandonar a ideia de unir a estética e a ética... Quando reunidas, elas são uma das maiores barreiras à violência e à opressão. A experiência estética é a liberdade de pensamento. Não é coincidência que pesquisas de vanguarda sejam sempre oprimidas nas ditaduras. O sentido estético vai além da fronteira da linguagem visual e permeia todas as outras disciplinas. Certa vez, um matemático disse: "Quando Deus cantou, ele cantou em álgebra". Essa noção comunica a beleza dos números. Beleza não reduz, de forma alguma, o rigor e a cognição de estudar os números.

A partir dessas orientações fundamentais – mas não exaustivas – sobre a teoria das cem linguagens, é possível perceber as contribuições originais dessa teoria para o corpo da epistemologia, sempre em construção. Podemos observar que a sua disposição para relações, conexões, pluralidade, diferenças e expressão deu início a novas perspectivas em relação ao que Carlina Rinaldi chama de "a arte do conhecimento". Podemos ver a "arte" não como uma disciplina, mas como uma "parte integradora da experiência de aprendizagem", conforme disse Rinaldi em sua palestra. Dessa forma, os educadores de toda parte têm acesso a novos potenciais de fortalecimento das experiências dentro das escolas infantis.

Ao lembrar e revisitar a experiência daquela semana de estudos de abril, volto a perceber que não se trata de pequeno detalhe a forma com que os nossos colegas de Reggio Emilia riam juntos, brincavam uns com os outros e consideravam seriamente críticas e sugestões dos outros durante as conversas. Essas são expressões dos educadores que se dedicaram pessoal e profissionalmente à defesa e à promoção dos direitos infantis. Ao longo desse caminho, eles também pesquisaram, defenderam, protegeram e promoveram a educação certa para abarcar formas de conhecimento que têm na beleza o centro da experiência humana. Visitar essas creches e essas pré-escolas é testemunhar a generosidade de tal abordagem.

Como sempre acontece, pensar sobre o projeto educacional em Reggio Emilia nos faz pensar e questionar os nossos próprios projetos educacionais aqui na América do Norte. Fico sempre profundamente impressionada com a dedicação, a determinação, a seriedade, a graça e a disposição que permanecem presentes durante longas discussões sobre o significado das experiências que ocorrem nas creches e nas pré-escolas em Reggio; a capacidade de pensar, criar e projetar; a enorme familiaridade exibida pela equipe da Reggio Emilia com a literatura, histórica e contemporânea, artística e científica.

Passei a crer que nós, profissionais de educação infantil da América do Norte, teremos mais embasamento para nossa visão das crianças, das famílias e dos educadores quanto mais incorporarmos as *disposições e as atitudes* de Reggio Emilia, em vez de técnicas e exemplos. A profunda mensagem que eu testemunhei durante essa semana de estudos em particular foi a promessa de que a beleza nos proporciona aprendizagem. Dentro de pensamentos difíceis moram o prazer, a harmonia e o equilíbrio que recompensam e sustentam a experiência humana. Desejo que todos nós, em nossa busca constante para dar mais excelência e qualidade à educação, nos questionemos como Vea nos questionou, perguntando se não podemos ter um ensino e uma aprendizagem que incluam fascínio, ética, beleza, prazer e rigor – todos eles, e não apenas algum subconjunto preferido.

NOTA

1 Uma versão anterior deste capítulo foi publicada em Cooper, M. (2009). "Is beauty a way of knowing?" *Innovations in Early Education: The International Reggio Exchange*, 16(3), 1-9 (Michigan: Wayne State College of Education).

REFERÊNCIAS

COOPER, M. Is beauty a way of knowing? *Innovations in Ealry education: the international Reggio exchange*, v. 16, n. 3, p. 1-9, 2009.
DEWEY, J. *Art as experience*. New York: Berkley Publishing Group, 1934.
GANDINI, L. et al. (Ed.). *In the spirit of the studio:* learning from the atelier of Reggio Emilia. New York: Teachers College, 2005.
GAUT, B.; LOPES, D. (Eds.). *The Routledge companion to aesthetics*. 2nd ed. New York: Routledge, 2005.
HAWKING, S. *A brief history of time*. New York: Bantam Dell, 2005.
VECCHI, V. *Art and creativity in Reggio Emilia:* exploring the role and potential of ateliers in early childhood education. London: Routledge, 2010.

17

O *atelier*: uma conversa com Vea Vecchi[1]

Lella Gandini

Gandini: *Por favor, conte sobre como o* atelier *começou.*

Vecchi: Na década de 1960, Loris Malaguzzi introduziu um *atelier* em cada pré-escola em Reggio Emilia, junto com um professor com formação em artes. Essa era uma escolha incomum, mas corajosa, já que, naquela época, bem como hoje, representava uma declaração forte e tangível da importância atribuída à imaginação, à criatividade, à expressividade e à estética nos processos educacionais do desenvolvimento e da construção de conhecimento. Como Malaguzzi dizia:

> Para nós, o *atelier* havia se tornado parte de um *design* complexo e, ao mesmo tempo, um espaço adicional de pesquisa, ou melhor, de "cavar" com as próprias mãos e com a própria mente e de aprimorar o próprio olhar, por meio da prática das artes visuais. Tinha de ser um lugar para sensibilizar o próprio gosto e senso estético, um lugar para a exploração individual de projetos conectado com experiências planejadas em diferentes turmas da escola. O *atelier* tinha de ser um lugar para pesquisar as motivações e as teorias das crianças a partir dos seus rabiscos, um lugar para explorar variedades de ferramentas, técnicas e materiais com os quais trabalhar. Tinha de ser um lugar que favorecesse os itinerários lógicos e criativos das crianças, um lugar para se familiarizar com as semelhanças e as diferenças das linguagens verbais e não verbais. (GANDINI, 2005, p. 7).

Gandini: *Qual é o propósito do* atelier *e como o atelierista trabalha na escola?*

Vecchi: O *atelier* serve a duas funções. Primeiro, é um espaço que possibilita às crianças encontrar contextos interessantes e atraentes, onde elas podem explorar diversos materiais, assim como técnicas que tenham possibilidades expressivas e combinatórias. Segundo, ele auxilia os adultos a compreender os processos de como as crianças aprendem. Ele ajuda os professores a compreender como as crianças inventam veículos autônomos de liberdade expressiva, liberdade cognitiva, liberdade simbólica e rotas de comunicação. O *atelier* serve para chacoalhar ideias de ensino antiquadas. Loris Malaguzzi (Cap. 2) falava sobre isso e expressava a nossa visão.

Permita-me dizer como uma atelierista, como eu, trabalha diariamente com os professores na sua pré-escola. Os pro-

Vea Vecchi e Carlina Rinaldi conversando no *atelier* da pré-escola Diana.

fessores e eu nos reunimos várias vezes por dia. Toda manhã, eu passo por cada sala. Sinto-me particularmente interessada pelo que está acontecendo no começo do dia, tanto em relação aos projetos maiores e recorrentes quanto em relação às atividades menores e independentes. Os professores e eu conversamos brevemente sobre como apresentar certas coisas às crianças e o que antecipar e o que fazer a respeito. Às vezes, também sugiro o uso de materiais específicos. Frequentemente, no meio da manhã, faço outro circuito, me certificando de ir aonde algo particularmente interessante possa estar ocorrendo. Ou, às vezes, uma professora vem pedir conselhos ou me pede para vir observar. Então, no fim da manhã, reservo pelo menos 15 minutos para conversar com cada professor. Frequentemente, nos reunimos em grupo para discutir algo.

Uma parte importante da minha função é garantir a circulação de ideias entre os professores. Eu acabo sendo a sua consultora constante. Devido à minha educação e aos meus estudos, posso ajudá-los a enxergar as possibilidades visuais dos temas e projetos que não são aparentes. Posso até intervir diretamente com as crianças para criar possibilidades que não ocorreram para os outros.

Deixe-me dar um exemplo. A escola tem uma grande quantidade de materiais preciosos que nos possibilitam revelar e interpretar nossas observações, assumir a iniciativa e documentar as sequências de respostas das crianças. Aqui vão duas histórias pequenas sobre provocações dos adultos e respostas das crianças.

Os adultos colaram um pequeno pássaro de papel no vidro de um janelão na pré-escola, onde sabemos que o sol brilha muito forte de manhã. Depois de dois dias, algumas crianças de 3 anos de idade descobriram a sombra do pássaro no chão. Uma professora sugeriu que elas a traçassem usando um pedaço de giz. Então, as crianças saíram para brincar. Quando voltaram, a sombra do passarinho havia se movido para além dos limites do traçado de giz que elas haviam feito. Sua hipótese: a professora cometeu um erro ou então o passarinho quer se mudar.

Agora, as crianças queriam impedir o passarinho e ficar com ele. Portanto, elas iniciaram um fervoroso estudo, rico em tentativas de resolução de problemas. Primeiro, tentaram construir uma gaiola de fita adesiva no chão, mas o passarinho de sombra continuava se movendo e fugindo da gaiola, mesmo quando elas ainda estavam construindo. A seguir, as crianças tentaram convencer o passarinho a ficar oferecendo migalhas de pão, mas o pássaro não desistiu e continuou se movendo pelo chão. As crianças construíram uma casa de blocos e tijolos. Elas até tentaram colocar alguns brinquedos na casinha, mas o pássaro de sombras, em vez de entrar, passou por cima dos muros.

As crianças de 3 anos não sabiam mais o que fazer, então foram para a sala das crianças de 4 anos, que ofereceram diversas hipóteses, mas nenhuma solução definitiva, e o problema permaneceu em suspenso. No dia seguinte, quando as crianças de 3 anos notaram que a sombra do pássaro estava se movendo, seguindo a mesma trajetória do dia anterior: elas voltaram a discutir o problema com as crianças de 4 anos:

> *Alan (4:1):* "Eu sei por que ele faz sempre o mesmo caminho."
> *Verônica (3:6):* "Porque ele gosta."
> *Daniela (3:8):* "O sol ajuda ele a se ver ali."
> *Alan:* "O sol aponta o seu reflexo para o pássaro porque a sombra do pássaro conhece essa rota, assim como a gente conhece o caminho para casa. No início da manhã, a sombra ainda está dormindo. Então, a sombra entra no sol, e o sol aponta o raio, assim a gente pode ver a sombra do pássaro. No dia seguinte, quando o sol nasce, o raio entende que precisa seguir a mesma rota de antes."
> *Daniela:* "Ah, é o sol que está dirigindo [com] a direção."

Em outro momento, percebi que o sol, brilhando atrás de uma das árvores do lado de fora, projetava a sombra das folhas na janela. Colei uma folha de papel transparente no vidro. Quando as crianças chegaram naquele dia, exclamaram de surpresa e prazer quando viram as sombras no papel. Em um dia posterior, duas meninas, por volta dos 6 anos, pararam para olhar a janela de vidro e disseram:

> *Agnese:* "É um desenho feito por pedacinhos do sol."
> *Cecilia:* "Parecem ser folhinhas do sol."
> *Agnese:* "É a sombra das folhas que está refletida."
> *Cecilia:* "Mas é um desenho do sol ou das sombras?"
> *Agnese:* "É tipo um relógio. Eu também vi ontem, e no outro dia, quando aquele desenho sobe [apontando para as sombras no papel transparente], é hora de ir para o almoço."

Isso é arte? É ciência? As crianças com grande sabedoria não dividiram a exploração da realidade em compartimentos distintos. Observação e documentação tornam-se animadores culturais ou passos na direção de interpretações maiores e mais aprofundadas. Essa atitude de pesquisa continua ajudando a criar, ao longo do tempo, novos tipos de professores e atelieristas.

Certamente, sigo de perto todos os nossos projetos grandes e de longo prazo. Sempre acho o projeto no qual estamos trabalhando o mais interessante e maravilhoso, porque me parece que, com cada projeto, nós avançamos e aprendemos um pouco mais, e assim podemos trabalhar melhor com as crianças. Por exemplo, nós descobrimos que as sombras oferecem possibilidades educacionais extraordinárias. O projeto sobre as sombras foi descrito no nosso livro, *Everything Has a Shadow, Except Ants* (STURLONI; VECCHI, 1999), e envolve uma integração de atos de representação visual com testagem de hipóteses científicas. Vai muito além da ênfase na expressão estética e da exploração perceptiva com a qual eu comecei o meu trabalho há muitos anos.

Gandini: *Qual é a influência do atelier no funcionamento da escola?*

Vecchi: Estou convencida de que incluir um *atelier* na escola pode tornar o processo educacional e a experiência de aprendizagem das crianças mais completos e integrados. As linguagens expressivas são tão essenciais quanto as disciplinas acadêmicas e não devem ser consideradas opcionais ou marginais. Estou cada vez mais convencida de que a estrutura específica das linguagens expressivas usadas no *atelier* (visual, musical e outras) une emoções e empatia com racionalidade e cognição de maneira natural e inseparável. Essa união, por sua vez, favorece a construção de imaginação e de uma abordagem mais rica da realidade e pode contribuir para a formação de uma perspectiva mais ampla e articulada da aprendizagem. Acredito que esses conceitos são uma parte essencial dos fundamentos de maiores reflexões.

As conexões e inter-relações entre as diferentes disciplinas com as linguagens do *atelier* frequentemente produzem, em nossos processos, uma mudança em pontos de vista estabelecidos e favorecem uma abordagem mais complexa para os problemas, revelando os elementos expressivos, empáticos e estéticos que são inerentes a qualquer disciplina ou problema específico. Portanto, não é surpreendente que a integração das tecnologias digitais tenha um impacto diferente nas pré-escolas da

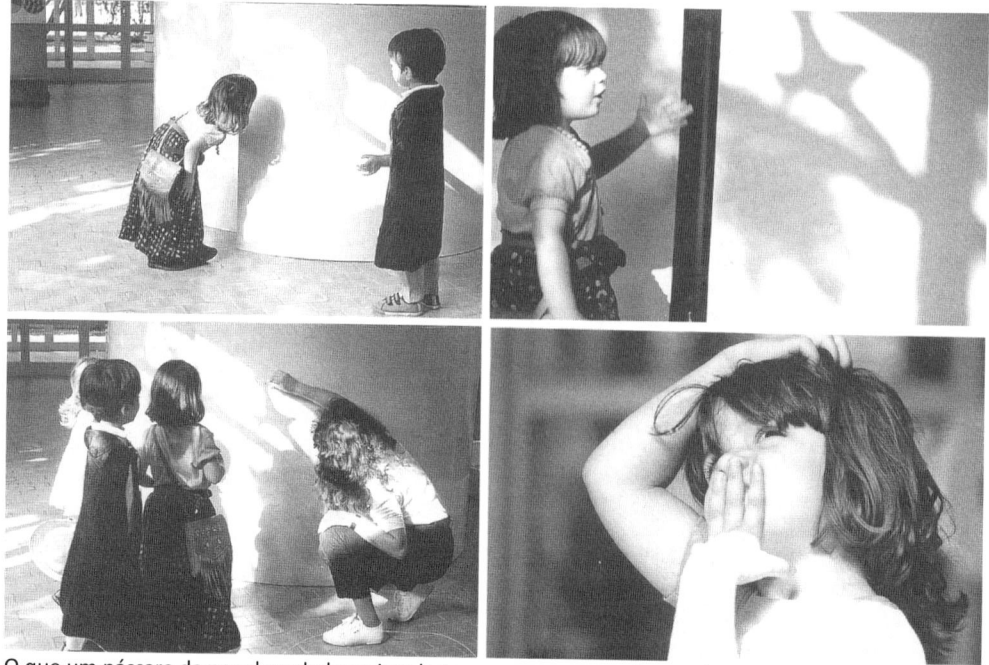

O que um pássaro de papel grudado na janela tem a ver com um pássaro de sombra no 2º andar?

Reggio Emilia do que na maioria das outras escolas: essa experiência tem sido rica em imaginação, estimulante para a socialização e cheia de alegria.

Estou plenamente consciente que parece ingênuo supor que bastaria introduzir um *atelier* e um atelierista em uma escola e esperar que tudo automaticamente fosse transformado e enriquecido. Acredito que essa transformação só pode ocorrer se toda a abordagem educacional se basear em bases ricas e vitais do ensino e da aprendizagem. Além do mais, creio que, para o *atelier* cumprir seu papel papel com eficácia hoje, é necessário trabalhar em quatro áreas.

Primeiro, precisamos considerar que o mundo das artes tem a função de estimular; ele sugere novos conceitos a explorar e elaborar, oferecendo visões poéticas e não conformistas, além de interpretações não convencionais da realidade. Portanto, acredito que essa deva ser uma das principais fontes de questionamento e inspiração nas escolas, contanto que possamos garantir que as crianças e os jovens continuem sendo os protagonistas de seus itinerários pessoais. Não queremos colocá-los em uma posição culturalmente marginal em relação a eventos artísticos complexos, que emergem de culturas sofisticadas e, frequentemente, de contextos distantes. É importante não absorver apenas a parte formal das obras de arte (como frequentemente acontece), mas trabalhar com ideias e concentrar a nossa atenção nos conceitos que geraram a obra de arte.

Segundo, precisamos tornar evidente e visível, por meio da observação e da documentação, a união vital entre os métodos cognitivos e imaginativos do saber. Também devemos revelar os elementos pessoais e sociais que fazem parte de toda representação que é apoiada pelo ensino e pela escuta. Ao mesmo tempo, é necessário dar mais visibilidade às contribuições que o *atelier* dá por meio da documentação aos projetos realizados em outras áreas do conhecimento, como alfabetização, matemática, ciência, e assim por diante. Terceiro, precisamos prestar mais atenção aos processos de aprendizagem com as mídias digitais, um assunto ainda pouco explorado com as crianças. A experiência digital é frequentemente exaurida apenas em sua forma funcional e técnica. Contudo, além de seu aspecto técnico, se ela também for usada de maneira criativa e imaginativa, também revela alto potencial expressivo, cognitivo e social, além de grandes possibilidades de evolução. É necessário refletir e entender melhor as mudanças que a linguagem digital introduz nos processos de compreensão. Temos que ter consciência do que isso agrega, do que reduz e do que modifica na aprendizagem atual. A presença e a contribuição do *atelier* podem ser surpreendentemente inovadoras na abordagem e na exploração do material digital, conforme demonstraram algumas das experiências que ocorreram nas nossas escolas nos últimos anos.

O quarto e último aspecto a considerar é o relacionamento das escolas com a cidade. É uma relação que a estrutura comunicativa do *atelier* pode apoiar bastante ao estabelecer contextos de diálogo, visibilidade e conhecimento sobre a cultura das crianças pequenas e em idade escolar. É uma cultura que, se corretamente recebida e reconhecida, pode contribuir mais do que normalmente se pensa para uma reconsideração radical da cidade e para um aprimoramento na qualidade de vida. A documentação também tem sido uma maneira democrática de tornar conhecido, de compartilhar e de discutir o que acontece nas escolas e serve como lembrete do valor e da importância da educação.

Gandini: *Em geral, você vê transformações no clima da vida e do espaço?*

Vecchi: Acima de tudo, o *atelier* traz a força e a alegria do inesperado e do incomum ao processo de aprendizagem. Ele apoia uma mudança conceitual que surge a partir de uma lente poética e da realidade diária. Esse tipo de olhar é o que alguns definem como "projeto estético", mas, na verdade, trata-se de um projeto biológico que evidentemente pertence à nossa espécie. Esse processo, em sua frivolidade aparente, é capaz de perturbar muitos eventos cotidianos e banalidades e de devolver relevância e centralidade aos aspectos da vida e do pensamento que não costumam receber importância de grande parte da escola e da cultura social. Isso ocorre porque eles se referem a processos imprevisíveis que não são facilmente mensuráveis ou controláveis.

Contudo, eles se provam indispensáveis para o nascimento dos eventos culturais que nos fazem crescer e evoluir, sem os quais a nossa vida seria menos plena e interessante.

Apesar de não ter certeza se nós, como atelieristas, conseguimos cumprir todas as expectativas que tinham, estou convencida de que ter o *atelier* em cada pré-escola teve profundo impacto no surgimento da identidade educacional do nosso sistema. Certamente, o próprio *atelier* mudou com o passar do tempo, apesar de a filosofia básica ter permanecido a mesma. E, é claro, a personalidade e o estilo de cada atelierista torna cada *atelier* um lugar diferente. Trabalhando juntos, acompanhando as crianças em seus projetos, os professores e eu nos vimos face a face repetidamente – como se estivéssemos diante de um espelho – aprendendo um com o outro e, juntos, aprendendo com as crianças. Dessa forma, nós estávamos tentando criar caminhos para uma nova abordagem educacional, uma certamente não tentada antes, em que a linguagem visual fosse interpretada e conectada a outras linguagens, ganhando, assim, mais significado.

Crianças pintando no *atelier* da pré-escola Diana.

Gandini: *Existem mudanças que o trabalho do* atelier *trouxe para o seu pensamento e trabalho?*

Vecchi: Os nossos interesses mudaram gradualmente ao longo do tempo rumo a uma análise dos processos de aprendizagem e das interconexões entre ideias, experiências e representações diferentes das crianças. Toda essa documentação – as descrições escritas, as transcrições das palavras das crianças, as fotografias, os vídeos – torna-se uma fonte indispensável de materiais que usamos todos os dias para conseguir "ler" e refletir criticamente – tanto individual quanto coletivamente – sobre a experiência que estamos vivenciando, o processo que estamos explorando. Isso nos permite construir teorias e hipóteses que não são arbitrárias nem artificialmente impostas sobre as crianças. Ainda assim, esse processo de trabalho leva muito tempo e nunca foi fácil.

Gandini: *Crianças, arte e artistas – eu sei que você refletiu muito sobre as suas relações.*

Vecchi: Sim, as pessoas me perguntam frequentemente sobre a relação entre o trabalho artístico das crianças e o dos adultos. O modo como se deve examinar as crianças é diferente das avaliações dos trabalhos artísticos dos adultos. Frequentemente acontece de alguns produtos infantis serem tão originais que se deseja compará-los ao trabalho de artistas famosos. Mas esse tipo de comparação se torna perigoso e cheio de ambiguidades, especialmente se se tentam fazer comparações insistentemente. Leva a falsas conclusões, como o que o comportamento infantil se desenvolve de maneira inata ou que o produto é mais importante do que o processo. Fazer comparações que não passem das semelhanças – simples e divertidas – mostra quão pouco se entende de crianças e de artistas.

Por outro lado, creio que as descobertas artísticas – marcos conceituais alcançados pelos artistas – devem circular entre os adultos nas nossas escolas, porque podemos aprender com elas. Para compreender o conceito de volume, por exemplo, todas são muito interessantes e nos ajudam a explorar novos caminhos com as crianças.

Gandini: *Qual é o papel do* atelier *em uma escolha socioconstrutivista na educação?*

Vecchi: Todo esse material é indispensável para possibilitar a leitura e a releitura das crianças de explorações individuais e em grupo, conforme elas descobrem diversos campos do conhecimento. Isso também permite a construção de teorias e de hipóteses de trabalho que sejam interessantes e que tentem levar em conta os pontos de vista e os tempos das crianças, sem distorcê-los.

A presença do *atelier* nas escolas é visto como um meio de proteger a complexidade dos processos de construção de conhecimento com o objetivo de usar a imaginação como elemento unificador para as diferentes atividades e de ver o "conhecimento estético" (Loris Malaguzzi falava sobre *vibração estética*) como um motivador que está enraizado dentro de nós e nos leva a optar entre padrões de pensamento e entre imagens visuais. Gregory Bateson, uma grande influência no meu pensamento e trabalho, examinou de perto a complexidade das relações entre as coisas que nos cercam. Ele refletiu sobre a importância da abordagem estética como conector importante e significativo dos elementos da realidade e proporcionou uma definição de *estética* que é muito próxima ao meu modo de pensar e tão linda que eu gostaria de citá-la literalmente. "Por *estética*, quero dizer receptivo ao *padrão que conecta*" (BATESON, 1979, p. 8). Essa declaração lúcida e essa abordagem nos ajudam a investigar e a destacar os padrões ocultos da realidade, a criar novos mapas que podem combinar processos lógicos e emocionais e a conectar técnicas com expressividade – um pano de fundo excelente para a aprendizagem, assim como um objetivo para manter sempre vivo nas escolas e na educação.

Os *ateliers* nas creches e nas pré-escolas municipais de Reggio Emilia não escolheram a linguagem visual como uma disciplina separada, dedicada a atividades tradicionais; pelo contrário, eles se focaram na linguagem visual como um meio de questionar e investigar o mundo, de construir pontes e relações entre diferentes experiências e linguagens e de manter processos cognitivos e expressivos próximos uns dos outros em constante diálogo, com uma abordagem pedagógica que busca trabalhar na conexão, em vez da separação, de vários campos do conhecimento.

O meu foco sempre foi as crianças. Para deixar as minhas reflexões mais claras, se o espaço me permitir, gostaria de descrever os processos adotados pelas crianças ao produzirem seus trabalhos, por conta própria ou em grupo, os quais os professores e o atelierista observam com tanta atenção e documentam com tamanho cuidado. De fato, sempre ilustro e discuto esses processos nas minhas apresentações em conferências como um prelúdio necessário de qualquer tipo de tópico de discussão. Esses materiais de documentação nunca deixam de surpreender o público pela perspicácia que as crianças demonstram ao lidar com as situações mais diversas e também devido às soluções igualmente diversificadas e imprevisíveis – às vezes inimagináveis – que encontram para superar os obstáculos. Também é preciso enfatizar que a situação cultural e social ao nosso redor muda constantemente; além do mais, nós devemos perceber que as crianças e suas imagens mentais – suas percepções, suas teorias e seus produtos – nunca permanecem congeladas e inalteradas no tempo, mas vivem e evoluem dentro de diferentes contextos. A linguagem visual é conceitual e cultural, antes de ser formal.

Esse trabalho de investigação e documentação nos faz perceber como sabemos pouco sobre as estratégias que as crianças usam e como o nosso conhecimento sobre as crianças deve ser constantemente expandido, revisado e atualizado. O ponto inicial crucial de qualquer uma das nossas propostas deve vir sempre das crianças.

Nós estamos conscientes do valor dos processos que a linguagem visual pode manter e da contribuição que ela pode dar a outras linguagens, mas também do fato de que a própria linguagem visual pode ser modificada e enriquecida por meio de um diálogo com os outros. Essas são as ligações nas quais nos focamos consistentemente no nosso trabalho e sentimos que essa abordagem nos separa do que o ambiente escolar tradicionalmente chama de "educação artística".

A nossa tarefa principal, como professores, é criar situações nas quais os processos criativos possam ser alvo de experimentação, crescimento e evolução. Isso significa criar e implementar contextos geradores, prestar atenção nos procedimentos e criar as condições certas para possibilitar a fruição do processo criativo que nós buscamos manter e estimular.

Gandini: *E as crianças?*

Vecchi: O ponto inicial para tudo isso sempre será a criança e a turma de crianças, com suas imagens mentais e estratégias exploratórias. Isso é o que nós estamos tentando fazer ao observar e documentar as estratégias por meio das quais elas exploram, em um esforço para aprimorar a nossa compreensão de seus processos expressivos e de construção de conhecimento, promover a criação de situações educacionais e propor encontros com materiais que estão mais em sintonia com a maneira de ser das crianças e, consequentemente, mais capazes de gerar um alto nível de participação, interesse e qualidade. Alguns nos falam sobre a impossibilidade de enxergar esses processos, mas, por muitos anos, nós temos estado cientes da natureza preciosa dos fragmentos que conseguimos capturar e documentar e o quanto eles nos aproximam das crianças, aumentando o nosso respeito por suas inteligências e sensibilidades. Isso pode tornar as nossas propostas mais bem pensadas, mais discutidas e, talvez, mais incertas, mas esperamos que, apesar disso, elas também traiam menos as crianças. Brodsky (1995, p. 300) escreveu:

> Vista do lado de fora, a criatividade é um objeto de fascínio e inveja; vista de dentro, é um exercício infindável de incerte-

Um momento de encontro com os materiais.

za e uma escola tremenda para a insegurança.

Esperamos que, da parte dos professores, seja dada ênfase subjacente a escutar as estratégias das crianças. Sem escutar, sem receber bem as ideias dos outros, não pode haver nem aprendizagem nem ensino.

Gandini: *Recentemente, nós realizamos uma conversa sobre a nova exposição:* The Wonder of Learning: The Hundred Languages of Children, *apresentada na América do Norte. Um aspecto a destacar, porque nem sempre aparece com clareza, é a contribuição feita pelo* atelier *ao desenvolvimento de documentação pedagógica em Reggio Emilia – documentação que usa duas imagens: a linguagem escrita e a linguagem visual.*

Vecchi: A documentação, tal como é vista em *The Wonder of Learning*, faz parte de uma estrutura particularmente comunicativa que não é tão comum na educação. Carla Rinaldi e eu a definimos como *escuta visual*. O *atelier* gera uma cultura visual nas escolas. O processo de documentação dos professores corresponde à atenção dada à dimensão estética na pedagogia de Reggio ou, como Jerome Bruner gosta de definir, uma *dimensão poética,* que é tão importante na aprendizagem das crianças quanto na dos adultos. Para as creches e as pré-escolas, a documentação do professor sempre contribuiu simultaneamente para fornecer um olhar mais aprofundado do trabalho das crianças e para dar um testemunho satisfatório do trabalho das crianças e dos adultos. Essa tem sido uma maneira democrática de tornar conhecido, de compartilhar e de discutir o que acontece nas escolas e serve como lembrete do valor e da importância da educação.

A documentação, como qualquer tópico, pode ser examinada de diferentes maneiras. Estamos convencidos que o crescimento e o desenvolvimento dos professores só são possíveis por meio de discussão e compartilhamento, e a documentação fornece o terreno mais fértil para tal reflexão. É claro, para que possamos refletir juntos é necessário que os documentos (por exemplo, notas observacionais, imagens e amostras dos trabalhos das crianças) que surgem das jornadas de documentação também sejam consultáveis e compreensíveis para aqueles que não estiveram presentes durante essas observações. Independentemente das ferramentas usadas pelos professores (não existe um modelo preestabelecido) e dos tipos de documentos que eles coletam e prepararam, a intenção que subjaz à estrutura deve permitir sempre que o trabalho seja verificado; ele deve permitir a troca ou a comparação de ideias entre diferentes pontos de vista. Se essa intenção for esclarecida desde o começo, então a documentação permitirá reelaborações importantes e preciosas ao longo do tempo.

Uma das partes mais inovadoras da exposição The Wonder of Learning é o novo trabalho que realizamos para aprofundar sua estrutura comunicativa. O trabalho na estrutura comunicativa significa reconhecer e aprofundar os significados do trabalho conduzido originalmente. O que nós quisemos comunicar convincentemente nessa nova exposição é uma imagem contemporânea da criança. Por contemporânea, pretendo transmitir uma imagem que seja projetada para o futuro. Eu não quero dizer que se trata apenas de uma imagem "moderna" ou de uma imagem que é "atual". Se considerarmos a comunicação de hoje, ela não corresponde apenas a algo que está acontecendo agora, mas tem uma complexidade que é projetada para o futuro. Por exemplo, The Wonder of Learning é flexível e pode ser ajustada de acordo com os diferentes lugares e contextos onde será exibida. Ela contém certos conceitos que não são simples de comunicar e que podem ser compreendidos ou interpretados diferentemente, dependendo do contexto. Por exemplo, existem diversas visões sobre a pedagogia em lugares diferentes e outros tipos de condições sociais, políticas ou econômicas que podem criar a necessidade de modificar como a exposição será montada e apresentada. É importante para nós, em Reggio Emilia, permitir essa flexibilidade; é o que queremos. Nós desejamos que a exposição seja uma *piazza* em que ideias possam ser discutidas em realidades diferentes, longe de Reggio Emilia, talvez China, Índia ou Japão. Nós queremos que uma imagem complexa da criança seja comunicada em diferentes realidades e que, em resposta, esses lugares e essas realidades distantes nos comuniquem coisas que não sabemos.

Gandini: *Você e eu também passeamos juntas pela exposição* Ariadne's Thread, *uma revisitação da documentação coletada nas creches e nas pré-escolas Reggio de 1981 a 2008, em exposição no Centro Internacional Malaguzzi. O nome da exposição vem do mito grego em que o herói Teseu mata o minotauro com a ajuda da princesa Ariadne, que lhe deu uma espada e um novelo de lã vermelha para que ele pudesse encontrar a saída do labirinto do minotauro.*

Vecchi: Eu gostaria de falar sobre essa exposição e sobre como ela pode mostrar o nível de desenvolvimento das nossas ideias e experiências. Ela contém segmentos de *A Multidão* e *A Cidade e a Chuva*, que foram os projetos realizados com crianças que vieram um depois do outro na décad₁ de 1980. Naquela época, nós já estávamos assumindo uma maneira de pensar em que mesmo as menores coisas contêm grande complexidade, como se fossem algo grande. Uma coisa pode ser tão complexa quanto uma cidade. As categorias *pequeno* e *grande* não se referem a lados opostos de um *continuum* de complicações; pelo contrário, as duas são complexas. Eu lembro, vividamente, que essa ideia nos ocorreu quando estávamos fazendo uma discussão em um dia de aula.

Outro segmento da *Ariadne's Thread* refere-se ao estudo que as crianças fizeram sobre as folhas do plátano (In *Pursuit of a Plane Tree Leaf*, REGGIO EMILIA, 1996, p. 94-97). Na verdade, já naquela época, ao considerar a ideia de explorar as folhas do plátano, eu pensava que a folha tinha dentro de si grande complexidade (como uma cidade) e ela incluía enormes possibilidades de exploração e de uso de materiais. A partir dessa ideia inicial, e me recusando a utilizar uma abordagem acadêmica para pensar sobre o desenho, pensei como essa complexidade poderia ser exposta e reinterpretada com as crianças. Como forma, como pano de fundo, como sistema – todos esses aspectos poderiam ser explorados olhando os detalhes.

Escolhi deliberadamente, com consciência e intencionalidade, ver se a minha pesquisa teórica e as minhas reflexões me apoiariam na construção de uma experiência significativa para as crianças. Nós já estávamos explorando as partes do corpo com as crianças – mãos, olhos, orelhas e boca como elementos a serem examinados em seus detalhes e em sua complexidade, usando fotos e desenhos. Assim, nós começamos a explorar a folha do plátano.

Atualmente, há mais consciência sobre a ecologia, logo, ao olhar para a folha, ela provavelmente também seria considerada em relação com a árvore. Ainda assim, o nosso propósito com a exposição dessas documentações não é sugerir que faríamos a mesma coisa hoje. Na verdade, a intenção é apresentar esses traços da nossa história aos professores atuais para que possamos examiná-los com base em todas as nossas camadas de experiências e os nossos níveis de consciência. Nós podemos propor perguntas: Como você exploraria uma árvore agora? O que você faria de igual ou de diferente do que fizemos? Tais discussões podem incluir tanto a pré-escola quando professores de ensino fundamental.

Naqueles dias, na década de 1980, ao criar a documentação, nós ainda não usávamos citações das próprias crianças. Assim, estávamos perdendo algo importante que descobrimos depois. Mas um aspecto muito importante era que as crianças faziam observações sobre a *vida* da folha. (Elas entravam imaginativamente na folha como outro ser vivo.) Além disso, as nossas explorações incluíram a base metafórica das percepções e concepções das crianças sobre a folha. Nós escolhíamos os materiais e definíamos a exploração, e as crianças moviam-se livremente dentro de nossas escolhas organizadas. As crianças refletiam sobre a vida em uma folha de maneiras não figurativas e abstra-

Crianças usando seus corpos para assumir a forma de uma folha de plátano.

tas: a vida de uma entidade viva. De maneira semelhante, elas criaram metáforas interpretativas para a folha. Nós, adultos, escolhíamos as ferramentas, os materiais e as técnicas que as crianças usariam, e elas exploravam com experimentos de luz e em diferentes contextos, como folhas na chuva ou no sol, molhadas ou secas.

Hoje, o que nós fazemos é dar às crianças mais tempo para processar essas variações e mais escolhas quanto a que meios expressivos utilizar. Nós temos graus de confiança diferentes em relação às escolhas que as crianças são capazes de tomar quanto a técnicas e ferramentas. Essa mudança ocorreu lentamente, um pouco de cada vez, e, no meu ponto de vista, pode ter sido a observação e a documentação que nos deram essa maior consciência das capacidades das crianças. Agora, nós temos muito mais fé e confiança nelas.

O que dizemos hoje sobre as crianças e o que fazemos com elas surgiu gradualmente. Nos meus primeiros dias, eu não fazia ideia de como ampliar as possibilidades de os professores se aprofundarem nos processos das crianças. Foi o desenvolvimento profissional que nos levou adiante. Malaguzzi nos colocou nesse caminho, mas eu precisava do seu apoio e encorajamento para seguir adiante. Nós dois fomos tocados pelo modo como as crianças podiam brincar e representar por meio das metáforas. Um evento que ocorreu de maneira completamente espontânea foi quando seis crianças se organizaram no chão da *piazza* para criar, com suas pernas e torsos, o contorno de uma folha, com suas cinco pontas finas e seu longo talo. Elas gritaram: "Nós fizemos uma folha!". Depois, criamos formas para que elas explorassem mais com seus corpos o formato da folha.

O projeto A Cidade e a Chuva foi explorado primeiro pela pré-escola Diana (*Rain in the City*, REGGIO EMILIA, 1996, p. 78-87). Malaguzzi percebeu que esse assunto, como o estudo da folha, tinha grandes possibilidades de exploração sensorial e perceptiva, incluindo o uso dos sons, então ele sugeriu o mesmo tópico às pré-escolas La Villetta, Neruda e Anna Frank. Alguns de nós foram fotografar as outras escolas e tentamos capturar a alegria das crianças brincando com a chuva e a água em poças. Nós deveríamos sempre incluir uma exploração com brincadeiras. Talvez a poça pudesse se tornar um assunto importante de um projeto se tivéssemos apoiado melhor a expressividade das crianças!

Algumas coisas surgiram de maneira semelhante ou paralela em diferentes escolas, e essa foi a primeira vez em que começamos a examinar e a comparar as teorias das crianças. Foi muito bonito e significante ver tantas escolas se unirem como se fosse um coro, como também aconteceu recentemente no projeto da cidade *Reggio Tutta* (DAVOLI; FERRI, 2000). Havia nesse ponto uma forte relação entre as escolas e um desejo de se comunicarem com o outro.

De muitas formas, até naqueles dias, estávamos muito cientes das crianças, mas o que nós não sabíamos era quando e como sair da sala. Não sabíamos como deixar espaço o bastante para a sua subjetividade nem como documentar o seu pensamento subjetivo. Preparamos a documentação, mas não documentamos os processos de aprendizagem o bastante. Contudo, o objetivo que estabelecemos para nós mesmos com as nossas experiências de pesquisa atuais era, parafraseando Hillman (1999), devolver cor e sabor, som e estrutura às coisas do mundo. Sem uma imaginação exercitada ou uma tensão que nos permita "ver" as coisas que encontramos, renová-las (e a nós mesmos) por meio da admiração e do estabelecimento de relações empáticas com as coisas ao nosso redor, existe o risco de que possamos reagir ao mundo sensível com a nossa mente e os nossos sentidos anestesiados pela vida cotidiana. Para nos beneficiarmos plenamente das oportunidades, precisamos garantir que os nossos sentidos, a nossa curiosidade, as nossas expectativas e os nossos interesses sejam mantidos constantemente vivos.

NOTA

1 Este capítulo se baseia em entrevistas conduzidas com Vea Vecchi por Lella Gandini e foi publicado nas edições em inglês (1993, 1998) e italiano (1995) (EDWARDS; GANDINI; FORMAN, 1998.); no ensaio de Vecchi, *Poetic Language as a Means to Counter Violence*, em Giudici e Vecchi (2004); e em duas entrevistas conduzidas com Vea Vecchi por Lella Gandini em outubro de 2009 e de 2010.

REFERÊNCIAS

BATESON, G. *Mind and nature*: a necessary unity. New York: E. P. Dutton, 1979.

BRODSKY, J. *On grief and reason*: essays. New York: Farrar, Straus & Giroux, 1995.

DAVOLI, M.; FERRI, G. (Eds.). *Reggio Tutta:* a guide to the city by the children. Reggio Emilia: Reggio Children, 2000.

EDWARDS, C. P.; GANDINI, L.; FORMAN, G. (Ed.). *The hundred languages of children*: the Reggio Emilia approach to early childhood education. 2nd ed. Norwood: Ablex, 1998.

GANDINI, L. From the beginning of the *atelier* to materials as languages: conversations from Reggio Emilia. In: GANDINI, L. et al. (Ed.). *In the spirit of the studio*: learning from the atelier of Reggio Emilia. New York: Teachers College, 2005.

GIUDICI, C.; VECCHI, V. *Children, arts, artists*: the expressive languages of children. Reggio Emilia: Reggio Children, 2004.

HILLMAN, J. *Politica della bellezza*. Bérgamo: Morettie Vitali, 1999.

REGGIO EMILIA. *The hundred languages of children*: narrative of the possible. Reggio Emilia: Reggio Children, 1996.

STURLONI, S.; VECCHI, V. (Ed.). *Everything has a shadow, except ants*. Reggio Emilia: Reggio Children, 1999.

18

Conectando-se por meio dos espaços de cuidado e de aprendizagem

Lella Gandini

A seguir, ideias das crianças sobre sua noção de lugar:

- Um lugar é aqui. (Benedetta, 2 anos e 3 meses)
- Você reconhece um lugar pelo ar. (Matteo, 5 anos)
- Um lugar é uma cidade onde eu assustei uns pássaros, onde tem aquelas estátuas falsas de leão. (Sara, 3 anos e 9 meses)
- Você entra no lugar... e depois disso o seu corpo decide se recebe ele ou não. (Pietro, 4 anos)
- Você anda um pouquinho pra descobrir o que tem lá. (Gabriele, 5 anos)
- Um lugar é a minha mamãe. (Pietro, 2 anos e 7 meses)
- Você pode ouvir o barulho de um lugar; uma árvore, por exemplo, nos mostra o vento. (Pietro, 4 anos)
- Para ouvir (um lugar) você precisa chamar o seu cérebro. (Lucia, 4 anos)
- Quando eu faço um silêncio bem grandão, eu consigo ouvir o silêncio. (Omar, 4 anos)

– Citações extraídas de Vecchi, Filippini e Giudici (2008, p. 14-15).

PEDAGOGIA E ARQUITETURA

Lugar e espaço como elementos essenciais da abordagem educacional

Um visitante em qualquer instituição infantil tende a julgar as mensagens que o espaço passa sobre a qualidade do cuidado e sobre as escolhas educacionais que formam a base da proposta. Nós todos tendemos a perceber o ambiente e a "ler" suas mensagens ou seus significados com base na experiência pessoal e no conhecimento que adquirimos sobre o desenvolvimento infantil; tudo isso também molda as nossas ideias sobre a infância.

No entanto, podemos aprimorar a nossa habilidade de analisar camadas mais aprofundadas de significado se observarmos em que medida cada um dos envolvidos se sente à vontade e como ele utiliza o espaço. Então, podemos aprender mais sobre o valor e o significado das relações entre as crianças e os adultos que passam tempo lá.

Na entrada de uma escola em Reggio Emilia já é possível perceber o valor que se dá à comunicação e recepção das informações. Nota-se uma intenção de tornar a identidade das escolas visível. Às vezes, a história da própria escola é apresentada principalmente por meio das fotografias de cada dupla de professores (equipes que dão aulas para crianças de 3, 4 e 5 anos) e da atelierista, da cozinheira e dos profissionais auxiliares, ao lado dos seus nomes e sorrisos convidativos. Na mesma parede, são postados cronogramas de eventos: sessões de desenvolvimento profissional, reuniões com os pais de cada faixa etária, reuniões da escola inteira, reuniões com outras escolas, saídas de campo e comemorações.

Em outra parede, podem constar palavras das crianças sobre os seus direitos: "Precisamos ter direitos ou vamos ficar tristes". Ou podem constar observações que se tornam metáforas poéticas: "As folhas caem porque elas só se seguram com uma mão". Aprendemos que, além das palavras e da expressão das crianças por meio de outras linguagens simbólicas, suas fotografias são importantes pela própria identidade das crianças e sua noção de pertencimento depende de como elas são exibidas.

Também percebemos que essas mensagens oferecidas pelo espaço da escola se dirigem especialmente aos pais, que entram na escola de manhã e de noite. A partir da entrada, vemos uma espaçosa área central banhada em luz, convidando-nos à exploração e ao envolvimento.

Ao longo dos anos, os educadores de Reggio Emilia desenvolveram uma filosofia baseada em uma parceria entre crianças, professores, pais, coordenadores educacionais e a comunidade. Eles conseguiram desenvolver seus programas para crianças dos 0 aos 6 anos, durante um período em que outras cidades italianas tiveram de abrir mão das suas propostas municipais em prol do sistema público nacional. Por falta de fundos e de energia, algumas cidades perderam escolas municipais que criaram ao longo de anos de empenho e de ação política para obter financiamento e apoio local.

No início do desenvolvimento da sua abordagem educacional, os participantes acreditam no significado educacional do espaço e investiram muita energia na sua concepção e no seu planejamento. Cada vez mais, os educadores de Reggio Emilia têm prestado atenção à conexão entre pedagogia e arquitetura e ao poder da estética como um princípio conector. Eles continuaram a desenvolver a organização do espaço em suas escolas considerando essas perspectivas práticas de forma continuamente renovada.

As estruturas, os materiais escolhidos e a sua organização atraente, conforme disposta pelos professores, tornam-se um convite aberto à exploração. Tudo é cuidadosamente escolhido e disponibilizado com a intenção de criar comunicação, assim como trocas e interações entre pessoas e coisas em uma rede de possíveis conexões e construções. Esse processo envolve todos em diálogo e oferece ferramentas, materiais e estratégias conectadas com a organização do espaço para estender ou relançar essas ideias, combiná-las ou transformá-las.

As crianças também veem os adultos como um apoio pela forma como eles organizam e usam o espaço para descobrir e aprender com elas. Ao mesmo tempo, o sistema mais amplo de organização (i.e., o sistema de cooperação de toda a escola, dos pedagogistas, dos pais e da comunidade) apoia os professores, direta e indiretamente, no ambiente da escola, possibilitando-lhes trabalhar nesse alto nível de envolvimento.

Os educadores nos Estados Unidos estão bem cientes da importância do ambiente. Isso fica evidente, por exemplo, em seu uso imaginativo de espaços externos, um maravilhoso recurso norte-americano que não se faz tão disponível (ou utilizável) aos professores italianos, que costumam trabalhar em um ambiente altamente urbanizado. Contudo, os professores norte-americanos frequentemente enfrentam limitações de fundos e, portanto, foram forçados a fazer cortes no que tange ao espaço interno. O infeliz resultado, como visto em muitas creches e em muitas escolas para crianças pequenas, tem sido um conjunto de condições físicas desencorajadoras, especialmente a falta de luz natural e de espaços abertos.

> Pesquisas em neurociência e ciência social confirmam que a nossa identidade se desenvolve a partir das nossas experiências no ambiente, assim como da nossa história genética. Desenvolvemos os nossos sentidos e as nossas habilidades cognitivas por meio da interação com o nosso ambiente. As crianças são um laboratório para os sentidos, com cada sentido ativando os outros... Como resultado, o ambiente da criança não pode ser visto apenas como um contexto de aprendizagem ou como um cenário passivo para atividades; trata-se de uma parte integral da aprendizagem que ajuda a definir a sua identidade. (ZINI, 2005, p. 22).

O espaço arquitetonicamente planejado e o espaço estendido ao redor da escola, da cidade e além

No processo de formulação e de explicitação do aspecto mais dinâmico da filosofia e das escolhas da sua abordagem educacional, os educadores de Reggio Emilia planejaram e trabalharam a estrutura e a organização do espaço. Seguindo a ideia de que a educação das crianças pequenas é uma preocupação e uma responsabilidade comunitária, as creches teriam de ser, idealmente, parte integral do plano urbano. Além do mais, agora há diversas escolas na cidade, desde as mais novas até as mais antigas, situadas em prédios antigos, escolas restauradas e até em uma *villa*. Elas foram colocadas em local de destaque dos bairros, onde a vida das crianças e dos professores seria um ponto de referência visível para a comunidade. A presença da escola no bairro é um pronunciamento sobre o respeito pelos direitos de todas as crianças e famílias. Essa é uma afirmação aguda que se torna visível pela opção de construir lugares em uma área periférica da cidade, onde há moradias de baixa renda e onde os trabalhadores e os imigrantes moram. Entre esses estão o Nilde Iotti (uma combinação de creche e pré-escola) e a restauração da fábrica de queijo e armazém Locatelli, que abriga o Centro Internacional Malaguzzi e inclui uma pré-escola e os primeiros anos do ensino fundamental.

Para cada prédio, quer seja completamente novo ou modificado a partir de um preexistente, os coordenadores pedagógicos, professores e pais reuniram-se com os arquitetos durante a fase de planejamento. Essas pessoas que iam trabalhar e habitar lá por tantas horas tinham de participar de todas as escolhas: uma parede muito alta ou a falta de uma partição poderiam modificar a possibilidade ou a qualidade da interação em uma abordagem educacional em que parceria e interação são essenciais.

De fato, como Tiziana Filippini apontou, os educadores em Reggio Emilia falam do espaço como um "contêiner" que favorece a interação social, a exploração e a aprendizagem, mas eles também veem o espaço como portador de "conteúdo" educacional – ou seja, como portador de mensagens educacionais e como responsável por estímulos rumo à experiência interativa e à aprendizagem construtiva (FILIPPINI, 1990). Portanto, a estrutura dos espaços interiores tende a evoluir junto de todas as outras coisas relacionadas à abordagem educacional de Reggio Emilia.

Malaguzzi (1992), em uma entrevista em Vea Vecchi, falando sobre o espaço na pré-escola Diana, afirmou:

> Em 1970, estávamos processando muitas coisas que ainda não havíamos resolvido por completo. É claro, algumas já haviam sido solucionadas: a transparência das paredes, a luz natural, a continuidade entre área externa e área interna. Já tínhamos a *piazza,* mas foi só quando moramos ali que adquiriu significado completo. A *piazza* faz mais do que estender a sala, pois encoraja muitos encontros e atividades diferentes, e nós ainda lhe atribuímos outros propósitos. Para nós, ela representa a praça principal da cidade italiana, um espaço onde as pessoas se reúnem, conversam, discutem, conduzem negócios, fazem apresentações públicas e realizam protestos. A *piazza* é um lugar de passagem contínua, onde a qualidade da troca torna-se mais intensa, quer seja entre crianças ou adultos. Quanto mais se reúnem, mais ideias circulam entre adultos e crianças. Podemos dizer que a *piazza* é um lugar onde as ideias chegam e partem.

Neste ponto da entrevista, Vea Vecchi comentou que as escolas tradicionais também têm espaços centrais amplos, e a questão não se resume a ter o espaço, mas a como ele é usado.

Malaguzzi: Isso mesmo. Esses amplos espaços são usados para o recreio, porque, entre 10h e 10h30min deve haver um intervalo, mas, na prática, não há objetos nem estruturas, nem mesmo um propósito, exceto pela hipocrisia e ignorância de dar às crianças um espaço em que elas possam fazer o que bem entenderem por meia hora!

Vecchi: Era exatamente isso que eu queria dizer. Se chamarmos um espaço central de *piazza,* significa que temos uma teoria sobre o seu uso. Os espaços poderiam ser mais ou menos iguais, mas se fizerem parte de uma cultura e estiverem sujeitos a alguma reflexão pedagógica sobre o seu uso, sua significância muda por completo. As estruturas e os objetos encontrados aqui, no espaço da Escola Diana, permitem encontros com diversos propositados.

Malaguzzi: A *piazza* também é uma passagem. Ela é, em parte, estruturada pelos objetos nela, mas também há as crianças, e ela permite que elas passem, caminhem ou permaneçam como bem entenderem. É necessário manter em mente a influência do ambiente quanto às suas aquisições afetivas, cognitivas e linguísticas. O ambiente torna-se parte do indivíduo, de modo que a resposta a qualquer pedido que fazemos às crianças ou que fazem aos adultos é facilitada ou obstruída pelo ambiente e por suas características. Em geral, o que os arquitetos perguntam é: "Quantas crianças vocês têm? Vinte, 30? E o lugar das mesas?". Já sabemos que eles estão pensando em uma escola onde a aprendizagem se dá sentado. Para uma escola onde as crianças ficam em pé e aprendem se movendo, a sua forma de medir é inútil. Temos de considerar que cada criança é uma unidade orgânica que necessita de espaço pessoal para agir e se movimentar a seu próprio modo e temos de refletir isso. Não podemos usar a medida de uma fita métrica.

Vecchi: Um arquiteto e uma pedagogista também poderiam construir uma escola linda, mas aí, se os professores que trabalham lá não refletirem nem se prepararem para aprofundar a sua compreensão sobre o significado de vivenciar um espaço, nada acontece. É necessário voltar às ideias iniciais que determinaram as escolhas sobre o espaço. Por exemplo, habitar o espaço de acordo com as escolhas filosóficas que dizem respeito às crianças transforma a simples higiene em cuidado genuíno e a interação com objetos em comunicação. Sem um embasamento filosófico que dê significado à experiência educacional no espaço, a identidade do espaço não irá emergir; na verdade, o risco é tentar vivenciar uma experiência desconectada do espaço. Frequentemente, pode-se entrar em uma escola para crianças pequenas bem construída, mas cujo espaço vai contra muitas das suas próprias características positivas, criando uma dissonância e fragmentação. (MALAGUZZI, 1992).

Os professores também valorizam o que há de especial nos espaços que rodeiam suas escolas, considerando-os espaço estendido da sala. Parte do seu trabalho com as crianças envolve levá-las para explorar vizinhanças e pontos de referência da cidade. Um exemplo da extensão da escola é um projeto realizado durante muitos meses por diversas escolas, além da pré-escola La Villetta, durante o qual as crianças saíam para explorar como a cidade se transforma durante tempestades. Esse projeto levou crianças e professores a explorarem primeiro a realidade da cidade sem chuva, tirando fotos em locais familiares e desconhecidos, para depois tecer hipóteses sobre como a chuva iria modificá-los. Como naquele ano as chuvas sazonais demoraram a cair, as crianças tiveram semanas para preparar as ferramentas e os equipamentos que as ajudariam a observar, coletar, mensurar, fotografar e registrar tudo sobre a chuva. Enquanto isso, as expectativas das crianças cresceram enormemente. Todo o dia, professores e alunos subiam ao terraço da escola para observar esperançosamente o céu, adquirindo muito conhecimento sobre formações das nuvens e direção do vento.

Piazza da pré-escola Diana.

Quando uma tempestade finalmente chegou, a experiência foi frenética e estimulante. As crianças notaram como as pessoas mudavam a sua velocidade e postura ao caminhar, como os reflexos brilhantes e os respingos das poças mudavam as ruas, como o som dos pingos diferia dependendo se caíam na calçada, no capô dos carros ou nas folhas das árvores. Então, após ver a chuva, e seguindo o procedimento costumeiro em Reggio Emilia, as crianças passaram a representar muitos dos seus aspectos. Isso, por sua vez, levou a mais perguntas, hipóteses e explorações que a professora e a atelierista documentaram detalhadamente. A exploração como um todo foi registrada no segmento *The City and the Rain*, da exposição *The Hundred Languages of Children*, e pode nos mostrar as muitas formas em que o espaço familiar da cidade pode se tornar o palco e o foco de atividades e explorações construtivas (1996).

Em anos recentes, tem havido um diálogo intenso entre pedagogia e arquitetura, que orientou o pensamento e o *design* do espaço para crianças pequenas no cenário educacional das creches e das pré-escolas municipais de Reggio Emilia. Esse diálogo envolveu professores, pedagogistas, *designers* e arquitetos e contribuiu para uma cultura de respeito aos direitos das crianças e à identidade dos seus espaços. Isso se deu por meio da consideração da aprendizagem por meio das relações e da participação como um aspecto central da educação. Cavazzoni (2007), pedagogista, afirmou:

> Um ambiente cotidiano continuamete ativado e modificado por explorações e pesquisas de todos os protagonistas – crianças, professores e pais – marcado por rastros dos eventos, das histórias sociais e pessoais torna-se um lugar empático, um lugar de aprendizagem e sugestivo de ações e mudança.

Um aspecto fundamental no desenvolvimento do diálogo entre pedagogia e arquitetura é a relação entre o governo municipal de Reggio e a comunidade de arquitetos por meio de sua participação ativa e de seu trabalho ao redor da cidade. Essa relação é um fator importante no desenvolvimento da construção e do *design* para locais reservados à educação de crianças pequenas dos 0 aos 6 anos em Reggio Emilia. Em particular, a gestão municipal optou por tratar do dilema criado pelos pedidos cada vez mais frequentes das famílias por vagas em creches e pré-escolas, pelo número de vagas disponíveis e pela longa lista de espera em uma cidade com uma taxa de natalidade crescente (algo incomum na Itália) e um grande fluxo de famílias imigrantes (o que agora é comum na Itália).

O *design* arquitetônico das creches de Reggio demonstra o esforço deliberado para criar locais que garantam o bem-estar de crianças e dos professores ao construírem a aprendizagem juntos e receberem parentes considerados participantes ativos. Loris Malaguzzi caracterizava esses lugares como *espaços amáveis*, e nas décadas de 1970 e 1980 novos prédios começaram a agraciar diversos bairros de Reggio Emilia. Eles tornaram-se pontos de referência para a comunidade como locais de diversos encontros entre famílias e cidadãos.

As premissas das características arquitetônicas e das qualidades descritivas desses prédios foram elaboradas coletivamente ao longo do tempo pela equipe pedagógica, pelos professores e pelas atelieristas c foram publicadas pela Reggio Children e Domus Academy no livro *Crianças, espaços, relações: como projetar ambientes para a educação infantil* (CEPPI; ZINI, 2013). O livro analisa uma série de descrições e termos (palavras-chave e metáforas) que estão conectados e foram desenvolvimentos por arquitetos e professores juntos. Esse exame crítico das experiências nas escolas de Reggio Emilia ajudou a formular critérios gerais e situações que indicam as características desejáveis e as qualidades de um ambiente para as crianças pequenas. Essas ideias, descritas nos parágrafos subsequentes, se baseiam nos princípios fundamentais de buscar relações e de construir experiências educacionais observando e escutando.

Suavidade geral. A suavidade, como metáfora, refere-se à qualidade psicológica do espaço e da criação de um espaço amável, habitável e sereno. Tradicionalmente, espaços para crianças pequenas tendem a ser organizados de maneira relativamente rígida que separa partes diferentes para atividades diferentes na escola. Essa separação deliberada busca proteger a autonomia das salas e dos professores, mas há o risco de limitar a comunicação. A opção, portanto, é considerar um ambiente que seja funcional enquanto continuamos cientes de que dimensões e relações diferentes possam a coexistir e de que as pessoas envolvidas possam se comunicar e trabalhar juntas (por exemplo, pré-escolas e creches compartilhando espaços comuns). Como isso é possível? Pode ser realizado por meio da cooperação, da organização e da estratégia da escuta e da recepção. É sendo aberto e prestando atenção nos outros que se abre para o diálogo e as trocas. (Esse é um dos valores da filosofia de Reggio Emilia.) O objetivo é criar um contexto de empatia em que a escuta seja uma forma de respeitar as crianças em suas muitas expressões distintas (mesmo o silêncio) e de respeitar as ideias e intenções dos adultos envolvidos.

Um espaço relacional. A rede de relações e comunicações possibilita, por meio do compartilhamento de ideias e estratégias criativas, a criação de muitas explorações especializadas, investigações e construções entre adultos e crianças. As diferentes identidades dos adultos e das crianças podem encontrar harmonia por meio das relações e da interpretação do que acontece na escola. Ao aprenderem juntos e trocarem pontos de vista e ideias sobre novos caminhos a explorar, essas conexões contribuem para criar uma consciência do valor das relações e um senso estético prazeroso.

Continuidade com os ambientes ao redor e as conexões sociais. A relação entre as pessoas pode ser estendido como um diálogo com o mundo dos objetos. (Objetos "falam" com a sua forma ou pelo lugar onde são colocados, por exemplo.) Além do mais, as relações criam continuidade com tudo o que está dentro do espaço da escola e com o que está fora. (Pense sobre o impacto do seu espaço externo.) O que está conectado socialmente à escola a permeia e é filtrado pelos valores e pela filosofia educacional da própria escola (uma filosofia que tem sido compartilhada de antemão com os pais). É importante cultivar a relação enriquecedora com a comunidade, com outras instituições e organizações para crianças, bibliotecas, praças, marcos na cidade, e assim por diante.

Experiências sensoriais múltiplas. Os bebês e as crianças pequenas descobrem a realidade por meio das explorações sensoriais e constroem o seu conhecimento e a sua memória por meio deles. Essa forma pessoal de vivenciar o mundo pode ser estendida à exploração em grupo.

Como isso pode ser apoiado? Um ambiente que convide à experiência sensorial criando diversas características, estimulando percepções e ajudando as crianças a se conscientizarem pode dar apoio às experiências sensoriais significativas. Essa atenção pode ajudar as crianças a criarem conexões que levem a descober-

O espaço externo pode se tornar um *atelier*.

tas cognitivas. É aqui que as trocas ou conversas com as crianças são cruciais. É importante notar que a qualidade do espaço (ou do ambiente) resulta de muitos fatores: tamanho e formato, organização funcional e experiência sensorial, cor, luz e materiais, como Zini (2005, p. 24) sugere:

> Os processos de *design* que foram encontrados são aqueles que se utilizam de cor, luz, som e cheiro. Isso se dá porque eles correspondem aos processos cognitivos das crianças pequenas. A imagem do centro, portanto, é derivada do *layout* e da ocupação do espaço, mas também da riqueza sensorial do seu material.
> **Cor.** Por cor, queremos dizer que é necessário usar uma variação cromática com muitos tons. Isso está muito longe do sistema banal e simplificado de vermelho, amarelo e azul que os adultos costumam associar às crianças. Em vez disso, o objetivo deve ser oferecer às crianças um esquema sutil com muitas cores.
> **Luz.** A iluminação deve oferecer um ambiente iluminado com diversas fontes: incandescente, florescente, vaporosa, halogênea, etc., para fazer melhor uso de todas as possibilidades. A luz deve poder criar sombras. Isso é possível quando se usa luz incandescente, mas não com luzes fluorescentes. A iluminação deve proporcionar luz concentrada e difusa, além de cores de diferentes "temperaturas": branco quente, branco frio, branco rosa.
> **Materiais.** Os materiais devem ser ricos e variados. Eles devem criar um ambiente multissensorial com superfícies suaves e ásperas, secas e úmidas, opacas, brilhantes, translúcidas e transparentes. Eles devem ter características diferentes que mudam ao longo do tempo (madeira, pedra, flores, tecidos) ou que permanecem estáticos (vidro, aço).

Contudo, não existe uma única solução ideal na combinação desses fatores, porque todos temos diferenças individuais no mundo sensorial. É melhor evitar a hiperestimulação e optar por um tom moderado e por diversas possibilidades sensoriais para que todos encontrem o seu próprio nicho.

Flexibilidade e adaptação. Um espaço para a aprendizagem precisa ser adaptável de maneira flexível para que as crianças que o utilizam todos os dias possam sinalizar aos adultos a necessidade de modificá-lo ou prosseguir diretamente com a modificação do espaço conforme o uso. Essa flexibilidade contribui para a aprendizagem em grupo, visto que as crianças costumam construir mudanças por meio de ações dentro de um ambiente educacional existente. Como é possível manter o respeito por todas as crianças e pelas intenções dos professores? Os adultos na escola têm a responsabilidade de manter um diálogo ativo com as crianças e os professores para entenderem juntos as motivações e as necessidades da comunidade escolar: perguntas, respostas e negociações são estratégias importantes de as crianças aprenderem.

Comunidade e participação. A comunidade em uma escola, inspirada por relações, respeito e participação, tem as crianças, os professores e os pais no seu cerne. Todos participam na geração do *design* educacional e na vida da escola. Frequentemente, a qualidade do espaço favorece o diálogo, a reciprocidade e as trocas proporcionando um senso de pertencimento e de alegria por fazer parte de uma experiência de aprendizagem.

Construtivismo social. A escola é uma oficina ou um laboratório onde se constrói conhecimento continuamente – não de maneira linear ou progressiva, mas dinâmica, ativa e, frequentemente, social. O conhecimento pessoal é coconstruído nas trocas com os outros, seja entre adultos, crianças ou entre crianças. Por meio das experiências compartilhadas e das trocas, aspectos do conhecimento, habilidades e estratégias são modificados, negados, afirmados, consolidados, conectados, interconectados, refinados e revisados. Os professores têm a responsabilidade criativa – com base em suas observações das crianças – de identificar ou criar experiências, assim como de proporcionar diversos materiais e ferramentas para servir de fonte de exploração e descobertas. Essas experiências, com o apoio dos professores, tornam-se as fontes da aprendizagem compartilhada.

Narração. Bruner (1991, 2004) escreveu que, se não falarmos sobre as nossas experiências, nós não existimos. No contexto filosófico que estamos discutindo, há uma tendência em considerar duas camadas da narração que uma escola deve buscar. Comunicação é essencial, e o espaço oferece grande possibilidade de informar às pessoas que entram na escola sobre o cuidado que os professores têm pelo bem-estar e pela aprendizagem das crianças pequenas, pelo seu próprio profissionalismo e pela participação dos pais. Essa é uma camada da narrativa a ser encontrada em uma escola. A visibilidade e a transparência na sala refletem o que está acontecendo nesse espaço. Entretanto, é por meio da documentação que os processos de pesquisa e de ação das crianças e dos professores podem ser vistos. Diversos documentos podem ser preparados. Palavras, desenhos, materiais, cores e objetos podem carregar as vozes e os pensamentos das crianças e falar sobre eles também em sua ausência. Essa é a segunda camada da narrativa na sala e na escola.

Intensa riqueza todos os dias. Todos os dias, ao observarmos e escutarmos as crianças, podemos notar as maravilhosas invenções e descobertas que elas fazem no nosso pequeno mundo da escola. São muitas oportunidades de aprendizagem em um ambiente organizado e bem pensado. A sensação de bem-estar vem da harmonia, do equilíbrio e das interações positivas de diferentes elementos; de certa forma, é uma sinfonia. Uma normalidade rica, intensa, generosa e interessante pode ser o resultado de uma combinação balanceada entre os muitos elementos distintos. "Assim como a luz branca do sol é a soma de todas as cores do espectro." (CEPPI; ZINI, 2013, p. 27).

A publicação de *Crianças, espaços, relações: como projetar ambientes para a educação infantil* (CEPPI; ZINI, 2013) foi uma realização que formalizou uma longa conexão entre escolhas pedagógicas e estéticas desenvolvidas ao longo de muitos anos na experiência de diversas pré-escolas e de diversas creches municipais em Reggio Emilia. Essa nova perspectiva pública, junto com o aumento da participação de outros profissionais no setor público e privado da cidade de Reggio Emilia (incluindo esforços para criar novas iniciativas), determinou o desenvolvimento de diversos projetos e de diversas atividades na cidade que são visíveis em espaços públicos.

A relação da cidade com as escolas infantis tem sido enriquecida por diversos presentes, e outros requisitados e recebidos, de projetos arquitetônicos, incluindo a restauração e a renovação do Centro Internacional Loris Malaguzzi, um feito arquitetônico admirável. Um exemplo é o presente da pré-escola Villa Sessa de Anna e Gianni Iotti. Outro caso em questão é o presente da Fundação Maramotti, em 2005, pela construção de uma creche por meio de um acordo com o município de Reggio Emilia e a Istituzione Pré-escolas e Creches, com a organização e o apoio de Reggio Children. Essa sinergia entre os setores públicos e privados pareceu responder às diversas necessidades de uma cidade com uma população cada vez maior devido à taxa de natalidade e imigração.

E nasce uma nova creche

O presente da Fundação Maramotti foi feito em homenagem a Giulia Maramotti, uma figura exemplar na história da arte e do *design* de roupas femininas. O seu trabalho no desenvolvimento e no ensino dos métodos de alfaiataria deu origem à marca Max Mara.

Em 2004, a Fundação Maramotti, em colaboração com a Reggio Children e com o patronato da Ordem dos Arquitetos de Reggio Emilia, anunciou uma competição pela realização de uma nova creche chamada Giulia Maramotti. A competição estava aberta a arquitetos e engenheiros até 35 anos. Seu principal objetivo era oferecer a jovens profissionais na região da Emilia Romagna a oportunidade de criar um espaço educacional para crianças inspirado em critérios e valores pedagógicos e arquitetônicos de alta qualidade.

Paola Cavazzoni, a pedagogista que seguiu e apoiou as atividades arquitetônicas relacionadas à creche Maramotti, foi entrevistada com Carlo Margini em setembro de 2009, depois que visitamos a escola juntos. Isso foi o que eles descreveram:

Cavazzoni: No final, o projeto selecionado foi preparado pelos arquitetos Francesca Fava e Carlo Margini. O seu projeto demonstrou grande atenção à experiência das crianças muito pequenas. Eles criaram um espaço aberto para a área externa que incluía *ateliers* móveis e que podiam ser aproximados do prédio no inverno e dos jardins no verão. A seleção se baseou na coerência de ideias sobre espaço que fazem parte dos valores de Reggio Emilia. Sua proposta foi a de fazer um prédio que continha conceitos-chave consistentes com o Metaprojeto para o Ambiente – mobilidade, transparência e transformação – além de prestar atenção ao contexto e ao espaço físico e cultural. Selecionamos o projeto de Carlo Margini e Francesca Fava porque ele pres-

Crianças pequenas observando a sua nova creche, o Giulia Maramotti.

tava muita atenção às relações, que é um dos nossos valores básicos. Também avaliamos o seu cuidado em incluir e considerar a continuidade entre espaço interno e externo como um aspecto positivo da sua proposta. No plano, havia um jardim florido em que cores e aromas ganhavam visibilidade para que pudessem ser oferecidos às crianças e aos adultos dentro da comunidade educacional. Uma horta a ser plantada com os pais também foi incluída no seu *design*.

Gandini: *Hoje, ao escutar e observar os professores, foi interessante ver como eles vivenciam esse espaço como algo novo e especial que precisa ser lidado com grande cuidado e de maneira muito delicada.*

Cavazzoni: Os professores são todos muito jovens e consideram uma aventura extraordinária estar nessa creche.

Gandini: *Ouvi os professores se perguntando: "Se acrescentarmos isso ou aquilo ao espaço, como ele mudaria?". Está claro que essa é uma experiência muito nova para eles.*

Margini: Com efeito, a premissa básica é a ideia de mudança contínua. Foi um dos pontos cardeais do nosso projeto: criar um espaço que esteja em transformação contínua com partes que são movíveis. A nossa ideia era e continua sendo que a transformação deveria ser possível por meio do uso diário e da vida no espaço. Como vocês observaram, ainda estamos observando. Estamos cientes de que é necessário haver um equilíbrio delicado entre um espaço que é reconfortante e familiar e um espaço que pode ser modificado pela ação e pelo interesse das crianças e dos professores.

Gandini: *Vocês tiveram a chance de observar os muitos tipos de construções das crianças e como os professores estão documentando os seus processos? São lindos e complexos, e as crianças parecem trabalhar juntas neles atentamente.*

Margini: As crianças parecem ser influenciadas pela estrutura do prédio. É interessante ver como as crianças usam o espaço. Por exemplo, ver o que pode acontecer em relação às grandes janelas de vidro, às brincadeiras com luz e sombra ou à tentativa de capturar gotas de chuva quando o clima muda é muito afirmativo. A forma como as crianças usam o espaço é importante para nós. É verdade que havíamos pensado sobre as muitas possibilidades, mas vê-las em ação é tão lindo.

Gandini: *Os materiais que as professoras oferecem estabelecem uma relação com o espaço que rodeia as crianças. Paola, como o desenvolvimento das várias construções começou? Esse foi o resultado das conversas entre os professores? Ou elas evoluíram espontaneamente a partir das crianças para um lugar novo?*

Cavazzoni: Os professores imaginaram os materiais que seriam adequados para a construção, e pediu-se aos pais que trouxessem materiais variados de construção para a creche. As crianças percebem a importância que os adultos dão aos materiais, e é evidente que elas usam a linguagem desses materiais. É um convite explícito para elas.

Gandini: *Com certeza, o interesse das crianças pela construção não é coincidência. Elas sabem como o prédio é novo e impressionante. Há fotografias na documentação do centro que mostram as crianças apontando de um campo na distância para o prédio e sua estrutura, que pode lhes parecer uma construção com blocos ou um brinquedo.*

Margini: A estrutura do prédio é como um brinquedo...

Cavazzoni: O que foi feito lá serve de referência quanto aos nossos valores. Não é que pretendemos transferir um projeto arquitetônico de um lugar ao outro. É uma questão de valores que se tornam parte de todo projeto.

E, em uma entrevista posterior (dezembro de 2009) com Carlo Margini e Francesca Fava, esses conceitos foram elaborados.

Gandini: *Carlo, você disse que esse projeto faz tanto parte de vocês dois que vocês sentem a necessidade de voltar com frequência para ver a creche. Que usos do espaço ou transformações as crianças e os professores fazem ou fizeram que mais surpreenderam vocês?*

Margini: O espaço interpretado pelas crianças com a sua cor e o seu calor torna o lugar mutável e em contínua transformação. Para nós, encontrar sempre novas interpretações durante nossas inúmeras visitas é muito satisfatório, e acho que esse é um dos motivos mais importantes de por que Francesca e eu nos tornamos arquitetos. Cada detalhe do nosso projeto é vivenciado na creche em várias modalidades. Achamos que esse é o resultado da arquitetura centrada na escuta... escutar o lugar e aqueles que viveram nos lugares das crianças, hoje e no passado. Escutar dessa forma auxilia a nossa relação com as pedagogistas, os professores e as crianças. Ao preparar o projeto e construir a creche, talvez Francesca e eu tenhamos brincado como crianças, voltando a ser pequenos.

Fava: Durante uma visita recente, e devido às transparências do lugar, Carlo trocou sorrisos com uma garotinha. No início, ela se escondia de timidez, e eles começaram a brincar de esconde-esconde, sentindo a emoção de estar ali e de não estar mais lá, terminando com uma linda risada compartilhada. O espaço é um elemento que gera contato, além de evolução e transformação (GANDINI, 2010).

ESPAÇOS EDUCACIONAIS E DE CUIDADO

O espaço receptivo como um reflexo das camadas de cultura

Quando se entra nas escolas infantis de Reggio Emilia, como no exemplo que vimos no início, é possível sentir-se imediatamente bem recebido por uma atmosfera de descoberta e serenidade. Além do mais, ganha-se uma impressão geral de riqueza na qualidade da atmosfera e nos tipos de atividades das crianças, assim como dos altos padrões profissionais e de cuidado por parte dos adultos. Essas impressões vêm da forma como o ambiente é cuidadosamente organizado, especialmente vendo como as crianças, os professores e as famílias se movem nas escolas. Mas como surge tudo isso? Malaguzzi (1990) disse:

> Com certeza, as nossas escolas são o objeto mais visível do nosso trabalho. Acredito que elas passam mensagens e percepções múltiplas. Elas têm décadas de experiência e já viram três gerações de professores. Cada creche e cada pré-escola têm seu próprio passado e evolução, suas próprias camadas de experiências e o seu próprio misto peculiar de estilos e níveis culturais. Nunca houve, de nossa parte, qualquer desejo de torná-las parecidas.

De muitas formas, o espaço reflete a cultura das pessoas que o criam e, examinando cuidadosamente, revela camadas distintas dessa influência cultural. Em primeiro lugar, essas escolas prestam muita atenção à beleza e à harmonia do *design*. Isso é evidente na decoração funcional e prazerosa, frequentemente inventada e construída por professores e pais juntos. E também fica evidente nas cores das paredes, na luz do sol que entra pelos janelões, nas plantas verdes saudáveis e em muitos outros detalhes, como a organização cuidadosa do lugar. Esse cuidado especial pela aparência estética do ambiente e o cuidado metódico pelo espaço de vivência da casa, junto do *design* dos espaços que favorecem a interação social, são elementos essenciais da cultura italiana.

Embutidos na organização do ambiente para as atividades e rotinas estão características, como espaços organizados para pequenos grupos, que favorecem a cooperação, um conceito com forte valor político e social na Região da Emilia Romagna, onde uma organização centenária de cooperativas de produtores e consumidores continua crescendo. Mais toques regionais podem ser ouvidos na linguagem, vistos em alguns dos materiais e equipamentos disponíveis, e na comida típica que os cozinheiros preparam todos os dias para deleite das crianças. A cultura da cidade também pode ser detectada na documentação nas paredes sobre saídas de campo e atividades que envolvem pontos de referência e pessoas da cidade. Um exemplo é a famosa visita ao leão de pedra, que senta em eterna espera pelas crianças na praça do mercado.

A próxima camada é a cultura da escola, de cada escola em particular. A própria escola, por meio de cada pessoa que participa (direta ou indiretamente) da sua vida, constrói uma cultura, começando com a história específica de como o prédio foi escolhido, desenhado e construído, passando para a experiência que cada criança e cada família leva para casa e a forma como a participação dos pais se manifesta na vida escolar. Tudo isso contribui para a construção de uma cultura distinta junto com a colaboração nos eventos especiais e nos rituais diários. Em Reggio Emilia é especialmente significativo que o ambiente da escola, além de ser receptivo, demonstre os traços das crianças que passam tantas horas nas suas salas por um ciclo de três anos. Há histórias individuais e em grupos cuidadosamente

Professora e crianças na aula das crianças de 4 anos na pré-escola Bruno Munari.

documentadas e há um entrelaçamento diário das rotinas, que servem de trampolim significativo na vida de todos os envolvidos. Tudo isso contribui para a criação de símbolos e metáforas elaborados e construídos em conjunto, virando parte do discurso comum.

Os materiais que as crianças e as famílias trazem para a escola contribuem para a criação de uma cultura particular. Alguns são materiais naturais, tais como exposições de pinhas, conchas ou pedrinhas organizadas por tamanho, forma ou cor. Há caixas transparentes que contêm tesouros coletados durante excursões especiais ou em simples explorações do jardim ao redor da escola. Há instrumentos e objetos trazidos de casa, da cozinha ou da caixa de costura ou até da caixa de ferramentas. As crianças trazem esses objetos e materiais para a escola, mas os pais ajudam a colocá-los nas sacolas transparentes que vão e voltam para a aula, criando uma conexão entre a vida na escola e em casa.

Além do mais, a ação das crianças contribui para moldar o espaço de maneira específica. A história das crianças que estavam lá, portanto, cria características especiais, mas os adultos têm grande flexibilidade e interesse em renovação contínua. O ambiente reflete as novas relações que trazem novas ideias e continuam a nutrir a vida na escola.

Tudo isso contribui para tornar cada escola diferente e criar uma cultura específica. As soluções criativas, o cuidado do ambiente, a atenção aos detalhes e a reflexão da realidade trazida por crianças e famílias são elementos comuns nesse sistema e podem deixar traços distintos em cada escola.

Espaço e tempo

Um ambiente é um sistema vivo e mutante. Mais do que o espaço físico, ele inclui a forma como o tempo é estruturado e como se espera que os papéis sejam desempenhados. Ele condiciona como nós nos sentimos, pensamos e nos comportamentos, além de afetar dramaticamente a qualidade das nossas vidas. O ambiente ou funciona para nós ou contra nós, de acordo com como conduzimos nossas vidas (GREENMAN, 1988).

Quando se observam crianças e adultos nas escolas de Reggio Emilia, percebe-se que há grande conexão entre tempo e espaço e que o ambiente realmente funciona. A consideração das próprias necessidades e dos próprios ritmos das crianças molda a organização do espaço e do ambiente físico, e o tempo disponível, por sua vez, permite o uso e o aproveitamento desse espaço no ritmo da criança. Na verdade, a forma como o tempo é pensado na abordagem de Reggio Emilia é influenciada por, pelo menos, três fatores. Em primeiro lugar, a sua experiência se estende desde 1963, quando a primeira escola municipal foi estabelecida, a qual, por sua vez, se baseou nas escolas administradas pelos pais estabelecidos logo depois da Segunda Guerra. Portanto, o que vemos na organização dos espaços se baseia em muitas mudanças e aprendizagens devido à experiência. Consequentemente, os educadores não forçam a obtenção de resultados imediatos.

Segundo, os pais e as crianças estabelecem uma longa relação com o programa, porque muitos começam mandando seus filhos às creches antes de eles completarem 1 ano. Quando chegam aos 3 anos, as crianças se transferem para as pré-escolas municipais, que os aceitam entre os 3 e os 6 anos. O sistema permite que os professores continuem com as mesmas crianças por três anos, conforme passam do início ao fim da pré-escola. As relações que são estabelecidas por tanto tempo entre as crianças, os pais e os professores moldam o espaço, o qual, por sua vez, torna-se um nicho familiar para eles. Como não há separação no fim do ano e, portanto, não há período de ajuste para novas relações, há menos pressão para alcançar certos objetivos, para terminar os trabalhos do ano com uma pausa bem definida e iniciar o próximo ano do zero.

Terceiro, os programas públicos para crianças pequenas na Itália não são divididos entre educação e cuidado diário. Esses programas diferem apenas porque atendem a crianças de diferentes idades; eles todos devem fornecer tanto cuidado quanto educação. Os programas são considerados serviços sociais, com roteiros flexíveis. Apesar de a maioria das crianças ficar nos centros municipais entre as 8h30min e as 16h, há pais que precisam deixar as crianças mais cedo, pelas 7h30min, e buscá-los mais tarde, pelas 18h20min, enquanto outros preferem pegar os filhos logo depois do almoço, pelas 12h30min ou 13h ou 13:00. No entanto, a maioria das crianças passa muitas horas na vivência em grupo. Os educadores proporcionam um cenário social adequado para suas refeições; um ambiente quieto e protegido para suas sonecas; e várias áreas com grande variedade de propostas interessantes e envolventes para as suas atividades, que são realizadas sem pressa alguma. Juntos, eles criam uma sensação de segurança, autoestima e a oportunidade de trabalhar os problemas. Loris Malaguzzi comentou: "É necessário respeitar o tempo de amadurecimento, de desenvolvimento, das ferramentas do fazer e da compreensão, da emergência total, lenta, extravagante, lúcida e mutante das capacidades das crianças; é uma medida de sabedoria cultural e biológica" (Cap. 2).

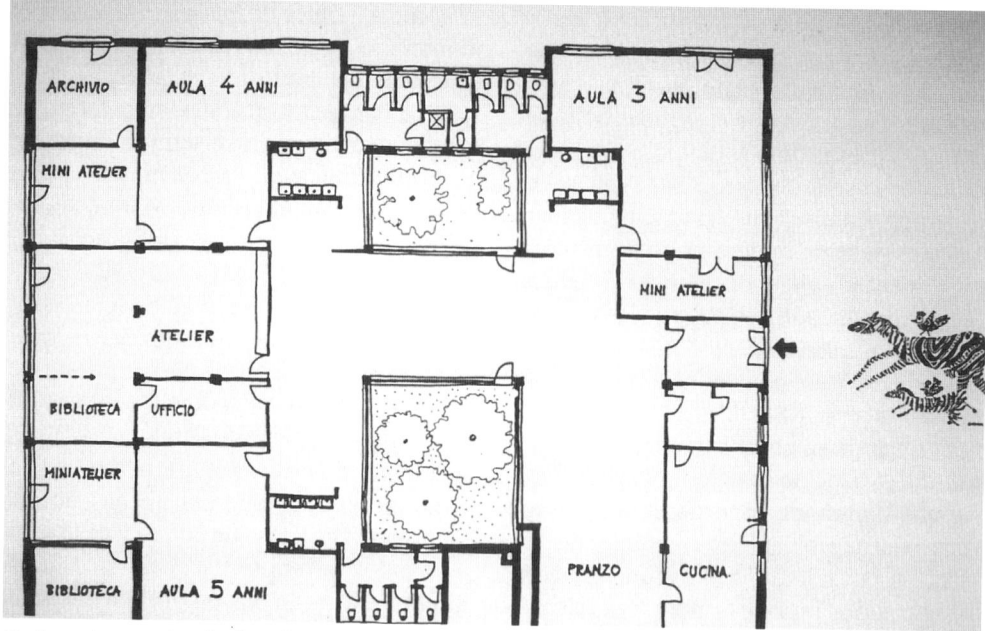

O plano de organização da pré-escola Diana.

Espaço social, espaço ativo e espaço para mãos e mente

Para os educadores em Reggio Emilia, o intercâmbio social é visto como algo essencial à aprendizagem. Por meio da atividade compartilhada, da comunicação, da cooperação e até do conflito, as crianças coconstroem o seu conhecimento do mundo, usando a ideia de uma criança para desenvolver a de outra ou para explorar caminhos ainda desconhecidos. Como o desenvolvimento social é visto como uma parte intrínseca do desenvolvimento cognitivo, o espaço é planejado e organizado para facilitar os encontros, as interações e as trocas entre crianças. O espaço tem de garantir o bem-estar de cada criança e da turma como um todo. Ao mesmo tempo, o espaço é organizado para favorecer as relações e as interações dos professores, dos profissionais e dos pais, entre eles e com as crianças. Por exemplo, os adultos podem se reunir, trabalhar em grupos grandes ou pequenos, discutir problemas e comer juntos dentro da escola. O bem-estar dos adultos que trabalham nas escolas e a confiança dos pais, que confiam seus filhos à escola antes de seguir a suas atividades, são essenciais para o projeto educacional do trabalho. Conforme dito por Malaguzzi (1990):

> Tentamos sempre ajudar e manter laços fortes entre trabalho e pesquisa, uma cooperação saudável com os profissionais da escola e com as famílias, uma fé infalível no potencial e nas capacidades das crianças e, por último, uma disponibilidade imediata para pensar e discutir o que fazemos.

Na pré-escola Diana, as salas para as crianças com 3, 4 e 5 anos ficam abertas para o espaço comum e amplo chamado pelo mesmo nome dado à praça da cidade (*piazza*). Os outros espaços interiores costumam ficar abertos para essa *piazza* ou espaço comum. As salas são subdivididas em dois ou três espaços, porque os professores estão convencidos de que espaços menores podem oferecer oportunidades para as crianças trabalharem bem em grupos pequenos, para ouvirem e serem ouvidas e, portanto, se comunicarem. Esse arranjo também dá aos professores a oportunidade de montar situações que convidem à exploração construtiva e à ação.

Entre outros espaços interiores que se abrem para a *piazza* da Escola Diana, há o grande *atelier*, uma biblioteca com espaço para os computadores, um arquivo e um depósito. Todas as crianças e todos os adultos na escola usam o *atelier* (uma oficina ou estúdio). A professora encarregada pelo *atelier*, a atelierista, tem preparação em educação artística ou, o que é cada vez mais comum, em aspectos diversos das artes expressivas, como dança, música e *design*. A atelierista coorganiza a experiência das crianças e dos professores e serve como editora e *designer* da documentação do trabalho feito na escola. Cada faixa etária tem uma sala (uma sala grande) e fica perto de um mini-*atelier*, que distribui as ferramentas e as atividades do *atelier* pela escola.

Continuando a nossa visita à escola, vemos a cozinha, que é sempre um espaço importante onde a cozinheira e seus assistentes incluem algumas crianças todos os dias na preparação da comida. Recentemente, tem-se prestado muita atenção às "linguagens" do gosto e da comida e à participação das crianças na organização das mesas, o que ajuda a desenvolver a sua compreensão matemática e estética (CAVALLINI; TEDESCHI, 2007). A sala de jantar é um espaço relacional importante, assim como o lavabo, com pias para se lavar e brincar com água, e os banheiros, que são organizados de maneira eficiente e agradável. Nenhum lugar é marginal; por exemplo, os espelhos nos lavabos e nos banheiros são cortados em diferentes formas para inspirar as crianças a verem sua imagem de maneira brincalhona. Os

O mini-*atelier* da pré-escola La Villetta.

tetos são usados para abrigar muitos tipos de esculturas aéreas ou lindas mobílias, todas feitas com materiais transparentes, coloridos e incomuns, construídos por crianças e organizados pelos professores. Há paredes de vidro para criar uma continuidade entre os jardins internos e externos; elas contribuem com muita luz natural e permitem brincadeiras com transparências e reflexos. As paredes de vidro também separam os espaços de trabalho para criar um sentimento comunitário. Contudo, se alguém deseja trabalhar sozinho ou conversar com um amigo, há várias opções, como o espaço de um mini-*atelier* ou outros espaços confortáveis fechados ao qual é possível retirar-se e passar um tempo.

A organização do dia e do espaço ativo mostra atenção às crianças individuais, assim como ao grupo de crianças. Toda manhã, por volta das 9h, quando todas as crianças já chegaram à escola, cada sala faz uma reunião. Em algumas escolas, o espaço de reunião é semelhante a arquibancadas. Então, quando as crianças tiverem feito a opção pelas atividades disponíveis ou por continuar com os projetos em andamento, elas encontrarão as ferramentas e os materiais necessários em mesas, cavaletes ou locais convenientes. Elas também poderão encontrar tudo o que precisarem em prateleiras abertas bem organizadas, cheias de objetos reciclados e outros materiais. Esses materiais foram selecionados anteriormente e organizados em potes transparentes com a ajuda dos professores.

A organização e o uso do espaço para as atividades, para a exploração construtiva dos materiais ou para trabalhar nos projetos e nos temas, é essencial, dizia Malaguzzi (1990):

> O que realmente acontece nas escolas é um teste básico para todos nós. A atividade contínua é a coisa mais importante para nós e representa aquilo que pode contribuir mais para manter o nosso interesse fresco (um termo caro para Dewey) e os nossos pensamentos e ações em contínua movimentação. Eu acredito que as nossas escolas demonstram a tentativa que se fez de integrar o projeto educacional com o plano de organização do trabalho e do ambiente arquitetônico e funcional, de forma a permitir o máximo de movimentação, interdependência e interação.

Uma das imagens que Malaguzzi usava para passar a organização do espaço e do estabelecimento de centros estimulantes e significativos de atividade é o de "bancas de supermercado", onde os fregueses olham os produtos que lhes interessam, fazem suas seleções e realizam as transações.

Espaço adequado para diferentes idades e níveis de desenvolvimento

Nas creches, a atenção que se dá ao ambiente físico tem uma qualidade específica que nos lembra da necessidade das crianças pequenas por uma aproximação e por trocas positivas. Logo na entrada, cadeiras confortáveis convidam os pais a pararem com os seus filhos, se conhecerem ou conversarem com os professores. Há salas cobertas de tapetes e travesseiros em que as crianças podem engatinhar com segurança ou se aconchegar com um professor para olhar um álbum de fotos ou ouvir uma história. Há um grande espaço com equipamento adequado para movimento com rampas e carrinhos construídos por um pai, nos quais as crianças podem subir ou empurrar. Há um espaço para ir ao banheiro, para se lavar e para se trocar entre as duas salas das crianças menores. Um detalhe, incluído para convidar a criança a participar durante a troca, é um espelho pendurado sobre a mesa de troca. Mas também há um *ate-*

lier onde as crianças exploram com tinta, canetas, farinha, argila e muito mais. As partições de vidro são usadas especialmente nas creches, onde as crianças tendem a sentir ainda mais a separação. Lá, as paredes de vidro são usadas para que se possa enxergar a cozinha e a sala onde se trocam as roupas das crianças ou ver as salas onde crianças de diferentes idades brincam. As formas como as crianças menores desenvolvem uma sensação de pertencimento à sua creche estão descritas em um livro, que também fornece um plano de organização da creche Arcobaleno e o do contexto da história *Laura and the Watch* (EDWARDS; RINALDI, 2009).

De maneira semelhante, nas pré-escolas, na sala da turma mais jovem, deixa-se mais espaço para brincar com materiais não estruturados como blocos, Legos, animais de brinquedo e materiais reciclados. A área coberta de tapete é maior para permitir às crianças brincarem no chão. Além do mais, a área da casinha é ampla e rica com pequenas réplicas das ferramentas e dos móveis que costumam ser encontrados em casa, potes para massa de diferentes tamanhos e feijões de diferentes cores.

Entrando no mini-*atelier*, no final do outono, pode-se notar que as crianças começam a explorar as propriedades de três materiais: argila, papel e arame. Elas passam várias semanas com cada um desses materiais. Em outros meses, os professores e as crianças retornam a esses materiais e usam seu nível mais elevado de habilidade e compreensão. Ao longo do ano, ao adquirirem mais autoconfiança, essas crianças também realizam muitas explorações e projetos no *atelier* principal.

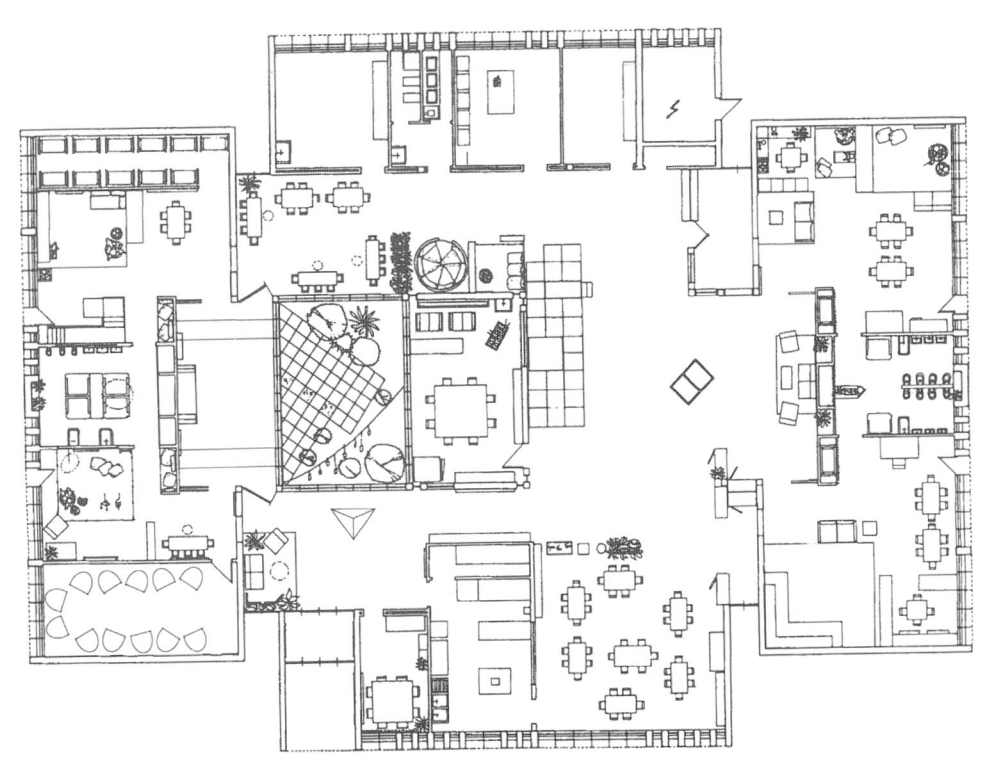

O plano de organização da creche Arcobaleno.

Espaço que documenta

De acordo com Loris Malaguzzi: "As paredes das nossas pré-escolas falam e documentam. As paredes são usadas como espaços para exibições temporárias e permanentes sobre o que as crianças e os professores criaram" (Cap. 2).

Um dos aspectos do espaço que marca os visitantes é a quantidade e a qualidade de trabalhos das crianças exibidos por toda a escola. Na verdade, essa é uma das formas em que crianças e professores contribuem para moldar o espaço da sua escola e construir a cultura de uma escola específica. Eles fazem isso com a mediação da atelierista, que, junto dos professores, seleciona e prepara as exposições com muito cuidado. Na maior parte do tempo, essas exposições incluem as reflexões dos professores e, ao lado dos trabalhos das crianças, fotografias que mostram o processo, além de uma descrição dos diversos passos e da evolução da atividade ou do projeto. Essas descrições são completadas significativamente com a transcrição dos próprios comentários e das conversas das crianças (frequentemente gravadas) que acompanharam essa experiência específica. Logo, as exposições, além de serem bem planejadas e de contribuírem para a beleza geral do espaço, fornecem documentação sobre atividades específicas, sobre a abordagem educacional e sobre os passos do seu processo.

O próprio processo da documentação, que é realizado colaborativamente por meio da observação, coleta e interpretação de diversos documentos, dá aos professores a oportunidade de tomar escolhas curriculares informadas para avaliar o processo e os resultados das atividades das crianças. De fato, a documentação contribui notavelmente para o seu crescimento profissional. É claro, isso também conscientiza as crianças do valor que os adultos dão ao trabalho delas. Por fim, documentar o processo educacional é uma forma de conscientizar pais, colegas e visitantes do potencial das crianças, do desenvolvimento das suas capacidades e do que se passa na escola. Malaguzzi comentou sobre a documentação:

> Hoje, precisaríamos de outros tipos de espaço. Está claro que, onde a criança é vista como alguém ativo e produtivo, a forma, a distribuição, o tamanho e a organização do espaço têm de ser levados em conta. Uma coisa é uma escola que fala; outra é uma escola que cala. Se é uma escola que fala, temos de considerar ajudá-la a falar. Devemos criar um espaço que inclui documentação onde os pais possam parar e se demorar. Eu gostaria de montar um espaço específico, com poltronas confortáveis, onde os pais possam parar e receber um fluxo de mensagens que serão transformadas continuamente. Devemos organizar um lugar onde os pais, os visitantes e os professores dialoguem e troquem pensamentos e ideias. Não é coincidência que um arquivo tenha se tornado um elemento notável do nosso trabalho. O arquivo resultou da nossa própria necessidade de documentar. Mas, se nós documentamos, para quem o fazemos? Documento apenas se tenho uma organização que inclui a família; do contrário, as mensagens se diluem. O que quero dizer é que o arquivo e a documentação mudam completamente a estatura profissional de cada pessoal que está dentro da escola. Essa mudança completa surge porque, se é necessário documentar, não se pode apenas registrar, mas também realizar previsões – ou seja, pensar cuidadosamente sobre o que documentar e por que aquilo especificamente, e não outra coisa. A nossa escola, é claro, tem de estar fisicamente ligada à terra, mas, como imagem, tem de ser um navio em movimento. Isso significa que os pais sempre estarão a bordo conosco para ver diferentes paisagens, transformações, fenômenos, e assim por diante; isso é o que se vê quando se seguem os interesses das crianças. Os pais têm

de ter a ideia de uma escola em movimento, porque as crianças se movem todo o tempo, e não só fisicamente, pois as suas mentes e interações sociais estão em constante movimentação, assim como a sua linguagem. Precisamos poder ter essa visão aberta da escola. (MALAGUZZI, 1992).

Espaço que ensina

O ambiente é visto aqui como um educador para a criança; de fato, ele é considerado "o terceiro educador", junto da equipe com dois professores.

Para agir como um educador para a criança, o ambiente tem de ser flexível: ele precisa passar por modificações frequentes de parte das crianças e dos professores para se manter atualizado e responsivo às suas necessidades de serem protagonistas na construção do próprio conhecimento. Todas as coisas que o rodeiam e que são usadas pelas pessoas na escola – os objetos, os materiais e as estruturas – são vistas não como elementos passivos, e sim como elementos que condicionam e que são condicionados pelas ações das crianças e dos adultos que estão ativos nele. Nas palavras de Malaguzzi (1984):

> Valorizamos o espaço devido ao seu poder de organizar e promover relações prazerosas entre pessoas de diferentes idades, criar um ambiente belo, realizar mudanças, promover escolhas e atividades e pelo seu potencial de incitar todos os tipos de aprendizagem social, afetiva e cognitiva. Tudo isso contribui para uma sensação de bem-estar e de segurança das crianças. Também pensamos como foi dito que o espaço tem de ser um tipo de aquário que reflete as ideias, os valores, as atitudes e as culturas das pessoas que vivem dentro dele.

Vista da *piazza* para o *atelier,* na nova escola, Martiri di Sesso, presente de Gianni e Anna Iotti.

As escolas em Reggio Emilia, portanto, não poderiam ficar em qualquer lugar nem poderiam servir de modelo exato a ser copiado literalmente em outro lugar. Ainda assim, elas têm as características comuns que merecem a consideração das escolas de toda a parte. A configuração particular do jardim, das paredes, das janelas e dos móveis de cada escola declara: "Esse é um lugar onde os adultos geraram a qualidade do ambiente". Cada escola é cheia de luz, variedade e certo tipo de alegria. Além disso, cada escola mostra como os professores, os pais e as crianças, trabalhando e brincando juntos, criaram um espaço único – um espaço que reflete suas vidas pessoais, a história da sua escola, as muitas camadas de cultura e um nexo de escolhas planejada.

> Esperamos que uma abordagem sensível dos nossos arredores possa constituir um elemento positivo para a participação e a solidariedade consciente com os outros e com aquilo que nos cerca, uma atitude indispensável para o futuro da democracia e da humanidade. (VECCHI; FILIPPINI; GIUDICI, 2008, p. 11).

REFERÊNCIAS

BRUNER, J. Life as narrative. *Social Research*, v. 71, n. 3, p. 691-710, 2004.

BRUNER, J. The narrative construction of reality. *Critical Inquiry*, v. 18, n. 1, p. 1-21, 1991.

CAVALLINI, I.; TEDESCHI, M. (Ed.). *The languages of food*: recipes, experiences and thoughts. Reggio Emilia: Reggio Children, 2007.

CAVAZZONI, P. *Pedagogy and architecture encounters*: depoimento [abr. 2007]. Entrevista concedida a Universidade de Modena e Reggio Emilia. Reggio Emilia: [s.n.], 2007.

CEPPI, G.; ZINI, M. *Crianças, espaços, relações*: como projetar ambientes para a educação infantil. Porto Alegre: Artmed, 2013.

EDWARDS, C. P.; RINALDI, C. *The diary of Laura*: perspectives on a Reggio Emilia diary. St. Paul: Redleaf, 2009.

FILIPPINI, T. Introduction to the Reggio approach. In: ANNUAL CONFERENCE OF NATIONAL ASSOCIATION FOR THE EDUCATION OF YOUNG CHILDREN, 1990, Washington. *Proceedings...* Washington: [s.n.], 1990.

GANDINI, L. The relationship between architecture and pedagogy in the experience of the Reggio municipal infant-toddler centers and preschools. *Innovations in Early Education: The International Reggio Exchange*, v. 17, n. 1, p. 1-11, 2010.

GREENMAN, J. *Caring spaces, learning spaces*: children's environments that work. Redmond: Exchange, 1988.

MALAGUZZI, L. *Loris Malaguzzi:* comunicação pessoal [1984]. [S.l.: s.n.], 1984.

MALAGUZZI, L. *Loris Malaguzzi:* depoimento [1990]. Entrevistadora: Vea Vecchi. [S.l.: s.n.], 1990.

MALAGUZZI, L. *Loris Malaguzzi:* depoimento [1992]. Entrevistadora: Vea Vecchi. [S.l.: s.n.], 1992.

REGGIO EMILIA. *The hundred languages of children*: narrative of the possible. Reggio Emilia: Reggio Children, 1996.

VECCHI, V.; FILIPPINI, T.; GIUDICI, C. (Ed.). *Dialogues with places*. Reggio Emilia: Reggio Children, 2008.

ZINI, M. See, hear, touch, taste, smell and love. *Children in Europe*, v. 8, p. 22-24, 2005.

19
O uso das mídias digitais em Reggio Emilia

George Forman

Nas pré-escolas da Reggio Emilia, podemos descobrir novos usos da mídia que encantam, surpreendem e informam a nossa compreensão da educação infantil e da competência das crianças pequenas. Irei discutir essas inovações aqui, mas primeiro falarei sobre o uso das mídias digitais que são familiares. Às vezes, irei comparar o que se faz hoje com a mídia digital com o que se fazia antes sem ela, tal como usar folhas de acetato em vez de sobreposições no Photoshop. Dessa forma, podemos discutir a mentalidade por trás da mudança e considerar ganhos e perdas na transição para as mídias digitais.

Por mídia digital, quero dizer qualquer tipo de arquivo que fique em um computador, mesmo que seja posteriormente impresso em papel ou gravado em vídeo. O formato digital proporciona grande flexibilidade em como o produto é distribuído, armazenado, editado, recuperado, composto e sobreposto com outros símbolos, tais como texto com vídeo ou fotografias com gráficos animados.

Quanto à mudança rumo aos usos convencionais da mídia digital, vimos nas exposições viajantes da Reggio a troca dos enormes painéis pendurados, que não eram facilmente reproduzidos, para colunas leves com gráficos digitais, prontos para produzir uma cópia. *The Wonder of Learning: The Hundred Languages of Children* (REGGIO CHILDREN, 2011), a exibição itinerante mais recente, inclui a adição de sete ou oito monitores com DVDs que ficam repetindo ou que podem ser controlados pelo visitante. Usamos cada vez mais computadores, para imprimir imagens e documentações para colar nas paredes das escolas, e mais CDs, para enviar para a casa das crianças como um presente de graduação para a família.

Os CDs enviados para as famílias contêm arquivos de texto, de áudio da voz da criança, de vídeo e uma forma de navegar os produtos que cobrem um período de três anos. Esses CDs capturam os processos reais da experiência escolar de maneira que seria impossível com as práticas antigas, quando se dava às crianças um portfólio cheio de anotações, fotos e desenhos do ano anterior. Essas fotografias digitais vêm de uma ampla atividade que pode ser usada e reutilizada para criar os painéis de documentação da parede. O fato de que as fotografias atualmente são digitais permitem que crianças, pais e visitantes tenham acesso fácil a uma base de dados muito maior, sendo menos trabalhosa do que no passado, quando grandes painéis eram guardados em pilhas nas prateleiras.

Há impressoras, *scanners*, monitores de vídeo e projetores em muitos dos *ateliers*. As crianças aprendem a usar esses equipamento para produzir imagens no papel e imagens, animações e vídeos na tela do computador. Alguns grupos usaram os blocos de Lego Mindstorm (módulos computadorizados) que podem ser programados para responder à luz, ao som e a barreiras físicas.

Também vi aumento no uso de vídeo digital tanto da parte das crianças (que revisitam uma experiência) quanto dos adultos (para estudar um projeto). Por exemplo, em uma semana de estudos avançados sobre documentação e avaliação (outubro de 2009), um grupo de trabalho de atelieristas, professora e mentora exibiu aos participantes internacionais um vídeo de 20 minutos de três meninos que colaboravam na construção de cadeiras de argila em miniatura na mesma escala da mesa de argila que eles haviam feito antes. Obviamente, havia muitas horas de filmagem além das amostras da exibição *The Wonder of Learning*. Essas filmagens certamente não caíram no chão da sala de edição, mas existem como uma base de dados digital à espera de revisão, avaliação, planejamento e disseminação do seu trabalho com as crianças.

A MÍDIA DIGITAL E AS CRIANÇAS

A marca registrada dos professores de Reggio Emilia

Esses usos das mídias digitais soam modernos, mas nada extraordinários. Contudo, vamos nos aproximar e ver como eles usam essas mídias. Acho que veremos uma convergência entre o uso convencional das mídias digitais e os princípios pedagógicos que definiram esse trabalho na Reggio ao longo dos últimos 30 anos. Por exemplo, os professores frequentemente listam "relações" como um dos objetivos principais. Pode-se imaginar como um projeto em La Villetta usando blocos computadorizados poderia auxiliar esse princípio. Giovanni Piazza e Elena Giacopini relataram como isso era feito. Uma árvore no pátio havia perdido um galho durante a tempestade da noite anterior. As crianças trouxeram o galho até o terraço da escola e ficaram se perguntando se o galho (o "filho") se sentia solitário pela árvore (a "mãe"). As crianças, utilizando os blocos Mindstorm da Lego, criaram uma forma de a árvore dar oi para o seu galho. Esses blocos têm sensores que respondem à luz acionando outros interruptores. Quando o sol nascia de manhã, a sua luz se refletia em um espelho posto na árvore e atingia um sensor de iluminação que as crianças haviam colocado no galho. Neste ponto, o sensor de iluminação ativava uma gravação que dizia: "Bom dia, mamãe".

A questão, para mim, era como isso era maravilhosamente típico dos educadores de Reggio. A maioria dos professores teria trabalhado com as crianças para fazer um bloco motorizado parar quando alguém batesse palmas ou recuasse se atingisse a perna de uma cadeira. O que, para mim, era tipicamente Reggio foi a maneira de integrar o mundo robótico ao mundo social – de usar a inteligência dos blocos computadorizados para restabelecer a relação entre a árvore e o seu galho partido. Esse reenquadramento enfático dos blocos computadorizados me fez sorrir.

Entrando na era digital

Durante a produção do vídeo *The Amusement Park for Birds* (FORMAN; GANDINI, 1994), eu vi como as professoras ajudavam as crianças a pensarem sobre o interior ou o crescimento de algo sobrepondo folhas de acetato sobre um desenho. Em um caso, as crianças demonstravam as alterações morfológicas de um girassol desenhando os estágios do seu crescimento ou sobrepondo folhas de acetato. Em outro caso, as crianças desenhavam a rota da água em uma fonte sobrepondo uma folha de acetato sobre o seu desenho anterior da fonte, conforme vista a olho nu. Com as novas tecnologias, esse método de desenho em diferentes camadas para revelar as camadas internas pode ser feito por computador, usando o Photoshop ou outras aplicações gráficas. Mas por que iríamos querer fazer isso?

Sem dúvida, os motivos foram discutidos em reuniões de professores. Não se presumia que a nova mídia fosse inerentemente melhor do que a anterior. Em Reggio, é preciso haver um motivo que tenha origem na compreensão do que as crianças aprendem ou do que a mídia permite. Aqui constam alguns exemplos de como algumas das técnicas mais velhas foram modificadas via tecnologia digital.

Na nova exposição *The Wonder of Learning*, pode-se estudar uma investigação realizada pelas crianças sobre um grande espaço vazio no Centro Internacional Loris Malaguzzi, vazio porque o centro, que costumava ser uma grande fábrica e um armazém do famoso queijo Parmigiano Reggiano, ainda estava sendo reformado. As crianças achavam aquele grande espaço vazio cheio de colunas um convite para correr, intrigadas pelo número de maneiras possíveis de percorrer o espaço. Elas perceberam que as colunas desapareciam em um

"The computer's like a foreigner, and if you want to talk to it you have to speak its language."
"O computador é como um estrangeiro, e, se você quiser falar com ele, vai ter que falar a sua língua."

"Yes, but the computer has to understand how we talk, too, and it has to do what we want it to do"
"Sim, o computador precisa entender como nós falamos também e ele tem que fazer o que nós queremos que ele faça."

Desenho e palavras das crianças da pré-escola Diana.

buraco no teto e especularam que uma criatura – uma joaninha, na verdade – vivia lá e saía por este grande espaço, livre para explorar, se perder e voltar a se encontrar.

Os professores de Reggio sabiam que a narrativa que estava se desenvolvendo da joaninha motivaria e mediaria os próximos projetos por semanas, os quais incluíam definir o itinerário da joaninha usando barbante laranja no espaço físico, criar um modelo em escala do espaço para representar o itinerário e, por fim, usar o Photoshop para animar o movimento da joaninha pelo espaço, assim como a dinâmica do seu voo.

A narrativa prolongada e pessoal com a joaninha e seus hábitos foi gerada pelos professores, da mesma forma que vimos como foi feito em Reggio desde que ficamos sabendo da Zebra que viria ao refeitório da pré-escola Diana ou sobre as formigas e as minhocas que viviam no terreno de 1 metro que isolamos para estudo, semana após semana, no quintal da pré-escola La Villetta. Os novos produtos de mídia das crianças apresentam tamanha inventividade, nuança e variação devido à profundidade de sua relação com os seus protagonistas. As crianças usaram o Photoshop para representar a joaninha voando, temporariamente esmagada, eletrificada e revivida. As imagens extraordinárias não vieram de suas habilidades técnicas, mas por terem algo a dizer, por projetar sentimentos na joaninha, tal como a necessidade de se camuflar ou de ter antenas para se encontrar em um espaço tão amplo, um espaço que as próprias crianças acharam, de início, gigantesco. As crianças tinham uma narrativa completa sobre a joaninha. Tudo do salão enorme que interessava às crianças foi posto na narrativa. Mais uma vez, os educadores em Reggio nos ensinam que é a própria relação pessoal com a matéria que orienta a composição.

O uso do Photoshop ajudou a criar nuances mais difíceis de se fazer com marcadores, papel e barbante. Por exemplo, uma foto do itinerário da joaninha, posto na sala com barbante colorido, foi apresentada como uma imagem na tela do computador. As crianças, então, usaram o Photoshop para acrescentar caminhos sinuosos sobrepostos no barbante esticado da fotografia. Elas também podiam alternar facilmente as diferentes renderizações da joaninha, eletrificada, esmagada, revivida, voando, girando conforme o avanço da sua jornada.

O virtual e o real

As professoras continuamente apresentam o virtual, o real e os códigos representativos. No itinerário da joaninha, as crianças usaram canetas sensíveis ao toque em um *tablet* para desenhar a rota da joaninha nas fotos digitalizadas no computador. As imagens não eram fotos genéricas extraídas da internet, e sim fotografias tiradas pelas crianças enquanto elas marcavam o itinerário com o barbante laranja. Essas fotografias pessoais ajudavam as crianças a lembrarem de todas as ações, conversas e piadas que haviam acontecido enquanto elas colocavam o barbante. As crianças lembravam e inventavam simultaneamente, enquanto trabalhavam no computador.

Essa estratégia de colocar o mundo real das crianças no mundo virtual tem grande mérito. Já vimos educadores em Reggio usarem essa estratégia antes mesmo de terem mídias digitais, tais como ajudar as crianças a "entrarem" na projeção de uma imagem ampliada da fonte do parque, uma fotografia que haviam tirado (FORMAN; GANDINI, 1994; PIAZZA, 1995). O projetor de *slides* projeta a fonte sobre as crianças, que brincam que estão lá bebendo a água ou se esquivando dos esguichos. A compressão do virtual e do real atribui novo sentido a ambos.

As crianças tiram fotos digitais do espaço com colunas e outros marcos. As professoras perguntam: "Onde vocês estavam quando tiraram essa foto?". Assim, as crianças são encorajadas a "lerem" a foto relacionando o virtual com o real. Note, contudo, que a professora não disse: "Vocês podem encontrar o objeto na sala que estão vendo na imagem?". Essa pergunta sobre perspectivas é mais interessante porque representa a relação entre o conhecedor e o conhecido, entre aquele que escolhe o ângulo da foto e a imagem. Essa relação do virtual e do real ajuda as crianças a entenderem a diferença. "Realidade" é uma questão de perspectiva, de como se encara uma experiência, até mesmo toda a experiência. As mesmas colunas podem parecer cheias, espaçadas ou escondidas dependendo de onde a criança estiver.

A integração entre o virtual e o real também era usada quando as crianças queriam animar a joaninha e capturar a dinâmica das asas em movimento, e as camadas gráficas do Photoshop podiam ser reveladas em sequência para estimular o movimento. Primeiro, as crianças criaram uma joaninha de papel e, por meio de discussões, cortes, colagens e dobraduras, construíram as poses restantes a serem sequenciadas para o voo. Depois, esses cortes foram escaneados no Photoshop como camadas numeradas separadas, organizados na sequência adequada e, então, escalonados e rodados para fazer parecer que era uma joaninha voando. A conversão dos modelos de papel

Primeiro, as crianças fizeram a joaninha com recortes de papel e, discutindo, cortando e dobrando, elas construíram as poses restantes para fazer a sequência do voo. Esses recortes, então, foram escaneados no Photoshop como camadas separadas e numeradas.

em uma sequência numerada e precisamente posicionada deu às crianças um conhecimento mais generalizado do movimento. O movimento pode ser compreendido como um conjunto de posições ordinais discretas que aparecem em intervalos padrão, um conceito fundamental do cálculo. Ainda assim, essa representação mais abstrata é parcialmente "defendida" pelo conhecimento intuitivo dos modelos de papel de onde surgiu.

A criação de códigos para organizar a experiência

Podemos lembrar de "A Cidade e a Chuva" (um dos temas da exibição *The Hundred Languages of Children*; Reggio Children (1987, 1996, 2005)). Nesse projeto, as crianças gravaram os sons dos pingos de chuva caindo sobre os carros, em poças e no chão e os sons dos carros passando pelo concreto molhado. Elas traduziram esses sons em marcas, algumas filas de pontos, alguns rolos em espiral, dependendo da qualidade e do ritmo do som gravado. Essas representações transversais continuaram com as mídias digitais. As crianças falam em um computador e veem representações da altura e da frequência apresentada na tela (espectrógrafo). Com essas representações geradas por computador em tempo real a partir de suas próprias escolhas, elas criam uma nova classe de marcadores em que trabalham com papel e caneta. Para citar *Dialogues With Places* (VECCHI; FILIPPINI; GIUDICI, 2008, p. 118):

> As crianças aprendem sobre o mundo criando relações entre diferentes linguagens. Nessa busca, a linguagem (acho que estão se referindo ao espectrógrafo) parece ajudar as crianças a apropriarem (compreender melhor) a "gramática do som"... O ritmo também é uma parte essencial de toda lin-

Crianças aprendem sobre o mundo criando relações entre diferentes linguagens. Uma representação visual do som (o espectrógrafo) ajuda as crianças a entenderem a gramática do som.

guagem, a brincadeira do cheio e do vazio, do som e da pausa. Sentimos que ali faz a passagem entre os sons produzidos pelo acaso e pelas crianças e sua pesquisa composicional.

Em outras palavras, o mundo das experiências brutas torna-se uma composição conhecida, ordenada e compreendida em termos de ritmos, progressões e repetições. Primeiro, o computador gera correspondência entre o analógico (a voz humana) e o digital (o espectrógrafo). Depois, as crianças usam papel e lápis para reinventar algumas dessas regularidades para representar os sons em marcas. As crianças estão inventando códigos que as ajudam a "ver" as sutilezas dos sons. Até mesmo um estudo cuidadoso dos gráficos de computador, sem esse componente da invenção, não integraria o código digital com a experiência analógica. Aqui vemos um grande exemplo da pedagogia construtivista em Reggio Emilia. Compreender é inventar (PIAGET, 1973).

DISTORCENDO A REALIDADE PARA COMPREENDÊ-LA

A mídia digital, talvez mais do que a maioria das outras mídias, permite que se criem realidades completamente novas, ou seja, representações da realidade. Uma pintura pode representar um homem como meio cabra, mas um computador pode transformar progressivamente o rosto de Mateo no de Georgia, enquanto observamos a transformação ao longo de vários segundos. Na pré-escola Diana, as crianças têm experimentado com essa tecnologia de transformação. Uma pessoa pode ir, aos poucos, se parecendo cada vez mais com as árvores no fundo. O conceito mais convencional de camuflagem transforma-se, lentamente, no invisível. A mídia digital dá às crianças maior controle sobre os processos graduais da mudança: do eu ao eu camuflado e ao eu invisível. O último (eu invisível), é claro, não se trata de um estímulo, mas de uma inferência. Você só sabe que é o "eu" no último estágio porque viu a progressão no programa. Bravo, mídias digitais.

As mídias digitais colocam o método de distorção da realidade nas mãos das crianças. Como mencionei em outro lugar (FORMAN; HILL, 2010), a compreensão que a criança tem do operador, do método de mudança, é fundamental para um entendimento mais completo do mundo físico e social. O que preciso fazer para que essa imagem de mim se misture às árvores e depois, mais "disso", para tornar a minha imagem tão imperceptível que não fosse possível me ver, mesmo que eu soubesse onde procurar parar encontrar vestígios de mim? Não posso simplesmente deixar meu rosto verde. Não posso só mexer no entorno do meu corpo. Preciso pensar de maneira mais específica sobre como a percepção do olho funciona, como ele procura descontinuidades no padrão para isolar um objeto do outro. Então, ao distorcer a realidade usando o computador, na verdade aprendo como a realidade funciona. Ao mesmo tempo, estou aprendendo como categorias discretas (em plena vista, camufladas e invisíveis) não passam de variações sobre um único operador da mudança.

As possibilidades das mídias digitais

Cada mídia, como tinta, lápis, colagem, argila, gráficos de computador, vídeo digital, quando usada para contar ou explicar, possui uma gama de referentes que a mídia pode expressar de maneira clara e fácil, pelo menos em relação a outras mídias (FORMAN, 1994). Quando uma criança faz um desenho para contar às outras sobre o que ela acha das multidões, seu lápis pode dar uma aparência

Usando a função gráfica do Photoshop, as crianças montam o caminho da joaninha em quatro fotografias dos espaços que visitaram no Centro Internacional Loris Malaguzzi. Essa mídia digital permite que as crianças adicionem propósito à narrativa dos corredores, das colunas e dos degraus nessas salas vazias que visitaram.

de anonimato aos rostos. Cortar essas figuras como objetos separados dá a oportunidade (permite) para que a criança mude facilmente as orientações das pessoas que estão indo e vindo em uma multidão (RINALDI, 1998). De fato, a coleção de recortes em papel quase fala para as crianças usarem o método de variação da orientação. As professoras em Reggio Emilia estão há muito cientes das capacidades das diferentes mídias e frequentemente convidam as crianças a discutirem qual mídia possibilitaria expressar melhor o que elas querem dizer.

As mídias digitais podem ser comparadas com outras mídias de acordo com o que elas permitem. Um recorte de papel pode ser reorientado no lugar, mas uma versão no computador pode ser animada para se mover por conta própria. Por que não simplesmente mover o recorte de papel com a mão? Quando as crianças, apertando teclas ou movendo o *mouse*, "instruem" o ícone a se mover na tela do computador, elas tendem a observar o movimento subsequente como uma forma, a forma de um evento. O movimento gerado por computador proporciona (permite) uma codificação do evento. Um evento codificado (por exemplo, "um pouco para cima e depois para baixo") torna-se "esquematizado", um termo favorito de Bruner (1986), um psicólogo cognitivo. A esquematização da experiência torna a experiência recuperável para uso futuro e editável de modo a preservar o que é bom e modificar o que é ruim (por exemplo, "é preciso nivelar mais cedo").

As mídias digitais permitem nivelar múltiplos sistemas simbólicos para expressar aspectos ligeiramente diferentes do mesmo fenômeno. Na verdade, "multimídia" e "mídias digitais" são tratados como sinônimos. Remontando a experiência das crianças animando o voo da joaninha, o texto pode explicar o que a animação não revela, e a animação pode preencher as falhas de informação que o texto deixou. O texto permite contar propósito e fracasso. A animação permite contar tempo e mudança. Realizar mapeamentos de um símbolo ao outro aprimora a nossa habilidade de compreender a relação entre teoria e prática. Imagine o poder explicativo de um texto que contenha janelas de *pop-up*. As mídias em camadas podem apresentar um mapeamento (que vai do princípio à exemplificação), do princípio teórico com microclipes que exemplificam e contextualizam à teoria. O significado do texto pode ser visto e, assim, compartilhado e até debatido por um grupo de leitores. Temos, em uma experiência visual/de leitura, o poder do texto para apresentar o geral e o poder do vídeo para apresentar o específico. "Dever fazer" e "como fazer" misturam-se. Esse mapeamento nos ajuda a compreender o valor educacional da brincadeira, a evolução gradual da complexidade do pensamento das crianças ou as dinâmicas sutis em grupo que podem conter sua alegria. Há muitos métodos pelos quais os educadores podem usar formatos de apresentação digital para justapor as explicações com vídeo digital (FORMAN; HALL, 2005).

A MÍDIA DIGITAL E OS PROFESSORES

A democratização da documentação

Por anos, nós vimos as reveladoras fotografias das crianças nas pré-escolas de Reggio Emilia imersas em projetos de longo prazo, incluindo momentos de intensa investigação e alegre presença de toda a cidade para um evento escolar. Vemos as palavras escritas pelas crianças, mas não escutamos suas vozes, e sabemos ainda menos do que é feito pelos bons professores que oferecem as ferramentas adequadas, as palavras de encorajamento ou as provocações que enriqueçam o dia das crianças. Assistimos a alguns vídeos ao longo dos anos, mas, em sua maior parte, as exposições itinerantes, os painéis de documentação e muitos livros da Reggio Children não passaram de palavras estáticas.

Gradualmente, estamos vendo um maior compartilhamento dos vídeos, em parte devido à facilidade de distribuição digital pelos computadores. Estou certa de que esses atrasos têm pouco a ver com qualquer outra coisa que não o cuidado dos educadores para com o uso de qualquer ferramenta. Contudo, há muitas vantagens que os estrangeiros irão notar quando essa transição para a documentação em vídeo se mantiver. Por um lado, podemos compreender melhor os produtos realizados pelas crianças. Em vez de simplesmente nos impressionarmos porque uma criança de 3 anos pode criar marcas que capturam a metáfora do som, poderemos nos informar sobre como os professores sustentam essa forma de pensar com uma combinação entre facilitar a instrução e ajudar a criança a simpatizar com a matéria. Por outro lado, podemos compreender os termos que eles usam, como a *pedagogia da escuta*, a *revisitação* ou, como na citação anterior na seção de códigos, *pesquisa composicional*. Muito da nossa antiga confusão se dava porque aplicávamos as nossas próprias "imagens" aos seus termos, mesmo sem saber precisamente o que eram. Uma terceira vantagem é que agora travamos diálogos com Reggio Emilia com profundidade de exemplos e detalhes suficientes para não nos surpreendermos com o que vemos, para perguntar o raciocínio por trás de um comportamento que vimos em um segmento de vídeo e para debater como coparticipantes.

Essa democratização da documentação por meio do vídeo digital certamente irá acelerar a construção da boa prática enquanto essa mesma prática se adapta a outras culturas. Talvez, quando os nossos amigos italianos derem sua resposta preferida ("Depende"), agora possamos ver no vídeo do que "depende".

Voltando ao vídeo dos três meninos construindo cadeiras com argila, eu gostaria de explicar que nós o assistimos um dia após o evento. Aqui estávamos, 70 educadores de 20 países trabalhando juntos para encontrar significado e especular sobre as intenções das crianças, antes mesmo que os educadores locais o fizessem, e assim trabalhando com eles (veja também a descrição desse evento no Cap. 9). O vídeo nos deu uma oportunidade que visitar uma sala jamais nos daria, mesmo que visitássemos em dia de comparecimento completo. O vídeo permitiu que nos relacionássemos com as transações entre as crianças e com a organização dos professores, revisitando e rebobinando. Havia três grupos assistindo ao mesmo vídeo, e então nós todos nos reunimos para ler três relatórios sobre as nossas análises. Alguns grupos notaram como os alunos mais hábeis auxiliaram os mais inexperientes. Alguns notaram as estratégias que uma criança usava para garantir que a cadeira caberia sob a mesa de argila. Alguns notaram a inteligência nas palavras que os garotos escolheram para definir o problema e propor soluções. Outros observaram o que reacendeu o interesse quando a energia para o projeto diminuiu durante os 90 minutos em que esses garotos trabalharam na tarefa de construir com a argila. O vídeo nos deu um referencial compartilhado repleto de informações que conseguimos coconstruir com significado, sentando à mesa com os nossos colegas italianos. Esse foi um dia realmente maravilhoso.

O poder do vídeo digital

Você pode perguntar, já que este capítulo trata das mídias digitais, se estou falando do vídeo digital em contraposição ao vídeo de maneira geral. Sim, o vídeo digital tem vantagens que o vídeo analógico não tem. O vídeo digital pode ser facilmente alterado e editado e pode ser enviado para os pais, publicado em um *website* seguro, marcado para observação posterior em uma base de dados, duplicado infinitamente e facilmente inserido em uma página de texto que explica o exemplo em vez de simplesmente apresentar o exemplo. Essas diferenças não são triviais. Imagine a história que qualquer escola pode criar, o fundo de conhecimento que elas podem subvencionar, se indexarem os vídeos das crianças e dos professores trabalhando e brincando. Imagine o poder que é ter acesso a essas grandes conversas que tivemos anos atrás com as crianças sobre um assunto qualquer, como multidões. Imagine a utilidade de fazer a equipe de documentação do Centro Internacional Loris Malaguzzi criar um espaço de vídeos para praticar. Já vi o começo de uma iniciativa como essa no Centro de Documentação e Pesquisa Educacional. Ainda não sabemos os detalhes, mas imaginamos que a sua evolução recapitule o que está acontecendo ao redor do mundo – o uso de vídeos indexados para arquivar a história e inventar um futuro.

Sabemos que a especialização (*expertise*) se baseia em dois fatores: um fundo amplo de experiência baseada em conteúdo e uma facilidade de recuperar os fatos e as estratégias relevantes nas configurações aplicadas. Vídeos armazenados no HD podem representar as experiências, mas, para serem transformados em conhecimento, eles devem ser indexados e depois esses índices precisam ser usados com alguma inteligência para orientar a prática no contexto do mundo social e físico. Faz muito tempo que se usam títulos de projetos e títulos de mini-histórias de Reggio para "indexar" a nossa compreensão da sua prática. Eu me lembro da "A História de Laura" (a menina de 1 ano que encostava o ouvido na foto de um relógio de pulso; EDWARDS; RINALDI, 2009); a experiência de pintar as flores ante de fazer uma visita aos campos (REGGIO CHILDREN, 1987, 1996, 2005); "O que formigas e pássaros veem" (uma investigação de um pedaço de 1 metro do pátio, conduzida em La Villetta no início da década de 1990); o Grande Debate entre Simone e Georgia em "Parque de Diversões para Pássaros" (FORMAN; GANDINI, 1994); e o episódio de "A desvantagem do corredor" no projeto do Salto em distância (As meninas deveriam começar sua corrida mais perto da linha de salto? recontado em Forman, 1993). Essas são vinhetas que capturam um pouco da essência do que queremos lembrar e usar como pontos de referência, não como técnicas memorizadas. E estaremos menos propensos a utilizá-las como técnicas memorizadas pelo motivo de serem histórias, de terem uma estrutura de narrativa que poderia ou pode seguir direções distintas. A estrutura da história, capturada em um registro contínuo em vídeo, é uma maneira mais útil de indexar a experiência. O título ajuda a lembrar a história, e a história abre para você uma aplicação melhor do que algum princípio descontextualizado da prática ou padrão de desempenho cuidadosamente definido. Então, nesse sentido, os vídeos digitais indexados permitem a recuperação de experiências relevantes de maneira contextualizada que nos abre aos potenciais do que estamos atualmente observando e à cultura atual da sala que estabelecemos.

O poder distributivo do vídeo digital

Há muitos anos, as crianças permaneciam na presença dos pais, ou pelos menos da mãe, até que estivessem na idade de frequentar o ensino fundamental. Agora, a crescente necessidade (e desejo) por educação infantil de qualidade cria um aumento concomitante na nossa sensação de perda. Estamos perdendo tempo pessoal com as nossas crianças e estamos quase desesperados para saber como elas passam o dia.

Acho que essa sensação de perda tem sido um grande motivo por que o público norte-americano agarrou-se à documentação como uma característica definidora da "Abordagem Reggio". Os painéis na parede, as correspondências impressas preenchem essa ausência de conhecimento sobre o que a criança está fazendo. Mais do que descrições, os professores de Reggio explicam. Pense em como um pai ficaria mais satisfeito se esses documentos incluíssem fotografias e vídeos.

Os professores norte-americanos começaram a usar *blogs* na internet para manter os pais atualizados e convidá-los a participar, compartilhar reações e oferecer informações sobre como algo feito na escola foi continuado em casa. Contudo, essas inovações estão nos estágios iniciais e ainda não se expandiram em uma análise ou avaliação coletiva ou distribuída dos momentos de aprendizagem. Ainda assim, o poder de distribuição das mídias digitais a todos os componentes certamente terá papel central na Emilia Romagna, uma região agrária conhecida por sua forte noção de comunidade.

REFERÊNCIAS

BRUNER, J. *Actual minds, possible worlds*. Cambridge: Harvard University, 1986.

EDWARDS, C. P.; RINALDI, C. (Eds.). *The diary of Laura*: perspectives on a Reggio Emilia diary. St. Paul: Redleaf, 2009.

FORMAN, G. Different media, different languages. In: KATZ, L. G.; CESARONE, B. (Eds.). *Reflections on the Reggio Emilia approach*. Urbana: ERIC, 1994.

FORMAN, G. Multiple symbolization in the Long Jump project. In: EDWARDS, C. P.; GANDINI, L.; FORMAN, G. (Eds.). *The hundred languages of children*: the Reggio Emilia approach to early childhood education. Norwood: Ablex, 1993.

FORMAN, G.; GANDINI, L. *An amusement park for birds*. Amherst: Performanetics, 1994. 1 gravação (90 min.), son., color.

FORMAN, G.; HALL, E. Wondering with children: the importance of observation in early education. *Early Childhood Research and Practice*, v. 7, n. 2, 2005.

FORMAN, G.; HILL, F. *Constructive* play: applying Piaget in the classroom. Amherst: Videatives, 2010.

PIAGET, J. *To understand is to invent*: a structural foundation for tomorrow's education. New York: Grossman, 1973.

PIAZZA, G. (Ed.). *The fountains*. Reggio Emilia: Reggio Children, 1995.

REGGIO CHILDREN. *The hundred languages of children*: narrative of the possible. Reggio Emilia: Municipal Infant-Toddler Centers and Preschools of Reggio Emilia, 1987.

REGGIO CHILDREN. *The hundred languages of children*: narrative of the possible. Reggio Emilia: Municipal Infant-Toddler Centers and Preschools of Reggio Emilia, 1996.

REGGIO CHILDREN. *The hundred languages of children*: narrative of the possible. Reggio Emilia: Municipal Infant-Toddler Centers and Preschools of Reggio Emilia, 2005.

REGGIO CHILDREN. *The wonder of learning*: the hundred languages of children. Reggio Emilia: Reggio Children, 2011.

RINALDI, C. Currículo projetado e documentação. In: EDWARDS, C. P.; GANDINI L.; FORMAN, G. (Eds.). *The hundred languages of children*: the Reggio Emilia approach advanced reflections. 2nd ed. Greenwich: Ablex, 1998.

VECCHI, V.; FILIPPINI, T.; GIUDICI, C. (Ed.). *Dialogues with places*. Reggio Emilia: Reggio Children, 2008.

Leituras recomendadas

FORMAN, G. Documentation and accountability: the shift from numbers to indexed narratives. *Theory Into Practice*, v. 4, p. 29-35, 2010.

VECCHI, V. *Art and creativity in Reggio Emilia*: exploring the role and potential of ateliers in early childhood education. New York: Routledge, 2010.

20

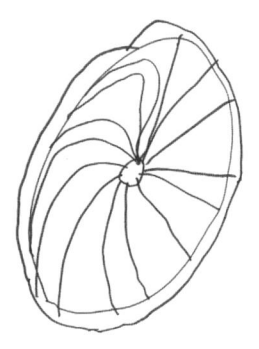

O Centro Internacional Loris Malaguzzi

Carlina Rinaldi e Sandra Piccinini

Estamos trabalhando em tempos difíceis e em constante mudança ... além da nossa habilidade de previsão, pois o futuro tornou-se difícil de governar. Acredito que o desafio diante das crianças de hoje seja ... pensar em como se interconectar – esse é o lema do presente e do futuro –, uma palavra que precisar ser compreendida em profundidade e em todas as suas formas. Precisamos fazer isso tendo em mente que vivemos em um mundo composto não de ilhas separadas, mas de redes ... nessa metáfora está contida a construção do pensamento das crianças e a construção do nosso próprio pensamento, que pertence a um largo arquipélago em que interferência, interação e interdependência estão constantemente presentes, mesmo quando não as vemos (Loris Malaguzzi, 1993)[1]

COMO A IDEIA NASCEU

A ideia de criar um Centro Internacional na Reggio Emilia para valorizar a cultura e a criatividade das crianças, dos pais e dos professores teve seu ponto de partida em sugestões dadas por Loris Malaguzzi. A ideia foi discutida em reuniões com várias partes interessadas e começou a tomar forma durante a década de 1990, quando a gestão municipal da Reggio Emilia (*comune*) comprometeu-se com o centro e iniciativas de conscientização pública foram realizadas para aumentar a participação civil.

Naquele momento, o reconhecimento internacional chegou para os serviços educacionais de Reggio na revista *Newsweek* (1991) e na forma do Prêmio Kohl (1993). A pré-escola Diana foi escolhida para representar todo o sistema educacional Reggio como símbolo de um projeto educacional altamente qualificado e inovador.

A partir daquele momento, começamos a trabalhar em Reggio Emilia para dar vida a um organismo capaz de responder às reverberações internacionais. A Reggio Children foi criada em 1994 pelos desejos de um grupo de cidadãos, pais e funcionários da prefeitura da Reggio Emilia, sendo-lhe confiada a tarefa de promover e valorizar constantemente as nossas experiências educacionais de maneiras adequadas.

O Centro Internacional Loris Malaguzzi.

A própria experiência se distingue por sua natureza fortemente voltada para a pesquisa e por sua observação e documentação do pensamento e do trabalho das crianças. Desejamos encorajar o maior desenvolvimento das relações nacionais e internacionais e dos intercâmbios por meio de projetos de pesquisa comuns. Por esse motivo, nestes mesmos anos, a ideia do centro internacional para pesquisa e desenvolvimento estratégico futuro amadureceu.

O PROJETO ARQUITETÔNICO E CULTURAL DO CENTRO INTERNACIONAL

Construímos o Centro Internacional Loris Malaguzzi para valorizar as experiências pedagógicas que foram criadas e desenvolvidas em Reggio Emilia. Queremos oferecer um tipo de provocação cultural, um elemento necessário em um centro de pesquisa.

As iniciativas do Centro Internacional vão se focar na infância, mas também serão orientadas para crianças mais velhas e adolescentes. O projeto do Centro Internacional foi criado para valorizar as "cem linguagens" e propor uma ideia constantemente inovadora das escolas e da educação. Acreditamos que o Centro Internacional seja um investimento cultural que irá produzir desenvolvimento social e econômico.

Dentro do trabalho desse Centro, as crianças e os jovens podem aprender por meio da exploração e da investigação em um ambiente que combina experiências altamente educacionais com o valor da brincadeira. O Centro é um local dedicado a encontros entre famílias, crianças e jovens e entre pesquisadores, estudantes e administradores. O Centro é aberto a famílias da Reggio Emilia, da nossa província e região, da Itália como um todo e do exterior. Alunos professores e profissionais da educação são convidados a participar de iniciativas de desenvolvimento profissional no centro, assim como administradores de corporações e organizações públicas e privadas da Itália e do mundo. Estudantes e pesquisadores de universidades e institutos científicos têm a oportunidade de dialogar e estudar com colegas do Centro.

Esse projeto também é uma oportunidade única para a inovação e a transformação de uma importante área da cidade de Reggio Emilia. O novo Centro Internacional se localiza em Santa Croce, a parte ao Norte da cidade, a primeira área industrial desenvolvida no início do século XX. Em 1998, o município comprou os prédios

Locatelli, construídos em 1924, para abrigar o Centro Internacional. Antes um armazém de queijo, os prédios Locatelli são um bom exemplo de arquitetura industrial. Os prédios estão quase no fim de um processo de renovação, localizando-se perto da ferrovia, com fácil acesso via trem e pela passagem subterrânea para pedestres no centro da cidade.

Santa Croce é um bairro que reflete a evolução da cidade de Reggio Emilia. Antes um bairro quase exclusivamente industrial, agora abriga muitas famílias imigrantes, com uma população mais jovem que a da cidade como um todo, e inclui mais imigrantes do que a cidade (vindos principalmente do Marrocos, da China e de Gana). Essa vizinhança em mutação está passando por um processo de descoberta de uma nova identidade. Muitos dos prédios foram renovados e estão sendo usados de novas maneiras. Por exemplo, um prédio que já foi um casarão particular hoje é uma biblioteca pública.

O projeto arquitetônico do Centro Internacional Loris Malaguzzi foi desenvolvido por Tullio Zini e seus colegas. O Centro inclui áreas criativas de atividades multimídia, um centro para o estudo e a difusão de pesquisa pedagógica produzida nas escolas, um lugar para o desenvolvimento profissional e um local para uma creche. O Centro inclui uma pré-escola para crianças dos 3 aos 6 anos, assim como salas para os anos iniciais. Dentro do Centro Internacional, há oficinas, *atelier*/laboratórios e áreas para brincadeiras; áreas para exibições; e o Centro de Documentação e Pesquisa Educacional. Além disso, no local há um centro de informações, uma livraria, um restaurante, um bar e um auditório.

O Centro Internacional está se tornando um local de identidade para essa vizinhança e para a cidade de Reggio Emilia. A cidade continua a se planejar para o futuro com respeito às memórias do passado. Em uma era de grandes mudanças e medo do futuro como a nossa, a mensagem de Loris Malaguzzi é ainda mais importante: "As crianças têm direitos. As crianças trazem cultura. Com essa premissa, podemos trazer um nível mais elevado de cidadania a cada indivíduo".

O CENTRO INTERNACIONAL LORIS MALAGUZZI: UM METAPROJETO

A abertura do Centro Internacional Loris Malaguzzi ocorreu por etapas, com a conclusão da primeira fase da construção em 2006. Contudo, a grande abertura do Centro Internacional, no dia 23 de fevereiro de 2009, foi importantíssima para as creches e pré-escolas, para a cidade de Reggio Emilia e para todas as pessoas na Itália e ao redor do mundo que esperavam por um centro dedicado a Loris Malaguzzi – todos aqueles que, por suas ideias e ações, ajudaram a construí-lo.

É um lar para os locais que se inspiraram na experiência educacional da Reggio, mas que estão mirando o futuro, elevando a dimensão internacional e multicultural que esteve lá desde o início.

Eu, Carlina Rinaldi, sou uma das pessoas que tiveram a sorte e o privilégio de seguir essa experiência educacional desde o início e com a construção desse conceito da internacionalidade. Essa experiência nasceu internacional em suas teorias. Desde o início, seguimos Agazzi, Montessori e outros italianos, mas também Piaget, Dewey e Vygotsky. Aqueles entre vocês que não estavam conosco naquela época – alguns porque ainda não davam aulas, outros porque talvez não tivessem nascido – precisam saber que era incrivelmente inovador, na década de 1960, citar nomes desse tipo. Piaget recém havia sido traduzido para o italiano em 1950, porque, antes desse período, era proibido.

Esses nomes manifestam a nossa intenção de contato e intercâmbio imediato, com o objetivo de oferecer às crianças o melhor que a cultura e o pensamento internacional – não apenas na pedagogia, como também em outros campos – elaboraram. Como eu disse, a experiência nasceu internacional em suas teorias, nasceu internacional em suas ações e relações. Eu gostaria de lembrar que essa nossa experiência, que data formalmente de 1963 como uma experiência municipal *comunitária*, teve sua primeira conferência internacional em 1966. Além do mais, a aventura da exposição *The Hundred Languages* começou – como costumamos lembrar – na década de 1980, e o que costumávamos chamar de "delegações", e que hoje são chamados de "grupos de estudo", remontam à década de 1970, com essa intenção de intercâmbio e diálogo.

A experiência nasceu internacional acima de todas as outras aspirações. Pensando em larga escala, pensando grande, pensando em nós mesmos não apenas em termos pedagógicos, mas também como uma experiência cultural, como um lugar de produção de cultura, um lugar de ação política – local, nacional, internacional. Desde o início, sentimos a responsabilidade de que cada gesto, cada escolha tomados nessa cidade teriam implicações e consequências para outras escolhas e outros gestos que seriam feitos ou não em outras partes do mundo.

Sentir essa responsabilidade é uma parte integral da nossa história. É algo que devemos à nossa própria história, e é por isso que o centro somos nós. Na verdade, o centro não é apenas um lugar físico de visita para cursos e reuniões profissionais. Não é algo "extra", uma janela para aparecer ou um motivo para trabalhar e pensar mais. O centro é uma ferramenta para nos ajudar a pensar melhor, a pensar *diferente*.

É uma ferramenta para ajudar a criar mudanças no nosso ensino, para pensar no que precisamos fazer como cidade, como cidadãos do mundo; é uma ferramenta para criar as condições de mudança paradigmática, na nossa própria maneira de conceitualizar, de criação de relações. No meu ponto de vista, e não só no meu, o Centro é, assim, uma grande metáfora para o que nós somos, para o que fomos e para o que queremos ou gostaríamos de ser. É uma forma de pensar nós mesmos diferentemente. É um *metaprojeto*.[2] No meu ponto de vista, o Centro traz a teoria das cem linguagens até a sua maturação e realização – não porque eu espero que consigamos explorar essa teoria com maior profundidade no Centro, com o centro e graças ao centro, mas porque a teoria das cem linguagens não concerne apenas à psicologia e à pedagogia, mas é acima de tudo uma teoria política e cultural, uma teoria que exalta o valor da pluralidade e do pluralismo, das diferenças e do diálogo entre as diferenças. Uma teoria que tem o pluralismo como premissa para todas as discussões sobre qualidade e democracia.

Lembre que não é coincidência que a teoria tenha nascido em um período em que um pequeno número de línguas exercia domínio cultural sobre outras línguas e, portanto, um pequeno número de poderes dominava outros poderes.

Falar em uma centena de línguas era falar do direito de dar voz e linguagem àqueles que não eram reconhecidos sequer como portadores de uma linguagem. A teoria, para mim, é sinônimo de liberdade, da liberdade que pode garantir a pesquisa, da liberdade que apenas a pesquisa pode garantir.

A pesquisa é o tecido conectivo que liga o Centro Internacional às escolas, o

O salão de exposição Marco Gerra.

centro à cidade, o centro à Itália e o centro ao mundo. Outra área sobre a qual podemos refletir neste ano, ainda mais do que no passado, é a ideia da própria *pesquisa*. Essa palavra é usada excessivamente, e fácil de jogar em conversas, mas pode gerar rapidamente muitos equívocos. Nós nos referimos à pesquisa como *humus,* como uma atitude existencial possuída pelas crianças e pela humanidade. Também precisamos entender que tipos de pesquisa realizar e em que áreas, com que parceiros. Trabalhamos em muitos projetos de pesquisa e precisamos partir em busca de outros. Essa será a nossa contribuição para a cidade, para a internacionalidade, para a ciência da humanidade. Também temos de refletir sobre questões éticas ligadas à pesquisa, à educação, à nossa existência como rede internacional. Precisaremos refletir sobre como definir a nossa relação com a universidade, com o mundo da economia, com os jovens e com as famílias –, e não apenas as famílias que frequentam as nossas escolas.

Assim como fizemos antes e, com sorte, faremos ainda melhor no futuro, também podemos pensar sobre as narrativas que criamos para nós mesmos – como contamos a nossa história, como mudar, ficando cada vez mais ricos e enriquecedores por meio desse intercâmbio. Podemos refletir cada vez mais sobre esse conceito de infância que os documentos das Nações Unidas definem como dos 0 aos 18 anos com seus locais, suas linguagens, e muito mais além.

Repito: esse centro não é nada além de nós. Somos nós mesmos, um "nós" do tamanho da nossa cidade, do tamanho do mundo.

NOTAS

1 A citação de Loris Malaguzzi foi traduzida por Lella Gandini (2005, p. 1). *Como a Ideia Nasceu* vem da mesma edição, p. 2. *O Projeto Arquitetônico e Cultural do Centro Internacional* foi adaptado de um texto com esse mesmo título, de Piccinini (2005). A última seção, sobre o Centro Internacional como metaprojeto, foi extraída de uma palestra dada por Rinaldi (2007) na assembleia de abertura do ano acadêmico de 2006-2007 para os profissionais das Istituzione Pré-escolas e Creches do Município de Reggio Emilia e membros dos Conselhos Municipais e Infantis.

2 Um *metaprojeto* é um grande projeto ou empreendimento que contém diversos outros projetos.

REFERÊNCIAS

GANDINI, L. How the idea was born. *Reggio Children Newslatter*, p. 1, 2005.

PICCININI, S. The architectural and cultural project of the international center. *Innovations in early education: the International Reggio Exchange*, v. 12, n. 4, p. 7-9, 2005.

RINALDI, C. Carlina Rinaldi: depoimento [abr. 2007]. *Reggio Children Newslatter*, p. 5-7, 2007.

Parte V
Conclusão

21

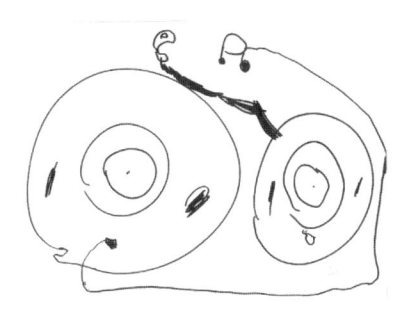

Reflexões finais e estratégias de ensino

Carolyn Edwards, Lella Gandini e George Forman

Este livro apresentou uma introdução e um panorama geral da experiência da educação infantil em Reggio Emilia. O propósito do projeto educacional geral, conforme dizem os educadores, é produzir *uma criança reintegrada,* capaz de construir seus próprios pensamentos por meio da síntese de todas as linguagens expressivas, comunicativas e cognitivas. Contudo, essa criança integrada não é um investigador solitário. Pelo contrário, os sentidos e a mente da criança precisam de ajuda dos outros para que ela perceba a beleza, a ordem e a bondade e para que descubra os significados de novas associações de pessoas, ideias e coisas. Todas as crianças pequenas são *protagonistas,* atores heroicos do seu próprio crescimento e desenvolvimento na comunidade.

O VALOR DA COLABORAÇÃO E DA COMUNICAÇÃO

Este livro, como o próprio sistema de Reggio Emilia, é o produto de muitas colaborações. É um pequeno resultado e uma manifestação do processo atual e acelerado do intercâmbio internacional. Hoje, o Centro Internacional Loris Malaguzzi oferece a personificação física e institucional das aspirações internacionais de Reggio Children, sendo seu objetivo de longo prazo "defender e promover os direitos e o potencial de todas as crianças" (Cap. 20). Visitas de estudo e outras iniciativas trazem delegações internacionais de educadores políticos, assim como estudiosos, professores de licenciatura, alunos universitários e de institutos de pesquisa do mundo todo, em busca de experiências educacionais cuidadosamente pensadas. A Rede Internacional de Reggio Children contém grupos conveniados da Europa, da América do Norte, da América Latina, da Ásia e da Oceania.

Ainda assim, o trabalho mais visível das redes internacionais se dá em contextos locais, onde líderes organizam oportunidades educacionais e promovem mudanças e inovações no trabalho diário com crianças e adultos. Essas inovações estão ganhando importância e qualidade regularmente, conforme é possível confirmar verificando as fontes de muitos países: Austrália, de Jan Millikan; Coreia, de Moonja Oh; Escócia, de Pat Wharton; Suécia, de Harold Göthson; e os Estados

Unidos, de Ronald Lally, em *The Diary of Laura: Perspectives on a Reggio Emilia Diary* (EDWARDS; RINALDI, 2009). Outras histórias de colaboração internacional são recontadas em edições de *Innovations in Early Education* (p. ex., Fall, 2003, 2007, 2008; Winter, 1999). Colaborações formadas em visitas de estudo são pontos de partida particularmente poderosos para relações de longo prazo e explorações do desenvolvimento e da mudança dos professores (FU; STREMMEL; HILL, 2002).

Além do trabalho com os educadores, os programas de pesquisa com colaboradores internacionais aumentam cada vez mais a energia de Reggio Children. Um bom exemplo é o projeto de pesquisa realizado com o Project Zero, de Harvard, sobre aprendizagem individual e em grupo entre crianças (GIUDICI; RINALDI; KRECHEVSKY, 2001).

Conforme o diálogo internacional aumenta e cada vez mais pessoas entram, as questões vão aumentando de complexidade, as conversas reverberam ainda mais em diferentes tipos de cenários e situações e o processo de difusão e de fluxo de ideias ganha vida própria. É verdade, como nos lembra David Hawkins (Cap. 3), que importar modelos estrangeiros inteiros nunca funcionou. Cada sociedade deve solucionar seus próprios problemas. Sabemos que as inovações educacionais nunca serão perfeitamente transplantadas de um país ao outro sem extensa tradução e adaptação. Contudo, o fato de que as experiências educacionais não podem ser transplantadas intactas de um contexto cultural ao outro não significa que conceitos e práticas educacionais não podem irradiar e se espalhar por meio da "difusão cultural" (que é como os antropólogos chamam a troca e o fluxo de ideias e produtos). Felizmente, a difusão cultural ocorre desde o início da história humana, e ocorre continuamente, sem direção ou planejamento ou controle; de fato, sempre que seres humanos de diferentes grupos entram em contato. Bens, ferramentas e tecnologia, descobertas científicas, padrões linguísticos, músicas, jogos, roupas e todo tipo de prática cultural estão em constante movimento. Esses processos de difusão são a fonte mais comum, e também mais extraordinária, da infindável vitalidade humana e do progresso cultural.

No caso das experiências e ideias que surgem em Reggio Emilia, portanto, podemos esperar que as ideias continuem a fluir, contanto que sejam consideradas úteis pelos outros e ajudem as pessoas com suas questões e com seus problemas. Os educadores em Reggio Emilia preferem uma linguagem que fale ou escreva sobre a sua *experiência* (em vez do seu *método* ou *modelo*) e da sua experiência *entrando em diálogo com* (em vez de *instruindo, aprimorando, informando*) educadores em outros contextos. Concordamos que esse tipo de linguagem transmite melhor a parceria genuína e um respeito pelo conhecimento, pela sabedoria e pela integridade cultural incrustada nos sistemas de significado mantidos por nós, educadores, que vivemos fora de Reggio e que podemos *nos inspirar em* (em vez *seguir* ou *fazer*) práticas dos educadores em Reggio Emilia.

Você pode perguntar: o diálogo e o intercâmbio internacional valem toda a viagem, a tradução, o esforço e os erros ocasionais que podem ocorrer? Em resposta, diríamos que é necessário se preparar com cuidado, mas sim, esse tipo de intercâmbio transcultural parece ser carregado de expectativas e recompensas. Ele pode ser rico e multifacetado, como resultado das diferentes perspectivas trazidas pelos "de dentro" (aqueles que cresceram em um lugar e que são membros de uma comunidade cultural) versus "de fora" (aqueles que cresceram em outro lugar, como parte de uma comunidade diferente) conforme conversam sobre o significado das ações, das palavras, dos eventos e das ideias (EDWARDS; WEISNER, 2010; TOBIN; HSUEH; KARASAWA, 2009). Tanto os "de dentro" quanto os "de fora" oferecem perspectivas valiosas e informativas – interpretações complementares – e dessa justaposição emerge uma "verdade atual" mais completa sobre o significado e a significância da experiência de Reggio Emilia para outros contextos.

As crianças exploram o ambiente da pré-escola La Villetta com um mapa que estão usando para situar o parque de diversões para pássaros que estão construindo.

A BUSCA PELA INTERDISCIPLINARIDADE

Além da colaboração e da comunicação, este livro representa um segundo valor que nós, editores, gostaríamos de encorajar: a interpretação, ou infusão, das disciplinas acadêmicas (arte, ciências humanas e ciências exatas) na disciplina profissional da educação infantil. O conhecimento básico da arte, das ciências humanas e das ciências exatas parece ser frequentemente usado de maneira superficial e desestimulante nas pré-escolas, talvez porque os professores sintam que não estão suficientemente preparados ou que "não são bons" nessas matérias. Por outro lado, a experiência de Reggio Emilia demonstra como os professores podem, por meio da documentação e do trabalho em equipe, preparar ambientes e atividades escolares que despertem nas crianças o poder de perceber, estudar e representar os mundos lindos e ordenados da natureza e da cultura ao seu redor.

Malaguzzi dizia que:

> Desde o início, a curiosidade e a aprendizagem refutam aquilo que é simples e isolado. As crianças anseiam por descobrir as medidas e relações das situações complexas. (1996, p. 30).

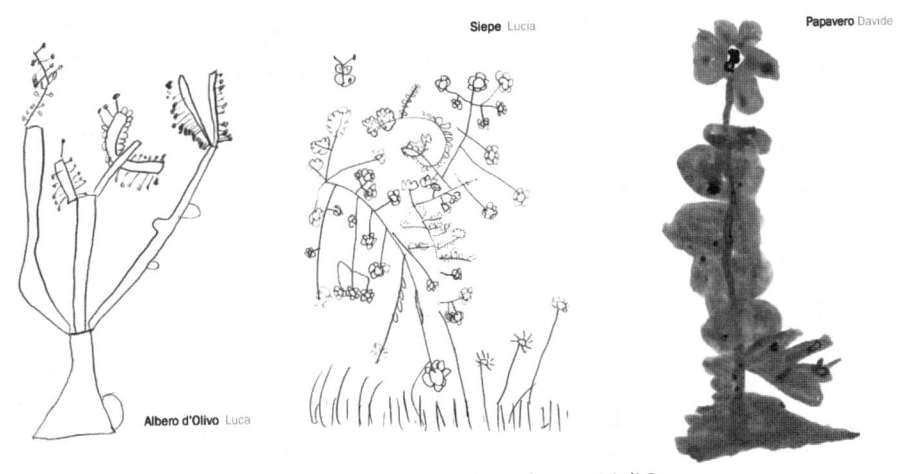

Desenhos das crianças de plantas na sua praça na pré-escola Martiri di Sessa.

Nos últimos anos, os educadores de Reggio têm comunicado, de maneira cada vez mais forte, seu comprometimento para com os valores estéticos da beleza, da harmonia e da ordem como forma de conhecimento das crianças e como *sine qua non* nos ambientes de educação infantil (CEPPI; ZINI, 1998; VECCHI, 2002, 2010; VECCHI; GIUDICI, 2004). Essa ênfase exerce efeitos profundos na América do Norte e em outras partes (CURTIS; CARTER, 2003; GANDINI; ETHEREDGE; HILL, 2008; GANDINI et al., 2005; COOPER, Cap. 16). Como resultado, as crianças, por meio da exploração, da brincadeira e da autoexpressão orientada, são adequadamente apresentadas aos importantes sistemas de símbolos e de conhecimento dos adultos, onde absorvem valores relacionados à estética, bem como à ciência, à matemática e a outras disciplinas. As crianças começam adquirindo uma forte noção de sua história, herança e tradições culturais.

NOVAS QUESTÕES E DIREÇÕES

Então, como perguntamos no fim da primeira e da segunda edições deste livro, agora precisamos voltar a perguntar: aonde vamos agora? A experiência de Reggio Emilia representa uma combinação única de elementos, mas a sua filosofia e as suas premissas básicas sobre o ensino e a aprendizagem são as que os educadores infantis internacionais consideraram mais familiares e simpáticas. Por exemplo, apesar da forte ênfase que se dá nos Estados Unidos aos valores da autonomia e da individualidade, muitos norte-americanos buscam promover maior cooperação, união e participação democrática, além de aprimorar seus pontos fortes culturais, como a abertura à inovação e à mudança e a boa-vontade de formar associações e organizações voluntárias para solucionar problemas. Apesar de os educadores norte-americanos poderem se deparar com situações em que preferiram usar abordagens sequenciais ou comportamentais, ainda somos basicamente holísticos e centrados na criança. A nossa herança intelectual comum com os europeus, conferida pelos grandes filósofos, psicólogos e reformadores educacionais do passado, garante que muitas das mesmas questões ecoem dos dois lados do Atlântico e que as mesmas esperanças e objetivos básicos inspirem muitos dos mesmos tipos de experimentação contínua na educação infantil, no cuidado infantil e nos sistemas de apoio familiar.

Uma busca digna seria continuar a estudar, com maior profundidade e análise crítica, o trabalho educacional que está em andamento em Reggio Emilia. Conforme esclarece este volume, começamos a entender o modo como os educadores de Reggio trabalham junto com os administradores, os pais, os cidadãos e as próprias crianças. Ainda assim, é necessário estudar os tópicos que abordamos e tratamos neste livro, mas eles merecem um exame mais crítico. Tais tópicos incluem os seguintes:

- A habilidade da cidade de dar conta das necessidades públicas e das demandas por serviços.
- A integração de crianças e famílias imigrantes nas creches e nas pré-escolas.
- A inclusão de crianças pequenas com necessidades educacionais especiais.
- Formas de orientar novos professores e desenvolvimento profissional atual.
- Novas formas de participação familiar e cidadã.
- Os processos de transição das crianças (por exemplo, da creche à pré-escola e da pré-escola ao ensino fundamental).

- A sustentabilidade do projeto educacional dentro de uma cidade em transformação.

Algumas perguntas que os norte-americanos costumam fazer sobre a experiência de Reggio Emilia ("O que acontece com as crianças quando elas vão para o ensino fundamental?"; "O que dizem as pesquisas sobre os benefícios de longo prazo da experiência de Reggio Emilia para as crianças?") não podem ser respondidas com base em dados empíricos. Diferentes conceitos de responsabilidade educacional prevalecem na Itália e nos Estados Unidos. A sociedade norte-americana, mas não a italiana, exige decisões baseadas em dados no campo da educação e mantém a crença de que o progresso depende da definição de problemas em termos hipotéticos pesquisáveis, os quais podem ser sustentados ou refutados com base em análises estatísticas.

Ainda assim, os educadores de Reggio estão interessados em realizar mais pesquisas sobre o ensino e a aprendizagem para evoluir o seu trabalho em anos posteriores. Por exemplo, dentro do Centro Internacional Malaguzzi fica uma pré-escola, assim como um escola fundamental para as séries 1, 2 e 3. Essas salas representam um experimento dos educadores de Reggio para descobrir como a sua experiência com crianças menores pode ser extrapolada para crianças mais velhas. A aprendizagem coletiva e individual dessas crianças está sendo seguida e documentada de perto. Além do mais, o processo de transição de crianças da pré-escola para as escolas municipais de ensino fundamental tem sido um amplo foco de discussão e estudo pela Equipe de Coordenação Pedagógica.

Portanto, apesar de os educadores de Reggio não estarem usando notas de provas para medir o "benefício adicional" de frequentar creches e pré-escolas, eles estão muito ansiosos para avaliar, em termos pragmáticos, se a sua experiência pode ter impacto sustentável – não no nível individual, mas comunitário. Exercer efeito tangível na qualidade de vida da cidade é o objetivo. De fato, os educadores de Reggio desejam tornar o seu trabalho uma importante referência para a comunidade e incluem a ampla extensão da comunidade entre suas preocupações – por exemplo, por meio de iniciativas diversas voltadas a todas as idades e origens. A Reggio Children encoraja a comunidade a realizar eventos – relacionados ou não à educação – no auditório do Centro Internacional Malaguzzi. A Istituzione do Município de Reggio Emilia apoia iniciativas como o ReMida Day, com amplo alcance comunitário. Esses esforços sugerem um comprometimento civil que se estende a todos os cidadãos e que pode estender ou amplificar o impacto potencial dos serviços de educação infantil. Uma medida importante dos resultados será se esses esforços são apreciados e podem ser mantidos.

Além de continuar a analisar a qualidade e o impacto dos serviços de educação infantil em Reggio Emilia, deveríamos olhar para outros exemplos de sucesso na educação – italianos ou estrangeiros (CORSARO; MOLINARI, 2005; GANDINI; EDWARDS, 2001; NEW; COCHRAN, 2007). Certamente, Reggio Emilia não é o único lugar interessante de inovação na Itália, ou mesmo na Europa! As sociedades asiáticas estão passando por mudanças rápidas nos sistemas de educação infantil, com estratégias distintas de sucesso na introdução de artes, exercícios diários, matemática emergente e outras matérias para as crianças. As sociedades da Europa Ocidental estão há muito tempo adiante da América do Norte quanto aos serviços sociais e à política familiar; portanto, os norte-americanos precisam se informar sobre outras experiências nacionais enquanto debatemos se e como financiar educação e cuidado infantil públicos, e consideramos importantes tópicos como organização do ambiente e planejamento do currículo, modelos diferentes para agrupar as crianças, definição do papel dos adultos e construção da participação. Muitas fontes estão disponíveis. Por exemplo, *Children in Europe* (revista publicada por Children in Scotland) segue importantes conversas europeias sobre tópicos diversos, como direitos políticos das crianças, serviços para imigrantes e minorias, crianças pequenas e ciência, e a força de trabalho dos serviços infantis. *Young Children, Childhood Education International* e outras revistas informam regularmente os acontecimentos infantis internacionais.

Quando se trata de dar valor o nosso estudo da experiência de Reggio Emilia, existem muitas direções em que ele pode seguir. Diversos importantes educadores inspirados em Reggio traduziram o seu conhecimento da teoria e da prática de Reggio em termos que conversam com o seu próprio contexto, e isso serve de orientação geral (p. ex., for Americans, Cadwell, 2003; for Canadians, Fraser & Gestwicki, 2000; for Australians, Millikan, 2003). Livros especializados ajudam a difundir a prática da observação e da documentação a cuidadores, educadores e outros profissionais que trabalham com crianças pequenas. Para públicos especializados, abordagens mais aprofundadas foram elaboradas e refinadas para o uso de estratégias inspiradas em Reggio em:
- escolas de ensino fundamental (WEIN, 2008);
- creches (RAIKES; EDWARDS, 2009; SMITH; GOLDHABER, 2004);
- salas do programa Head Start (SCHEINFELD; HAIGH; SCHEINFELD, 2008) e
- orfanatos (COTTON et al., 2007).

Em cada caso, os educadores descobrem que precisam se adequar à visão progressista e centrada na criança, em relação às exigências acadêmicas específicas de uma faixa etária. Eles devem considerar os requerimentos das matérias no ensino fundamental, as necessidades de apego na creche e as vulnerabilidades de cada categoria de risco, tais como reprovação escolar para as crianças que vivem na pobreza ou problemas graves de desenvolvimento em crianças órfãs abandonadas. Isso significa que a especialidade de Reggio Emilia não passa de uma parte de uma abordagem educacional e de cuidado multifacetada. Contudo, novas orientações são promissoras e envolvem, por exemplo:
- O currículo emergente e a arte, combinados com expectativas para a aprendizagem e a realização das crianças.
- A continuidade baseada nas relações e que promove o cuidado, a noção de pertencimento e a aprendizagem conectada nas creches.
- As brincadeiras integradas na autorregulação e alfabetização, matemática e outros componentes de preparação para a escola em pré-escolas para a população urbana carente.
- A documentação diária incorporada em livros de memória para ajudar as crianças em instituições de bem-estar a construir a memória autobiográfica e uma identidade própria.

Professores educadores, da mesma forma, deram importantes passos para a criação de cursos de licenciatura que promovem a indagação construtivista e a prática da observação e da documentação em professores aspirantes (BRODERICK; HONG, 2005; COX SUAREZ, 2006; EDWARDS et al., 2007; HONG; TREPANIER-STREET, 2004; KAMINSKY, 2009; KLINE, 2008; MORAN; TEGANO, 2005). Muitos desses esforços se focam em auxiliar os estudantes de licenciatura a dominarem as ferramentas digitais e habilidades gráficas para documentar os processos de aprendizagem das crianças. Outro aspecto crucial envolve unir os estudantes em equipes colaborativas e promover a cultura do questionamento e do envolvimento intelectual, tanto entre adultos quanto entre crianças (GOLDHABER; GOLDHABER, 2007).

Os educadores focados na justiça social e no combate ao preconceito também comentaram sobre um denominador comum com a experiência de Reggio Emilia. Eles descobrem que os educadores de Reggio ajudaram a nos sensibilizar aos princípios da participação democrática e à imagem dos professores como agentes de mudança social (PELO, 2006). O envolvimento na documentação pedagógica quase necessariamente leva os adultos a prestarem atenção aos direitos das crianças e a ouvirem as vozes das crianças, levando à exploração de questões como justiça e poder do ponto de vista das crianças (HALL; RUDKIN, 2011).

Uma questão está praticamente resolvida. Já não nos preocupamos mais se há uma forma "melhor" de proceder ao responder às ideias e dar prosseguimento às estratégias em Reggio Emilia. As ideias, se forem boas, irão se espalhar por meio de trocas e difusão. Certamente, é importante que alguns educadores procedam formalmente, estabelecendo escolas ou salas que representem da melhor forma possível todas as premissas centrais importantes da experiência de Reggio Emilia que, de fato, foram organizadas como "pontos de referências" para outros que desejam aprender sobre a aplicação da experiência de Reggio naquele contexto nacional. Contudo, também é produtivo que outros educadores procedam informalmente, buscando incorporar uma ou outra ideia compilada do contato com a experiência de Reggio em seus esforços em qualquer ambiente ou nível de educação onde se encontrem. Ambas as abordagens podem ser extremamente proveitosas.

De fato, todas as tentativas de incorporar as ideias e abordagens dos outros são fadadas a serem parciais e incompletas. Mesmo com todo dinheiro, liberdade e recursos desejados, não é possível fazer tudo do zero ou importar exatamente o que se faz em Reggio; nem seria essa a ambição. Afinal, com mais de 30 creches e pré-escolas, além de cooperativas afiliadas em Reggio Emilia – cada uma com sua distinta individualidade evoluindo ao longo do tempo –, não há um modelo único e estático para servir como base. Portanto, a questão se resume ao escopo, à ambição e à complexidade do projeto que se está tentando realizar: que recursos e apoio dos investidores e colegas estão disponíveis, que partes do programa ou sistema atual mais precisam de mudanças e quantas dimensões se consideram simultaneamente. Em todos os casos, os melhores (e mais sustentáveis) processos de mudança são aqueles que ocorrem de maneira gradual, cuidadosa e, acima de tudo, coletiva, com assimilação e acomodação lenta, porém regular, em vez de guinadas súbitas de um modelo educacional para o outro.

Conforme as ideias e o conhecimento adquiridos das experiências em Reggio Emilia tornam-se comuns entre outros educadores, e conforme eles dialogam mais entre si e por meio das fronteiras, esperamos que as discussões sobre o seu significado e sua importância aumentem em vez de diminuir, que haja cada vez menos acordos sobre o que constitui a experiência de Reggio Emilia e como passar da teoria à prática.

Então a pergunta "Aonde vamos daqui?" gera infinitas possibilidades. Esperamos que as suas aventuras sejam densas, com momentos de confusão e iluminação, conflito e progresso.

ESTRATÉGIAS PARA O ENSINO

Aqui, oferecemos uma lista – certamente incompleta e, talvez, excessivamente simplificada – de sugestões para a interação entre criança-professor, como uma condensação e síntese que pode ser útil aos leitores.

1. Desenho: O professor começa ajudando as crianças a estabelecerem uma relação com o objeto ou com o evento desenhado, tal como a viagem aos campos, uma observação cuidadosa de si mesmo no espelho ou uma corrida pelo espaço vazio no Centro Internacional Loris Malaguzzi. O desenho, portanto, torna-se uma expressão da relação da criança com o objeto ou evento, em vez de uma simples observação do que foi visto. Essa relação costuma ser mediada pelo uso de criaturas pequenas, como as formigas em um lote de terra, uma joaninha que vive no Centro Malaguzzi, os pássaros no parque de diversões ou um galho quebrado que sente saudades de árvore-mãe.

2. Técnica no uso das mídias: As crianças pequenas têm muitas oportunidades de usar mídias e materiais, e quando os professores sentem a necessidade, elas são ensinadas e aprendem a usar os implementos artísticos diretamente, tais como colocar pequenas quantidades de tinta em um pincel ou mover as mãos para criar uma cobra de argila. O cuidado no uso dos materiais artísticos deriva da ênfase de Vea Vecchi na estética como uma forma de empatia e sensibilidade.

3. Soluções inventadas com mídias: As crianças mais velhas que dominaram as técnicas básicas são encorajadas a inventar soluções. O professor documenta as soluções das crianças e trata o raciocínio envolvido como o propósito da atividade. Em um caso, o professor descobriu quatro soluções de engenharia para troncos de árvores de argila que, de início, eram frágeis demais para segurar galhos.

4. Revisitação e coconstrução: O professor está mais interessado em ajudar as crianças a se conscientizarem de suas escolhas e suposições do que em ensinar as respostas corretas ou os procedimentos mais eficientes. Essa atitude cria uma cultura para o debate e a coconstrução de conhecimento entre os pares na turma.

5. Educação especial: Entende-se que ensinar crianças com dificuldades de aprendizagem requer apoio específico quando se começa a ensinar alguma coisa, tal como a forma verbal correta ou o nome dos colegas. Esses momentos didáticos devem vir incorporados no contexto social o máximo possível. A autonomia funcional da criança e as estratégias sociais aprimoradas definem os objetivos de longo prazo.

6. O dia seguinte: Os professores são mais propensos a usar um episódio documentado do dia anterior como ponto inicial da aula do dia, em vez de utilizar um livro com atividades ou lições genéricas. Entretanto, antes de o episódio ser usado, pelo menos dois adultos reúnem-se e entram em acordo sobre a ideia subjacente ao episódio.

7. A metáfora da função: Os professores prestam atenção ao discurso metafórico das crianças, em vez de diminuí-lo como "bonitinho". O professor supõe que a metáfora vem de uma visão de mundo autêntica. O discurso metafórico, tal como "ladrão" para uma mudança nas sombras ou "preguiçosa" para uma brisa suave, é tratado como construções inventadas pela criança sobre as complexas relações que envolvem valiosa análise, revisitação e extensão.

8. Reforço *versus* reflexão: O professor trabalha para aumentar a consciência das crianças sobre as suas perspectivas, teorias, suposições e regras, em vez de reforçar o "bom comportamento". Isso é feito oferecendo à criança formas de revisitar seus pensamentos (por meio de desenhos, gravações em áudio e vídeo, documentos impressos das conversas das crianças). Essa mentalidade implica grande confiança na habilidade das crianças de reconstruir suposições que não funcionam.

9. Possibilidades das mídias (*affordances*): O professor dá às crianças a oportunidade de expressar a mesma ideia em diferentes mídias (papel, arame, argila, madeira) para que elas entendam as diferentes possibilidades de cada mídia – a vantagem especial de usar uma mídia em vez de outra para capturar um aspecto específico dessa ideia. Vejamos *amor*, por exemplo. Um cordão pode capturar a ideia de como o amor pode ser "enrolado", mas o papel dobrado pode capturar as surpresas do amor.

10. A importância da luz: Os professores preparam o ambiente para permitir a entrada de luz, para inundar com luz por baixo e através dos objetos na mesa de luz, para criar sombras no chão e na parede com o projetor elevado. Essa ênfase vem de uma compreensão profunda de como a luz chama nossa atenção para mudanças de cor, forma e movimento, de perspectiva pessoal e de uma fonte ubíqua e integral que estabelece elegantes relações entre objetos distintos.

11. Individualidade dentro do coletivo: Os professores estão cientes de que as crianças desejam reconciliar aquele que está do lado de dentro com os muitos que estão do lado de fora, mas sem perder nenhum. As crianças decoram um conjunto de colunas planas diferentemente, depois as decoram em grupo. Para um projeto chamado A Multidão, elas criam muitos bonecos de argila que, como os guerreiros de terracota, têm rostos únicos, só que essas figuras compartilham a densidade irregular que define uma multidão. Os diversos sons da chuva na cidade têm representações gráficas individuais, mas são todos aspectos da chuva. Os professores ajudam as crianças a entenderem a diferença entre uma coleção de elementos discretos e um grupo de membros inter-relacionados.

12. Planos antes da produção: O professor reserva dias e semanas para ajudar as crianças a criarem um plano para o que elas querem realizar. As crianças podem criar um modelo de papelão de uma sala antes de redecorar. Elas podem criar grandes gráficos de regras de jogos ou de passos de dança para administrar melhor atividades com o grupo. Elas podem usar o computador para renderizar uma pista de obstáculos e estudar a sua complexidade. Esses planos não só revelam erros que podem ser corrigidos, como também fornecem uma plataforma conjunta para a discussão em grupo.

13. Raciocínio *versus* técnica: O professor trabalha para ser consistente com a sua imagem da criança competente, em vez de buscar marcos de realização. Um projeto que passa do estudo das sombras para encontrar o seu caminho no escuro seria considerado certeiro se as crianças estivessem envolvidas em pensamento de alto nível, representações cuidadosamente criadas, revisitação de qualidade e a consolidação de novas ideias.

14. Questionamento: O professor percebe que o conteúdo deve fluir a partir das preocupações e dos questionamentos internos das crianças. Uma pergunta respondida antes de a pergunta ser formulada é uma resposta sem significado. Sem um questionamento claro no início, os fatos permanecem fatos, em vez de evidências, soluções e explicações.

15. Apoiando à coconstrução: O professor escreve os comentários das crianças e procura contrapontos que possam gerar um debate interessante. Elas podem ler os comentários e questionar em voz alta suas contrariedades. O professor trata o debate e o conflito como uma dialética que leva à coconstrução de uma compreensão mais completa do conteúdo.

16. Sugestão de uma prova: O professor ouve e apoia as especulações das crianças. Quando surge uma hipótese, ele pode perguntar: "Como podemos saber se (a previsão) irá acontecer?". Com a orientação do professor, por exemplo, as crianças desenham linhas sucessivas de giz em relação à trajetória do sol para marcar a regularidade do seu avanço, colocam rochas em uma sombra para ver se ela para ou cortam figuras de papel que podem ser movidas até que o arranjo se pareça com uma multidão.

17. Reenquadramento do familiar: Às vezes, o professor inicia um projeto ou investigação com um reenquadramento provocativo do que é familiar. Por exemplo, ele pode sugerir que certo prédio precisa de "presentes", que os movimentos aleatórios de uma joaninha são um sinal de que ela está "perdida", que os barulhos da rua são "música" ou que uma árvore escavada caída no chão tem "galhos" saindo de cima e de baixo dela.

18. O valor dos equívocos: O professor não trata os equívocos das crianças como algo a ser sumariamente substituído, e sim como algo derivado de uma lógica interessante e plausível que precisa ser compreendida. O professor envolve-se em um tipo de cumplicidade de criação de significado com a criança por meio de um processo de escuta e de formação de uma relação subjetiva, levantando questionamentos junto com ela.

19. Diálogo em grupo: O professor estabelece as rotinas, os móveis, a organização, o nível emocional e a composição dos grupos em sala e encoraja as crianças a conversarem entre si. O professor não trabalha para ser o centro da conversa, podendo até sugerir que o papel de liderança caiba a outra criança. O professor ajuda o grupo a desenvolver-se tanto como audiência competente quanto como pensadores expressivos. Os diálogos em grupo costumam ser documentados, podendo se tornar os pontos de partida para o relançamento de uma exploração ou de um início de uma nova.

20. Composição em grupo: Os professores não são rígidos na organização de que alunos se revezam no *atelier*. Quem trabalha no *atelier* é determinado pelo progresso do projeto.

21. Emoção e conhecimento: O professor entende que uma ligação emocional com a matéria em estudo é um motivador que aumenta os esforços. Uma emoção representa uma questão implícita que deve formar o contexto da pesquisa. Prazer, medo, surpresa e repulsa não passam de componentes das teorias das crianças sobre o mundo físico e social. O professor trabalha para integrar as suposições implícitas que a emoção representa no projeto e em suas soluções. Como a solução pode gerar mais prazer, menos medo, transformar a repulsa ou explicar a surpresa?

REFERÊNCIAS

BRODERICK, J. T.; HONG, S. B. Inquiry in early childhood teacher education: Reflections on practice. *The Constructivist*, v. 16, n. 1, 2005.

CADWELL, L. B. *Bringing learning to life:* the Reggio approach to early childhood education. New York: Teachers College, 2003.

CEPPI, G.; ZINI, M.. (Ed.). *Children, spaces, relations:* metaproject for an environment for young children. Reggio Emilia: Reggio Children, 1998.

CORSARO, W. A.; MOLINARI, L. *I compagni:* understanding children's transition from preschool to elementary school. New York: Teachers College, 2005.

COTTON, J. N. et al. Nurturing care for China's orphaned children. *Young Children*, v. 62, n. 6, p. 58-62, 2007.

COX SUAREZ, S. Making learning visible through documentation: creating a culture of inquiry among pre-service teachers. *The New Educator*, v. 2, n. 1, p. 33-55, 2006.

CURTIS, D.; CARTER, M. *Designs for living and learning:* transforming early childhood environments. St. Paul: Redleaf, 2003.

EDWARDS, C. P. et al. Students learn about documentation throughout their training program. *Early Childhood Research and Practice*, v. 9, n. 2, 2007.

EDWARDS, C. P.; RINALDI, C. *The diary of Laura:* perspectives on a Reggio Emilia diary. St. Paul: Redleaf, 2009.

EDWARDS, C. P.; WEISNER, T. (Eds.). The Legacy of Beatrice and John Whiting for Cross Cultural Research. *Journal of Cross Cultural Psychology*, v. 41, n. 4, 2010.

FRASER, S.; GESTWICKI, C. *Authentic childhood:* experiencing Reggio Emilia in the classroom. Albany: Delmar, 2000.

FU, V. R.; STREMMEL, A. J.; HILL, L. T. *Teaching and learning:* collaborative exploration of the Reggio Emilia approach. Upper Saddle River: Merrill Prentice-Hall, 2002.

GANDINI, L. et al. (Ed.). *In the spirit of the studio:* learning from the atelier of Reggio Emilia. New York: Teachers College, 2005.

GANDINI, L.; EDWARDS, C. P. (Eds.). *Bambini:* the Italian approach to infant/ toddler care. New York: Teachers College, 2001.

GANDINI, L.; ETHEREDGE, S.; HILL, L. T. (Eds.). *Insights and inspirations from Reggio Emilia:* sories of teachers and children from North America. Worcester: Davis, 2008.

GIUDICI, C.; RINALDI, C.; KRECHEVSKY, M. (Eds.). *Making learning visible:* children as individual and group learners. Reggio Emilia: Reggio Children, 2001.

GOLDHABER, D.; GOLDHABER, J. Reggio-inspired teacher education. In: NEW, R. S.; COCHRAN, M. (Eds.). *Early childhood education:* an international encyclopedia. Westport: Praeger, 2007. v. 3.

HALL, E. L.; RUDKIN, J. K. *Seen and heard:* children's rights in early childhood education. New York: Teachers College, 2011.

HONG, S. B.; TREPANIER-STREET, Mary L. Technology: a tool for knowledge construction in a Reggio Emilia inspired teacher education program. *Early Childhood Education Journal*, v. 32, n. 2, p. 87-94, 2004.

KAMINSKY, J. A. Transformation and challenge in Reggio-inspired teacher education programs: an interview with Carol Bersani, John Nimmo and Andrew Stremmel. *Innovations in Early Education: The International Reggio Exchange,* Part I, v. 16, n. 2, p. 10-18, Part II, v. 16, n. 3, p. 10-19, 2009.

KLINE, L. S. Documentation panel: the "Making Learning Visible" project. *Journal of Early Childhood Teacher Education*, v. 29, n. 1, p. 70-80, 2008.

MILLIKAN, J. *Reflections:* Reggio Emilia principles within Australian contexts. Castle Hill: Pademelon, 2003.

MORAN, M. J.; TEGANO, D. W. Moving toward visual literacy: photography as a language of teacher inquiry. *Early Childhood Research and Practice*, v. 7, n. 1, 2005.

NEW, R. S.; COCHRAN, M. (Eds.). *Early childhood education:* an international encyclopedia. Westport: Praeger, 2007. v. 4.

PELO, A. At the crossroads: pedagogical documentation and social justice. In: FLEET, A.; PATTERSON, C.; ROBERTSON, J. (Eds.). *Insights:* behind early childhood pedagogical documentation. Castle Hill: Pademelon, 2006.

RAIKES, H.; EDWARDS, C. P. *Extending the dance in infant and toddler caregiving:* enhancing attachment and relationships. Baltimore: Paul H. Brookes, 2009.

REGGIO EMILIA. *The hundred languages of children*: narrative of the possible. Reggio Emilia: Reggio Children, 1996.

SCHEINFELD, D. R.; HAIGH, K. M.; SCHEINFELD, S. J. P. *We are all explorers:* learning and teaching with Reggio principles in urban settings. New York: Teachers College, 2008.

SMITH, D.; GOLDHABER, J. *Poking, pinching, and pretending:* documenting toddlers' explorations with clay. St. Paul: Redleaf, 2004.

TOBIN, J.; HSUEH, Y.; KARASAWA, M. *Preschool in three cultures revisited:* China, Japan and the United States. Chicago: University of Chicago, 2009.

VECCHI, V. (Ed.). *Theater curtain*: the ring of transformations. Reggio Emilia: Reggio Children, 2002.

VECCHI, V. *Art and creativity in Reggio Emilia*: exploring the role and potential of ateliers in early childhood education. New York: Routledge, 2010.

VECCHI, V.; GIUDICI, C. (Ed.). *Children, art, artists:* the expressive languages of children, the artistic language of Alberto Burri. Reggio Emilia: Reggio Children, 2004.

WEIN, C. A. *Emergent curriculum in the primary classroom*: interpreting the Reggio Emilia approach in schools. New York: Teachers College, 2008.

Leitura recomendada

REGGIO CHILDREN. *The wonder of learning:* the hundred languages of children. Reggio Emilia: Reggio Children, 2011.

Glossário de termos usados por educadores em Reggio Emilia

Asilo Nido ou *Nido:* Centro de educação infantil, no Brasil denominadas creches. Programa de turno integral que oferece educação e cuidado a crianças dos 3 meses aos 3 anos.

Assessore: Secretário municipal, cargo subordinado ao prefeito, encarregado de toda a educação pública da cidade.

Associazione Internazionale Amici di Reggio Children: Associação Internacional dos Amigos da Reggio Children. É uma associação sem fins lucrativos que depende do trabalho de voluntários para promover e colaborar com muitas iniciativas em conjunto com as creches e as pré-escolas, com a Reggio Children.

Atelier: Uma palavra de origem francesa que se refere às oficinas historicamente usadas por artistas. O termo foi escolhido por Loris Malaguzzi para referir-se à sala de artes, oficina ou estúdio da escola, composta por diversos recursos materiais e usada por todas as crianças e adultos na escola. O mini-*atelier* é o espaço estabelecido em uma sala (ou espaço adjacente) com materiais semelhantes ou diferentes de forma tão convidativa quanto o *atelier* central. O mini-*atelier* possibilita que um pequeno grupo de crianças trabalhe junto e explore materiais com ou sem a presença de um professor.

Atelierista: Educador com estudo em artes visuais ou expressivas encarregado do *atelier*. Auxilia os professores no desenvolvimento do currículo e na documentação e apoia e desenvolve as linguagens expressivas das crianças e dos adultos como parte do processo complexo da construção de conhecimento.

Centro Internazionale Loris Malaguzzi: O Centro Internacional Loris Malaguzzi localiza-se em Reggio Emilia é dedicado ao encontro de profissionais (de qualquer lugar do mundo), assim como de crianças, jovens e famílias, oferecendo oportunidades de aprendizagem e formação, estudo e pesquisa. Ele contém um auditório, salas de exibição, o Centro de Documentação e Educação, espaços de pesquisa e de inovação, uma pré-escola e uma escola primária, uma cantina, uma livraria e escritórios da Reggio Children.

Comune: Também chamado de prefeitura municipal; é o governo da cidade e o prédio onde ele se encontra.

Consigli Infanzia Città: São comitês eleitos de pais e educadores que atendem a uma pré-escola ou a uma creche como um comitê consultivo. Esses conselhos enviam representantes ao *L'Inter-consiglio Cittadino*, o Interconselho da cidade.

Cooperative Early Childhood Program: Uma organização formal legítima, reconhecida por lei, que é formada por um grupo privado para oferecer serviços de educação infantil.

Direttore: Diretor das creches e das pré-escolas municipais. É um servidor público que supervisiona todo o sistema municipal de creches e pré-escolas e garante a qualidade e a integridade dos serviços educacionais oferecidos às crianças e às suas famílias.

Educatore: Professor em uma pré-escola ou em uma creche.

Federazione Italiana Scuole Materne (FISM): A federação de pré-escolas sob administração da Igreja Católica Romana na Itália.

Fundação Reggio Children – Centro Loris Malaguzzi: Uma fundação sem fins lucrativos estabelecida em setembro de 2011, em Reggio Emilia, Itália. A fundação se baseia na ideia da educação como uma oportunidade de desenvolvimento social e de promoção dos direitos e do potencial de todas as crianças e adultos. A fundação apoia a propagação da educação de qualidade no mundo, sendo também um centro internacional de pesquisa e estudos.

Gestione Sociale: A gestão social é a gestão comunitária, concebida como um sistema de governança, envolvendo representantes dos diferentes setores da comunidade local, usado no sistema municipal de Educação Infantil de Reggio Emilia.

Istituzione Pré-escolas e Creches do Município de Reggio Emilia: É a organização de Reggio Emilia responsável pela gestão direta das creches e das pré-escolas municipais. Também é responsável pelas relações com escolas conveniadas (por exemplo, cooperativas público-privadas), escolas que pertentem à FISM e às pré-escolas estatais (nacionais).

Officina Educativa: Fórum Educacional. É uma iniciativa da cidade de Reggio Emilia para envolver todos as instâncias dedicadas a servir a todas as faixas etárias e a todos os setores, na discussão das questões de importância educacional e planejar a colaboração entre eles.

Pedagogista: Coordenador Pedagógico. Age como consultor, responsável e coordenador do currículo nas pré-escolas e nas creches para auxiliar o trabalho dos professores, enriquecer o seu desenvolvimento profissional, apoiar suas relações com as famílias e facilitar as conexões entre professores, administradores e outros financiadores. Em Reggio, o grupo de pedagogistas age como uma Equipe Coordenada de Pedagogia para garantir a qualidade dos serviços das creches e das pré-escolas municipais e assegurar integridade teórica e prática.

Progettazione: Derivado do verbo italiano *progettare*, que significa desenhar, inventar, planejar ou projetar, no sentido técnico da engenharia. O substantivo *progettazione* é usado no contexto educacional como planejamento flexível, em que são criadas hipóteses iniciais sobre grupos de crianças (assim como sobre o desenvolvimento dos profissionais e as relações com os pais e com a comunidade), mas que estão sujeitas a modificações e mudanças de direção conforme o trabalho progride. O termo é usado em Reggio em contraposição à *programmazione,* que implica planejamento baseado em currículos predefinidos, programas ou estágios.

Reggio Children: Centro Internacional pela Defesa e Promoção dos Direitos e do Potencial de Todas as Crianças. É uma organização criada por Loris Malaguzzi e incorporada em 1994. A Reggio Children é sustentada por ações da prefeitura e de investidores públicos privados da região da Emilia Romagna (incluindo pais e professores). Os objetivos são promover a pesquisa e o estudo da filosofia da Reggio Emilia por meio de seminários, conferências e viagens de estudo; documentar, publicar e distribuir livros, vídeos e outras mídias sobre o assunto; e manter canais abertos de comunicação com outras instituições e educadores ao redor do mundo.

ReMida: "Rei Midas", o centro de reciclagem criativa, é sustentado pela prefeitura e administrado por voluntários da Associação Internacional dos Amigos da Reggio Children. Esse centro coleta materiais descartados de comércio e de indústrias e os disponibiliza para as creches, pré-escolas, *ateliers*, e assim por diante. O seu objetivo é criar uma relação entre várias forças – o mundo da cultura, da escola e da indústria – em um encontro cooperativo que produza novos recursos.

Scuola dell'Infanzia Municipale: Escola municipal em turno integral que oferece educação e cuidado a crianças dos 3 anos à idade escolar obrigatória, 6 anos, equivalente a pré--escola no Brasil.

Scuola dell'Infanzia Statale: Pré-escola administrada pelo governo (nacional) que oferece educação e cuidado a crianças dos 2,5 anos à idade escolar obrigatória, 6 anos (inclui ano de jardim de infância).

Recursos adicionais

LIVROS

CADWELL, L. *Bringing learning to life:* the Reggio approach to early childhood education. New York: Teachers College, 2002.

CADWELL, L. *Bringing Reggio Emilia home*: an innovative approach to early childhood education. New York: Teachers College, 1997.

DAHLBERG, G.; MOSS, P. *Ethics and politics in early childhood education*. London: Routledge, 2005.

DAHLBERG, G.; MOSS, P.; PENCE, A. *Beyond quality in early childhood education and care*: postmodern perspectives. London: Falmer, 1999.

EDWARDS, C. P.; GANDINI, L.; FORMAN, G. E. (Ed.). *The hundred languages of children:* the Reggio Emilia approach to early childhood education. Norwood: Ablex, 1993.

EDWARDS, C. P.; GANDINI, L.; FORMAN, G. E. *The hundred languages of children*: the Reggio Emilia approach, advanced reflections. 2nd ed. Greenwich: Ablex, 1998.

EDWARDS, C. P.; RINALDI, C. (Eds.). *The diary of Laura*: perspectives on a Reggio Emilia diary. St. Paul: Redleaf, 2009.

FLEET, A.; PATTERSON, C.; ROBERTSON, J. (Eds.). *Insights*: behind early childhood pedagogical documentation. Castle Hill: Pademelon, 2006.

FRASER, S. *Authentic childhood*: experiencing Reggio Emilia in the classroom. Scarborough: Nelson Thomas Learning, 2000.

FU, V. R.; STREMMEL, A. J.; HILL, L. T. *Teaching and learning*: collaborative exploration of the Reggio Emilia approach. Upper Saddle River: Prentice Hall, 2001.

GANDINI, L. et al. (Ed.). *In the spirit of the studio*: learning from the atelier of Reggio Emilia. New York: Teachers College, 2005.

GANDINI, L.; EDWARDS, C. P. (Eds.). *Bambini*: the Italian approach to infant/ toddler care. New York: Teachers College, 2001.

GANDINI, L.; ETHEREDGE, S.; HILL, L. T. (Eds.). *Insights and inspirations*: stories of teachers and children from North America. Worcester: Davis, 2008.

HALL, E. L. et al. *Loris Malaguzzi and the Reggio Emilia experience*. New York: Bloomsbury Academic, 2010.

HALL, E. L.; RUDKIN, J. K. *Seen and heard*: children's rights in early childhood education. New York: Teachers College, 2011.

HENDRICK, J. (Ed.). *First steps toward teaching the Reggio way*. Upper Saddle River: Prentice Hall, 1997.

HENDRICK, J. (Ed.). *Next steps in teaching the Reggio way*: accepting the challenge to change. 2. ed. Upper Saddle River: Prentice Hall, 2003.

HILL, L. T.; STREMMEL, A. J.; FU, V. R. *Teaching as inquiry*: rethinking curriculum in early childhood education. Columbus: Allyn and Bacon, 2005.

KATZ, L.; CESARONE, B. (Ed.). *Reflections on the Reggio Emilia approach*. Urbana: ERIC, 1994.

KINNEY, L.; WHARTON, P. *An encounter with Reggio Emilia*: children's early learning made visible. London: Routledge, 2007.

LEWIN-BENHAM, A. *Powerful children*: understanding how to teach and learn using the Reggio approach. New York: Teachers College, 2008.

LEWIN-BENHAM, A.; GARDNER, H. *Possible schools:* the Reggio approach to urban education. New York: Teachers College, 2005.

MALAGUZZI, L. *Volpino, last of the chicken thieves.* Bergamo: Edizioni Junior, 1995.

MILLIKEN, J. *Reflections*: Reggio Emilia principles within Australian contexts. Castle Hill: Pademelon, 2003.

PELO, A. *The language of art*: inquirybased studio practices in early childhood settings. St. Paul: Redleaf, 2007.

RINALDI, C. *In dialogue with Reggio Emilia*: listening, researching and learning. New York: Routledge, 2006.

SCHEINFELD, D. R.; HAIGH, K. M.; SCHEINFELD, S. J. P. *We are all explorers:* learning and teaching with Reggio principles in urban settings. New York: Teachers College, 2008.

SMITH, D.; GOLDHABER, J. *Poking, pinching and pretending*: documenting toddlers' explorations with clay. St. Paul: Redleaf, 2004.

THORNTON, L.; BRUNTON, P. *Understanding the Reggio approach*: early years education in practice. London: Routledge, 2007.

VECCHI, V. *Art and creativity in Reggio Emilia*: exploring the role and potential of ateliers in early childhood education. New York: Routledge, 2010.

WIEN, C. A. *Emergent curriculum in the primary classroom.* New York: Teachers College, 2008.

MATERIAIS AUDIOVISUAIS

FORMAN, G.; GANDINI, L. *A message from Loris Malaguzzi*. Amherst: Performanetics, 1994. 1 gravação (60 min.), son., color.

FORMAN, G.; GANDINI, L. *An amusement park for birds*. Amherst: Performanetics, 1994. 1 gravação (90 min.), son., color.

LANDSCAPES. [S.l.: s.n.], 2009. 1 CD com imagens de centros infantis e pré-escolas.

REGGIO CHILDREN. *Not just anyplace*. Reggio Emilia: Reggio Children, 2008. 1 gravação (72 min.), son., color.

LIVROS E RECURSOS IMPRESSOS

ALONG the levee road. Reggio Emilia: Reggio Children, 2002.

BARAZZONI, R. *Brick by brick*: the history of "XXV Aprile" people's nursery school of Villa Cella. Reggio Emilia: Reggio Children, 2000.

BIKES-LOTS: an educational, ecological, urbanistic project dedicated to the bicycle. Reggio Emilia: Reggio Children, 2011.

CAVALLINI, I.; TEDESCHI, M. (Ed.). *The languages of food*: recipes, experiences and thoughts. Reggio Emilia: Reggio Children, 2008.

CEPPI, G.; ZINI, M. (Eds.). *Children, spaces, relations*: metaproject for an environment for young children. Reggio Emilia: Reggio Children, 1998.

DAVOLI, M.; FERRI, G. (Eds.). *Reggio Tutta*: a guide to the city by the children Reggio Emilia: Reggio Children, 2000.

FERRARI, E. Giacopini Texts Alba. *REMIDA day*: muta... menti. Reggio Emilia: Reggio Children, 2005.

FILLIPPINI, T.; GIUDICI, C.; VECCHI, V. (Eds.). *Dialogues with places*. Reggio Emilia: Reggio Children, 2008.

FILLIPPINI, T.; VECCHI, V. (Eds). *Browsing through ideas*. Reggio Emilia: Reggio Children, 2009.

GIUDICI, C.; RINALDI, C.; KRECHEVSKY, M. (Eds.). *Making learning visible:* children as individual and group learners. Reggio Emilia: Reggio Children, 2001.

INDICATIONS preschools and infant-toddler centres of the municipality of Reggio Emilia. Reggio Emilia: Reggio Children, 2010.

REEGIO EMILIA. *One city, many children*: memories of a present history. Reggio Emilia: Reggio Children, 2011.

REEGIO EMILIA. *The municipal infant-toddler centers and preschools of Reggio Emilia*: historical notes and general information. Reggio Emilia: Reggio Children, 2010.

REGGIO CHILDREN. *Everything has a shadow, except ants*. Reggio Emilia: Reggio Children, 1999.

REGGIO CHILDREN. *The hundred languages of children*: narrative of the possible. Reggio Emilia: Municipal Infant-Toddler Centers and Preschools of Reggio Emilia, 1987.

REGGIO CHILDREN. *The hundred languages of children*: narrative of the possible. Reggio Emilia: Municipal Infant-Toddler Centers and Preschools of Reggio Emilia, 1996.

REGGIO CHILDREN. *The hundred languages of children*: narrative of the possible. Reggio Emilia: Municipal Infant-Toddler Centers and Preschools of Reggio Emilia, 2005.

REGGIO CHILDREN. *The wonder of learning*: the hundred languages of children. Reggio Emilia: Reggio Children, 2011.

REGGIO EMILIA (Ed.). *Charter of the city and childhood councils*. Reggio Emilia: Reggio Children, 2003.

THE BLACK rubber column. Reggio Emilia: Reggio Children, 2009.

TRANCOSSI, L. (Ed.). *The future is a lovely day*. Reggio Emilia: Reggio Children, 2001.

VECCHI, V. (Ed.). *Theater curtain:* the ring of transformations. Reggio Emilia: Reggio Children, 2002.

VECCHI, V.; GIUDICI, C. (Eds.). *Children, art, artists:* the expressive languages of children, the artistic language of Alberto Burri. Reggio Emilia: Reggio Children, 2004.

LIVROS DA SÉRIE UNHEARD VOICE OF CHILDREN

CASARINI, T.; GAMBETTI, A.; PIAZZA, G. (Eds.). *The fountains*. Reggio Emilia: Reggio Children, 1995.

CASTAGNETTI, M.; RUBIZZI, L.; VECCHI, V. (Eds.). *A journey into the rights of children*. Reggio Emilia: Reggio Children, 1995.

CASTAGNETTI, M.; VECCHI, V. (Eds.). *Shoe and meter*. Reggio Emilia: Reggio Children, 1997.

CIPOLLA, S.; REVERBERI, E. (Eds.). *The little ones of silent movies*: make-believe with children and fish at the infant-toddler center. Reggio Emilia: Reggio Children, 1996.

FERRETTI, L.; GIUDI, G.; PIAZZA, G. (Eds.). *Tenderness*. Reggio Emilia: Reggio Children, 1995.

STROZZI, P.; VECCHI, V. (Eds.). *Advisories*. Reggio Emilia: Reggio Children, 2002.

LIVROS DA SÉRIE CORIANDOLI

REGGIO EMILIA. *The park is...* Reggio Emilia: Reggio Children, 2008.

REGGIO EMILIA. *We write shapes that look like a book*. Reggio Emilia: Reggio Children, 2008.

Créditos das ilustrações

Os editores e a editora gostariam de agradecer pela permissão para usar o material a seguir:

- 13 Pré-escolas e Creches – Istituzione do Município de Reggio Emilia
- 17 Pré-escolas e Creches – Istituzione do Município de Reggio Emilia
- 20-21 Pré-escolas e Creches – Istituzione do Município de Reggio Emilia
- 23 Eva Tarini e Lynn White
- 24 Recursos de Mapas
- 25 Pré-escolas e Creches – Istituzione do Município de Reggio Emilia
- 26 Pré-escolas e Creches – Istituzione do Município de Reggio Emilia
- 27 Pré-escolas e Creches – Istituzione do Município de Reggio Emilia
- 32 Giovanni Piazza
- 33 Lella Gandini
- 45 Pré-escolas e Creches – Istituzione do Município de Reggio Emilia
- 47 Pré-escolas e Creches – Istituzione do Município de Reggio Emilia
- 54 Pré-escolas e Creches – Istituzione do Município de Reggio Emilia
- 58 Pré-escolas e Creches – Istituzione do Município de Reggio Emilia
- 63 Giovanni Piazza
- 70 Pré-escolas e Creches – Istituzione do Município de Reggio Emilia
- 74 Carolyn Edwards
- 77 Lella Gandini
- 82 University of Massachusetts – Amherst
- 84 Pré-escolas e Creches – Istituzione do Município de Reggio Emilia
- 87 ReMida – Centro de Reciclagem Criativa Reggio Emilia
- 88 Pré-escolas e Creches – Istituzione do Município de Reggio Emilia
- 92 Lella Gandini e Ellen Hall
- 95 ReMida – Centro de Reciclagem Criativa Reggio Emilia
- 96 Lella Gandini
- 100 Lella Gandini
- 103 Pré-escolas e Creches – Istituzione do Município de Reggio Emilia
- 104 Margie Cooper
- 109 Pré-escolas e Creches – Istituzione do Município de Reggio Emilia
- 113 ReMida – Centro de Reciclagem Criativa Reggio Emilia
- 116 Pré-escolas e Creches – Istituzione do Município de Reggio Emilia
- 127 Pré-escolas e Creches – Istituzione do Município de Reggio Emilia
- 133 Pré-escolas e Creches – Istituzione do Município de Reggio Emilia

Créditos das ilustrações

135	Pré-escolas e Creches – Istituzione do Município de Reggio Emilia
143	ReMida – Centro de Reciclagem Criativa Reggio Emilia
147	Pré-escolas e Creches – Istituzione do Município de Reggio Emilia
150	Pré-escolas e Creches – Istituzione do Município de Reggio Emilia
153	ReMida – Centro de Reciclagem Criativa Reggio Emilia
155	Pré-escolas e Creches – Istituzione do Município de Reggio Emilia
157	Pré-escolas e Creches – Istituzione do Município de Reggio Emilia
161	Pré-escolas e Creches – Istituzione do Município de Reggio Emilia
166	Pré-escolas e Creches – Istituzione do Município de Reggio Emilia
169	Carolyn Edwards
169	Carolyn Edwards
171	Pré-escolas e Creches – Istituzione do Município de Reggio Emilia
175	ReMida – Centro de Reciclagem Criativa Reggio Emilia
177	Pré-escolas e Creches – Istituzione do Município de Reggio Emilia
181	Pré-escolas e Creches – Istituzione do Município de Reggio Emilia
187	Pré-escolas e Creches – Istituzione do Município de Reggio Emilia
191	Pré-escolas e Creches – Istituzione do Município de Reggio Emilia
191	Pré-escolas e Creches – Istituzione do Município de Reggio Emilia
193	Cathleen Smith
201	Cathleen Smith
229	ReMida – Centro de Reciclagem Criativa Reggio Emilia
230	Pré-escolas e Creches – Istituzione do Município de Reggio Emilia
235	Pré-escolas e Creches – Istituzione do Município de Reggio Emilia
241	Pré-escolas e Creches – Istituzione do Município de Reggio Emilia
241	Pré-escolas e Creches – Istituzione do Município de Reggio Emilia
242	Pré-escolas e Creches – Istituzione do Município de Reggio Emilia
242	Pré-escolas e Creches – Istituzione do Município de Reggio Emilia
249	Eva Tarini e Lynn White
253	George Forman
259	George Forman
273	ReMida – Centro de Reciclagem Criativa Reggio Emilia
275	Jennifer Strange
276	Jennifer Strange
283	Jennifer Strange
286	Jennifer Strange
293	ReMida – Centro de Reciclagem Criativa Reggio Emilia
295	Margie Cooper
297	Margie Cooper
301	Pré-escolas e Creches – Istituzione do Município de Reggio Emilia
302	Carolyn Edwards
304	Pré-escolas e Creches – Istituzione do Município de Reggio Emilia
306	Pré-escolas e Creches – Istituzione do Município de Reggio Emilia
309	Pré-escolas e Creches – Istituzione do Município de Reggio Emilia
311	Pré-escolas e Creches – Istituzione do Município de Reggio Emilia
315	ReMida – Centro de Reciclagem Criativa Reggio Emilia
319	Pré-escolas e Creches – Istituzione do Município de Reggio Emilia
322	Pré-escolas e Creches – Istituzione do Município de Reggio Emilia
325	Lápis Studio
328	Pré-escolas e Creches – Istituzione do Município de Reggio Emilia
330	Pré-escolas e Creches – Istituzione do Município de Reggio Emilia
331	Pré-escolas e Creches – Istituzione do Município de Reggio Emilia

Créditos das ilustrações **379**

333 Pré-escolas e Creches – Istituzione do Município de Reggio Emilia

335 Pré-escolas e Creches – Istituzione do Município de Reggio Emilia

337 ReMida – Centro de Reciclagem Criativa Reggio Emilia

339 Pré-escolas e Creches – Istituzione do Município de Reggio Emilia

341 Pré-escolas e Creches – Istituzione do Município de Reggio Emilia

342 Pré-escolas e Creches – Istituzione do Município de Reggio Emilia

344 Pré-escolas e Creches – Istituzione do Município de Reggio Emilia

349 ReMida – Centro de Reciclagem Criativa Reggio Emilia

350 Pré-escolas e Creches – Istituzione do Município de Reggio Emilia

353 Reggio Children

357 ReMida – Centro de Reciclagem Criativa Reggio Emilia

359 Lella Gandini

359 Pré-escolas e Creches – Istituzione do Município de Reggio Emilia

Todas as fotos do Interlúdio (p. 209-225) são cortesias das Pré-escolas e das Creches – Istituzione do Município de Reggio Emilia

Índice onomástico

A
Adams, John, 97
Agazzi, Carolina, 38
Agazzi, Rosa, 38, 55
Aporti, Ferrante, 38
Azzariti, Jennifer, 184

B
Bailey, Heather, 287
Barazzoni, Renzo, 46
Bateson, Gregory, 55-56, 307
Berger, P., 249
Bertani, Loretta, 164
Bettleheim, Bruno, 92
Biesta, Gerd, 114-115
Blanchot, Maurice, 229
Bondavalli, Magda, 162
Bonilauri, Simona, 219
Bovet, Pierre, 55
Bowlby, John, 55-56
Brodsky, Joseph, 308
Bronfenbrenner, Urie, 55, 57, 75
Bruner, Jerome, 34, 66-67, 71, 75-76, 97, 202, 204, 220-221, 309, 344

C
Cadwell, Louise, 175
Cagliari, Paola, 145
Carr, Wilfred, 55-56, 75
Castagnetti, Marina, 165, 171-172
Catellani, Professor, 224
Cavazzoni, Paola, 139, 146, 320, 324

Ceppi, G., 320
Chard, Sylvia, 92
Ciari, B., 39, 50-51
Cittadini, Simonetta, 184
Claparede, Edward, 55
Cooper, Maggie, 182-183
Crusoe, Robinson, 32

D
Dahlberg, G., 276-278
Decroly, Ovide, 55
Delrio, Graziano, 94-97, 99-101
Dewey, John, 39, 53, 55, 69, 75, 89, 296
Doise, W., 249

E
Edwards, Carolyn, 33-34, 78, 87, 165, 347, 358
Erikson, Erik, 55

F
Fava, Francesca, 324, 326
Fendler, L., 115
Ferreiro, Emilia, 210
Ferriere, Adolfe, 55, 75
Filippini, Tiziana, 143, 156, 205, 318, 347
Flyvbjerg, Bent, 120
Foerster, Heinz Von, 55-56
Ford, Joanne, 286
Forman, George, 32, 34, 177, 347
Foucault, Michel, 232
Frank, Anna, 198
Fraser, Susan, 154

Freinet, Celestin, 39, 53-54
Freire, Paulo, 140
Froebel, Friedrich, 89

G
Gambetti, Amelia, 175-186
Gandini, Lella, 31, 34, 38, 46-84, 71, 87, 94, 99-101, 127-140, 165, 175-186, 301-313, 326, 347
Gardner, Benjamin, 84
Gardner, Howard, 32-33, 55, 71, 84, 98, 103, 184
Gestwicki, Carol, 154
Giacopini, Elena, 144, 146, 338
Giudici, Claudia, 144, 294
Goodman, Nelson, 60
Göthson, Harold, 358
Gray, John, 121
Guilford, J. P., 66
Gullo, Dominic, 273-274
Gumbetti. Amelia, 282

H
Hall, Ellen, 87
Hawking, Stephen, 297
Hawkins, David, 55, 65, 71, 75, 87-88, 91, 358
Hawkins, Frances, 87, 91
Heckman, James, 140
Hegel, George W. F., 89
Hillman, James, 313
Hock, Ellen, 57
Hoyuelos, A., 116-117
Hyson, M., 278

I
Inhelder, Barbel, 71
Iotti, Anna, 327
Iotti, Gianni, 327

J
Jefferson, Thomas, 95-96
Jones, Betty, 92

K
Kagan, Jerome, 56
Kant, Immanuel, 92
Katz, Lilian, 92
Kaye, Kenneth, 56, 75
Kayer, Franco, 202
Krechevsky, M., 285

L
Lally, Ronald, 357-358
Lewin, Kurt, 66-67
Little, Lester, 71
Luckmann, T., 249
Luizzi, Angelica, 151
Lyon, Susan, 182

M
Makarenko, Anton, 55
Malaguzzi, Antonio, 38
Malaguzzi, Loris, 29-31, 31, 33, 38-39, 46, 50-51, 52-84, 71, 88-89, 92, 101, 131, 138, 153-155, 157-158, 165, 177-178, 180-181, 189, 198, 204, 232, 281, 294, 296, 301-302, 307, 311-312, 318-320, 327, 329-330, 332, 334-335, 349, 352, 359
Mantovani, Susanna, 28
Maramotti, Giulia, 324
Margini, Carlo, 324-326
Maslow, Abraham, 67
McMillan, Margaret, 89
McMillan, Rachel, 89
McTigue, J., 283
Milani, Lorenzo, 40, 205
Mill, John Stuart, 99
Millikan, Jan, 357-358
Montessori, Maria, 38, 55, 89
Mori, Marina, 162, 164, 168-170
Morin, Edgar, 117
Morley, Christopher, 92
Morris, Charles, 55-56
Moscovici, Serge, 55-56, 75
Moss, P., 276, 278
Mugny, Gabriel, 75, 249

N
Nimmo, John, 78, 92, 165
Notan, Paola, 168

O
Oh, Moonjah, 357-358

P
Pence, A., 276, 278
Perret-Clemont, A., 249
Pessoa, Fernando, 70
Pestalozzi, Johann, 89
Piaget, J., 49, 53-54, 58, 66, 72, 75, 208
Piazza, Giovanni, 178, 338
Pistillo, F., 38
Putnam, Robert, 26

R
Radke, Mary Beth, 184
Rankin, Baji, 175
Rinaldi, Carla, 175, 177-178, 180-181, 210, 276, 278, 309
Rinaldi, Carlina, 31, 118, 156, 158, 178, 298, 301
Rodari, Gianni, 46
Rogers, Carl, 66-67
Rogers, Sally, 208
Rousseau, Jean Jacques, 71
Rubizzi, Laura, 161, 165

S
Saltz, Rosalyn, 36
Schmoker, Mike, 281
Seidel, Steven, 278
Senge, Peter, 277
Shaffer, David, 55-56
Soncini, Ivana, 143, 189
Spaggiari, Antonella, 107
Spaggiari, Sergio, 31, 127-140, 151
Spitz, Rene, 55-56
Stange, Jennifer, 286
Stella, Giacomo, 224
Strange, Jennifer, 286
Strozzi, Paula, 161, 165
Sturoni, S., 304
Suárez-Orozca, Carola, 98
Suárez-Orozca, Marcelo, 98

T
Teberosky, Ana, 210
Torrance, Paul, 66
Tudge, J., 249

U
Unger, Roberto, 116, 119

V
Varela, Francisco, 55-56
Vecchi, Vea, 31, 164, 170-172, 294, 298, 301, 313, 318-319, 347
Vygotsky, Lev, 53, 55, 60, 72, 75, 156, 204, 249

W
Wallon, Henri, 55
Walpole, Horace, 69
Wertheimer, Max, 52, 157, 173
Wertsch, J. V., 249
Wharton, Pat, 357-358
Wiggins, G., 283
Winnicott, David, 62
Winterhoff, P. A., 249
Wittgenstein, Lugwig, 119

Z
Zini, M., 320, 322
Zini, Tullio, 351
Zucchermaglio, Cristina, 210

Índice

A

Abordagem
  da aproximação, 97-98
  de projeto e currículo relacionado, 92
  de Reggio, 347
  na criança e na holística, 360
  socioconstrutivista, 278
Abordagens
  colaborativas de resolução de problemas, 25
  comportamentais, 360
A Cidade e a Chuva (projeto), 178-179, 310, 312, 319-320, 342
Aconselhamento e terapia em grupo para os pais, 195-197
Acordo de colaboração, 193
A desvantagem do corredor, 347
Adultos
  apoio às crianças, 316-317
  imagem das crianças, 153
  papel na aprendizagem das crianças, 70
  trabalhos artísticos de adultos e crianças, 306
Alfabetização, 210, 219
Alinhamento, 278
Alvos da união europeia, 113-114
Amadurecimento
  das crianças, 329
  e desenvolvimento, 70
Ambiente. *Ver também* Espaço(s)
  amável, 320
  como terceiro educador, 334-336
  continuidade com o ambiente, 321
  cultural, 98-99
  menos restritivo, 295
Ambientes de aprendizagem, 88
A Multidão (projeto), 310
Análise do Comportamento Aplicada, 207
Análise e *feedback*, 163
Andaimes, 261, 364
Anecdotes of Painting (Walpole), 69
Animação, 344-345
Apego, 192
Aplicações gráficas, 338-339
Apoiando a coconstrução, 366
Aprendizagem. *Ver também* Aprendizagem por meio das relações
  apoio da comunidade e, 267-268
  atividades das crianças, 60
  avaliação em, 263
  com as crianças, 198, 200-201
  componentes da aprendizagem negociada, 251-253
  constituintes da, 252
  da avaliação ao estudo, 263
  da coconstrução à promoção e ao apoio da comunidade, 267-268
  da compreensão às provocações, 260-261
  da descrição ao *design*, 253-254
  da exposição à documentação, 255-256
  da fala ao discurso, 256-257
  da lembrança à revisitação, 257-258
  de ouvir para escutar, 260
  descrita, 249-250
  documentação, discurso e *design*, 277
  do envolvimento dos pais à parceria intelectual,

263-265
do símbolo à linguagem às linguagens, 258-259
dos encontros às investigações, 261-262
e ensino, 72
elementos explorados, 78-79
ênfase em, 255
exposição e documentação, 255
investigações, 78-79
municipal, 116-117
negociada pelo *design*, pela documentação e pelo discurso, 249-269
passagens rumo a uma maior compreensão, 253-268
planejamento do professor, 265
por meio de comunicação e experiências, 62
representações em, 253
simbólica, 209-210
sobre, 249-250
sumário do sistema de *design*, documentação e discurso, 268-269
viabilidade e sustentabilidade, 282-283
Aprendizagem por meio das relações sobre, 113-114
   consenso racional ou *modus vivendi* para a educação e o cuidado infantil, 122-123
   mais serviços e mais padronização, 114-115
   micro e macro, 119-122
   projeto local de experimentalismo democrático, 115-119
Aprendizes, professores como, 88
Ariadne's Thread (exposição), 310-311
Arte como experiência (Dewey), 296
Arte do conhecimento, 298
As cem linguagens da criança, 201-202
Assimilação, 105
Associação Agora, 37-38
Atelier, 294, 296, 301-302
   benefícios do, 66
   como lugar de pesquisa, 66
   contribuição do, 305
   de escolha das crianças, 76
   estabelecimento do, 57-58
   estrutura comunicativa, 305
   função do, 301-303
   influência do, 303-304
   introdução do, 65
   linguagens expressivas usadas no, 304-305
   na educação socioconstrutivista, 307
   origem do, 301
   papel do, 118-119, 294, 307
   propósito do, 302-303
Atelierista
   efeitos do, 304-305, 334
   exploração pelo, 159-160
   ideias que orientam o trabalho do, 35
   influência do, 113
   observação e documentação pelo, 163-164, 168, 307, 319-320, 338
   organização e preparação do, 331
   papel do, 113, 118, 294
   perfil do, 294
   trabalho com outros adultos, 159-160, 163, 172-173
   trabalho do, 301
Atitude de observação, 176-177
Atividades
   diversidade de, 138
   em grupos pequenos, 61
Atraso psicomotor, 201-202
Autismo, 190-197
   crianças com, 195-197
   diagnóstico, 192
   modelos para crianças com, 195-197
Autoexpressão das crianças, 178
Autonomia, 360
Autores e editores
   fluxo dos tópicos dos capítulos, 33-35
   perspectivas dos autores e editores dos capítulos, 33
Autorretratos, 287
Avaliação, 243
   como análise, 279
   como construção social do conhecimento, 287
   como mensuração, 273
   das escolas norte-americanas, 277
   desconstrução da, 283-284
   do estudo, 263
   e investigação colaborativa, 282
   formativa, 276, 279
   motivado por objetivos, 278
   na aprendizagem negociada, 263
   práticas, 274
   requerimentos de tempo, 282-283
   significado da, 273
   somativa, 274
   versus documentação, 256
Avaliações
   formais, 273-274
   informais, 273-274
   padronizadas, 194

B

Bambini ("Crianças") (periódico), 52
Bancas de supermercado, 332

Beleza como conhecimento, 301-313
Biologia e conhecimento (Piaget), 71
Blogs on-line, 347
Brick by Brick: the History of the "XXV Aprile" People's Nursery School of Villa Cella (Barazzoni), 46
Brincadeira complementar, 173
Busca por significado, 276

C

Caixas de mensagem, 209, 223
Caminhos, 245
Carta a um professor (Milani), 39, 205
Casa de Crianças em Roma, 38
Centri per bambini e genitori (programa de pais e filhos), 37
Centro de Documentação e Pesquisa Educacional, 172-173
Centro Internacional Loris Malaguzzi, 35, 106, 357, 361
 metaprojeto, 351-354
 origem de, 349-350
 projeto cultural e arquitetônico de, 349-351
 sobre, 349
Centro Nacional de Ensino, 52
Certas escolas, 180-181
Certeza *versus* incerteza, 78
Children in Europe (revista), 362
Ciências sociais sob o fascismo, 55
Circularidade, 29-30, 73, 158. Ver também Espiralidade, 97
Civile (civil), 26
Civilidade, 26, 90
Coconstrução à promoção e ao apoio da comunidade, 267-268
Códigos, 209
 alfabético, 210
 numérico, 210
Códigos de comunicação, 200-201
Coerência e diversidade, 113-114
Coexistência
 intercultural, 97-98
 versus consenso, 122
Cognição
 distribuída, 284-285
 situada, 284-285
Cognitivistas, 66-67
Colaboração
 com sistema de saúde, 194
 internacional, 358

versus competição, 176-177
Coletividade, 30
Comitês em escolas públicas, 127
Como caminhos de descobrimento, 245
Complacência, 180-181
Complexidade, 231
Componentes da aprendizagem negociada sobre, 251-252
 trânsito dentro do diagrama, 252-253
 um diagrama para todas as relações, 251-252
Comportamento criativo, 66-67
Composição, 342-343
Compreensão
 às provocações, 260-261
 polissensorial, 296-297
 semântica, construção da, 202
Comprometimento dos pais, 53
Comunicação, 138
 com crianças, 202
 de sons ambientais, 201-202
 em grupo, 366
 versus dar, 223
Comunidade, 108, 233. *Ver também* Comunidade inclusiva
 e participação, 323
 participação na educação, 127-128
 versus liberdade individual, 90
Comunidade inclusiva
 ampliando a paleta das linguagens, 201-202
 aumentando a capacidade dos professores verem, 203-206
 crianças mostrando aos EUA sua abordagem de vida, 202-203
 criando um contexto educacional complexo, 189
 entrada longa e gradual em, 192-194
 excepcionalidade das crianças, 191-192
 Marco e seus colegas, 198-199
 Matteo e sua professora de apoio, 196
 organização e comunidade em sala, 197-201
 promoção de relações entre serviços, 189-191
 sobre, 187-189
 trocando imagens da criança, 194-197
Condições de participação, 140
Conexões sociais, 321
Conflito intelectual, 165
Conflitos cognitivos, 83
Conformidade, 114-115
Consciência, 186
Conselhos escolares, 130

Consigli Infanzia Città, 130-132
Constituição italiana, 95-97, 98-99
Construção
   da língua escrita, 210
   de regras do grupo, 220-221
   de teorias, 240
Construtivismo, 71-72, 202
Construtivismo social, 202-203, 249-250, 323
Contexto
   compartilhado, 99-100
   comunicativo, 78-79
   cultural, 28, 32-33, 69, 358
   da turma, 238
   de apoio, 163
   de aprendizagem, 163-164, 247, 316-317
   de auto-observação, 184
   de empatia, 321
   de escuta, 236, 243
   de investigação, 262
   de múltipla escuta, 238
   de padronização e normalização, 115
   de significado, 75
   de simbolização, 249-250
   de trabalho, 141
   diferenças de, 59-60, 182, 189
   do lar, 358
   educacional, 32-33, 189, 195, 202
   filosófico, 323
   grupo de aprendizagem, 284-285
   histórico, 35-41, 69, 113-114
   individual, 184, 195-197
   íntimo, 197
   italiano, 33
   norte-americano, 31, 175, 279
   novo, 180-181
   social, 113-114, 131, 263, 323, 364
Contexto histórico da abordagem de Reggio sobre, 38-39
   creches (*asili nido*), 35-38
   o nascimento da educação infantil pública, 39-41
   pré-escolas (*scuole dell'infanzia*), 38-41
   preparação do professor e desenvolvimento profissional, 41
Contribuição *versus* crítica, 185
Controle compartilhado, 158
Convenções da escrita, 221
Coopção, 131
Cooperação à coconstrução, 266
Cooperativas, 28
Cor, 322
Coragem, 31
Coragem do erro, 246
Creche Arcobaleno, 166, 333
Creche Maplewood-Richmond Heights (MRH), 275, 285
Creche Popular de Villa Cella, 46
Creches (*asili nido* ou "ninhos de segurança"), 35, 37, 97-98
   demanda por, 57
   desenvolvimento em, 56
   disponibilidade de, 111
Creches (*presepi*), 35
Criação, papel da, 137-138
Criança reintegrada, 357
Crianças. *Ver também* Mídias digitais e crianças
   imagem dos adultos de, 153
   apoio dos adultos, 316-317
   aprendendo com, 200-201
   aprendendo sobre crianças com deficiências, 200-201
   autoavaliação, 275
   autoconsciência da aprendizagem, 244
   barreiras ou limites artificiais a, 206
   com autismo, 195-197
   como pesquisadores, 246
   como protagonistas, 357
   como protagonistas na sociedade, 155-156
   comunicação entre si, 219
   conceito de diferenças entre, 189
   conflitos entre, 82-83
   coopção de, 159-160
   cooperação entre, 81
   desconstrução e reconstrução da escrita, 210
   documentação por, 268
   estratégias exploratórias, 308-309
   exploração da vizinhança, 318
   fazendo perguntas, 204
   imagem contemporânea das, 310
   interesse em escrever o nome, 219-220
   interesse na construção, 325-326
   pensamento subjetivo, 313
   retratos das, 68-69
   senso de identidade, 61
   trabalho de projetos (*progettazione*) com, 122-123
   uso do espaço, 325-326
Crianças autistas, moção e movimento das, 203
Crianças cegas, 191
Crianças com deficiências

apoio em sala, 187-188
competência das, 206
inclusão, 189
observação e documentação, 192
prioridade de matrícula, 189
sob lei italiana, 187-188
tarefas educacionais dos pais, 192
Crianças com direitos especiais, 189. *Ver também* Crianças com deficiências
Crianças, espaços, relações: como projetar ambientes para a educação infantil, 320
Crianças e suas potencialidades, 232-233
Crianças pré-escolas, transição à, 361
Crise, efeitos de, 237
Crítica *versus* contribuição, 185
Cultura
   de participação, 284-285
   e criatividade dos professores, 349
Curiosidade, 242, 359-360
Currículo
   negociado, 264
   projetado, 32-33
   responsivo, 277
Custo da educação infantil pública, 111
Custos e benefícios da educação infantil, 229-230

D

Decisões baseadas em dados, 360
Declaração da Independência (Jefferson), 95-97
Declaração de intenção, 193
Defesa, 268
Deficiência
   definindo, 187-188
   identificação, 189
   tipos de, no sistema escolar, 191-192
Deficiências intelectuais/cognitivas, 191
Democracia
   dimensões da, 116-117
   liberal, 122
   na sala, 72
   participativa, 26, 28
Democratização da documentação, 345
De ouvir para escutar, 260
Descrição ao *design*, 253-254
Desenho
   assistência do professor, 204
   avanço em, 338-339
   como *design*, 251, 253
   como ponte, 97-98

competências das crianças em, 25
de como as coisas funcionam, 157-158
documentação do, 251-252
escrita e, 210, 222
estratégias de ensino, 364
experiência individual por meio do, 171
expressão pelo, 244
ideias por meio de, 254
pensamentos das crianças no papel, 75
Desenvolvimento
   afetivo, 72
   cognitivo, 72
   da linguagem verbal, 198
   intelectual, 23
   moral, 72
Desenvolvimento profissional
   além de Reggio Emilia, 204-206
   apoio da associação cooperativa do, 128-129
   conteúdo intelectual do, 145-146
   contínuo, 64, 111, 182, 283-284
   crítica mútua e autoavaliação, 163-164
   dentro de Reggio Emilia, 203-205
   documentação pedagógica para o, 119, 160
   em nós conceituais, 145-146
   em serviço, 64, 147
   equipe pedagógica e, 143-151
   exibições como ferramentas do, 29
   impacto das mudanças em, 32-33
   na Nova Zelândia, 120
   nos Estados Unidos, 283-286
   observação como ferramenta recíproca do, 178-186
   padrões do, 41
   planejamento do, 165, 315-316
   sistema difuso do, 144-145
   tecnologia digital e, 35, 224
Desenvolvimento profissional da equipe de coordenação pedagógica, 143-151
   conclusão, 151
   equipe de coordenação pedagógica, 144-146
   tornando-se uma pedagogista, 151
   trabalhando com os professores na observação e na documentação, 146-147
   trabalhando com os professores para promover parceria com as famílias, 146-148
   trabalhando com situações cotidianas da "espinha dorsal", 146
   trabalhando juntos para promover o desenvolvimento profissional, 150-151
   trabalhando para promover o multiculturalismo

nas escolas, 148-150
Design
  descrição do, 251-252
  pela documentação, 268
  pelo discurso, 268
Dia seguinte, 364-365
Diálogo em grupo, 366
Diálogo *versus* instrução, 358
Dialogues with Places (Vecchi, Filippini e Giudici), 342-343
Diários e jornais, 148
Diferenças
  de desenvolvimento, 82-83
  entre crianças, 189
Dificuldades de audição, 198
Difusão
  cultural, 358
  de ideais, 362
Dimensão
  estética, 294
  poética, 309
Direito à educação dos participantes, 108
Discurso a partir do *design*, 268
  a partir da documentação, 268
  a partir da documentação e do *design*, 268
  design a partir de, 268
  documentação a partir de, 268
  documentação de, 251-252
  natureza e profundidade de, 251-252
  negociando o significado das palavras por, 256-257
Discussões de mesa-redonda, 183
Discussões diárias, 163
Distribuidores de ocasião, 156-157
Diversidade, 98-99
  de atividades, 139
  e coerência, 121
Documentação, 251-252, 334
  a partir do *design*, 268
  a partir do discurso, 268
  como escuta visível, 238, 276
  como fundamental para o ensino e a aprendizagem, 280
  da escuta visível, 237
  do envolvimento parental, 264-265
  durante experiências, 239
  e investigação, 308
  fim de ano, 280
  interpretação de, 239
  para aprender verdades, 274
  para autoavaliação das crianças, 278
  por crianças, 268
  por meio do *atelier*, 305
  processo colaborativo de, 334
  processo de, 202
  reflexão crítica em, 165
  reflexão e análise de, 264
  requerimentos de tempo, 282-283
  sistemática, 160
  teorias e hipóteses usando, 306
  uso bilíngue, 309
  versus avaliação, 256
  versus mensuração, 274
  versus portfólios, 255
Documentação pedagógica, 32-33
  abrindo um fórum, 232-233
  colaboração da, 146
  como atitude específica sobre a vida, 229-230
  como desafio, 231-233
  como escola para diálogo, 116-117
  como ferramenta de avaliação e valorização, 229-231
  como ferramenta de pesquisa, 119-120
  como forma de desafiar os discursos dominantes, 231-233
  como iniciativa perigosa, 232-233
  como linguagem alternativa de avaliação, 231
  contribuição feita pelo atelier em, 309
  descrita, 229
  desenvolvimento da, 119, 143-144
  específico da criança, 148
  implicações da, 233
  influência da, 113
  natureza da, 159-160
  papel da, 146-147
  papel do desenvolvimento profissional, 150-151
  para prever e controlar crianças, 232-233
  pedagogista, 285-287
  poder da, 229-231, 285-286
  prática da, 229
  progressos da, 363
  tarefas da escola, 144-146
  uso extensivo da, 120
  usos da, 231-233
Domínios de aprendizagem, 172-173
Duplas de coensino, 59, 64, 159-160

E
Educação

artística, 308
como relacionamento, 32-33, 92
como vida, 245–247
especial, 364
itinerante de reconhecimento, 77
linguagem da, 153-154
Montessori, 38
organização da, 108
participação da comunidade na, 127-128
pela paz, 237, 243
propósito da, 114-115
universitária, 106

Educadores
contribuições do grupo, 145-146
ensino e aprendizagem, 183

Educatrici ("educadores")
para creches (*asili nido* ou "ninhos de segurança"), 41
para pré-escolas, 41

Emilia Romagna e democracia participativa, 26

Emoção
e cognição, 202
e conhecimento, 376

Empatia e cuidado, 197
Encontros de investigação, 261-262
Ênfase em padronização, 277
Enganação, 83-84

Ensino
como atividade colegiada e baseada na pesquisa, 281
e aprendizagem, 72-73
objetivo do, 72
prática reflexiva do, 249
responsivo, 157-158

Envolvimento dos pais, 131-132, 134-135, 140, 264-265
à parceria intelectual, 263-265

Equipe de coordenação pedagógica, 144, 165, 191, 203

Equipe de pedagogistas, 59
da escuta, 345
dos relacionamentos e da escuta, 235
pedagogia, 28
tipos de, 28-29

Escola Andersen, 201
Escola do saber e escola do expressar, 67-68
Escola Robinson, 164
Escolas *Ver também* Atelier; Espaço(s); Pré-escolas; *escolas específicas*
administradas pelos pais, 48-50

com currículo imposto, 180-181
cultura da, 327-328
infantis inglesas, 90-91
localizações, 317-318
mensagens e múltiplas percepções, 326
Montessori, 40
norte-americanas, 316-317
pré-escolas da Igreja Católica Romana, 107
pré-primárias, 35
Rudolph Steiner, 40
seculares, 48
troca de informações, 194–195

Escolha de projeto, 79-80

Escrita
contexto de desenvolvimento da escrita, 223
em grupo, 221
existência de conceitualização progressiva, 210

Escuta
ativa, 229-230, 233
e expectativa recíproca, 235
interna, 238
visual, 309

Escuta visível, 243
documentação como, 238, 276
documentação da, 237

Escuta. *Ver também* pedagogia da escuta
atitude de, 178
papel da, 235
suspensão e preconceito, 236-237

Espaço(s)
amáveis, 319-320
como contêiner, 317-318
cultura das pessoas por meio do, 327
da escola, 318
desenvolvimento e uso, 330-332
em escolas para exibições, 334
estrutura e organização, 317-318
evolução e transformação, 327
externos, 316-317
organização e uso do, 332
organização por meio da experiência, 329
público, 99-100, 229-230
qualidade, 322
receptivos, 327-328
relacionais, 321
significados educacionais do, 315-316
uso *versus* qualidade, 318

Espaços da escola, mensagens do, 315-316

Espaços de cuidado e aprendizagem
centralidade das crianças, professores e famílias,

59-60
espaços educacionais e de cuidado, 327-336
pedagogia e arquitetura, 315-326
sobre, 315
Espaços educacionais e de cuidado
espaço adequado para diferentes idades e níveis de desenvolvimento, 332-334
espaço e tempo, 329
espaço que documenta, 334-335
espaço que ensina, 335-336
social, ativa e para mãos e mentes, 330-331
Espaços exteriores de escolas norte-americanas, 316-317
Esperança, condições para, 140
Esperienze per una nuova scuola dell'infanzia (Malaguzzi), 51
Espiralidade, 158, 239
Esquematização da experiência, 344
Estabilidade dos profissionais, 136
Estética, 296-297, 359-360
definição, 307
Estratégias antidemocráticas de ensino, 72
Estratégias de questionamento, 178
Estruturas de normalização, 278
Estudo das folhas do plátano, 311-312
Ética do encontro, 229-230
Everything Has a Shadow, Except Ants (Sturloni e Vecchi), 303-304
Exemplos de comportamento do professor
apoiando a compreensão conceitual, 170-172
conclusão, 172-173
disputa transformada em uma investigação compartilhada, 164-165
instruções no uso de ferramentas e na técnica, 168-170
observação da brincadeira e da curiosidade de uma criança, 164-167
relançamento de projeto, 171-172
seguindo os interesses das crianças, 167-168
Exigências da educação universitária, 41
Existência comunitária, 90-91
Expectativa de vida, 103-105
Expectativas, 60
bons projetos, 79-80
da discussão à representação gráfica, 80-81
experiência *versus* modelo/abordagem, 358
grupo como grande privilégio, 81-83
hipóteses e, 79
recíprocas, 283-285, 287
Experiência
digital, 305

"La Vera O", 224-225
Experiências
norte-americanas, 182-183
sensoriais múltiplas, 321
"Experiências para uma Nova Escola Infantil" (Malaguzzi), 50-51
Experimentação *versus* relação, 116-117
Experimentalismo democrático, 113-114, 116-117, 118-120
Exploração sensorial e perceptiva, 312
Exposição da documentação, 255-256
Exposição *Wonder of Learnings*, 338
Expressão gráfica, 50-51, 80-81

F
Fala ao discurso, 256-257
Familiaridade, 176-177
Famílias
crianças com deficiências potencial, 202
equilíbrio familiar, 189
imagem das crianças com deficiência para, 195
parceria com, 264-265
participação das, 62, 149
questões e necessidades das, 120-130
Fascismo, 55, 103-104
Federazione Italiana Scuole Materne (FISM, pré-escolas da Igreja Católica Romana), 108
Feedback, 275
Ferramenta de crítica construtiva, 174-175
Ferramentas de tecnologia digital, 362
Filmagens, 174-175
Filosofia
da educação para as crianças menores, 55-57
da parceria, 315-316
de observação, 202
educação das crianças nos anos de 1960, 54-56
fontes de inspiração, 53-56
história, ideias e princípios básicos, 53-57
Flexibilidade e adaptação, 323
Fonoaudiologia, 195
Fontes do currículo, 249-250
Força da dúvida, 246
Fotografia digital, 338, 340-341
Fotografias, 258, 345
Funções de códigos, 210
Fundação Maramotti, 324
Fundamento da ética, 242

G
Gerencialismo, 114-115
Gestão comunitária, 127-128

objetivos da, 128-129
papel da, 128-129
Gramática do som, 342-343
Grammatica della Fantasia, 50
Grupo de documentação dos professores, 165
Grupos de aprendizagem, 284-285
Grupos de trabalho, 163-164

H
Harmonia do grupo, 83
Harvard Business Review, 97-98
Hipóteses e expectativas, 79
História
   escolha da escola, 49-52
   escolha de vida e de profissão, 52-53
   do Pinóquio, 48-49
   primeira escola infantil administrada pela cidade, 46-48
   sobre, 46-47
História, ideias e princípios básicos, 45-85
   conclusão, 81-83
   expectativas, 79-83
   filosofia, 53-57
   história, 46-53
   imagens infantis, 68-70
   princípios básicos, 57-63
   professores, 64-68
   sobre, 45-46
   teoria da prática, 74-79
   teorias da aprendizagem, 71-74
Humus, 353

I
Idade de escolarização formal, 225
Identificação e referência, 189-191
   imagem das crianças com deficiências para a família, 195
Igreja católica romana, controle por, 38
   campanha difamatória, 51
   dificuldades com, 103-104
   monopólio da educação, 39, 48, 50-51, 55
   pré-escolas, 107
Imagem da criança
   autorretratos e, 285-286
   como ponto de partida do esforço de educação, 118, 155-156, 231
   conectividade das crianças, 153
   contemporânea, 310
   discussões sobre, 114-115
   pedagogia da escuta, 283-285
   reflexões por meio da reconstrução, 268
   Reggio Emilia *versus* Estados Unidos, 278
Imagens, 343
   da criança e do professor, 155-158
Imagens da infância
   crianças, diferenças entre, 69-70
   varrendo a infância para baixo do tapete, 68-69
Imigração, 105
Imigrantes
   aumentos de, 103-105
   dificuldades dos, 150
   diversidade com, 98-99
   escolas na vizinhança de, 317-318, 351
   imigrantes residentes, 189
   nos Estados Unidos, 90
   participação de, 98-99
Improvisação, 78
Inclusão, 187-188
Indexação, 346-347
Individualismo, 360
Infusão das disciplinas acadêmicas, 358
Innovations in early education, 358
Innovative teacher project, 182
Inovação, 41
Inovação municipal, 119
Instituzione, 109-111
   centros cooperativos, 110-111
   creches e pré-escolas municipais, 110
   gerenciamento afiliado, 110
   sobre, 109-110
Instrução orientada por objetivos, 278
Integração virtual e real, 340-341
   dar a documentação, 233
   dar fotografias, 178
   democracia participativa e, 117
   em discurso sobre Reggio Emilia, 32-33
   e relacionamento com a cidade, 305
   escuta como geração de, 236
   princípios filosóficos exibidos por, 184
   transparência e, 305
   valor da, 30
   visibilidade da infância, 117
Inteligências múltiplas, 28
Interação
   e ajustes, 60-61
   entre professor-criança, 156-157
Intercâmbio
   cultural, 358
   internacional de ideias, 53-54

Interconselho, 132
Intersubjetividade, 203
Intervenção, 159-160
  adulto-criança, 195-197
  comportamental, 195
  educacional, 140
Invenção, 220-221
Investigações, 262
Isolamento dos professores, 281
Isolamentos *versus* relacionamentos, 81-83
Istituzione Scuole e Nidi D'infanzia do Município de Reggio Emilia, 109-111

J
Jardim de infância de Froebel, 38, 89
Journey With Children: the Autobiography of a Teacher, (Hawkins e Hawkins), 87
Julgamento moral, 71

L
Laura and the Watch (Edwards e Rinaldi), 324
Legislação social, 40
Lei 1.044, 36-37
Lembrança à revisitação, 257-258
Liberdade individual *versus* comunidade, 90
Língua escrita, 309
  construção da, 210
Linguagem
  de sinais, 201-202
  escrita, 210, 309
  espontânea, 195
  simbólica, 80
  verbal, 200-201
  visual, 307-308
Linguagens. Ver também As cem linguagens da criança
  como metáfora, 34
  da arte expressiva, 66
  da construção de significado, 231
  da educação, 153-154
  da experimentação, 118
  das imagens, 245, 309
  de materiais, 325-326
  de padrões e responsabilidade, 231
  de união, 165
  linguagens expressivas, 294, 304-305,
  pensamento como, 73
  protolinguagem, 259
  relações entre, 342-343
  tipos de, 25

  uso bilíngue, 309
Literatura, influente, 55
Livros de memória, 362
Luz, 322, 365

M
Mainstreaming, 187-188
Making Learning Visible (Seidel), 279
  aprendizagem com projetos, 91-92
  civilidade, 90-91
  desenvolvimento da educação progressiva na Europa e nos Estados Unidos, 89-90
  história de Malaguzzi e outras histórias, 87-92
  história extraordinária e encontro, 88
  membros da comunidade, 90-91
  paralelos americanos, 91-92
  só amando respeitar as crianças, 92
  sobre, 87
Mapeamento, 344-345
Marco e seus colegas (anedota), 198-199
Matemática, 49-50
Materiais, 322-323
Materialismo, 50-51
Matteo e sua professora de apoio (anedota), 196
Mediadores culturais, 149
Memória, 257
Mensagens à escrita, 209-224
Mente aberta, 31
Mercado como fórum, 77
Messaggerie (o processo de usar mensagens), 219, 223
  metáfora, 364
Metaprojeto, 352-353
Método Agazzi, 38
Mídia artística, 364
Mídias digitais
  e crianças, 338-345
  e professores, 345-347
  nas pré-escolas de Reggio Emilia, 337
  sobre, 337-347
Mídias digitais e crianças
  criação de códigos para organizar a experiência, 342-343
  distorcer a realidade para compreendê-la, 343
  entrando na era digital, 338-340
  marca registrada dos professores de Reggio Emilia, 338-339
  possibilidades das mídias digitais, 343-345
  virtual e o real, 340-342
Mídias digitais e professores

democratização da documentação, 345-346
poder distributivo das mídias digitais, 347
poder do vídeo digital, 346-347
Mini-*ateliers*, 58, 76
Modelo de funil da educação, 77
Modelo Denver, 195-197, 211
Modelo fonético da ciência social, 120-121
Modelos, 31
Modificação comportamental, 195
Modus vivendi, 122
Momentos quentes, 162, 165
Motivação, 78
Movimento
  cooperativo nas escolas públicas, 127-129
  da educação cooperativa (MCE), 39
  de resistência, 103-104
Mudança de conceito, 202
Mulheres no mercado de trabalho, 90-91
Múltiplas perspectivas, 258
Múltiplas realidades, 258
Multiplicidade, 29

N
National Association for the Education of Young Children (NAEYC), 278
Necessidades especiais, 189
Neofreudianos, 66-67
New Education (Bovet e Ferriere), 55
Newsweek (revista), 106, 349-350
Noção de espaço, 315
Normalidade rica, 295-296
Normalização dos processos de vigilância, 232-233
Nós, 162, 165, 222
  cognitivos, 32-33, 162
  conceituais, 145-146
  culturais, 247
Nova Zelândia, 120
Número, 49-50

O
Objetivos, 61
Objetivos da escrita, 220-221
Observação, 178
  como ferramenta recíproca do desenvolvimento profissional, 175-186
  das crianças, 204
  dos professores, 178
  e ser observado, 178
  filosofia da, 202
Observação e documentação com crianças com deficiências, 192
Observador como ouvinte, 185
Observadores norte-americanos, 174-175
Ocupação nazista, 103-104
Officina Educativa, 99-100, 205
On Liberty (Mill), 98-99
Opinião pública, 267
"O que formigas e pássaros veem" (projeto), 347
Organização da sala e comunidade, 197-201
Organização do espaço ativo, 332
  e colaboração, 280
  valor da, 131
Organização ONMI, 36
Origens e pontos iniciais
  autores e seus capítulos, 33-35
  cidade e região distintas, 26-28
  contexto histórico da abordagem de Reggio, 35-41
  contexto mais amplo da educação infantil italiana, 28-29
  experiência de Reggio Emilia, 23-25
  inspiração da exposição, 29-31
  necessidade deste livro, 31-33

P
Padrões e escalas, 278-279
Padronização e normalização, 115
Pais
  abordagem com, 59-60
  como parceiros iguais, 139
  comunicação dos professores com, 159-160
  estilo educacional dos, 205
  visão da criança pelos, 244
Papéis dos professores e das crianças, 155-156
Papel do município, 108
Papel dos professores
  aprendizagem em espiral e controle compartilhado, 157-160
  dificuldades especiais do, 161-163
  documentação do professor, 165
  em Reggio Emilia, 153-158
  exemplos de comportamento do professor, 164-172
  método de crítica mútua e autoavaliação, 164-165
  sobre, 153-154
Para criar o retrato de um leão (vídeo), 178
Paralisia cerebral, 191
Parar e escutar, 283-284
Parceria com as famílias, 194-197
Parcerias, 25

Participação, 32-33
Participação dos pais
  exemplos de oportunidade, 134-135
  impacto da, 137
  mudanças na, 134-135
Partido Democrático Cristão, 39
Pedagogia da escuta, 113-114, 243, 283-284
  professores como avaliadores, 243-245
  professores como ouvintes, 238-242
  professores como pesquisadores, 245-247
  questões sobre a escuta, 235-238
  sobre, 235-236
Pedagogia e arquitetura
  creche, 327
  espaço arquitetonicamente planejado e o espaço estendido, 317-327
  lugar e espaço como elementos essenciais da abordagem educacional, 315-317
Pedagogia estruturada, 195
Pedagogistas
  diretos, 143
  transversais, 144
Pensamento *versus* habilidade, 365
Percepção, 49-50
Perspectiva
  construtivista, 75, 204
  simbólica-intervencionista, 75
  socioconstrutivista, 75
Pesquisa
  à ação, 76-77
  atelier usado para, 66
  científica, 245
  cognitiva, 75
  colaborativa, 182
  como atitude, 353
  composicional, 345
  de Piaget, 71
  documentação como ferramenta, 29-30, 66, 119, 120
  e experimentação, 41
  educacional e sociocultural, 68-69
  em crianças com alfabetização emergente, 209-210
  em inovação, 180-181, 186
  esforço coletivo, 36, 59-60
  na Nova Zelândia, 120
  no autismo, 192
  nos Estados Unidos, 67-68
  pesquisa composicional, 345
  por crianças, 122-123, 147, 151

  prazer e espírito da, 246
  recíproca, 32-33
  sobre aprendizagem cooperativa, 77
  sobre desenvolvimento longitudinal de deficiências, 205
  sobre escrita, 219-225
Photoshop, 338-340
Piazza (espaço central), 58, 76, 318
Planejamento curricular, 77
Planos antes da produção, 365
Pluralismo, 122, 352
Políticas
  reformistas, 115
  revolucionárias, 113
Pontos de vista, 303-305
Portfólios *versus* documentação, 255
Possibilidades, 343-344, 365
Práticas
  educacionais, 74
  socioconstrutivistas, 274
Pré-escola Anna Frank, 198
Pré-escola Diana
  compreensão conceitual, 170-171
  desenvolvimento profissional, 224
  espaços em, 330-331
  experimentos das crianças na, 343-344
  melhor pré-escola do mundo, 106
  plano de organização, 330
  Prêmio Kohl, 349-350
  reconhecimento internacional por, 349-350
  relançamento do projeto, 171-172
  The Sun Is the Earth's Friend (livreto), 156-157
  uso de ferramentas e técnica, 168-170
  vídeo cooperativo, 167-168
Pré-escola La Villetta, 184, 190, 196, 319
Pré-escola Martiri di Sesso, 280
Pré-escola Oito de Março, 262
Pré-escola Villa Sessa, 327
Pré-escolas, 97-98
  crescimento das, 40
  demanda por, 49-50
Pré-escolas da Igreja Católica Romana, 107
Preferências pelo *status quo*, 246
Pré-história, 60
Prêmio Kohl, 349-350
Preparing Early Childhood Professionals (Hyson), 278
Princípios básicos
  ambiente amável, 57-59
  ampliação da rede de comunicação, 61-62

educação baseada em inter-relações, 59-60
escolhas e organização educacional, 57-58
relacionamento e aprendizagem, 60-61
sucesso da aliança, 62-63
Processo
　de avaliação, 243-245
　de documentação, 238-242
　de separação, 192
　de transição, 192-194
Produção criativa, 66-67
Productive Thinking? (Wertheimer), 52
Professores, 178
　ajustes, 62
　anotações sobre atividades, 160
　atelier como lugar de provocação, 65-66
　como aprendizes, 88
　como intérpretes de fenômenos educacionais, 75
　como pesquisadores, 76
　comunicação com os pais, 159-160
　cooperação entre, 64
　criatividade, origens e significados da, 66-68
　de apoio, 197, 203, 205
　desenvolvimento profissional, 64-65
　função da memória do grupo, 159-160
　homens, 64
　papéis dos, 153-154
　papel do, 160, 163-164
　seleção de problema, 161-162
　trabalhando dentro dos grupos das crianças, 160
　trabalho colegiado de, 64
Professores, dificuldades especiais das decisões
　de intervenção, 162-163
　identificação de nó, 162
　seleção de problema, 161-162
Professores e mídias digitais
　democratização da documentação, 345-346
　poder distributivo das mídias digitais, 347
　poder do vídeo digital, 346-347
Programas ECI, 114-115
Project Zero, de Harvard, 284-285, 358
Projeto *Longo Salto*, 347
Projeto Parque de Diversões para Pássaros, 174-175
Projeto Ponte, 200-201
Projetos, 91-92, 262
Protolinguagem, 259
Protossintaxe, 259
Psicologia
　do construtivismo piagetiano, 26
　socio-histórica de Vygotsky, 26
Psicólogos
　da Gestalt, 66-67
　humanistas, 66-67

Q
Quando o Olho Salta o Muro (exposição), 52
Questionamento, 366
Questionamento colaborativo e avaliação formativa, 282

R
Reconhecimento, 77
Recordação de experiências, 52-53
Recortes em papel, 343-344
Rede internacional de Reggio Children, 358
Reenquadramento do familiar, 366
Reescrita e coconstrução, 364
Referente a nome *versus* rosto, 260
Referentes/terminologia, 32-33
Reflexão crítica na documentação, 165
Reflexões finais
　busca pela interdisciplinaridade, 359-360
　estratégias de ensino, 364-366
　perguntas e orientações, 360-364
　sobre, 357-359
　valor da colaboração e da comunicação, 357-359
Reforma, 115-117
Reformismo pessimista, 115
Reggio Children (editora)
　afiliações da, 358
　apoio da, 327
　assuntos publicados por, 294, 320
　atividades comunitárias, 361
　como recurso de treinamento, 151
　mídias usadas por, 345
　objetivos, 35, 101
　origens da, 349
　treinamento de centro cooperativo, 110
Reggio Emilia
　abordagem, 31
　caráter distinto de, 26-28
　creches e pré-escolas em, 107
　cultura de inclusão, 189
　desafios para, 106
　diferenças culturais em, 107-108
　educação e cuidado infantil, 107
　história de, 103-104
　natureza de, 26

transformação da, 106
visitantes, 184
Reggio Emilia: uma cidade em transformação
comprometimento com os seus cidadãos mais jovens, 107-108
conclusão, 111
crescimento de, 104-105
Istituzione Scuole e Nidi d'Infanzia do Município de Reggio Emilia, 109-111
novas instituições para uma cidade em transformação, 106-107
sobre, 103-104
Regime fascista, 36, 38
Regramentos de sindicatos, 281
Regras da escrita, 222
Regras para descobrir o jeito certo, 220-221
Relação de continuidade professor/crianças, 329
Relação entre documentação e avaliação sobre, 273-274
avaliação do grupo e autoavaliação, 283-285
avaliação formativa e documentação, 274-276
conclusão, 285-288
prática diária, 280-282
práticas de avaliação efeitos, 276-279
reflexão e análise coletiva da aprendizagem, 282-283
tempo da documentação, 279-280
Relacionamento
comunidade-escola, 305
pais-filhos, 57
terapêutico, 195-197
Relacionamentos, 61
e participação, 59-60
Relações interpessoais, 146
ReMida (o centro de reciclagem), 172-173
Representação
abstrata, 342
por meio de metáforas, 311
simbólica, 25
Respeito, 92
Responsabilidade
anotações biográficas de Delrio, 94-97
civil, 95-97
entrevista de Delrio por Grandini, 99-101
ética, 97
para com as crianças pequenas e sua comunidade, 94-101
política 97-98
sobre, 95-99
Revisitação

ajuda à memória, 269
com os pais, 264-265
como apoio à compreensão das crianças, 275
design, 251
discurso metafórico, 364
documentação usada em, 145-146, 239
e coconstrução, 364
e examinando reações, 185
e rerrepresentação, 158
intenção da, 258
memória comparada à, 257
no vocabulário da educação, 32
reflexão por meio da, 298
Ritmo, 342-343
Ritual de escrita do nome, 219-220
Rotas para o futuro: Nga Huarahi Arataki (Plano Estratégico da Nova Zelândia), 120

S

Schools that learn (senge), 277
Scuola di Barbiana, 39
Scuole dell'infanzia (escolas da infância), 35
Sementes colaborativas por meio de saídas de campo, 358
Sensibilidade para com outras culturas, 148
Senso estético, 298
Serviço nacional de saúde, 190
Serviços pré-escolares, 95-97
Significado, 258
Símbolo à linguagem às linguagens, 258-259
Símbolos, 81
desenvolvimento dos, 210
e significados, 262
Síndrome de Down, 187-188, 191
Sintaxe, 259
Sintonizando-se com as crianças, 158
Sistema
de educação infantil, 23
pedagógico difuso, 144-145
tripartidário, 129-130
Sistemas
de símbolos, 258-259
infantis europeus, 361
simbólicos múltiplos, 344
Só o amor não basta (Bettleheim), 92
Sobre espaço, 317-318
Sociabilidade, 238
Soluções inventadas com mídias, 364
Spazio Bambini (espaços das crianças), 37
Starting Strong II (organização para a coopera-

ção e o desenvolvimento econômico), 113-114
Suavidade, 321
Subjetividade, 137, 229-230, 243-243
Sugestão de um texto, 366
Surdez e cegueira, 187-188
Sustentabilidade, 111

T
Tamanho da turma, 25
Tarefas do professor, 153-154
Taxa de natalidade, 129-130
Tempestades, 319-320
Tendências coletivistas, 28
Teoria à prática
   currículos a partir das crianças, 78-79
   pesquisa à ação, 76-77
   planejamento *versus* reconhecimento, 77
   práticas educacionais, 74-75
   sucesso da teoria na prática, 75
Teoria das cem linguagens da criança, 119, 178, 293-294, 298
Teoria do desenvolvimento cognitivo, 330
Teoria interpretativa, 116-117
Teorias da aprendizagem
   construção de significados, 71
   dilema do ensino e da aprendizagem, 72-73
   sobre Piaget, 71-72
   teoria, 240
   textos de Vygotsky, 73
Teorias e hipóteses usando a documentação, 306
The Diary of Laura: Perspectives on a Reggio Emilia Diary (Edwards e Rinaldi), 358
The Hundred Languages of Children (exposição), 178, 319-320, 351
The Story of Laura (Edwards and Rinaldi), 347
The Sun is the Earth's Friend (livreto), 157
The Wonder of Learning: The Hundred Languages of Children (exposição), 29-31, 153-154, 182, 309-310
To Open Minds (Gardner), 84

To Understand is to Invent (Piaget), 72
Trabalho artístico de crianças e adultos, 306
Trabalho de projetos *(progettazione)* com crianças, 122-124
Trabalho e pesquisa, 330
Traços de aprendizagem, 274-274
Transtorno do espectro autista, 191, 196

U
União, linguagens de, 165
Universidade de Modena, 106

V
Valor do espaço, 335
Valor dos equívocos, 366
Valores das escolhas, 108
Vibração estética, 233, 307
Videatives Inc., 34
Vídeo indexado, 346-347
Vídeos, 224, 258, 338. *Ver também* Mídias digitais
   compartilhamento das, 34
   mudanças de longo prazo nas crianças, 206

Villa Cella, 38-39, 45-48
Visitas domiciliares a famílias com crianças com deficiências, 195-197
Vitalização da vida, 233
Voz, 258

W
Where the Blue Begins (Morley), 93

Y
Young Children Childhood and Education International, 362

Z
Zeitgeist, 97-98
Zerosei (periódico), 52
Zona de desenvolvimento proximal, 73, 145-146, 237

IMPRESSÃO:

PALLOTTI
GRÁFICA

Santa Maria - RS | Fone: (55) 3220.4500
www.graficapallotti.com.br